經酒譜各橫陳

叔忠仁兄先生正 万民謀元培

차이위안페이
시대보다 먼저 '현대 중국'을 준비한 위대한 지식혁명가
평전

蔡元培評傳
Copyright ⓒ 1990 by Hu Guo Shu (胡國樞)
Korean Translation Copyright ⓒ 2009 by Gimm-youngPublishers, Inc.
This translation is published by arrangement with Hu Guo Shu, China
All rights reserved.

시대보다 먼저 '현대 중국'을 준비한 위대한 지식혁명가

차이위안페이 평전

후궈수 지음 | 강성현 옮김

CAI YUANPEI

김영사

차이위안페이 평전

지은이_ 후궈수
옮긴이_ 강성현

1판 1쇄 인쇄_ 2009. 4. 2.
1판 1쇄 발행_ 2009. 4. 7.

발행처_ 김영사
발행인_ 박은주

등록번호_ 제406-2003-036호
등록일자_ 1979. 5. 17.

경기도 파주시 교하읍 문발리 출판단지 515-1 우편번호 413-756
마케팅부 031)955-3100, 편집부 031)955-3250, 팩시밀리 031)955-3111

이 책의 한국어판 저작권은 저작권자의 독점 계약으로 김영사에 있습니다.
저작권법에 의해 한국 내에서 보호를 받는 저작물이므로 무단 전제와 복제를 금합니다.

값은 표지에 있습니다.
ISBN 978-89-349-3400-4 03990

독자의견 전화_ 031)955-3200
홈페이지_ http://www.gimmyoung.com
이메일_ bestbook@gimmyoung.com

좋은 독자가 좋은 책을 만듭니다.
김영사는 독자 여러분의 의견에 항상 귀 기울이고 있습니다.

추천의 말

중국 근대사를 거쳐간 인물들은 무수히 많지만, 그중에서도 차이위안페이蔡元培는 지식인의 전형이요 선구자라고 칭할 만하다. 일찍이 마오쩌둥毛澤東은 그를 "학계 태두요 만세의 귀감"으로 칭송했다. 실제로 그는 후세에 교훈을 주는 주옥같은 저서를 남겼으며, 교육과 과학 영역에 깊은 영향을 미쳤다.

저우언라이周恩來도 그를 애도하며 다음과 같은 시를 바친 바 있다.

반反 청조로부터 항일전쟁에 이르기까지 선생의 뜻은 오직 민족혁명에 있었다. 5·4 운동 시기부터 인권동맹에 이르기까지 선생은 오직 민주와 자유를 쟁취하기 위한 길을 걸어왔다.

저우언라이의 이 같은 평가는 차이위안페이의 일생의 궤적을 한마디로 집약한 것이라 할 수 있다. 그가 서거한 지 40여 년이 지났지만, 그의 이름과 사상은 여전히 인구에 회자되고 있다.

차이위안페이는 위대한 애국주의자요, 시대를 앞서간 사상가이자 교육개혁가였다. 그는 민족해방과 민권보장 투쟁에 일생을 바쳤을 뿐 아니라, 중국 근대교육과 과학발전의 기초를 닦은 개척자로서 많은 업적을 남겼다.

중국 근대화에 괄목할 만한 공헌을 한 위대한 선구자에게 우리는 마땅히 추모와 경의를 표해야 한다. 이렇게 하는 것은 그들의 숭고한 정신을 계승하고 발양하며, 후대 사람들을 격려하고 고무하여 중화 정신을 진작시키기 위함이다.

교육부장관과 대학교장을 지낸 차이위안페이는 교육사상 측면에서도 우리에게 매우 유익한 자산을 남겨주었다. 그는 지덕체미智德體美가 조화된 전인교육을 제창하여 실천에 옮겼고, 개방형 교육과 열린 교학체제를 마련했다. 아울러 학생의 독립적 사고와 자율적 능력을 배양하는 데 관심을 기울였고, 생동적이고 활발한 교학방법을 모색했다.

그의 이와 같은 귀한 경험과 견해들은 오늘날의 교육발전에도 여전히 유익한 전범이 되고 있다. 차이위안페이는 근대 중국의 교육계에 일대 새바람을 일으킨 대스승이라 할 수 있다. 오늘날에도 이러한 걸출한 대교육가가 필요한 것은 물론이다.

이 책을 지은 후궈수胡國樞 선생은 《걸출한 교육가 차이위안페이傑出的敎育家, 蔡元培》, 《차이위안페이蔡元培》를 지은 후에 《차이위안페이 평전蔡元培 平傳》을 펴냈다. 저장浙江 사람으로서 저장의 역사적 인물인 차이위안페이의 전기를 저술한 후궈수는, 수많은 관계자와 인터뷰하는 등 철저한 고증과 조사연구를 바탕으로 본서를 엮어 향토색과 친밀감을 더해주었다.

그러나 이보다 더 중요한 것은 차이위안페이에 대한 저자의 깊은 공감과 이해이다. 본서는 근대문화 명인으로서 차이위안페이의 정신과 풍모를 평가하려는 노력이 엿보인다. 총 17장 중 교육, 과학·학술사상이 내용의 약 절반을 차지하고 있다. 이것이 이 책의 가장 큰 특징이다.

책이 출간되는 것을 보니 매우 기쁘다. 아무쪼록 이 책의 발간을 계기로 차이위안페이에 대한 연구 및 중국 근대사상사·문화사 연구 등이 더욱 촉진되기를 기대하는 마음 크다.

1984년 후베이성 우한에서
장카이위안章開沅

책을 내면서

 몇십 년 전까지만 해도 중국 학술계에서 '차이蔡 선생'이라고 하면 그의 이름을 굳이 거명하지 않더라도 누구를 가리키는지 곧바로 알 수 있었다. 그만큼 차이위안페이는 중국 학계는 물론이고 해외에서도 명성이 자자한 인물이었다. 그러나 학계의 원로들이 지적한 것처럼, "온 세상이 차이 선생을 숭모하나 진정으로 그를 이해한 사람이 몇이나 있을까? 온 세상이 차이 선생을 받들고 기술하나 그의 사상을 철저하게 이해한 사람은 또 몇이나 될까?"

 그의 이름 석 자를 아는 사람은 매우 많으나 진정으로 그를 알기는 쉽지 않은 것이 현실이다. 이는 중국 근대사에서 차이위안페이가 차지하는 비중과 그 사상의 심오함을 말해주는 결과라 할 수 있다.

 그는 청나라에서 과거에 급제한 진사進士 출신으로서 봉건사회를 배반하고 반청혁명의 길에 투신했다. 그리고 부단히 전진하여 신민주주의혁명에 이르기까지 몸이 피폐해지도록 헌신한, 손가락 안에 꼽히는 혁명가이다.

그는 또한 국학에 정통했고 장기간에 걸친 해외 유학으로 구미 각국을 섭렵함으로써 신구사상을 두루 갖춘 인물로서, 중국과 서양의 학술을 한 용광로에 융합하여 중국의 실정에 맞게 적용시킨 중국의 혼을 담은 학자였다. 그는 일생을 혁명과 교육사업에 헌신했고, 중화민국의 초대 교육부장관을 지냈으며, 5·4 운동 시기에는 베이징대학 교장으로 재직했다. 근대 중국 교육사와 관련된 수많은 사건들 중 그의 이름과 무관한 것이 없을 정도로 걸출한 교육가였던 그는, 학술구국·과학구국운동을 창도했고, 국립중앙연구원(현 중국 사회과학원과 과학원의 전신―옮긴이)을 설립했으며, 중국 근대과학의 기초를 닦은 개척자였다.

"미육으로 종교를 대체해야 한다以美育代宗敎"고 주장한 바처럼, 그는 철저한 무신론자였다. 베이징 예술전문학원, 상하이 음악전문학원, 시후西湖 예술전문학원은 모두 그가 주창했거나 직접 창설한 학교들이다. 곧 그는 중국 근대미육 분야의 개창자라 할 수 있다. 또한 백화문과 표준어 사용을 제창했고, 문자개혁을 추진했으며, 외국어교육을 중시했고, 세계어(에스페란토) 사용을 적극 제창하는 등 신문화운동을 이끈 주역의 하나로 평가받는다. 그는 '지덕체미' 4육의 균형적 발전을 강조했고, 많은 인재들을 길러내 "온 천하에 그가 길러낸 문하생과 제자들이 가득했으며桃李滿天下", 지금도 여전히 현실적인 영향력을 발휘하고 있다.

그는 중국 국민당의 원로이자 공산당의 친구였으며, 애국청년들의 지지자요, 민족의 미래를 내다보고 제2차 국공합작을 촉진시킨 위대한 애국자였다. 국제주의와 민족주의를 융합하여 세계 평화운동에 앞장선 영도자이기도 했다. 그는 고결한 인품과 덕망의 소유자이자 늘 자신의 허물을 돌아보고 올바른 길로 나아갔던 자신에게 매우 엄격한 인물이었다. 마오쩌둥, 저우언라이를 비롯한 후세인들이 그를 "학계 태두요 만세의 귀감"으로 흠모하는 이유가 바로 여기에 있다.

그가 살았던 시절은 중국 봉건왕조, 뒤이은 반식민지체제가 붕괴되면서 새로운 사회제도가 잉태되던 위대한 변혁의 시대였다. 당시 각 계층 및 정파의 역량과 여러 사조들이 개의 어금니처럼 날카롭게 교차하며 서로 투쟁을 벌였다.

그는 청조의 동치同治·광서光緒 연간부터 항일전쟁의 중기까지 72년간의 파란만장한 길을 걸어오면서, 구 봉건왕조의 진사에서 자산계급 민주주의자로 변모하기까지 자못 특징적인 삶의 궤적을 보였다.

혹 이러한 인물을 연구할 가치가 있는가, 그의 행적을 통해 어떤 자양분을 섭취할 수 있겠는가라고 의구심을 품을지 모른다. 또한 그가 거쳐온 사건들에서 중국 민족이 살아온 궤적을 찾아낼 수 없는 것이 아닌가 하는 의문이 들지도 모른다.

그러나 당시의 혹독한 정치투쟁 분위기와 낙후하고 진부한 사회제도를 감안하면, 베이징대학과 중앙연구원을 이끌어 인재들의 보고로 만들고 중국 근대화의 발전에 결정적인 기여를 했다는 것이 얼마나 대단한 일인지 알 수 있다. 특히 그가 교장으로 재임하면서 베이징대학을 5·4 신문화운동의 발상지로 만든 일은 역사적으로 높이 평가받을 만하다.

차이위안페이가 근대 중국의 교육·과학·문화예술 발전 및 서양과의 문화교류에 남긴 업적과 경험, 그가 체현한 중화민족의 우수한 문화전통은 오늘날 중국 사회에 귀중한 전범이 되고 있다. 이 같은 생각을 바탕으로 배움을 구한다는 마음가짐을 갖고 이 책을 썼으니, 독자 여러분들의 지도편달과 아낌없는 질정을 바란다.

1986년 봄 항저우에서
후궈수胡國樞

한국 독자들에게

2008년은 중국의 문화명인이자 저명한 교육가인 차이위안페이 선생의 탄신 140주년이 되는 뜻 깊은 해였다. 이러한 때 졸저 《차이위안페이 평전》이 한국에서 번역, 출판된다는 소식을 접하고 기쁜 마음 금할 길 없다. 해외에 지기知己가 있다는 사실에 참으로 "천하는 가까운 이웃 마을과 같다"는 생각이 든다.

차이위안페이 선생은 필자의 동향 어른으로서, 일찍이 유년시절부터 그 명성을 듣고 늘 존경의 마음을 간직하며 살아왔다. 세월이 흘러 그를 중요한 역사인물로 정하고, 오랜 기간 그에 대한 학습과 연구를 진행하기에 이르렀다. 현재 상하이와 랴오닝遼寧성 선양沈陽에 거주하고 있는 그의 자녀 차이쑤이양蔡睟盎 여사와 차이잉둬蔡英多 선생도 필자의 가까운 벗들이다. 선생의 자녀들 또한 선친의 충효정신을 전승하여 온 집안이 세인의 귀감이 되기에 조금도 부끄러움이 없다.

필자는 차이위안페이 선생을 연구한 몇 권의 책을 출간했으며, 〈인민일보人民日報〉, 〈저장일보浙江日報〉, 〈저장학간浙江學刊〉 등에 그에 대해 몇십 편의 글을 발표했다. 또한 10년마다 베이징대학에서 그의 탄신을 기념하는 국제학술대회를 개최하고 기념 논문집을 발간하는데, 차이위안페이 탄신 120주년·130주년·140주년 기념 학술논문집에 필자의 논문 세 편이 수록돼 있다. 따라서 그의 중국 문화·교육사상사적 지위와 공헌 및 풍모에 대해서는 여기에서 새삼스레 얘기할 필요가 없겠다. 다만 한 가지 강조하고 싶은 것은, 차이위안페이 선생은 동서를 관통한 학문체계를 이룩했고, 세계평화와 번영 그리고 중화민족의 진작을 위해 필생의 노력을 기울인 당당한 중국인이라는 사실이다.

그는 사해동포주의를 실천한 모범적인 세계시민이기도 했다. 강직하고 아첨하지 않으며, 남을 선의로 돕고, 빈부귀천을 가리지 않는 민주사회의 선구자였다. 또한 사상의 자유와 학문의 자유를 구가하고자 '겸용병포兼容竝包', '광납중가廣納衆家'의 정신을 실천하고, 학파와 문호門戶의 선입관을 배격했던 진정한 학술계의 거목巨木이었다. 오늘날 세계인류는 여전히 전쟁의 유혹에서 벗어나지 못하고 있으며, 모순과 사회충돌이 빈번하게 일어나고 있다. 이러한 즈음에 다시 새롭게 그의 정신을 조명하고 홍양弘揚하는 것은 매우 중요하고도 절박한 과제라 아니할 수 없다.

한국의 소장학자 강성현 박사가 허다한 정력과 시간을 쏟아가며 차이위안페이 선생을 배우고 연구하여, 적지 않은 언어와 문자의 장벽을 극복하고 정심精心으로 이 책 한 권을 번역했다. 이것은 비록 그와 필자가 몸은 떨어져 있지만 '생각과 마음은 하나'

라는 것을 충분히 설명하고도 남는다. 차이위안페이에 대한 공통된 평가와 인식을 갖는다는 것은 얼마나 어려운 일인가. 강 선생과 필자는 서로 알지 못하는 사이로, 2008년 초만 해도 그가 그때 이미 이 평전의 번역을 마무리하고 있음을 몰랐다. 그러던 차에 평소 필자와 잘 알고 지내며 강 선생과도 교분이 있는 저장대학 전前 교육학원장 톈정핑田正平 선생께서 우연히 이러한 반가운 소식을 전해주었다. 또 랴오닝대학 국제학원에서 교편을 잡고 있는 한국 방문학자 양쿤楊崑 선생이 강성현 박사와 필자 사이에서 궂은일을 도맡아 처리해주었다. 이 기회에 충심으로 감사의 말을 전한다.

2008년 5월 초, 베이징대학 잉제英傑교류센터 회의장에서 열린 차이위안페이 선생 탄신 140주년 기념 국제학술대회에서 동서양 학자들이 운집한 가운데 우연히 강 선생을 만나게 됐다. 그와 필자는 회의장 옆자리에 앉아 흉금을 털어놓고 이야기꽃을 피우며 교분을 쌓았다. 저녁에 숙소로 돌아와서도 무릎을 맞대고 마주앉아 시간 가는 줄 모르고 격의 없는 대화를 나누었다. 그는 젊은 학자이고 필자는 이미 백발이 성성하나, 나이를 초월한 교제를 나누었다.

타향에서 고향의 옛 친구를 만난 듯 기뻤다. "인연이 있으면 천 리 먼 길을 달려가서라도 만날 수 있다有緣千里來相會"는 속담이 떠올랐다. 그 즐거움이야 어찌 다 말로 표현할 수 있겠는가! 학문 탐구에는 국경이 없고, 진리 앞에는 장유長幼가 있을 수 없다. 우리는 같은 지구에 살고 있다는 기쁨을 확인했다.

지금 필자는 내심內心의 격정을 누를 수가 없다. 오직 멀리서나

마 강성현 선생의 학문활동이 풍성한 결실을 맺기만을 바랄 뿐이다. 이번에 한국에 번역·소개될《차이위안페이 평전》은 차이위안페이 연구에 새로운 이정표를 제시함은 물론, 한·중 간의 교육·문화교류에 가교 역할을 충실히 해낼 것으로 믿어 의심치 않는다. 앞으로도 원 저서의 부족한 부분을 아낌없이 질책해주길 바라며, 함께 손을 맞잡고 차이위안페이 연구에 정진하기를 기원하는 바이다.

2009년 3월 20일
항저우에서 후궈수

차이위안페이(蔡元培(채원배), 1868~1940)

일러두기

1_ 중국 인명과 지명의 표기는 과거인은 한자의 한글 독음대로, 현대인은 국립국어원의 외래어 표기법에 준한 중국어 발음대로 표기했다.
2_ 과거인과 현대인의 구분은 이 책의 주인공인 차이위안페이가 청나라 말기에 태어났으나 주로 중화민국 성립 이후에 활동했고 오늘날까지 중국 사회에 큰 영향을 미치고 있는 점을 고려하여 차이위안페이와 동 시대에 활동한 사람들은 모두 현대인으로 보았다.

추천의 말·5 / 책을 내면서·8 / 한국 독자들에게·12

① 고향의 두터운 은택을 입다·20
사오싱에서의 유년시절│양즙산방과 스승의 혹독한 가르침│주학재, 책의 바다에서 진주를 캐다│수재, 거인, 진사가 되어 입신출세의 길이 열리다│월왕 구천의 고향, 사오싱의 기질과 혼

② 시대의 부름을 받다·50
청일전쟁의 포성│무술변법의 영향│신학문의 세례│관직을 버리고, 고향에서 교편을 잡다│교편생활과 좌절│개량주의자에서 혁명가의 길로

③ 한림혁명·79
신사상, 신교육법을 활용하여 학생들을 교육│중국 근대 최초의 학생운동을 지지하다│중국교육회 설립, 교육구국에 앞장서다│교육구국의 요람, 애국여학교·애국학사│장원 연설회와 상하이 군국민교육회를 조직하다

④ 광복회·동맹회의 탁월한 지도자·109
〈소보〉지지와 〈석구만〉을 발표│〈소보〉사건의 곤경에서 탈출│옥중의 친우, 장타이옌에 관심을 기울이다│〈경종일보〉주필로 활약하다│국내 혁명활동의 중심인물로 부상하다│광복회와 동맹회를 영도한 민족의 위인

⑤ 고달픈 해외 유학의 길로 • 147
제1차 독일 유학 | 신해혁명에 호응하다 | 프랑스에서 근공검학운동 전개

⑥ 서방 학습에 열정적인 중국인 • 167
동서 문화교류 촉진을 위해 분주하다 | '경자년 배상금 반환을 통한 흥학'을 진두지휘하다 | 서방 지식과 문물에 대한 갈구

⑦ 위안스카이와의 투쟁과 타협 • 190
간웅 위안스카이의 음모를 간파하다 | 위안스카이 임시 대총통을 환영하러 베이징으로 향하다 | 광란의 소용돌이 | 위안스카이 토벌의 기치를 올리다

⑧ 중국 근대교육 발전에 공헌하다(상) • 224
예리한 안목을 지닌 개혁 성향의 교육부장관 | 식견과 안목을 갖춘 베이징대학교장 | 실패를 두려워하지 않는 대학원 원장

⑨ 중국 근대교육 발전에 공헌하다(하) • 279
5육의 균형발전론 | 학습자 중심 교육 | 보통·고등·직업·사회교육 | 기초지식을 중시하는 학과 술의 병진론 | 교육독립론

⑩ 중국 근대미육의 개척자 • 305
미육 발전에 전력을 기울이다 | 가정·학교·사회 미육의 실천 | 문화유적 보호에 지대한 관심을 쏟다 | 차이위안페이의 미학사상 분석

⑪ 중국 근대과학의 초석을 다지다 • 332
'과학입국'을 부르짖다 | 대학에 연구소를 설립하다 | 근대과학 발전의 토대가 된 중앙연구원 창립 | 최고 인재를 발탁, 과학 근대화에 앞장서다

⑫ 신문화운동의 선구자 · 360
신사상·신문화의 길을 개척하다 | 신문화운동의 후견인 | 백화문·한자개혁·보통화 사용의 추진 | 5·4 운동 시기 청년들의 수호자

⑬ 남녀평등의 실현에 힘쓰다 · 396
여성을 능욕해온 낡은 전통관념 | 애국여학교의 창립 | 전국 최초의 남녀공학 | 독립적 인격체로서의 여성 | 여성해방에 관한 새로운 견해

⑭ 미몽에서 깨어나 민권투쟁의 길로 · 422
북벌을 지지하다 | 장제스에게 이용을 당하다 | 다시 혁명의 편에 서다

⑮ 정치사상 · 460
구국을 위해 혁명의 길로 나서다 | 민주공화정 건립을 주장하다 | 평등으로 민주의 준칙을 삼다 | 각종 사회주의의 포용과 접목

⑯ 도덕사상 · 492
'이덕복인'의 가치관을 중시하다 | 사회개조와 신국가 건설을 위해 고상한 덕을 길러야 한다 | 도덕규범의 요체는 자유·평등·박애이다 | 지·덕·체가 일상생활 가운데 스며들어야 한다

⑰ 세인의 귀감 · 516
일생을 학문에 힘쓰다 | 정의를 위한 투쟁에 나서다 | 타인에게 관대한 '하오하오 선생' | 전형적인 외유내강형의 선비 | 평생 청년과 후진 양성에 힘쏟다 | 부부간의 존경과 사랑의 모범 | 고상한 기품과 절개의 소유자 | 병석에 누워서도 나라 사랑하는 마음만은

주석 · 563 / 옮긴이의 말 · 587 / 차이위안페이 연보 · 593 / 찾아보기 · 607

1

고향의 두터운 은택을 입다

사오싱에서의 유년시절 | 양즙산방과 스승의 혹독한 가르침 | 주학재, 책의 바다에서 진주를 캐다 | 수재, 거인, 진사가 되어 입신출세의 길이 열리다 | 월왕 구천의 고향, 사오싱의 기질과 혼

사오싱에서의 유년시절

차이위안페이蔡元培(1868~1940)는 1868년 1월 11일(음력 1867년(동치 6년) 12월 17일)에 태어났다. 그가 태어나던 날 밤은, 찬 바람이 살을 에는 듯했고 대지는 칠흑 같았다. 저장성浙江省 사오싱부紹興府 산인현山陰縣 비페이방筆飛坊(현 비페이눙筆飛弄) 담장 내 두 칸짜리 집에 호롱불이 아직 밝게 타고 있었다. 방 안에서 활활 타오르는 탄불이 한 줄기 온화한 느낌을 가져다주었다. 안방의 여주인은 한 시간 전에 사내아이를 분만했다. 이 아이는 그녀의 네 번째 분신이었다.

산모의 안색은 초췌했으나 정신은 매우 맑고 편안했다. 그녀는 희미한 등불 너머로 가련하면서도 한편은 흐뭇한 표정을 지으며 꿈틀거리는 갓난아이를 들여다보았다. 아이는 비쩍 말라 기운이 없었으며, 우는 소리도 매우 처져 힘이 없어 보였다. 이 평범한 집안의 보통 아이가 시대의 흐름을 따라 나아가면서 장차 중국 근대사의 중요한 인물이 되는 차이위안페이였다.

아이는 아페이阿培라는 이름을 얻었고, 가족들은 그를 이거宜哥[1]라 불렀으며, 어릴 적 자字는 이커宜可였다. 형제들이 '위안元'

자 돌림이어서 아이는 글방에 들어가 공부할 때부터 위안페이元培라 불렸다. 숙부가 '허칭鶴卿'이라는 자를 지어주었으나, 그는 장성한 이후에 이 명칭이 지나치게 세속적이라고 여겨 싫어했다(학문하는 사람이 벼슬卿에 집착하는 것을 천박하게 여긴 듯하다—옮긴이). 그리고 옛사람의 이름과 자는 서로 관계가 있다는 믿음에 따라 스스로 자를 중선仲申이라 하고, 별호를 허칭이라 지어 사용했다.

1903년 애국학사愛國學社에서 혁명과 교육사업에 종사하면서, 스스로 호를 민유民友라 지어 사용했다. 1904년 〈경종일보警鐘日報〉 주필로 있을 때 《시경詩經》 〈대아大雅〉 '운한雲漢' 편에 보이는 "주여려민, 미유혈유周余黎民, 靡有孑遺(주 왕실의 백성이 그렇게 많았지만, 거의 다 쓰러져 죽고 혈혈단신 살아남았네—옮긴이)" 중에서 두 자를 따 호를 제민孑民(한자음은 '혈민'이다—옮긴이)으로 바꾸었다. 국가와 민족의 재난이 자신에게도 책임이 있음을 드러내려고 호를 바꾼 것이라고 했다. 이 밖에도 차이전蔡振(부인 황스전黃世振의 '振'자를 따온 것이다—옮긴이) 등의 필명을 즐겨 사용했다.

그의 조상들은 원래 지현暨縣 천차이샹陳蔡鄉에 주로 살았으나, 명조 말엽에 이르러 이산藝山으로 이사했다.

차이蔡 집안은 산인현에서 8대째 살아왔다. 조부의 이름은 가모嘉謨이고 족보명은 정정廷楨, 자는 계목桂木이었다. 국자감생國子監生으로서 이곳에서 공부했고, 벼슬은 염제鹽提로서 종9품의 말직에 머물렀으나 황제에게 봉직대부奉職大夫의 칭호를 하사 받았다. 증조모도 황제에게 대의인大宜人 칭호를 하사받았다. 부친의 이름은 광보光普이고, 족보 이름은 보욱寶煜이며, 자는 요산耀

山으로 불렸다. 조부와 마찬가지로 국자감생 출신이었고, 벼슬은 종9품에 해당됐으며, 국자감생 주신周愼의 딸을 아내로 맞이했다. 부친은 모두 7형제였다.[2]

산인현에서 터를 닦으며 지내온 조상들은 땔감을 팔아서 생계를 유지하는 빈한한 삶을 살았다. 그러다 고조부 대에 이르러 비로소 꽤 많은 재산을 모을 수 있게 됐다.[3] 증조부와 조부는 전당포를 경영[4]했고, 증조부 때부터 높은 학문적 소양과 지식을 갖추게 됐다. 부친과 넷째 삼촌은 개인 금융업 및 환전상 등을 하면서 부를 축적했다. 둘째 삼촌은 포목상을 경영했고, 다섯째 삼촌과 일곱째 삼촌은 그 밑에서 부책임자로 일했다.[5] 차이위안페이가 세상에 태어날 무렵, 그의 집안은 이미 성 안에서 상업으로 부를 일으킨 세도가로서 명성을 누렸다.

그의 부친은 사람됨이 매우 정직하고 관대했으며, 사람들을 대할 때 빈부귀천을 가리지 않았다. 모친 또한 전형적인 현모양처였으며 후덕한 인품을 지닌 여성이었다. 부친은 차이위안페이가 열한 살 때 별세했는데, 당시 형은 열세 살, 동생은 아홉 살이었다. 막내 남동생과 두 누나는 어려서 죽었다.[6] 부친은 생전에 베풀기를 좋아하여 돈을 빌리러 오는 자에게는 반드시 빌려주었으며, 돈을 빌려간 사람에게도 차마 빚을 갚으라는 얘기를 못 할 정도로 매우 인간적인 사람이었다.

아버지가 돌아가신 후 차이위안페이의 집은 가세가 급격히 기울기 시작하여 그야말로 한 푼 없는 처지로 전락했다. 친척과 부친의 친구들이 과부와 유약한 아이들을 위해 자금을 모아주려고 했지만, 모친은 완곡히 거절했다. 모친은 자신의 옷과 패물 등을

1. 고향의 두터운 은택을 입다

저장성 사오싱 산인현 비페이눙에 위치한 차이위안페이 생가.

전당 잡히는 등 빈궁한 삶을 살면서도 근면검소함으로 역경을 잘 극복하며 홀로 어린 세 아들을 길렀다. 모친은 아이들에게 심혈을 기울였고, 교육에 대한 열의가 대단했으며, 엄부자모嚴父慈母의 역할을 잘 감당했다. 그녀는 세 아들에게 남을 의지하지 말고 자립심을 기를 것과, 남의 동정이나 은덕에 기대지 말 것 등을 강조했다. 아울러 불의한 재물을 추호도 취해서는 안 된다고 가르쳤으며, 아이들의 학업에 매우 엄격했다.

특히 차이위안페이는 어려서부터 총명하고 지혜로웠다. 유년시절 글방 스승의 회고에 의하면, 모친은 차이위안페이가 배운 것을 밤 늦도록 완전히 복습할 때까지 피곤함도 아랑곳하지 않고 책상 옆에서 지켜보며, 따뜻한 말로 아들을 위로하여 학습의 권

태로움을 극복하게 했다.[7]

모친은 선량하고 매사에 조심스럽고 신중한 성격이었다. 사람을 대할 때는 각박하지 않으며 남과 다투는 일은 더더욱 찾아볼 수 없었다. 그녀는 늘 다음과 같이 말했다.

> 남과 대화할 때는 상대방이 무엇을 말하려는지를 미리 예상하고 어떻게 응대할지를 생각해야 한다. 대화가 끝났을 때는 다른 사람이 무엇을 얘기했는지, 자신은 어떻게 대답했는지, 또 부적절한 부분은 없었는지… 이렇게 이치에 맞게 응대해야 남과 다투거나 남을 대할 때 무례하다는 말을 듣지 않는단다.[8]

모친에게 받은 엄격한 가정교육은 어린 차이위안페이의 심령에 깊이 새겨졌다. 그는 부친에게서는 온화하고 관대하며 남을 이해하고 배려할 줄 아는 습성을, 모친에게서는 탐욕스럽지 않고 인색하지 않으며 망언을 하지 않는 품성을 배웠다. 그는 훗날 자신이 물려받은 부모의 성품에 대해 이렇게 회고한 바 있다.

> 나의 관대함과 온화함은 부친에게 물려받았다. 구차하게 취하지 않고 망언하지 않는 것은 어머니의 가르침 덕이다.[9]

가정은 그가 온화하고 후덕한 기질을 배양하는 좋은 토양을 제공했다. 그가 언젠가 다른 사람을 찬미하며 지은 시를 보자.

> 신념을 굳게 세워 오직 자기 자신을 믿으며, 집안 대대로 충효와 정

성이 넘쳤다.[10]

이 문장은 오히려 차이위안페이 자신의 모습을 잘 표현한 것이라 할 수 있다. 그의 훌륭한 인품과 학문을 좋아하고 게으르지 않은 습성은 어릴 때부터 길러진 것이다. 차이위안페이는 '효자'로서 칭송이 자자했으며, 모친에 대한 그의 사랑은 감동을 불러일으키기에 충분했다. 모친을 기리기 위해 그는 차이위안페이라는 이름 대신 어머니의 성씨를 사용하여, 자신을 저우쯔위周子余로 부르기도 했다.[11]

앙즙산방과 스승의 혹독한 가르침

차이위안페이는 다섯 살 때부터 글방塾에 들어가서 공부를 했다.[12] 처음에는 《백가성百家姓》, 《천자문千字文》, 《신동시神童詩》 등을 읽었고 점차 사서오경四書五經 등을 배우기 시작했다. 사서를 공부할 때 선생은 별도로 해설해주지 않았고, 오경을 배울 때에야 조금 설명해줄 뿐이었다. 당시 그는 나이가 너무 어려 설명을 들어도 이해하지 못했다. 마치 어린 중이 마음에도 없으면서 입으로만 염불을 외는 격이었다. 유년시절의 차이위안페이에게 유가경전은 무미건조한 것이었으며, 어린 그의 심령에 조금의 흥미도 가져다주지 못했다. 마치 당시에 유행한 노래와 같았다.

대학! 대학! 외치다 회초리로 손바닥을 맞아 부르텄고, 중용! 중용!

외치다 회초리에 궁둥이를 맞아 여기저기 벌건 자국이 생겼다네.

그는 종일토록 앉아서, 선생이 고개를 흔들며 "공자께서 말씀하셨다. 배우고 때로 익히면 기쁘지 아니한가孔子曰 學而時習之不亦悅乎?"라는 문장을 두 번 세 번 끝도 없이 반복하면, 따라서 중얼거리며 맹목적으로 배우고 익혔다. 줄곧 거침없이 따라 익혀 유창해졌으나 그 속에 무슨 '즐거움樂'이 있었겠는가?

이처럼 고서를 암송한 것은 이후 그의 한문실력의 기초가 됐고, 좋은 점도 없지 않았으나 폐단이 더 많았다. 경전을 단순히 암송하는 낡은 봉건체제 교육은 그에게 평생 고통스런 기억으로 남았다. 아마도 유년시절 겪었던 비효율적인 교육이 나중에 그가 교육부장관으로서 봉건교육제도를 혁파하는 데 커다란 밑거름으로 작용하지 않았나 생각된다. 그는 전국 모든 초등학교의 경전강독 수업을 일제히 폐지함으로써, 경전을 강제로 암송해야 하는 고통에서 아동들을 해방시켜주었다.

당시의 교학법은 경전강독 이외에 식자識字, 습자習字, 대구삼법對句三法 등이 있었다. 그는 이러한 방법들을 통해 문장의 의미를 해득하게 됐다.[13]

'식자'는 글자의 음音과 형형形과 뜻定義을 깨우치는 것이다. '습자'란 획순에서부터 점을 찍고, 가로로 획을 긋고, 세로로 내리긋고, 갈고리 '궐亅'자 모양으로 내리다가 꺾어 올리고, 치키고, 삐치고, 짧게 삐치며, 파이는 등의 이른바 '영자팔법永字八法'을 말한다.

'대구'란 대과對課라고도 하며, 현재의 조구법造句法과 흡사하다. 한 글자에서 네 글자에 이르기까지, 선생이 윗 연上聯을 제시하면 학생이 대구가 되는 연을 연상해내는 것이다. 명사에는 명사가, 동사에는 동사가, 형용사에는 형용사가 이어져야 하되 성격이 유사한 내용이 이어져야 한다. 예를 들면 선생이 '산'이라는 명사를 제시하면, 학생은 바다 '해海'자 혹은 물 '수水'자를 연상해내야 하는데, 그 이유는 모두 지리를 나타내는 명사이기 때문이다. 또 한 가지 예를 들면, '도홍桃紅'이라는 두 글자에는 '유록柳綠' 또는 '미자薇紫' 등의 대구가 이어져야 한다. 첫 글자가 식물을 나타냈다면 두 번째 글자는 해당 식물의 색깔을 나타내는 형용사가 이어져야 한다. 이러한 방식의 공부는 작문의 시작일 뿐만 아니라 작시作詩의 기초이기도 하다.[14] 차이위안페이는 소년시절에 이처럼 혹독한 문학수업을 받았다.

사오싱의 습속에 돈 있는 집에 아들이 둘 있으면, 한 명은 상업적 기량을 배우게 하거나 혹은 가문의 재산을 경영하여 부를 축적하게 하고, 다른 한 명은 공부를 시켜서 벼슬길에 올라 가문을 빛내게 했다. 따라서 백방으로 수소문하여 이름 있는 선생을 가정교사로 초빙하는 것이 관례였다.

차이위안페이는 온 식구들의 관심과 기대를 한 몸에 받았기에, 부친 생전에 가정교사를 초빙하여 글을 배웠다. 부친 사후에는 가정교사를 들일 형편이 못 되어 다른 집에 가서 더부살이로 배웠으며, 사숙私塾에서의 공부는 17세까지 계속됐다.

그를 지도한 선생들을 시대순으로 정리해보면 다음과 같다. 숙부 민산珉產, 주로周老, 장운포章雲圃, 왕자장王子莊, 광서光緒 을해년 은과恩科 거인擧人(명청시대 향시鄕試 합격자―옮긴이) 후보로 선발된 진내암陳耐庵 등이었다. 당시 습속에 의하면 학생이 과거에 급제하여 명성을 얻으면 이름이 족보에 오르고, 향시 명부에도 이름이 등재되었다.

차이위안페이는 과거시험에 급제한 유명인물이었다. 따라서 상술한 스승 이외에도 전춘농田春農, 고자당高子唐, 왕좌王佐, 송홀경宋笏卿, 저장성 학정學政(조정에서 파견하는 과거시험 주관 관리—옮긴이) 기자화祁子禾, 왕개미王介眉, 용산龍山서원 원장 전진상錢振常, 계산稽山서원 원장 왕계향王繼香, 고경정사詁經精舍의 유곡원兪曲園 등이 그를 지도했다. 이들은 당시 사오싱부 학계에서 명망과 학덕을 갖춘 엘리트들이었다. "훌륭한 스승 밑에서 뛰어난 제자들이 배출된다名師出高徒"는 말은 차이위안페이를 두고 한 말이다.

많은 스승들 중에서 특히 차이위안페이에게 깊은 영향을 미친 분은 왕자장이었다. 왕 선생은 과묵했고 여러 분야에 걸쳐 두루 깨우쳤으며, 4년 동안 배우고 자신을 믿고 따른 위안페이를 가르치고 독려하는 자세가 매우 진지했다.[15]

차이위안페이는 13세 때부터 왕 선생에게서 학문을 익혔다. 왕 선생은 단지 수재秀才(부府, 현縣에서 거행된 원시院試 합격자로서 생원이라고도 한다—옮긴이)에 머물렀지만, 박학다식했고 경서에 능통했다. 명청시대의 팔고문八股文에 익숙했을 뿐만 아니라, 주희朱熹·육구연陸九淵 등을 숭앙하고 봉건 유가질서에 순응하는 도학선생이었다. 이로 인해 차이위안페이도 20세 이전까지는 송 유학을 신봉했고, 일상생활 중에도 유교의 제도와 질서를 추종했음을 고백했다. 예를 들면 어머니가 병이 났을 때 소위 '할고割股'라

하여, 허벅지나 팔의 살점을 떼어내 약으로 달여 드려서 효험을 본 적도 있었다.[16]

왕 선생은 위안페이가 공부를 좋아하고 총명한 것을 알고, 그가 남보다 뛰어나기를 바라며 교육에 매우 엄격했다. 당시 차이위안페이는 어떤 책이라도 접할 수 있는 유복한 환경이었다. 어느 날 그는 친구와 함께 몰래 《서상기西廂記》의 한 구절을 술술 읽어내려 갔다.

그녀가 못 이기는 체 몸을 맡기자, 놀랍기도 하고 매우 기뻤다.

《서상기》에 나오는 노골적인 애정행위의 묘사 장면을 읽는 소리가 학생들에게 들렸고, 그중에 한 살 정도 더 먹은 같은 반 학생이 비꼬듯이 말했다. "자네도 서상西廂의 음탕한 문장을 읽는구만!"

당시에는 《서상기》 같은 명저를 음란도서로 규정하여 학생들에게 절대 접근하지 못하도록 했다. 한번은 차이위안페이가 《삼국지연의三國志演義》를 빌려 읽다가 왕 선생에게 발각됐다. 왕 선생은 "안 돼! 읽지 마!"라고 호되게 야단을 쳤다. 또 한번은 《전국책戰國策》을 빌려 읽다가 된서리를 맞았다.[17]

이것은 왕 선생이 유별나서가 아니라, 당시 과거제도가 사람의 두뇌를 틀 안에 가두어버린 탓이었다. 명조 초기 이후 "과거 급제자가 아니면 벼슬을 할 수 없다"고 규정했고, 시험에는 반드시 팔고문을 사용해야만 했다. 문장을 쓰는 격식을 규범화한 것이 처음에는 어느 정도 진보적 의의가 있지 않았나 생각된다. 그러나 차이위안페이가 과거시험을 준비할 무렵에 팔고문은 이미 사람의 두뇌를 속박하여, 지식인들을 일찍부터 '지식'의 질곡에 얽매이게 하는 진부하고 판에 박힌 '교조敎條'가 됐다.

과거시험은 팔고문에 정통해야 합격할 수 있었고, 팔고문을 중심으로 한 과거제도는 판에 박힌 문장형식을 외우고 기술하게 하여 개인의 자유로운 사고를 제한했다. 팔고문은 경직된 문장형식이었다. 게다가 사서나 주희의 《사서집주四書集注》에 실린 글에 따라 문장을 지어야 했으므로, 응시생들이 자신의 실력을 자유롭게 발휘할 기회가 원천적으로 봉쇄됐던 셈이다. 만일 경서에 나오지 않는 임의의 문장을 지으면 곧 과거에 낙방했다. 봉건제도에서 글공부는 과거에 응시하기 위한 것이었고, 학생의 임무는 과거 합격을 위해 공부하는 것이었다. 그러므로 선생 또한 과거에 합격하도록 제자들을 가르치는 것이 본분이었다. 예컨대《소대예기小戴禮記》를 공부할 때는 '상례喪禮'에 관한 각 편과 각 절을 빼고 공부했는데, 이는 시험관이 그 부분을 꺼려하여 '상례'에 관한 제목을 결코 출제하지 않았기 때문이다.[18]

왕 선생이 아직 수재도 되지 않은 학생 신분인 위안페이가 한가롭게 연애소설 따위나 뒤적거리는 것을 절대 허용할 수 없었던 까닭은 이러한 고충에서 나온 것이라 짐작된다.

왕 선생은 자신의 제자들이 금방金榜에 이름이 올라 출세하길 갈망했다. 오랜 유학 교육 탓으로 차이위안페이 자신도 과거 합격을 통해 출세하기를 바랐으며, 사실 이 길로 매진할 수밖에 없었다. 당시 과거에 합격하여 '등용문'에 진입하는 것은 대다수 학생과 지식인들에게 불가피한 선택이었다.

차이위안페이는 후에 청소년시절의 독서생활을 회고하면서, 자신이 과거시험에 매몰되어 청춘을 허비했음을 다음과 같이 회고했다.

이 같은 독서방식은 오늘날의 사고방식에 비추어 보면 참으로 기괴하다.

그가 거친 표현이라고 하기 싫어했던 '참으로 기괴하다'는 말까지 뱉어낸 것이다. 무수한 청소년들이 고작 한 명의 장원과 몇십 명의 진사가 되기 위해 "자 왈子曰, 자 왈 …" 하면서 헛되이 노력을 낭비했다. 차이위안페이도 머리가 혼미한 방향으로 흘러가고 멍청하고 무기력했던 자신의 꼴을 회상하고 진절머리가 났던 것이다.

여러분이 보기에도 괴상하지 않은가! 다만 그와 같은 교육으로 그가 한 가지 얻은 것이 있다면, 당시에 비록 과거시험 응시라는 '소굴'에서 뛰쳐나오지는 못했지만 다양한 체험을 함으로써 고유의 견해를 가질 수 있었다는 사실이다. 그는 수재가 된 후 고거考據(고증의 학문—옮긴이)와 사장詞章(시가와 문장)류의 서적을 자유롭게 탐독하며 식견을 넓혔고, 이 후 두 번 다시 팔고문을 익히지 않았다.[19] 그는 곧바로 문자학과 역사고증학 방면에 깊은 흥미를 가졌고, 이후 향시·회시會試에서 기발하게 자신의 견해를 표현했다.

왕 선생이 차이위안페이에게 끼친 영향 가운데 또 다른 중요한 사실은, 고사를 즐겨 인용했다는 것이다. 특히 명말청초의 지사

여유량呂留良(1629~1683)과 증정曾靜(1679~ 1736)에 대해 자주 얘기했다. 여유량은 저장성 둥샹桐鄕 사람으로 명초의 저명한 사상가였다. 그는 청조에서 벼슬을 하지 않겠다고 맹세한 후 삭발하고 중이 됐다. 증정은 후난성 융싱永興 사람으로, 여유량의 책을 읽고 그의 영향을 받았다. 그는 반청 비밀조직을 만들어 활동하다 체포되어 살해되었다. 반세기 전에 이미 죽은 여유량도 이에 연루되어 부관참시剖棺斬屍되었으며, 저작들은 모두 불태워졌다. 왕 선생은 이 우국지사들의 이야기를 할 때마다 매우 격앙됐다.

한편 왕 선생은 류즙산劉蕺山(1578~1645)의 인격을 흠모하여 그를 학문의 모범으로 여겼다. 그래서 자신이 거처하는 곳의 이름도 류즙산을 흠모한다는 의미에서 '앙즙산방仰蕺山房'이라 불렀다. 류즙산은 본래 이름이 종주宗周이며, 차이위안페이와 동향인 산인현 사람이다. 저명한 철학가요 민본주의 사상가로 "통치자는 인민을 중시하고 억압해서는 안 된다"고 주장했다. 그는 일찍이 사오싱에 위치한 지산蕺山(한자음으로는 즙산)에 증인證人서원을 세우고 학문에 힘썼다. 사람들은 그를 '즙산 선생'이라 불렀다. 벼슬이 예부상서에 이르렀으나 간신 위충현魏忠賢에 반대하다 벼슬에서 물러나 낙향했다가, 명말 숭정제에 이르러 경도부윤京都府尹으로 재기용됐다. 직간直諫으로 이름을 떨쳤으며, 후에 민심을 혼란하게 했다는 죄목으로 탄핵됐다. 그는 청렴강직했으며 세도가를 두려워하지 않았고 모함을 받아도 굴하지 않았다.

류즙산은 경도부윤 재임 1년 동안, 법령쇄신과 개혁을 이뤄내 백성들에게 존경을 받았다. 명나라가 멸망하고 청나라 군대에 저장성이 함락된 후, 그는 청 조정의 회유에도 불구하고 굳세게 벼슬을 사양하며 23일 동안 단식하다 죽었다. 류종주劉宗周(류즙산), 여유량, 증정 등 명말청초 우국지사의 절개와 애국주의, 민본주의 사상은 차이위안페이의 초기 사상을 형성하는 중요한 원천이 됐다.

주학재, 책의 바다에서 진주를 캐다

앞서도 언급한 바와 같이, 1883년 열일곱의 나이에 차이위안페이는 수재가 됐다. 이후 왕 선생 곁을 떠나 자유롭게 독서하고 사색했다. 그 지긋지긋한 팔고문의 족쇄에서 벗어나게 된 것이다. 18~19세 무렵에는 마을 '글방선생'을 하며 적은 수입으로 겨우 생활을 꾸려나갔다. 가난한 수재로서 머리에는 지식이 가득하나 수중에는 돈 한 푼 없는 곤궁한 삶이 이어졌다.

그의 회고는 이렇게 이어진다.

당시 나는 책을 살 돈이 없었으나 다행히 여섯째 숙부가 장서를 조금 가지고 있어서 수시로 빌려 읽을 수 있었다. 《의례儀禮》, 《주례周禮》, 《춘추공양전春秋公羊傳》, 《춘추곡량전春秋穀梁傳》, 《예기禮記》 등 경서 외에 고거考據 혹은 사장詞章류의 책을 읽었으며, 《사기史記》, 《한서漢書》, 《문사통의文史通義》 등도 접했다.[20]

그러다가 스무 살 때 여섯째 숙부의 소개로 동향인 장서가 서수란徐樹蘭(1837~1902)의 서재에 머물며 교정일을 맡아 보았다. 그의 서재는 '주학재鑄學齋'로 불렸다. 사오싱 수이청샹水澄巷에 자리잡은 주학재는 고서로 가득 찼다.[21] 이곳과 차이위안페이의 집은 지척지간이었다. 그는 1886년부터 1889년까지 3년여 동안 서수란의 주학재에 기거하며 다양한 책들을 섭렵한 결과, 학문이 더욱 진보하고, 사상의 폭도 더욱 넓어지게 됐다.[22]

서수란의 자는 중범仲凡이고 호는 검암檢庵이다. 산인현 사람으로 광서 2년에 거인擧人(관리에 추천되거나 등용시험에 합격한 사람—옮긴이)이 됐고 병부랑중兵部郎中에 제수됐으나, 모친의 병간호를 위해 귀향한 후 다시는 벼슬길에 나가지 않고 지방 공익사업에 헌신했다. 일찍이 방파제를 축조했고 시후西湖 호수의 갑문을 건설했으며, 의창義倉을 세웠고, 방역 및 구제사업에도 힘을 기울였다. 장서루藏書樓(월나라 서적을 보관한 서고—옮긴이)를 만든 것은 교육구국사상과 구국인재 육성의 발로였다. 그는 특히 장서루를 열면서 '존고存古'와 '개신開新' 둘 다 중시해야 함을 강조했다. 그의 견해는 차이위안페이가 '겸수병축兼收幷蓄(아울러 거두고 함께 쌓아두다—옮긴이)' 사상과 '신구관통新舊貫通'의 관점을 형성하는 데 지표가 됐다.

서수란은 늘 다음과 같은 생각을 했다.

학문은 모름지기 동서고금을 통해서 널리 구해야 한다. 옛 사대부의 폐단은 고전에는 정통하나 현대적 지식은 얕다는 것이고, 오늘날 지식인의 폐단은 현재 것만 숭상하고 옛것을 무시하며 이 같은 추세가 가속화하고 있다는 것이다. 고적을 읽지 않으면 정치학술의 연혁을 고찰할 수 없고, 오늘날의 서적도 읽지 않으면 옛것을 거울삼아 오늘의 길을 다시 개척할 방도가 없다.[23]

서수란은 당연히 고서를 늘리고 아울러 신서도 부단히 확충해 나가야 하며, 학문이란 동서고금의 이치를 두루 궁구해야 한다고 했다.[24] 학문에 대한 이러한 관점은 차이위안페이의 사상과 실천에 깊은 영향을 미쳤다.

장서루 낙성식 후, 대외에 개방을 허락한 것은 20세기 초의 일이었다. 이 장서루는 7만여 권의 옛 월나라 서적을 소장했다. 차이위안페이가 서수란의 주학재에서 책을 읽고 교정작업을 할 당시 소장된 서적의 수는 4만여 권에 달했다. 차이위안페이는 방대한 분량의 서적들을 훑어볼 기회가 많았을 뿐만 아니라, 일부 주요 저작들은 반복해서 읽기도 했고 중요한 부분은 요약·정리해두었다. '주학재'란 도장이 찍힌, 서수란이 저술하고 차이위안페이가 교정한 《소흥선존유서紹興先尊遺書》 등의 책도 눈에 띈다.

차이위안페이는 만년에 이르러서도, 사숙에서 가르치고 장서루에서 교정일을 맡아 보며 독서하던 추억을 일생 동안 간직했다. 그는 〈나의 청소년 시절의 독서생활〉에서 인상 깊었던 세 권의 책을 소개했다. 하나는 언어학자 주준성朱駿聲의 《설문통훈정성說文通訓定聲》, 두 번째는 역사가 장학성章學誠의 명저 《문사통의文史通義》, 세 번째는 유정섭兪正燮이 여러 학과學科와 사회문제를 섭렵하고 쓴 《계사류고癸巳類稿》와 《계사존고癸巳存稿》이다. 차이위안페이는 이 세 권을 통독하여 문자학·역사학의 기초적 관점을 정립했으며, 특히 훈고·지리·천문·의학·술학·경전해석·방언 등을 심도 있게 고증했다. 또한 이 책들의 영향을 받아 부녀자를 멸시하는 불평등 현상을 인식하고 문제의식을 갖게 됐다. 이러한 것이 계기가 되어, 이후 과학·민주·남녀평등·여성해방 등의 분야에 이해와 식견을 넓히게 됐다.

수재, 거인, 진사가 되어 입신출세의 길이 열리다

차이위안페이가 '인물'이 되기까지의 과정을 '10년 고생'이란 말로 표현하기에는 한참 부족하다. 세월이 지나고 한 해 한 해 거듭하면서 그의 재능과 문제는 더욱 빛을 발했다.[25] 1872년, 만 네 살의 차이위안페이는 부모의 정성과 보살핌으로 입신출세의 등용문인 과거에 합격하기 위해 글공부를 시작했다. 1883년 17세에 수재가 됐고, 6년여에 걸친 각고의 노력 끝에 1889년 8월 23세의 나이에 향시에 응시하고자 스승 왕좌, 동학同學 쉬웨이쩌徐維則, 주원중朱允中 등 동향인들과 사오싱을 출발하여 배를 타고 샤오산蕭山과 시싱西興을 거쳐 첸탕강錢塘江을 건너 항저우에 도착했다. 그의 고사장은 15방 90호실이었다. 주 시험관은 리원톈李文田과 천딩陳鼎이었고, 학정學政은 판옌퉁潘衍桐이었다. 세 번에 걸친 시험에서 주 시험관이었던 리원톈은 그의 시험 답안지를 보고서 매우 흐뭇해했다.[26] 드디어 9월에 스물세 번째 거인 명부에 이름이 올랐다. 같은 방榜에는 하이닝海寧의 장원제張元濟, 항저우의 왕강녠汪康年 등의 이름도 보였다. 이들은 모두 근대 중국의 저명한 인물이 됐다.

이듬해인 1890년 24세의 차이위안페이는 천신만고 끝에 베이징에 도착하여 회시會試에 응시했다. 회시는 초시初試와 복시復試로 나누어 치렀다. 초시는 세 번에 나누어 치르는데, 첫 번째 시험에서 그가 쓴 문장은 전혀 팔고문 같지 않았다. 두 번째, 세 번째 시험에서는 경전을 적절히 잘 인용했으며, 깊이 있고 조리 있게 작성하여 주 시험관인 왕쑹웨이王松蔚가 매우 기이하게 생각했다. 결국 세 번의 시험 답안을 합산하여 채점한 결과 매우 우수한 것으로 평가돼 큰 칭찬을 받았다.[27] 그러나 그 자신은 첫 번째 시험에서 "괴상한 팔고문怪八股"을 썼으니 시험을 죽쑤었다고 생각했고, 글씨체 또한 단정하지 못했으므로 낙방했다고 여겨 복시를 치르지 않고 돌아와서 상위현上虞縣 지국에서 총찬總纂을 맡았다.[28] 그러다 뒤늦게 낭보가 전해졌다. 초시에서 81번째 공사貢士(회시에 합격한 사람—옮긴이)로 당당히 합격한 것이다. 그러나 다시 베이징에 올라가서 복시를 치르기에는 시간이 너무 촉박했다. 애통하지만 다음 기회를 기다리는 수밖에 없었다.

2년을 기다려 1892년 26세가 된 차이위안페이는 4월에 베이징에 가서 복시에 응시했다. 복시는 최종 시험관문으로 여기에서 합격하면 진사가 됐다. 성적이 우수한 1갑甲 세 명은 차례로 장원狀元, 방안榜眼, 탐화探花로 불려졌으며 진사급제로 칭해졌다. 2갑, 3갑의 명단에 들어 있는 약간의 인원은 '사진사賜進士'로 칭했다.

이때 차이위안페이는 처음으로 황궁에 들어가게 됐다. 보화전寶和殿에 오르는 계단을 고개를 들어 바라보니 보이는 것은 황궁의 위풍당당하고 화려하며 성대한 면모뿐이었다. 황궁은 9간이고 '한 일一'자로 배열됐으며, 너비는 15장丈, 길이는 5간間 7장 5척

尺(척관법의 길이 단위로 1간은 6자로 1.8미터, 1장은 10자로 약 3미터, 1척은 1자로 약 30센티미터이다―옮긴이)에 이르렀다. 그는 비록 무심코 황궁을 감상했으나 문득 기운이 솟아나고 마음이 탁 트이며 정신이 편안해졌다. 그는 남아로서 웅지를 품고 생기 있게 여기에서 국가에 보답해야 한다는 한순간의 감회에 젖어들었다. 이른 봄의 날씨는 냉기를 느끼게 했다. 그러나 응시한 많은 공사들의 이마에서는 도리어 뜨거운 땀방울이 흘러내렸으며, 시험제목을 받아들자 혀가 굳어지고 눈이 휘둥그레지면서 어떻게 붓을 놀려야 할지 몰랐다.

차이위안페이는 평소에 익힌 박학다식한 지식을 기반으로 물 흐르듯 답안을 작성하여, 결국 2갑 제34번째 진사로 선발됐다. 그의 재능과 학식은 당시 조야의 주목을 받았다. 광서 황제의 스승인 윙퉁허翁同和는 1892년 5월 17일 일기 중에 "차이위안페이는 병인년 공사로서, 비록 나이가 젊으나 경학에 능통하고 문장 또한 고풍스럽고 아주 화려했으며, 빼어난 준재"라고 기록했다.

차이위안페이의 출중함은 이미 이때부터 두각을 나타내기 시작했다. 당시 유행하던 우스운 일화가 전해진다. 차이위안페이가 전시를 치를 때 답안지 서두에 '궁자신지독야躬者身之督也'라는 구절을 적었는데, 만주족 청조는 그 출처를 몰라 당시 재상이던 윙퉁허에게 물었다고 한다. 더욱 가관인 것은 방안榜眼으로 급제한 아무개의 시험 답안지에 '여염閻閻'이 '여면閻面'으로 잘못 적혀 있었던 것이다. 이를 보고 어떤 이가 전시를 비꼬며 풍자하여 대구를 지었다.

1. 고향의 두터운 은택을 입다 —— 41

'여면'으로 잘못 적었는데도 방안으로 급제하니 '독궁督躬(차이위안페이의 답안지 '躬督'을 뒤집어서 풍자함―옮긴이)'이 어떻게 장원이 되기를 바라겠는가![29]

아무튼 차이위안페이는 결국 진사가 됐다. 그의 과거급제 소식이 전해지자 차이 씨 집안과 친척 및 친구들은 떠들썩했고, 이웃 상위현에 사는 그의 옛 스승 왕좌 선생의 식구들도 몹시 기뻐하며 서로 경사스러워했다. 그의 딸 왕후이루王惠如도 뛸 듯이 기뻐했다.

여기서 차이위안페이의 연애 일화 한 토막을 소개해보자. 진사가 되기 이전, 거인 신분이었던 스물네 살의 청년 차이위안페이는 이웃 마을인 상위현의 거인이자 그의 스승인 왕좌 선생의 집에 자주 왕래하면서, 왕 선생과 같이 경학을 공부했다. 그러다 자연스레 왕 선생의 딸인 왕후이루를 알게 됐다.

왕후이루는 상당한 정도의 지식을 갖추었고, 문장력이 매우 뛰어난 보기 드문 재원이었다. 그녀는 차이위안페이의 문장을 읽고 시를 지어 주고받다가 은근히 그를 사모하게 됐다. 둘은 서로 칭찬하고 격려했으며, 이후 막역한 사이로 발전하여 혼담까지 오고 갔다. 왕후이루의 모친은 딸이 차이위안페이를 좋아하는 것을 알았으나 그의 집이 가난하다는 이유로 두 사람의 결혼을 완강히 반대했다. 표면적인 거절의 이유는 신체가 허약하고 몰골이 수척하여 장수하지 못할 관상이라는 것이었다.

1년이 지난 후 차이위안페이가 과거에 합격하여 한림원에 근무하게 됐다. 이 사실을 전해 들은 그녀의 모친은 중매쟁이를 시켜

결혼을 서두르게 했으나, 그는 이때 이미 결혼한 몸이었다. 결국 왕후이루는 상심하다 얼마 후에 병으로 요절했다.

차이위안페이는 전시에서 문장이 출중하여 한림원 서길사庶吉士(문장이 빼어난 진사가 맡던 관직—옮긴이)로 제수됐고, 2년 후인 28세에 한림원 편수編修로 제수됐다. 고향의 차이 씨 집안에서는 대문에 금으로 '한림제翰林第'라고 쓴 편액을 걸어놓았으며, 인근 마을과 전역에 그의 명성이 자자했다.

그의 '괴상한 팔고문'은 일시에 전국을 풍미해 여기저기 필사되거나 책에 실렸다. 그중에서도 두멍젠杜孟兼의 《통아집通雅集》에 실린 세 편의 차이위안페이가 '괴상한 팔고문'으로 쓴 글은 단연 압권이었다. 그의 이러한 파격적인 행동은 정통 팔고문을 익혀온 자들에게 '문장의 요괴文妖'로 지탄을 받았으나, 이를 모방한 사람들도 적지 않았다. 계사년(1893)과 갑오년(1894)의 과거시험에서 이러한 풍격을 모방하여 답안을 작성한 사람이 수백 명에 이르렀다. 팔고문을 배격하는 풍조가 유행하여, 과거에 응시하려는 지식인이라면 흥중회興中會(1894년 청일전쟁 초기에 하와이에서 쑨원이 창립한 중국 최초의 근대적 비밀정치결사체—옮긴이)의 쑨원孫文은 몰라도 팔고문을 비판한 차이위안페이는 누구나 알았다.[30] 차이위안페이는 자신이 이룬 성취나 지위·봉록에 만족하지 않고, 끝없이 학문의 바다에서 항해를 계속했다. 이러한 면학의 자세는 그의 동학이나 동료들과는 매우 다른 태도였으며, 이후에 그의 사상이 부단히 발전하고 변화를 겪는 중요한 요소가 됐다.

월왕 구천의 고향, 사오싱의 기질과 혼

차이위안페이는 청소년시절을 고향 사오싱에서 보냈다. 출생 후부터 과거에 급제하여 베이징의 벼슬길에 오르기까지 27년 동안 이곳에서 생활했다. 그리고 벼슬을 버리고 귀향하여 사오싱에서 교편을 잡은 2년을 포함하여 모두 29년, 곧 생애의 10분의 4에 달하는 기간을 고향에서 지냈다.

청소년기는 신체가 자라고 지식이 성장하며, 세계관이 형성되는 중요한 시기이다. 그의 성장과정에서 가정과 글방선생뿐만 아니라, 고향의 정치·경제·문화 및 역사·전통 등 모든 것이 그의 인격형성에 영향을 미쳤다. 이러한 영향은 한편으로는 긍정적이었지만 다른 한편으로는 부정적인 작용을 했다.

아편전쟁 이후, 서양인의 예리한 함포가 저장 동쪽 세계로 향하는 관문인 닝보寧波항을 강타했다. 닝보항은 주요 통상항구의 하나인 무역항으로 주목을 받았으며, 인접한 사오싱도 서구의 영향권에 들게 됐다. 그런데 이곳은 내륙 산간지방인 탓으로 연해沿海 도시에 비해 서구의 영향이 파급되는 속도가 더딘 편이었다. 이러한 시대의 풍운은 소년 차이위안페이에게 그다지 큰 영향을 미치지 못한 것 같다. 그는 한 발 한 발 과거시험이라는 길을 향해 걸어갔다. 그보다 두 살 위인 쑨원과 비교하자면, 차이위안페이의 혁명사상의 형성과 거보巨步는 몇 년 늦었다. 1893년에 쑨원이 '만주족 축출, 중화부흥'이라는 종지宗旨를 내걸고 흥중회를 결성할 무렵에 차이위안페이는 진사에 급제하여 갓 한림원에 진입했다. 이것은 결코 개인의 천부적 자질이 쑨원보다 못해서가 아니라 서로 처한 환경이 달랐기 때문이다.

차이위안페이는 봉건 환경이라는 폐쇄적인 울타리에 갇혀 있었던 반면, 쑨원은 화교들의 고향으로 일찍부터 서양과 접촉할 기회가 빈번했던 주강九江 삼각주 부근인 광둥성廣東省 샹산현香山縣에서 자라났다. 이곳은 서양과 접촉하면서 신지식을 습득할 기회가 매우 많았다.

그에 비해 당시 사오싱은 농후한 봉건의식과 진부한 사회풍조에 절어 있었다. 사오싱부에 속하는 여덟 현을 통틀어 일본에 유학한 사람은 20명에 불과했으며, 유럽과 미국으로 유학한 사람은 아예 한 사람도 찾아볼 수 없었다.[31]

사오싱은 사오싱주酒의 산지로 이름이 높았으며, '박반성箔半城'으로도 불렸다. 즉 석박錫箔을 입힌 용지에 쓴 글씨가 온 마을을 뒤덮을 정도로 미신을 숭배했는데, 이러한 것은 사오싱의 낙후한 일면을 잘 대변해준다. 그러므로 청년시절에 이미 혁명에 혼신의 노력을 기울였던 쑨원과 달리, 차이위안페이가 과거 응시장에서 득의양양한 세월을 보낸 것을 그의 탓으로 돌리기 어렵다. 고향 사오싱의 지리적으로 격리된 환경과 봉건인습의 굴레 및 과거 사상은, 그가 신사상과 신지식을 수용하고 전진하는 데 큰 장애요인이 됐다.

그러나 사오싱도 이때 상업자본이 많이 유입되어 점차 발전하기 시작했고, '문화로 이름난 도시文化名城'라는 이름도 얻었다. 한대 이래로 저명한 유림이나 문인들 중 사오싱 사람이 적지 않았다.[32] 아름다운 고향 사오싱의 정취와 이곳 사람들이 남긴 문화·사상 방면의 성취, 그리고 유구한 혁명전통은 차이위안페이에게 지대한 영향을 미쳤다. 이러한 자연환경은 그의 인격도야에도 많은 영향을 미쳤는데, 실제로 사오싱의 자연은 여타의 앞선 인물들이 처한 환경과는 비교할 수 없을 만큼 아름다웠다. 그 결과, 조국의 찬란한 문화전통을 섭취하는 데에서는 쑨원이 그에 미치지 못했다. 고향의 깊고 후덕한 토양이 '천하의 인재'를 길러낸 것으로, 천혜의 자연환경 속에서 그는 고향의 감미로운 젖을 먹으며 자라났다. 고색창연하고 미려한 고향에서 어진 인물과 우국지사들이 잉태됐으며, 웃고 노래하고 우는 영웅의 장편 서사시가 배태된 것이다.

백성의 복리를 위해 힘썼던 치수의 영웅으로서, 8년 동안 밖에서 지내며 세 번이나 집 대문을 지나가면서도 집에 들어가지 않았던 우禹임금의 전설이 서려 있는 고장이 사오싱이다. 이 전설은 사오싱 민간에 대대로 전해지며, 중화민족의 백절불굴 정신을 상징한다. 간난신고 끝에 자연과 싸워 이긴 웅혼한 기백을 지닌 우임금의 능이 사오싱 성의 남쪽에 우뚝 솟아 있다.

또한 사오싱은 와신상담臥薪嘗膽의 고사를 낳은 월왕 구천勾踐의 이야기로 유명한 곳이다. 구천이 10년 동안 생식을 하며 복수를 위해 분투했던 고사는 회계산會稽山의 거울 같은 맑은 물가에서 생겨났다. 후세 사람들이 그의 위대한 자취를 기리려고 세운 월왕전越王殿은 옛 성터인 용산龍山에 장엄하게 자리하고 있다.

동진의 대서예가 왕희지王羲之, 당대의 저명한 시인 하지장賀知章, 남송의 애국시인 육유陸游, 명대의 다재다능한 문인 서문장徐文長, 명말의 민족기질이 강한 문학가 왕사인王思仁, 청초의 탁월한 화가 진홍수陳洪綬 등 선비와 명인들이 이곳 사오싱과 인연을 맺었다.

　차이위안페이는 고향의 성인들과 선현들을 매우 존경하여 직접 〈월중선현사춘추제문越中先賢詞春秋祭文〉을 지었고, 우임금과 월왕 구천 그리고 역대 문인들을 추존했다.[33]

　이러한 역사인물들의 정신과 풍모는 모두 무의식중에 젊은 차이위안페이의 성격과 사상형성에 영향을 미쳤다. 그가 성장한 비페이눙筆飛弄에는 왕희지와 관련한 아름답고도 오묘한 소문이 전한다. 일설에 의하면, 왕희지는 회계내사會稽內史(민정관리―옮긴이) 시절 지산 기슭에 살면서 거위를 기르며 글씨를 쓰고 지냈다. 그의 집 문 앞 한쪽에는 묵지墨池가 있고, 한쪽에는 거위가 노는 못鵝池이 있었는데, 지금도 두 못을 어렴풋이 구분할 수 있다. 왕희지의 서법은 본디 '천마행공 유행자재天馬行空 游行自在(천마가 공중을 비상하듯 붓이 자유자재로 움직임―옮긴이)', '용비봉무 철화은구龍飛鳳舞 鐵划銀鉤(용이 솟구치고 봉황이 춤추듯 서체가 힘이 있고 미려함―옮긴이)'로 칭해졌다. 힘이 넘칠 때는 붓이 날고 먹이 춤을 추었다. 비페이눙이란 지명은 그의 붓이 늘 이웃의 조그만 마을까지 날아가 떨어진 데에서 유래했다고 한다.

　차이위안페이의 집에서 3리 거리에 있는 다청눙大乘弄에 멋들어진 저택이 있는데, 이것이 서문장의 옛집이다. 서문장의 공부방 앞에는 등나무青藤가 한 그루 서 있었는데, 사람들이 이를 빗대어 그를 '서청등'이라고 했다. 서문장은 그림, 서화, 시, 문장 등에 두루 능한 다재다능한 사람이었다. 그 스스로 "나는 글씨가 으뜸이요, 시가 그다음이고, 문장은 세 번째요, 그림은 네 번째"라고 했다. 그가 비록 그림 솜씨가 가장 처진다고 너스레를 떨었지만, 그의 거침없고 자유분방한 화법은 독특한 풍격을 이루었다. 그래서 이후 그의 시화 솜씨를 찬양하고 숭배하는 사람들이 끊이질 않았다. 청대의 명가名家인 정판교鄭板橋는 "서청등 문하의 주구走狗가 되어도 좋다"고까지 했다. 이 말은 곧 그의 문하생이 되고 싶다는 의미이다. 양저우揚州 여덟 괴짜 중 한 사람인 이복당李復堂은 "서청등의 필묵은 매우 고귀하다"고 찬양했고, 근대 금석 명가인 오창석吳昌碩도 그를 '화중지성畵中之聖'으로 칭송했다.

차이위안페이는 20대 초반에 거인이 됐고, 곧 진사가 되어 한림원 편수로 봉직했다. 그는 주량이 엄청났고酒量如海, 재기가 넘쳤으며, 독서를 할 때는 한눈에 10행이 들어왔고, 문장을 짓기로 말하면 한 말 술을 마시는 동안 시 100편을 지었다斗酒百篇. 사람들은 그를 열정적이며 호방표일豪放飄逸(거리낌이 없고 자유분방함—옮긴이)한 인물로 평가했으며, 서문장의 기백을 닮았다 하여 근세의 '서문장'이라 부르기도 했다.[34]

그는 고향의 아름다운 풍경을 떠올리며 즉흥적으로 시를 지어 읊었다.

서리 맞은 단풍잎이 2월의 봄꽃보다 더 붉게 물들었구나!
오구나무가 농가에 가득 드리워졌으니,
오강의 물이 제아무리 찬들 무엇이 두려우랴!
고향의 포근한 정취가 저녁노을처럼 따스하게 감싸네.[35]

霜葉紅於二月花

故鄕烏桕蔭農家

不須更畏吳江冷
自有溫情熨晚霞

  이처럼 면면히 흐르는 고향의 따스한 정취는 평생 동안 차이위안페이의 폐부를 휘감아 돌았다. 그가 얼마나 고향을 사랑했던가! 만년이 되어서도 고향에 대한 정감은 줄어들기는커녕 오히려 더욱 짙어졌다.

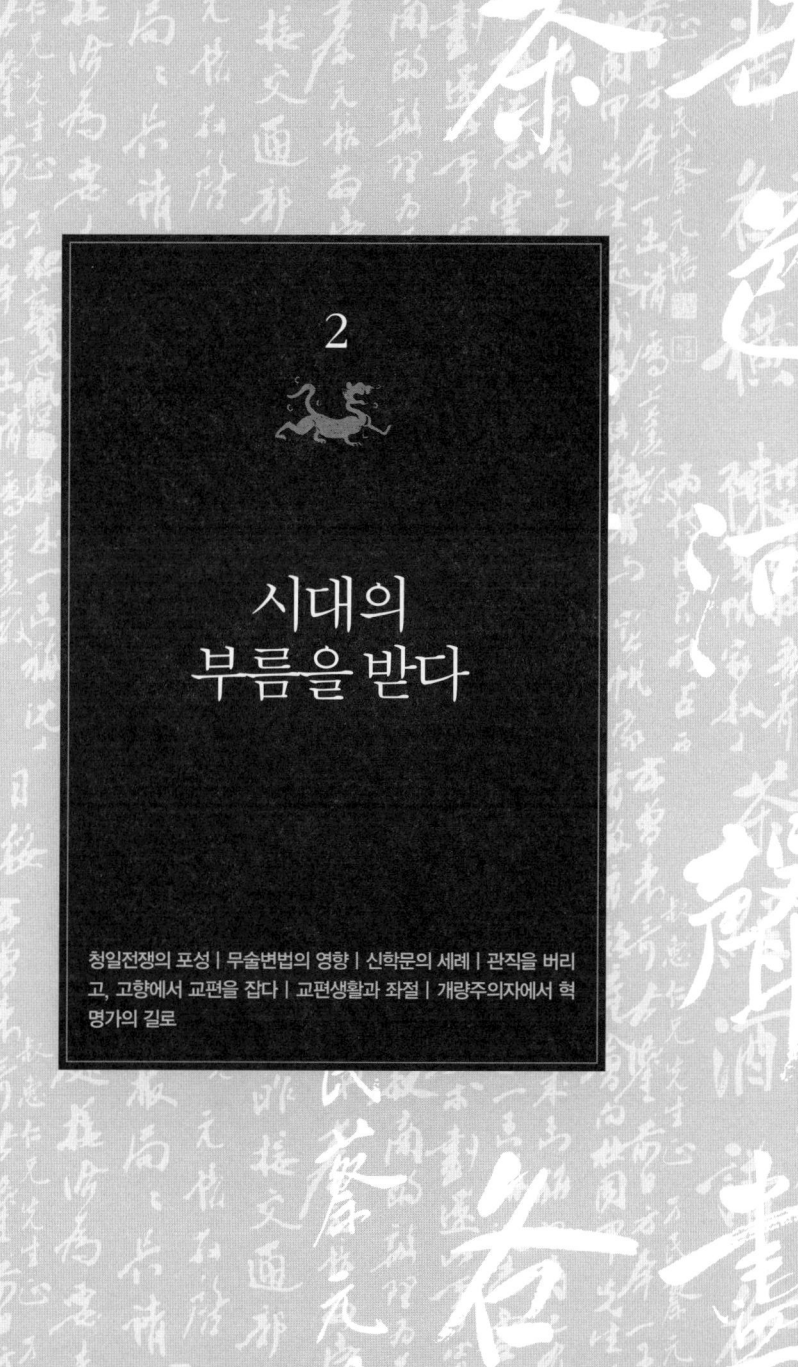

2

시대의 부름을 받다

청일전쟁의 포성 | 무술변법의 영향 | 신학문의 세례 | 관직을 버리고, 고향에서 교편을 잡다 | 교편생활과 좌절 | 개량주의자에서 혁명가의 길로

청일전쟁의 포성

차이위안페이가 과거시험장에서 득의양양하게 합격에 합격을 거듭하며 청운의 꿈을 불태울 때, 나라는 격랑에 휩싸였고 세계적으로도 일대 변혁이 일어나고 있었다. 고리타분한 중국정치는 위기를 더욱 부채질했고, 반식민지 상태로 한 걸음 더 나아갔다. 그가 향시에 합격하여 거인이 된 1889년, 광서제光緒帝(청 왕조의 11대 황제—옮긴이)가 전면에 등장하고 서태후西太后는 물러나 섭정을 했다. 그 바로 1년 전, 캉유웨이康有爲가 광서제에게 서양을 학습하고 법을 바꾸고 유신을 실행하여 난국에서 나라를 구하자는 내용의 이른바 '1차상서'를 올렸다. 동방의 일본에서는 메이지 유신을 단행하여 성과가 나타나기 시작했다. 새로운 헌법을 반포하고 영국식 의회정치를 받아들여 추진했다. 일본은 원래 그다지 발달한 국가가 아니었으나 거보를 내딛으며 점차 전진하고 있었다. 그러면서 일본의 위정자들은 야심을 품고 이웃 나라의 영토를 넘보았다.

1894년(일본과 중국이 첫 충돌한 갑오해전, 이른바 청일전쟁이 일어난 해—옮긴이)은 그가 재차 베이징에 가서 산관散官고시를 치르고 합격하여 한림원 편수로 있던 시절이다.[1] 한림원은 청조의 인재들이 모이는 곳이었다. 한림원의 최고 영도자는 장원掌院학사이며, 그 밑에 시독侍讀학사, 시강侍講학사, 시독, 시강, 수찬修撰, 편수 등의 관직을 두었다. 진사에 급제한 차이위안페이는 한림원의 관직생활을 매우 만족해했고, 상쾌한 기분으로 직무를 수행하며 순풍에 돛단배처럼 순탄한 길을 걸어갔다. 한림원의 고위관리는 봉록과 대우가 매우 좋은 편이었다. 그러나 이러한 행복한 생활은 차이위안페이가 미래의 꿈을 펼치는 데는 아무런 실제적인 의의도 가져다주지 못했다.

그는 정치·문화의 중심인 베이징에 거주했고, 당대 최고의 지식층과 어울리면서 관보와 신문 등을 볼 기회가 많았다. 따라서 국내외의 여러 소식과 신사상을 빈번하게 접하면서 안목이 트이게 됐다.

1894년 3월(광서 12년)에 조선에서 농민봉기(동학농민혁명—옮긴이)가 일어나자, 조선의 봉건통치자는 청 정부에 이들을 진압해달라며 파병을 요청했다. 청 조정은 직예直隸제독 예즈차오葉志超와 육군 1,500여 명을 조선에 파견하여 충남 아산에 주둔시켰다. 일본 정부도 이 기회를 틈타 군대를 이끌고 인천에 상륙하여 서울로 진격했으며, 계속 군대를 증파하여 병사가 1만 명에 달했다. 조선의 농민봉기가 진압된 후 청 정부는 쌍방 군대가 동시에 철군하자고 제의했으나, 일본 정부는 도리어 군대를 계속 증파했을 뿐만 아니라 조선을 침략하고 급기야는 중국으로 진공하려는 야욕을 드러냈다. 차이위안페이는 비상한 관심을 가지고 이 사태를 주시했으며, 〈잡기雜記〉에서 이렇게 기술했다.

일본인은 이미 선전포고를 했고, 어제 12시를 기해 전쟁이 개시됐다. 이에 따라 중국과 일본의 전쟁이 시작됐다. 이후로 소식을 알 길이 없으니 답답해서 어찌할 바를 모르겠다![2]

이른바 '갑오해전'이라 불린 이 전쟁에서 중국의 애국관병들은 용전분투하며 일본 군대를 압박하여 패주시켰다. 그러나 곧이어 일본군이 전선을 확대하여 한 무리는 랴오둥遼東으로 진공하고, 다른 한 무리는 뤼순旅順과 다롄大連으로 진공했다. 흉악한 적을 맞이하여, 차이위안페이는 힘써 싸울 것을 극력 주장했다. 1894년 10월 7일, 차이위안페이는 한림원의 우국지사들과 대책을 논의한 후, 강화조약 체결에 반대하고 항전을 주장하는 상주문을 직접 작성하여 조정에 건의했다.

적정敵情이 불명하니 기이한 계책을 내어 일본 군대를 진압해야 한다. 화평조약을 맺고 항전하지 않는다면 이 화평 또한 믿을 것이 못 된다. 전쟁에서 패하여 마침내 굴욕적인 화평조약을 맺으면 국가는 기필코 다시는 떨쳐 일어나지 못할 것이다.

또한 "선전하다 패하면 망하지 않는다善戰不亡"는 《손자병법孫子兵法》의 문구를 인용하며, 실패한 가운데서 교훈을 도출하여 승리를 추구해야 할 것이라고 했다. 이처럼 그는 굴욕적인 화약和約 체결을 한사코 반대했다.

그가 말하기를 "길가에서 주워들으니 패전의 책임으로 땅을 떼어준다고 하는데 이것은 백성의 고혈을 갖다 바치는 것이요, 조상 대대로 내려온 기업基業을 줄어들게 하는 것으로서 이러한 하책下策을 내어서는 안 된다"[3]고 했다. 그러나 조정은 혼미하여 우국충정에서 나오는 고언을 도무지 귀담아듣지 않았다. 전방의 사정은 긴박했으며, 불길한 소식이 계속 들렸다.

11월 7일 차이위안페이가 상주문을 올린 그날, 일본군이 다롄을 점령했으나, 이허위안頤和園에서는 등불을 밝힌 채 태평스럽게 음주가무를 즐기며 서태후의 60세 잔치를 벌이고 있었다. 광서제와 대신들은 사흘을 이렇게 질탕하게 보내며 조정의 만사萬事는 거들떠보지도 않았다.

다음 해에 일본군이 산둥山東반도에 상륙하여 베이양北洋해군 기지인 웨이하이威海가 함락되고 베이양해군이 전멸하자, 청 조정은 리훙장李鴻章을 일본에 급파하여 굴욕적인 '마관馬關조약'(시모노세키조약—옮긴이)을 체결했다. 차이위안페이는 이 소식을 듣고 격분했다. 그는 1895년 4월 17일 〈잡기〉에 당시의 정황을 이렇게 기술했다.

청조가 마침내 왜와 화약을 맺었다. 이 조약은 열 가지의 주요 내용을 담고 있다. 그중에서 가장 큰 것이 타이완臺灣, 펑톈奉天과 랴오둥 동쪽의 영토를 할양한다는 내용이다. 바다를 끼고 남하하여 뤼순에 이르는 방대한 지역이 이에 해당된다. 아울러 군사 분야 배상비용만도 7년 동안 총 2억 량兩(중국의 구식 은화 단위—옮긴이)을 지불하며, 웨이하이 왜군 주둔비용도 매년 50만 량을 대신 지불한다. 군사 분야 배상 2억 량을 완불하면 곧 일본 군대가 철수한다. 이러한 불평등한 조건을 다 수락한 것이다. 하루에 100리씩 쪼그라들고 날마다 재앙의 기회가 잠복해 있으니, 한韓나라와 위魏나라가 진秦나라를 대할 때나, 송나라가 금나라를 대할 때도 이보다 심하지 않았으리라!

왜인에게 급료를 주고, 왜군에게 기름진 고기와 술과 음식을 다 갖다 바치니, 이러고서 결코 오래 버틸 수 없다. 성상은 겸손한 마음으로 자신을 억누르고 조정의 의견을 널리 구해야 하나 그렇지 못하다. 변경의 신하들이 날뛰어도 정부는 졸렬하고 우둔하여 외우내환이 겹치니 애통할 뿐이다. 부뚜막에 불이 붙어서야 계책을 내니 중대한 실수를 저지르지 않을 수 없다. 오늘날 이 지경에까지 이르렀으니 눈물을 흘리고 통곡하며 장탄식을 하지 않을 수 없구나![4]

갑오해전의 패배와 이에 따른 치욕적인 마관조약의 체결은 중국 인민의 감정을 극도로 자극했다. 청조는 과거에도 허다한 불평등조약을 맺은 바 있었다.

영국과 맺은 난징南京조약, 미국과 맺은 왕샤望廈조약, 프랑스와 맺은 황푸黃埔조약, 러시아와 맺은 아이훈璦琿조약, 영국·프랑스·러시아·미국과 맺은 톈진天津조약, 프랑스·러시아와 맺은 베이징조약 등이 그것이다. 이 많은 조약들도 모두 중국 인민을 수치스럽게 하기는 마찬가지였다. 일부 신경이 마비된 마른 장작 같은 사람들은, 이 같은 조약을 체결한 상대국들이 견고한 함포와 강한 군대와 예리한 병기를 소유한 서방의 강국들이므로 패전은 당연하다고 여겼다. 그러나 '마관조약' 체결은 왜소한 일본국에 패해 그들의 수중에 국권이 떨어진 것이므로 예삿일이 아니었다. "조국강산이 이미 사분오열될 지경에 처했으니 심히 유감스

러울 뿐이다. 참으로 4억 동포들이 일제히 눈물을 흘리며 신의 고을神州(옛적의 중국을 지칭함—옮긴이)은 이제 어디로 가야 하는가!"라고 탄식할 일이다. 그러니 민족적 기질과 절개를 지닌 차이위안페이의 심경은 오죽했으랴!

1897년 겨울에 독일이 군함을 파견하여 산둥성 자오저우膠州만을 강점했고, 러시아가 뤼순과 다롄을 점령하여 국가 사직이 누란의 위기에 처했으니 차이위안페이의 심정도 날로 초조해졌다. 그는 10월 24일 〈잡기〉에 이렇게 기고했다.

최근 독일 선교사 두 사람이 산둥성 차오저우부曹州府 근처를 지나가다가 도적에게 피살당했다. 이를 빌미로 독일 함선과 군대가 자오저우만에 상륙하자 중국의 수비병이 이들에게 48시간 내에 철수하지 않으면 공격하겠다고 으름장을 놓았다. 독일은 일찍이 영국이 홍콩을 점령하고 프랑스가 사이공을 강점하며, 러시아가 블라디보스토크를 차지할 때 그랬던 것처럼 중국의 한 항구를 취하여 선박을 정박할 장소로 삼고자 한다는 명분을 내세웠다. 이러한 명분은 동서양의 여러 신문매체를 통해 익히 알려진 터였다. 외국 소식통이 전하는 바에 의하면 '중러밀약'은 러시아인들이 해전을 치르기 위해 자오저우만을 빌려달라는 것인데, 사실은 이를 구실로 자오저우만을 선점하려는 의도가 숨어 있었다. 중국은 근 20년 동안 범수范雎(진나라 소양왕을 도와 원교근공책遠交近攻策을 수립한 전국시대 인물—옮긴이)의 원교정책을 답습해온 바, 독일과는 더욱 화평한 관계를 유지하고 가까운 러시아는 정성으로 대한다는 원칙이 그것이다. 자강하려는 노력 없이 타인을 믿는 것은 문을 열어 도둑을 맞이하는

것과 같아서 참으로 계책이 없는 어리석음을 범하는 것과 같다.[5]

이때의 차이위안페이는 망국의 위험을 피부로 느끼고 외국 침략자들을 증오했으며, 특히 일본 군국주의를 극도로 혐오했다.[6] 또한 청 정부의 무능과 부패, 간신배들의 국정농단이 망국의 화근임을 인식하고 조정에 깊은 불만을 품게 됐다. 이처럼 청일전쟁으로 인해 제국주의 열강의 세력이 날로 더욱 압박하여 중국은 망국의 위험에 직면했다. 이것은 차이위안페이가 봉건시대 벼슬의 단꿈에서 깨어나는 결정적 계기가 됐다.

무술변법의 영향

갑오전쟁의 포성에 이어 차이위안페이에게 충격을 준 또 하나의 대사건이 무술변법戊戌變法운동이다. 바로 그가 말한 바처럼 "갑오전쟁 이후 중국은 잠에서 막 깨어나고 있었다."[7] 애국적 지식인들 가운데 점차 많은 사람들이 국가가 이미 존망의 기로에 서 있음을 인식하기 시작했다. 민족이 절체절명의 위기에 직면하자 이들은 국가와 민족을 보존하고자 강렬한 목소리를 토해냈다.

1895년 2월 캉유웨이는 회시에 응시하러 베이징에 올라온 각 성의 거인 1,300여 명과 연서하여 마관조약에 반대하는 상소를 올렸다. 상소의 주요 내용은 부국강병을 이루기 위해 변법유신으로 국가 통치질서를 재건하자는 것 등이었다. 영토를 할양해주고 백성을 버린 엄중한 죄과를 통탄하며, "황제가 칙령을 하달하여 중국 인민의 기운을 북돋워줄 것과 천하의 근본이 되는 곳으로 도읍을 정할 것, 군대를 훈련시켜 중국의 기세를 강하게 하고 변법으로 천하를 잘 다스릴 것" 등의 정치적 주장을 폈다. 또한 '부국지법富國之法, 선민지법善民之法, 교민지법教民之法'이라는 세 항의 변법을 제안했는데 이것이 유명한 공거상서公車上書로서, 선비가 정치에 간여해서는 안 된다는 금령을 깨고 유신개량적 정치강령을 제기한 것이다.

이 같은 움직임은 상하이·톈진·창사長沙·마카오澳門 등에서 광범위한 호응을 불러일으켰다. 캉유웨이는 변법유신운동의 거두로 전면에 부각됐다. 이들의 활동은 청조 요인들의 지지를 획득했다. 1898년 1월 캉유웨이는 전체적인 국면을 통찰하고 "중국이 변하면 온전하고 변하지 않으면 망하며, 완전히 변하면 흥하고 조금 변하면 망한다"는 두 갈래의 선택에 직면했다며 속히 변법조치를 취할 것을 제의했다. 이러한 주장은 망국의 군주가 되기를 원치 않는 광서제의 관심과 주목을 끌었다. 광서제는 같은 해 6월 11일에 여러 대신들의 반대를 무릅쓰고 변법을 선포하고 신정新政을 추진했다. 그러나 103일 만에 종지부를 찍게 되어 '100일 유신'이 되고 말았다. 9월 21일 서태후가 궁정 쿠데타를 일으켜 광서제를 잉타이瀛台에 연금한 것이다.

변법의 주도적 인물이었던 캉유웨이와 량치차오梁啓超는 일본으로 망명했고, 탄쓰퉁譚嗣同·양루이楊銳·린쉬林旭·양선슈楊深秀·류광디劉光第·캉유푸康有溥(캉유웨이의 동생—옮긴이) 등 이른바 중국 근대혁명사상 걸출한 혁명가로 추앙받는 '무술6군자六君子'가 베이징시 차이스커우菜市口에서 참수됐다. 이들은 '변법자

강變法自强'을 통해 쓰러져가는 중국을 구하려 마지막 남은 피 한 방울까지 다 바쳤던 것이다. 차이위안페이는 이 사건에 대해 매우 동정적이었으며, 이들처럼 투쟁의 전면에 나서지는 않았지만 "나는 유신당파에 묵시적으로 동조한다"는 입장을 견지했다.[8]

그가 직접 투쟁에 참가하지 않은 이유로는 두 가지를 꼽을 수 있다. 그 하나는 변법유신파의 일부 견해에 그다지 찬동하지 않았기 때문이다. 차이위안페이는 캉유웨이가 변법을 주장한 것은 그가 합법적인 지위를 쟁취하기 위해서라고 여겼고, 그 때문에 고적古籍과 사실들을 가차 없이 왜곡했으나 그렇게 해서는 안 된다고 생각했다. 다른 하나는 그 자신의 성격이 고고한 탓에 다른 사람을 추앙하거나 다른 사람에게 몸을 굽히지 못했기 때문이다. 당시 변법을 황제조칙으로 선포했을 때 광서제는 캉유웨이와 량치차오 두 사람을 극진히 아끼고 중용했다. 특히 캉유웨이에게 인사하러 오는 사람들의 발길이 끊이지 않았다.

일본으로 망명한 량치차오와 차이위안페이는 동년배였다. 차이위안페이는 일본으로 망명한 자들처럼 도피할 기회가 있었는데도 일부러 의로운 죽음을 택한 '열혈남아' 탄쓰퉁의 인물됨에 매우 감복했고, 특히 그의 죽음을 애도했다. 탄쓰퉁은 권세 있는 자에게 빌붙어 출세하려는 짓을 몹시도 싫어했고 그러한 조류에 휩쓸려 부화뇌동하지 않았다. 차이위안페이가 남긴 다음 글을 통해 천성적으로 아부를 극도로 혐오하는 그의 기질과 성품을 엿볼 수 있다.

이때 량치차오나 탄쓰퉁은 권세와 자부심이 대단했고, 두 사람은 서

로 상대에게 아부하는 것을 수치스럽게 여겨 교제하지 않았다.[9]

차이위안페이는 무술변법이 실패한 후 일본으로 도피한 캉유웨이와 량치차오의 행동에 불만을 품고 서수란 선생에게 보낸 편지에서 이렇게 말했다.

만약 캉, 량 두 사람이 제일 먼저 한 일이 도주라면 (…) 침을 뱉을 가치도 없는 비열하고 하찮은 자들이다.[10]

무술변법은 비참한 결말을 맺었고, 차이위안페이로 하여금 청조의 정치개혁은 희망이 없다는 생각을 갖게 했다.[11]

오늘날의 도道로 오늘날의 풍속을 바꿀 수 있다고 생각해서는 아니 된다. 비록 천 명, 만 명이나 되는 성인의 순수하고 고상한 말이 무성하고 오대륙을 지킬 좋은 법이 있다 할지라도, 졸렬하고 무능한 마부가 수레를 바꾸고 서투른 주방장이 칼을 바꾼다고 할지라도 쓸모없는 짓이다.[12]

마침내 그는 다른 길을 찾아 나서기로 결심했다.

신학문의 세례

갑오전쟁과 무술변법 이 두 정치적 사건은 차이위안페이의 강렬한 애국열정을 촉발시켰으며, 그의 사상이 변화하는 촉매제가 됐다. 그는 평소 남달리 서방의 지식에 갈증을 느끼던 터라 꾸준히 관련 서적과 신문을 탐독했고, 그에 따라 그의 사상도 점차 바뀌었다. 서구 신학문의 세례를 받고 지식이 축적되면서 안목도 트였다.

그는 한림원에 재직하는 몇 년 동안 결코 고관에 오르려 하지 않았고, 직분에 충실함으로써 '안분지족安分知足'을 누렸다. 관직에 있는 몇 년 동안 요직을 차지하려고 분주하게 행동하는 것을 부끄럽게 여겼고 오직 학문에 힘쓸 뿐이었다.[13] 그리고 분발하여 독서를 통해 지식을 구하고자 했다. 그는 더 이상 중국의 고서에 머물지 않고, 광범위하게 신학문을 비롯하여 자연과학 서적들을 탐독하기 시작했다.

그가 자연과학 방면에 심취한 것은 당시의 긴박한 시국과 무관하지 않다. 갑오해전의 참담한 패배는 과학기술의 낙후와 관련이 있었다. 갑오해전에 참전한 베이양해군의 군함은 14척이었지만 일본은 12척이었다. 그러나 일본의 함대는 가장 빠른 것이 최고 시속 23해리에 평균 19해리를 유지한 반면, 베이양해군의 함대는 빠른 것은 최고 시속이 겨우 15~16해리에 지나지 않았고 늦은 것은 시속 7해리에 불과했다. 일본 군함의 화포 문수와 발사 속도는 중국의 몇 배에 달했다. 그리고 현대 해전에 임하는 베이양해군 지휘관의 지휘 수준도 형편없었고, 병사의 전투기술적 소양도 일본에 미치지 못했다. 그래서 단번에 제해권을 빼앗기고 궁지에 몰리게 된 것이다.

마오쩌둥毛澤東이 〈인민민주주의 정치를 논함論人民民主主義專

政〉에서 말한 바처럼, "1840년 아편전쟁의 실패 이후부터 중국의 선각자들은 천신만고 끝에 진리를 향해 서방국가로 눈길을 돌리게 됐다." 홍수전洪秀全, 캉유웨이, 옌푸嚴復, 쑨원 등은 중국공산당이 출현하기 이전에 서방으로 진리를 찾아 나선 대표적인 인물들이다. 그때 진보를 추구하던 중국인들은 서방의 새로운 도리나 방안이 있다면 이를 찾아내려고 어떤 책이라도 뒤적거렸다.[14]

갑오해전에서 일본에 패하자 지식인들이 앞장서서 자연과학을 학습하기 시작했다. 차이위안페이가 서양 서적을 열독하게 된 것도 이들 나라의 부국강병책을 찾기 위해서였다. 그러나 서양 서적을 읽는 것은 외국어 실력이 달려 많은 어려움이 따랐다. 또한 서양 서적은 너무 비싸서 구입할 엄두를 내지 못했다. 다행히 중요한 서적들은 이미 일본어로 번역되어 있어, 일본을 통해 서양 서적을 널리 구해 볼 수 있었다. 영어·프랑스어·독일어 등은 3~5년 익혀서는 능통하기가 어려우나, 일본어는 6개월 정도 노력하면 비교적 쉽게 익힐 수 있었다.[15]

이리하여 차이위안페이는 친구들과 '동문학사東文學社'를 설립하고 1898년 3월부터 일본어를 배우기 시작했고,[16] 6월 17일에는 정식으로 타오다쥔陶大均 교수를 초빙하여 일본어를 배웠다. 나중에 그가 톈진으로 가자, 일본인 노구치 시게아츠野口茂溫가 대신 가르쳤다. 그리하여 같은 달 26일부터 일어를 중국어로 번역하는 연습을 시작했다. 시험 삼아 번역한 책들이 《만국지지서萬國地志序》, 《일인패명사우평양日人敗明師于平壤》(일본인이 평양에서 명나라 군대를 물리치다―옮긴이) 등이다. 4개월여에 걸친 일본어 학습 끝에, 차이위안페이는 초보적인 번역능력을 구비하게 됐다.

7월 9일 밤, 그는 일본어판 《러시아전사》 몇 쪽을 번역하고 나서 즐거움을 맛보았다.[17]

당시 그가 주로 읽은 책은 세 가지 종류였다. 첫째, 변법유신사상에 관한 저작류로서 1896년 1월 30일에는 정관잉鄭觀應의 《성세위언盛世危言》을 읽고 서평을 했다.

> 이 책은 서양의 제도를 근본과 실질로 여겨야 한다고 주장하고 있고, 옛 서적을 집대성한 것에 불과하며, 근세의 장점과 병폐를 지적했다. (…) 변법에 대해 언급한 조목들은 대체로 체계를 갖추고 있다.[18]

그는 이 책을 결론적으로는 좋게 평가했다. 다른 한 부류는 외국의 역사와 현상을 소개하는 서적들이다. 예를 들면, 1897년 6월 8일에 총 네 권으로 되어 있는 마젠중馬建忠의 《적가재기언適可齋記言》을 완독했다. 이 책에는 〈부민설富民說〉, 〈철도론鐵道論〉, 〈차채이개철도설借債以開鐵道說〉(차관을 들여와 철도를 부설하자는 주장―옮긴이), 〈법국해군직요서法國海軍職要序〉, 〈번역서원 설치안〉 등 부국강병에 관한 열두 편의 글이 수록되어 있다. 이 책에 대한 그의 평가는 이렇다.

> 그는 서학에 대해 매우 깊이가 있으며 철도, 해군, 외교의 요점을 간명하게 잘 제시했다. 굳이 비판한다면 진부한 얘기와 사소한 일까지 자질구레하게 늘어놓음으로써 제 자랑을 하고 있다.[19]

둘째, 《채풍기采風記》(전 3권)를 읽었다. 이 책은 쑹위런宋育仁

주영 외교참찬이 20여 년에 걸친 오랜 해외생활의 기록을 정리한 것이다. 이 책에 대해서는 "기사가 조리가 있고, 문장 또한 깊고 우아하다"고 평했다. 이 책은 정치·학술·교육·예교·풍속 등의 분야를 다루고 있다. 차이위안페이는 저자가 서양에서 직접 획득한 1차 자료를 중시했으며, 저자의 관점을 높이 평가했다. 평범한 중국인들은 서방의 선정善政이 모두 중국의 고대 정치제도와 일치한다고 여겼다. 당시 사람들은 일종의 보수적인 견해를 갖고 있어서, 중국 고대의 요·순·우 3대 임금을 가장 훌륭한 통치자로 기렸고 후세의 모든 부패한 정치는 고대 제도와 어긋나서 그렇게 되었다고 생각했다. 이 때문에 서방의 우수한 정치도 반드시 중국의 고대 제도와 부합한다고 말해야만 명분이 서고 당당했다. 차이위안페이는 저자가 중국의 고대 제도를 중심으로 서방 정치제도의 미비한 부분을 보충하는 것이 널리 통하는 공통된 논리라고 했다.[20]

차이위안페이는 리구이李圭가 1876년에 미국 건국 100주년 기념박람회를 다녀온 후 지은 《환유지구인록環游地球引錄》도 숙독했다. 이 기록문은 런던, 파리 등을 경유하여 지구를 한 바퀴 돌고 나서 정리한 일종의 귀국보고서를 책으로 출간한 것이다. 이 책은 미국 사회와 접촉한 객관적인 최초의 기행문이라 할 수 있다. 이 책에는 서방의 민주 과학기술을 받아들여야 한다는 염원이 절절이 담겨 있으며, 신식 민항기 등의 개황을 소개한 점이 주목할 만하다. 아울러 서양의 앞선 민주제도와 과학기술을 활용하여 뒤처진 중국의 혁신을 바라는 마음이 담겨 있다.

차이위안페이는 〈잡기〉에 기고한 글에서 이 책의 내용을 상세하게 소개하면서 자신과 저자의 관점이 일맥상통함을 설명했다. 그는 그 밖에도 일본의 역사, 정치, 문화 풍토, 인정人情 등에 관한 서적을 즐겨 읽었다.

셋째, 근대 자연과학 서적류를 탐독했다.《전학원류電學源流》,《전학입문電學入門》,《전학강목電學綱目》,《전학문답電學問答》,《광학량광력기도설光學量光力器圖說》등이 그것이다. 그는 이처럼 자연과학 지식에 갈증을 느꼈다.

진사 출신인 그에게 과학기술은 오랫동안 해괴한 잡기로 금기시됐던 탓에 이러한 지식을 습득하기란 매우 어려웠다. 과학기술 지식을 학습한 것은 당시 그의 사상의 과학화를 앞당겼을 뿐만 아니라, 후에 과학기술입국의 신념을 갖는 계기가 되었다는 점에서 큰 의의를 찾을 수 있다.

이상에서 언급한 세 부류의 서적에서 섭취한 지식은 옛 학문과 현저하게 달랐으므로 이를 '신학新學'이라 불렀다. 차이위안페이는 신학을 접함으로써 기존의 고루한 사상에 신선한 혈액과 영양분을 공급받았으며, 아울러 각각의 신학에 관한 서적들은 그에게 자본주의를 조망하는 창구가 되었다. 또 서양의 서적들은 마치 새로운 소식을 전하는 한 마리 철새처럼, 시대를 전진하는 그의 발걸음을 재촉했다. 무능한 청조 봉건통치질서는 막을 내리고 새로운 세계의 서광이 빠르게 동방을 비추었다.

관직을 버리고, 고향에서 교편을 잡다

한림원에 근무하는 몇 년 동안 차이위안페이는 학문적 식견이 높아졌으며, 사상도 점진적으로 변화하기 시작했다. 특별히 청년 시절에는 유학에 깊이 물들어 있었으나, 점점 봉건통치질서하의 벼슬살이에 대한 희망이 무너지면서 한림원의 관리생활에 염증을 느끼기 시작했다. 정국은 혼미하며, 국가의 전도는 아득하고, 조정은 관리들의 인사문제로 분규가 극심했으며, 대부분의 관리들은 권문세가에 줄을 대기 위해 분주히 움직였다. 서로 속고 속이며 정권쟁탈에 혈안이 돼 있으니 말만 무성하고 능력 있는 자를 중용하지 않았다.

청조 최고의 인재들이 모여 있는 한림원도 예외는 아니었다. 차이위안페이처럼 도덕과 인격을 중시하고 '고고한 척'하며, 학술적인 일에 파묻혀 사는 사람들은 환영받지 못했다. 더구나 눈에 거슬리는 부분을 보면 머리를 흔들며 경서를 논거로 꾸짖으니 청조의 입장에서 그는 더욱 불편한 존재가 됐다. 특히 무술변법운동이 서태후 일파에 의해 진압된 후 차이위안페이는 부지불식간에 변법유신에 대한 지지를 표명하고 청조에 대한 분노와 실망감을 표출했으니, 완고한 수구파들로서는 그의 이러한 태도를 받아들이기 어려웠다. 차이위안페이는 '철밥통'처럼 아무리 내던져도 깨지지 않는 귀족들을 질타했다.

단지 귀족들은 봉록과 제삿밥에 맛을 들여 사리에 어둡고 말로만 '배만排滿(만주족이 지배하는 청조 배척—옮긴이)'을 부르짖는다.

특히 장원학사 모 씨는 완고하기가 이를 데 없었는데, 그는 차이위안페이의 면전에서 그를 내치며 말하기를 "난신적자亂臣賊子 한 놈이 있는데… 모두 힘을 합쳐 그놈을 주살誅殺해야 한다"[21]고 부르짖었다. 이 장원학사가 곧 서동徐桐이다.

당시 차이위안페이의 집에 걸려 있던 대련對聯(문이나 기둥에 써 붙이는 대구─옮긴이)을 보면, 그가 이러한 관직생활에 심한 염증을 느꼈음을 미루어 짐작할 수 있다. 대련의 내용은 이렇다.

벼슬에는 도무지 뜻이 없고 오직 책 읽는 소리만이 들린다.

그는 벼슬살이의 험악한 분위기에 혐오감을 느꼈으며, 더더욱 그들의 대열에 합류하기를 원치 않아서 결국 철밥통을 박차고 남하하기로 결심했다.

배만 불리는 문장이 무슨 소용이 있는가. 추풍이 부는구나. 차라리 고향으로 돌아가는 것이 낫겠다!

마침내 1898년 9월, 그는 권속들을 데리고 베이징을 떠나 상하이, 항저우를 거쳐 사오싱으로 돌아왔다.

교편생활과 좌절

차이위안페이는 무술변법의 열렬한 지지자이면서, 한편으로는 냉정한 방관자였다. 그는 캉유웨이와 량치차오가 실패한 역사적 경험을 분석하면서 다음과 같이 지적했다.

> 이들이 실패할 수밖에 없었던 이유는 혁신인재의 육성이 선행되지 않은 채 소수 몇 사람이 정권을 쟁취하려고 완고한 집단을 배척하는 등 정치적 사리판단이 부족했기 때문이다.[22]

그는 고향 사오싱으로 돌아와 교육사업에 헌신하기로 결심하고, 먼저 인재육성에 착수했다. 차이위안페이의 귀향은 금의환향이 아니었다. 화려한 의관에 마차를 탄 것도 아니었으며, 뒤따르는 수많은 노복들도 없었다. 몸에 지닌 것은 문방4우와 두 바구니의 책, 그리고 간소한 차림이 전부여서 쓸쓸한 느낌마저 풍겼다. 한림원의 관리가 귀향한다는 소문은 그다지 크지 않은 사오싱을 진동시켰으며, 각종 유언비어와 추측이 난무했다. 차이위안페이는 캉유웨이·량치차오의 당파이며, 이들이 일본으로 망명하자 낙향한 것이라는 등 온갖 악소문이 돌았다. 그러나 차이위안페이는 성격이 활달하고 도량이 큰 사람이어서 자질구레한 소문에 개의치 않았다.

당시 사오싱에는 중시학당中西學堂이 있었는데, 이 학당의 창설자 겸 교장은 차이위안페이가 옛날에 많은 신세를 진 바 있는 서수란 선생이었다. 그는 차이위안페이를 4대 교장으로 초빙했다.

이 직책은 그의 마음에 꼭 들었다. 그는 이곳에서 교육에 대한 새로운 관념과 견해를 바탕으로 창의적인 교육방법을 채택하여 새로운 인재들을 배양하고자 했다. 이때부터 그는 교육과 일생토록 불가분의 관계를 맺게 됐다. 중시학당은 전면에 작은 개울이 흐르고 뒷면에는 높은 산이 솟아 있어, 독서하고 사색하기에 적합했다. 이 학당은 사오싱현의 공금으로 세워진 일종의 공립학교였다. 학당은 대략 세 학재學齋로 나뉘었는데 이것은 대략 후대의 고등소학과정, 중등과정, 고등 1년 과정 정도에 해당한다. 차이

중시학당 시절의 차이위안페이(1898년).

위안페이는 이 학당을 개혁하고자 전력을 기울였으며, 기존의 영어·프랑스어 외에 일본어를 정규과목으로 채택했다.

이 작은 학당에도 신·구 양 파가 존립했다. 신파 교원은 문사文史를 가르치는 마용시馬用錫, 이과를 담당한 두야취안杜亞泉, 서우샤오톈壽孝天, 후다오난胡道南 등이었다. 이들은 민권·여권신장을 부르짖고 적자생존의 경쟁원리를 강조했으며, 옛적에 가르치던 존군비민尊君卑民·남존여비의 진부한 관점을 수시로 바로잡으려 했다. 이 과정에서 쌍방 간에 마찰이 있었고 심지어는 식당에서도 논쟁이 벌어졌다. 차이위안페이는 훗날 이 당시를 회고하며 다음과 같이 말했다.

> 우리 측 신파는 수가 많고 구파는 수적으로 열세에 있었다. 반대자의 의견은 마침내 선전할 길이 없었다. 전체 학생들이 보고 듣는 사이에 구학을 신봉하는 소수의 교원들은 점차 설 자리가 없어졌다.[23]

이로 인해 신파는 구파 교원들에게 눈엣가시요, '대역무도한 자'들로 매도당했다. 차이위안페이는 늘 신파를 변호하며 이들의 거두로 행세하여 미움과 질시의 대상이 됐다. 구파는 암암리에 차이위안페이를 중상모략하여 내쫓으려 했다. 구파는 학교의 경영진을 움직여 노골적으로 전면에 나서서 간섭하기 시작했다. 그중 한 사람은 '선배'의 자격으로 차이위안페이를 훈계했고, 아울러 악의를 가지고 '변법유신운동을 지지한 패역한 신하'[24]라고 비난했다. 그는 이에 모욕을 느끼고 격분을 참지 못해 사직했다.[25] 비록 타의에 의해 사오싱의 중시학당을 떠나게 됐지만, 교육과 인재육성이라는 그의 원대한 포부는 결코 변하지 않았다.

차이위안페이는 뒤이어 저장성 성현嵊縣에 위치한 섬산剡山서원 원장으로 초빙되어 가르치게 됐다. 이곳에서 과학의 중요성을 적극 제창하며 수차례 강연했고, 직접 〈섬산서원 규약〉을 제정하여 서원개혁을 서둘렀다. 그러나 경비 문제로 섬산서원의 개혁이 지지부진해지자 1년 만에 이곳을 떠났다. 곧바로 주지현諸暨縣의 리쩌麗澤서원에서 그를 원장으로 초빙했으나, 그는 부임하지 않고 다만 그들에게 서원을 신식학당으로 개혁해야 한다고 극력 권유했다.

뒤이어 그는 퉁이한童亦韓과 린안현臨安縣에 가서 사오싱의 동포와 농민을 위해 소학교를 창설했다. 고향에서 교육을 실천한 기간은 그리 길지 않지만 교육구국의 초심을 잃지 않았으며, 이후에 상하이에서 진일보한 신학교를 운영하며 혁명인재 배양과 혁명사상 고취를 위해 각고의 노력을 기울였다.

개량주의자에서 혁명가의 길로

차이위안페이는 봉건사상의 구속에서 뛰쳐나와 민주혁명사상을 확립하기까지 파란만장한 길을 걸었다. 갑오전쟁의 풍운, 유신변법의 조류, 신지식의 갈구, 이 모든 것이 그의 사상을 급변시키는 촉진제가 됐다. 이 몇 년 동안 그에게는 '청조를 전복시켜야 한다'는 급진 혁명사상이 싹트기 시작했다. 그는 탄쓰퉁을 평하면서 이렇게 말한 적이 있다.

> 탄쓰퉁의 '인학仁學'은 일체의 봉건 그물을 찢어버릴 수 있을 정도로 걸출한 사상이었다. 그러나 결국 당시 사람들의 사상에 영합하여 '존공보황尊孔保皇(공자를 받들고 황제를 보위하자는 주장—옮긴이)'의 가면을 뒤집어쓴 결과, 영락없이 실패하고 말았던 것이다.[26]

그의 변화한 사상을 보여주는 일화도 있다. 중시학당 감독 시절, 어느 만찬회에서 창밖으로 달빛이 교교하게 비치고 실내등이 밝게 빛나는 가운데 술판을 벌였을 때 일이다. 차이위안페이는 몇 순배 잔이 돌면서 이내 술에 취하자, 잔을 쏟아버리고 고래고래 고함을 지르며 캉·량의 변법유신운동을 비판했다. 황제를 보위하는 가운데 유신을 실행하자는 캉·량의 주장은 불철저한 개혁이라고 여긴 것이다.

> 나, 차이위안페이는 이렇게 하지는 않을 것이다. 만주족의 청조를 전복시키지 않고서는 어떤 개혁도 불가능하다.[27]

이 말을 취중에 나온 '실언'으로 흘려버릴 수도 있으나, 결국 그의 평소 사상경향을 반영한 것이라 할 수 있다.

1890년 겨울, 서태후가 광서제를 폐위시키기로 하고 별도로 대아가大阿哥를 옹립한다는 소문이 갈수록 무성해졌다. 제국주의 열강과 일부 총독 및 순무巡撫들이 반대를 표시했고, 양강兩江 총독 류쿤이劉坤一은 전보를 쳐서 다음과 같은 명쾌한 의견을 제기하기도 했다.

군신 간의 의리는 이미 정해진 것이다. 세인의 입은 막기 어렵다.

1900년 1월 24일(광서 25년 12월 24일), 서태후는 소문대로 재의載漪의 아들 부준溥儁을 대아가로 세운다는 조칙을 하달했다. 이 소식이 상하이에까지 전해지자, 2월 8일 재계·학계의 영도자급 인사들이 긴급회의를 소집하여 일제히 반대하고 나섰으며, 상하이 전보국 총판總辦 경원선經元善 등 50인이 연서[28]하여 광서제에게 '속히 황제의 보좌를 지켜 정사에 임하고 퇴위할 생각을 하지 말라'는 취지로 조정에 전문을 보냈다. 당시 차이위안페이는 여전히 개량주의적인 입장에 서 있었다.

차이위안페이가 1902년 4월 편집한 시사평론지 《문변文變》을 보면 당시 그의 사상의 맥락을 가늠해볼 수 있다. 《문변》은 그가 과거에 응시하려는 선비들을 위해 책론策論(관리등용 시험—옮긴이)에 주어진 대책對策과 의론문議論文 등을 실어 편집한 것이다. '문변'이란 제목에서 그가 사물의 변혁에 찬동하고 있음을 어렵지 않게 알 수 있다. 그러나 어떤 변혁을 말하며, 어떻게 변혁해야 하는지는 그로서도 막연했다. 당시 세계관으로 분석해보면, 이때의 차이위안페이는 변법유신파의 둥지에서 아직 벗어나지 못했다. 그는 이 책의 서문에서 변혁관을 명백히 했는데, 이때의 변혁관념은 아편전쟁 전후에 이미 선각자들이 제기했던 견해보다 결코 앞섰다고 할 수 없다. 그러나 다른 측면에서 생각해보면, 그가 편집한 《문변》은 이른바 '팔고문' 고시와 당시 유행한 과거시험 기출문제 요약집 등의 폐해를 겨냥한 것이었다.

> 과거시험용 요약 문제집은 천편일률적이고 단지 모방에 그친 것으로서, 이를 토대로 새로운 생각을 표현하기에는 부적합하다. 단지 과거 응시생들의 두뇌를 마비시켜 더욱 우매하게 만들고 사고를 고착시키는 역효과를 초래할 뿐이다.

그의 《문변》은 수험생들에게 진지하게 사물의 의미를 탐구하게 하고, 단순하고 편협한 사고범위를 초월하여 세계사적인 관점에서 사고하게 하는 등 여러 모로 순기능적인 역할을 했다.[29] 교육적 측면에서 볼 때 《문변》은 명백히 비판정신을 띠었다. 그는 《문변》을 통해 학술문화가 시대에 뒤져서는 안 된다고 강조했으며, 독자들이 시세의 흐름을 잘 파악할 수 있도록 인도하고자 했다. 이는 기본적으로 유신개혁적 사상을 바탕으로 했다. 《문변》에는 모두 42편의 글이 실렸는데, 이를 대략 다섯 가지 부류로 나눌 수 있다.

첫째 부류는, 1899년 5월부터 1900년 2월까지 〈아동시보亞東時報〉에 그가 직접 취사선택하여 게재한 관론館論과 논설들로 전체 분량의 4분의 1을 차지한다. 〈아동시보〉는 부분적으로 '중일우호'를 제창했으나, 근본적으로는 전쟁을 일으킨 민족의 철천지원수 일본인을 소멸해야 한다는 논지였다. 이것은 갑오전쟁 후 채 1년이 안 돼 조직된 '을미회乙未會'에서 발간한 간행물이었다. 〈아동시보〉의 주요 기사들은 대부분 주필인 일본인 야마네 도라노스케山根虎之助가 쓰고 편집한 것으로서, 캉유웨이의 변법유신과 보황保皇 관점을 비판했다. 그러나 그 자신의 사상도 유신·개량의 범주를 벗어나지 못했다. 예컨대 《문변》 권두논문으로 소개한 야마네 도라노스케의 〈프란시스 베이컨을 논함培根論〉은 당시의 정치활동가를 세 파로 구분했다.

① 혁명파
이들의 주장은 매우 웅대하나 사람들을 격앙시켜 날뛰게 하고 눈썹을 휘날리며 머리를 풀어 젖히게 한다. 그러나 그 주장을 상세히 들여다보면 '무책無策'의 경거망동만을 일삼을 뿐이다. 혁명을 말하고 있지만 만주족 청조를 배척하고 신왕조를 세우자는 주장만 늘어놓는다. 그 신왕조에 도대체 어떤 사람을 세운다는 말인가?
② 외세의존파
이들은 외세에 의지하여 서태후의 수렴청정을 혁파하고 황제를 다시 세워 신정新政을 편다는 주장이다.
③ 음모파
권모술수로 실권을 장악하려고 하며, 명분상으로는 수구를 지향하지만 그 실상은 유신을 꿈꾼다.

그러면서 필자는 '교육구국'만이 서서히 중국의 근본적인 원기元氣를 기를 수 있다고 주장한다.

차이위안페이가 〈프란시스 베이컨을 논함〉을 골라 권두논문으로 실은 의도는, 이 논문의 관점이 이 시기 정치개혁에 대한 자신의 기본 주장과 상당히 일치했기 때문이다. 그는 캉유웨이·량치차오 등의 유신파와 공언空言을 남발하는 혁명파를 멸시했으나, 그 자신도 유신·개량파의 기본 입장에서 벗어나지 못했다. 새로운 왕조의 건설을 주장했으나 어떠한 왕조를 건설해야 할지는 모호했다. 그의 사상은 혁명과 개량사회에서 갈피를 잡지 못하고 방황하다가 결국 '교육구국사상'으로 귀결됐다.

《문변》의 두 번째 부류에 속하는 글들은 유신파의 관점에서 쓴 것으로, 역시 전체 분량의 4분의 1을 차지했다. 그중 량치차오가 〈청의보淸議報〉에 발표한 작품이 7편 남짓 됐다.

세 번째 부류에 속하는 문장들은 황종희黃宗羲의 〈원신原臣〉, 유정섭兪正燮의 〈투비여인악덕론妬非女人惡德論〉(질투는 여성의 악덕이 아니라는 주장—옮긴이), 당견唐甄의 〈거노去奴〉, 〈비효備孝〉 등 민주사상·남녀평등사상·자유결혼 등의 관념을 다룬 글로서 총 10여 편이 수록됐다.

네 번째 부류의 문장들은 일본의 중국 침략을 다룬 것으로, 2편의 글이 포함되었다. 예를 들어 〈중국인종의 세계 침략中國人種侵略世界〉이라는 글은 중국인이 "세계에서 번식력이 가장 강한 인종"이며 "쥐 무리처럼 기하급수적으로 증가한다"고 악의에 찬 비방을 늘어놓았다. 차이위안페이가 이 글을 선택한 까닭은 반면교사로 삼아 중국인의 애국사상을 고취시키기 위해서였다.

《문변》을 통해 갑오전쟁과 무술변법 시기에 이르는 5~6년 사이에 차이위안페이의 사상과 언행이 급변했음을 명백히 알 수 있다.[30] 이 짧은 기간 동안에 그의 사상이 비록 청조를 전복하려는 혁명의 불꽃으로 타오르지는 못했을지라도, 1902년 초에 그의 기본 관점은 유신개량과 교육구국의 입장을 견지하고 있었다. 교육을 통해 몰락해가는 중국을 구하고자 하는 웅지를 품었던 것이다.[31] 당시 그의 사상은 이미 점차 급진혁명적 성격을 띠었으나, 본격적으로 혁명노선을 향해 질주하지는 못했다. 그의 사상이 봉건 청조의 타도 등 혁명노선으로 급선회한 것은 1903년 이후의 일이다.

3

한림혁명

신사상, 신교육법을 활용하여 학생들을 교육 | 중국 근대 최초의 학생운동을 지지하다 | 중국교육회 설립, 교육구국에 앞장서다 | 교육구국의 요람, 애국여학교·애국학사 | 장원 연설회와 상하이 군국민교육회를 조직하다

청일전쟁에서 패한 후 굴욕적인 마관조약이 체결됐고, 곧이어 발발한 의화단운동이 실패로 끝나고 8개국 연합군이 베이징을 점령했다. 그 결과, 청조는 제국주의 열강이 조정하는 괴뢰왕조로 전락했다. 이러한 시대의 조류에 따라 애국계몽운동에서 구국혁명으로 전환하는 지식층이 쇄도했다. 우국지사들이 구국의 일념을 품게 됐고, 이로부터 혁명의 풍조가 싹트기 시작했다.[1] 차이위안페이도 이러한 무리 가운데 한 사람이었다. 그는 자신의 사상 발전과정을 회고하며 일찍이 이렇게 말한 적이 있다.

나는 서른여섯 살 이후부터 혁명공작에 투신하기로 결심했다.[2]

그는 청조 한림원의 진사 출신으로서, 청조를 타도하기 위한 혁명의 길로 급선회한 유례가 드문 특이한 경력의 소유자였다. 20세기 벽두 몇 년, 즉 신해혁명 준비기간에 그는 상하이에 머물며 주로 세 가지 방면에서 활동을 펼쳤다. 첫째, 교직에 종사하며 혁명인재 육성에 심혈을 기울였다. 둘째, 잡지 발간과 강연 및 선전활동을 통해 제국주의 침략의 실상을 알리고 청조의 전제통치에 반대했다. 셋째, 테러조직인 중국교육회·광복회를 조직하여 암살활동에 가담했고, 쑨원이 주도하는 동맹회 상하이 분회장을 맡아 활동했다.

🌀 신사상, 신교육법을 활용하여 학생들을 교육

1901년 7월 차이위안페이는 상하이 징충澄衷학당 교장인 류자오량劉藻良의 초청으로 이곳에서 교장 직무대리로 근무했다. 한 달 후인 8월에 류자오량의 소개로 상하이 난양공학南洋公學(오늘날 상하이교통대학—옮긴이) 특별반의 총교습總教習으로 초빙되어 이곳에서 특별반 교육을 담당했다. 난양공학은 성쉬안화이盛宣懷가 광서제에게 주청하여 전보국, 상공국 등의 잉여자금으로 창설한 학교였다. 같은 시기에 두 개의 학당이 존재했는데, 하나는 베이양北洋학당이었고, 하나는 난양공학이었다.

처음에 난양공학에는 사범학당이 먼저 세워졌고 이후 확대되어 상원上院(대학에 해당), 중원中院(6년제 중학에 해당), 소학小學 등이 세워졌다. 상원에 철로반이 생겼고, 1901년에 특별반이 증설됐다. 특별반 학생들은 고문에 능통한 수재 또는 거인 출신으로서, 경세의 학문經世之學을 익히고 장차 경제특별반에 진학하여 졸업 후 외교 분야에서 일하고자 하는 상당한 정도의 근대적 지식을 구비한 신식 관원들이었다. 당시 사람들은 여전히 과거 출신을 중용했고, 따라서 한림원 관리 출신인 차이위안페이라야 이 학급의 '거인 어르신'들을 장악하고 지도할 수 있기에 그를 특별반 주임교사로 초빙한 것이다. 특별반 학감을 역임한 사람들은 장시江

상하이에서 차이위안페이가 살았던 집.

西성의 차오중이趙仲宜와 저장성의 왕싱위안王星垣이었다.

차이위안페이는 이 학당의 총교습을 맡은 후 학당에서 길러내는 신식 관원들의 요구를 들어주지 않고, 자신의 고유한 교수방법을 실천했다. 혁명인재 배양의 파란만장한 여정이 시작된 것이다.

차이위안페이가 담당한 특별반 학생들은 반나절은 중문 서적을 공부하고 반나절은 영어와 수학, 체조 등을 병행하여 학습했다. 그는 학생들에게 독서목록 및 열독 순서를 정해주었다. 학과 이수과목은 정치·외교·법률·재정·경제·교육·철학·과학·문학·논리·윤리학 등으로, 학생들은 한 과목 또는 두 과목을 선택해서 공부했다. 차이위안페이는 과제로 매일 한 편씩 독서감상문 등을 제출하게 하여 그가 직접 교정하고 평가한 내용을 이틀 간격으로

3. 한림혁명 ——— 83

나누어주었다. 비평한 내용을 학생들이 제출한 각 편의 과제물 오른쪽 하단부에 적고 동그라미를 쳤는데, 특별히 우수한 작품은 동그라미를 두 개씩 그렸다.

그리고 매월 학생들에게 작문을 한 편씩 제출하도록 하여 직접 수정해주었다. 매일 저녁에는 두세 명의 학생들을 연구실이나 숙소로 불러 대화와 토론을 즐기거나, 혹은 독서에 대한 소감을 발표하게 하여 스스로 깨우치게 하는 한편, 대담을 통해 시사에 대한 관점을 길러주었다. 학급 인원이 총 42명이었으므로 20일에 한 번 정도는 전체 학생과 이런 방식으로 방과 후 개별학습을 진행할 수 있었다. 이러한 개별학습은 매우 구체적인 지도방법으로서, 전문지식의 습득 외에 사상형성과 품격도야를 병행하는 효과적인 교육방법이었다. 학생들은 그의 집에 들어설 때 늘 서가에 가득 꽂힌 책 더미에 파묻혀 부지런히 공부하거나 학생들의 숙제를 고쳐주는 그의 모습을 발견하곤 했다. 그는 대화할 때는 온순한 낯빛으로 천천히 말했으며, 절대 게으른 모습을 보이지 않았다. 이런 그의 일거수일투족을 보고 청년학생들은 깊은 감명을 받았다.

그의 교수방법은 매우 독특했다. 특히 학생들의 이목을 세계로 집중시키고 급변하는 국내외 정세 흐름에 관심을 기울이도록 지도했다. 그는 늘 다음과 같이 말했다.

이후 학생들은 모름지기 세계 지식을 구비해야 한다. 세계는 날로 진화하고 있고 사물은 나날이 새로운 것들이 발명되고 있으며, 학설 또한 일취월장하고 있다. 서방 지식을 파악하려면 곧 서방 서적을 읽어야 하는데, 다행히 일본에서 번역된 책들이 풍부하고 책값도 저렴하며, 일본어로 된 책들은 비교적 쉽게 읽을 수 있으므로 세계의 신서적들을 읽는 것이나 마찬가지이다.

이러한 이유로 그는 직접 일문과를 개설하고 학생들의 번역연습을 지도했다.

한편 그는 학생들의 사유 및 언어능력 배양을 중시했다. 사회를 이끌고 군중을 계도하려면 말을 잘해야 한다고 여겼다. 그래서 변론회·연설회 같은 소조를 설립하여 연설과 변론방법을 가르쳤으며, 몇 종류의 일문 연설학을 참고할 수 있게 소개했다. 아울러 방언 사용을 지양하고 표준어인 보통화 사용을 적극 권장했다.

난양공학 시절의 애제자였던 황옌페이黃炎培는 다음과 같이 회고했다.

> 당시 차이위안페이 선생의 1차 변론주제는 '세계진화에 따라 도덕도 증진하는가? 그렇지 않은가?' 등이었으며, 이 같은 주제는 오늘날의 시각에서 보더라도 자못 의미심장하다. 그가 출제한 작문의 주제는 '춘추전국시대의 애국사례를 들고 논하라' 등이었다.[3]

이를 통해 난양공학에서 그가 실천한 교수방법이 매우 참신했으며, 국가 동량지재棟梁之材 육성과 관련이 있다는 것을 쉽게 알 수 있다.

그의 주된 의도는 애국사상을 고취시키고 근대 자연과학 지식을 추구하게 하며, 학생들로 하여금 소아를 버리고 국가관념으로 나아가 궁극적으로 세계와 인류공영에 이바지할 길을 개척하게 하는 것이었다. 이 같은 신교육방법은, 이 시기 차이위안페이가 비록 모호하기는 하지만 세계를 향해 열린 국가를 건립하자는 견해를 갖고 있었음을 말해준다. 특히 세계가 일취월장함에 따라 도덕관념도 영향을 받거나 문제가 생길 것이라는 견해는 탁견이라 할 수 있다. 20세기 초에 "가슴에는 조국을! 눈은 세계를!"이라는 미래지향적인 생각을 할 수 있었다는 사실이 참으로 놀랍다. 당시 그의 제자들 중에는 사오원타이邵聞泰, 훙윈샹洪允祥, 왕스정王世徵, 후런위안胡仁沅, 인쭈퉁殷祖同, 베이서우퉁貝壽同, 샹샹項驤 등 걸출한 인재가 많았다.[4]

중국 근대 최초의 학생운동을 지지하다

인류 역사는 우연히 발생한 일들이 쌓이는 과정에서 상호작용을 일으키며 발전해왔다고 할 수 있다. 1902년 11월 16일, 난양공학에서 학생을 핍박하는 학교 당국에 대한 항의표시로 수업거부 운동이 일어났다. 발단은 아주 사소한 데서 비롯됐다. 작은 먹물병이 발단이 되어 일어났다 하여 '먹물병 소동'으로 불린 이 사건은, 신해혁명 시기 상하이에서 일어난 혁명사건의 도화선 역할을 했으며, 중국 근대사에서 학생운동의 막을 열었다고 볼 수 있다. 그리고 마침 이 학교 특별반의 총교습을 맡고 있던 차이위안페이에게는 사상의 혁명화 계기를 제공했다.

사건의 개요는 이렇다. 1902년 11월 중순 어느 날, 이 학당의

5반 어문수업 시간(일설에 의하면 야간자습 시간)에 국문과 선생 궈전잉郭振瀛은 먹물병이 강단 위 자신의 의자에 놓여 있는 것을 보았다. 당시에는 붓으로 글씨를 쓰던 시절이어서 먹물병에 먹물을 담아서 사용하곤 했다. 아마도 학생들이 먹물병을 가져가는 것을 깜박 잊고 그대로 두었던 것 같다. 그러나 곽 선생은 학생들이 자신을 놀리려고 먹물병을 갖다 놓은 것으로 오해하고 몹시 분노했다.

"스승에게 이런 불경스런 짓을 하다니, 어찌 이런 일이 벌어질 수 있단 말인가!"

강요에 의해 앞줄 강단 부근에 앉아 있던 우터伍特가 공개적으로 추궁을 당할 처지에 놓였다. 그가 조사에 불응하자, 며칠 후 곽 선생은 먹물병을 강단 의자에 놓은 녀석이 우터라고 강변했다. 아울러 우터의 양쪽에 앉았던 베이쥔貝均, 천청슈陳承修 등도 동조자로 지목했다. 이에 따라 학교 당국은 우터, 베이쥔, 천청슈 세 학생을 제적했다. 이 사건은 전체 학생들의 공분을 불러일으켜 학생들이 동요하기 시작했다. 학급 전원이 한바탕 소동을 벌이기로 작정하고 학교 총책임자인 왕펑짜오汪鳳藻를 찾아갔다. 그러나 그는 도리어 5반 학생들이 집회를 열어 소동을 벌이면, 혁명을 부르짖고 이를 행동으로 옮기는 것으로 간주하여 모두 제적 처리하겠다고 으름장을 놓았다.[5]

이 소식이 전해지자 학당 전체가 들끓기 시작했다. 각 학급은 학교 당국의 만행적인 결정에 더욱 격렬한 반응을 보였다. 다음 날 중원 전체 학생이 동맹휴학을 했고, 학생들을 핍박한 궈전잉과 왕펑짜오를 일제히 성토했다. 아울러 직접 설립자인 성쉬안화이를 찾아가서 청원했는데, 뜻밖에도 성쉬안화이는 차이위안페이에게 이 사건을 처리토록 일임했다. 차이위안페이는 평소에는 중원에 갈 일이 없었으나, 특별반과 중원 1개 학급이 함께 영어를 공부하여 학생들과 서로 왕래하며 지내던 터였다.

차이위안페이에 대한 특별반 학생들의 존경심은 대단했으며, 이는 자연스레 중원 학생들에게도 직접적인 영향을 미쳤다. 당시 청년들에게 한림원 출신 관리는 매우 추앙받는 존재였다. 하물며 새로운 학문까지 정통한 차이위안페이는 말해 무엇하랴! 상하이 전 지역 및 전국에 걸쳐 그와 같은 존재는 보기 어려웠으므로 모든 학생이 더욱 존경했으며, 그의 위세는 말로 표현하기 어려울 정도였다. 학생들은 일단 그의 말을 경청하는 분위기였다. 그의 말은 명쾌했다. 그가 "제군들이 요구하는 것은 무엇인가?"라고 묻자, 학생들은 '제적을 철회해달라'면서 만약 다음 날 아침 10시까지 확답을 해주지 않으면 전원이 퇴학하겠다[6]고 했다.

차이위안페이는 학생들의 요구가 독판督辦(도독의 별칭으로 민국 초기 각 성의 군정장관을 지칭함—옮긴이)인 성쉬안화이에게 여과 없이 사실 그대로 전달되기를 바랐다. 그러나 다음 날 오전이 되어도 독판처에서는 아무런 연락이 없었다. 점심까지 기다려도 소식이 없자 중원 6개 학급과 상원 특별반 학생들이 학교를 떠나기 시작했다. 30분쯤 지난 후에 독판처에서 보낸 사람이 사건을 무마하려고 황급히 달려왔으나 중원과 상원은 이미 텅 비어 단 한 명도 없었다. 그들은 학생들을 찾아 나섰고, 사력을 다해 학교로 돌아가라며 팔을 붙들고 늘어졌으나 이미 후회막급이었다. 몇몇 학생만이 학교로 돌아갈 뿐이었다. 차이위안페이는 학생들에게 매우 동정적이었으며 원래 중간에서 조정을 잘해보려고 했으나, 독판처에서 그의 체면을 무시하고 말을 들어주지 않자 그도 곧바로 난양공학을 사직했다.

전교 200여 명의 학생들이 "조국 만세!"를 외치며 항의에 나섰다. 베이서우퉁 등 일부 학생들이 선두에 서서 당당하게 장원까지 시위를 벌이고 이곳에서 기념사진을 찍었다. 사소한 먹물병으로 인해 일어난 사건이 일파만파로 번진 것이다. 3척이나 되는 두꺼운 얼음도 하루아침 추위로 언 것이 아닐진대氷凍三尺 非一日之寒, 이를 어찌 우연이라 할 수 있겠는가!

난양공학은 중체서용中體西用의 종지 하에 청조에 헌신할 양무인재洋務人才를 양성할 목적으로 창설됐다. 매판賣辦인재(외국 자본가를 위해 일하는 중국상인이나 고용인—옮긴이) 양성을 염두에 두고 세워진 성 요한대학과는 그 성격이 전혀 달랐다. 이 두 교육기관은 당시 동남의 각 성에서 명성이 자자했다. 그런데 '존공충군尊孔忠君'을 받들어 행한 난양공학에서 의외의 사태가 전개된 것이다. 난양공학에서는 매월 초하루와 보름에 총판이 전교 학생들을 인솔하여 강당에서 공자에 대한 삼궤구고례三軌九叩禮(청나라 때 시행한 황제에 대한 경례법. 궤는 무릎을 꿇는 것이고, 고는 머리를 땅에 닿게 한다는 뜻이다—옮긴이)를 올리고, 매년 8월 27일 공자탄신일에는 휴가를 즐기며 다 같이 경축했다. 이 같은 존공의식은 성 요한대학에서 주일예배를 드리고, 12월 25일 성탄절을 축하하는 것과 같았다. 그래서 사람들은 "난양공학에서 공자를 추존하는 제례를 지내는 것은 요한대학에서 예수를 숭배하는 것에 견주어 행한 것"이라고 했다. 곧 난양공학에서는 동서를 관통하는 신식 관리를 배출하지만, 요한대학은 서양인 밑에서 부림받는 매판을 길러낼 뿐이며, 인격적으로도 난양공학 학생들이 더욱 훌륭하다는 것을 나타내려고 한 것이다.

난양공학은 비록 미국인 고문의 지도 아래 서양 학문을 학습했으나, 학생들 사이에서는 암암리에 서양인의 노예가 되지 않겠다는 반제애국사상이 잉태됐다. 대다수의 학생들은 변법유신운동의 영향을 받아 이 학당에 응시했다. 이 청년학생들은 8개국 연합군의 야만적 행동에 굴복한 청 정부의 무능함을 개탄했으며 반감을 품었다.

당시 청조에서 파견한 대신 짜이펑載灃이 침략국들에게 일일이 '사죄'하고 돌아오는 길에 상하이 난양공학을 시찰했다. 학당에서 학생들을 동원하여 도로변에서부터 삼궤구고의 예를 올리며 그를 성대하게 맞이하는 꼴이 공자 탄신제례 때보다 더 심했다. 그날 궈전잉이 특별히 흥분했다. 그는 평소에도 《동화록東華錄》을 강의할 때 청나라의 '성조聖祖'(강희제)를 언급할 때면, 특별히 장중하고 엄숙함을 표하며 공경했다. 친왕이 와서 그가 수업하는 것을 보면 그를 매우 훌륭하게 여길 것이 확실했다. 그런 그에게 재풍의 방문은 커다란 행운이었고, 그래서 지나치게 정성스럽고 공손하게 행동했다. 난양공학의 지도층 역시 학생들에게 '충군忠君'을 교육할 절호의 기회라고 생각했다. 그러나 결과는 정반대로 나타났다. 몇몇 학생들은 은밀하게 재풍을 비난했다. 그는 중국인 면전에서는 위풍당당하고 오만방자하나, 외국인을 보면 몸을 낮추고 무릎을 꿇으며 심지어 말조차도 기어들어가는 음성으로 말해 기운이 없어 보였다. 학생들은 이런 현실을 반면교사로 삼는 한편, 당시 유행하던 〈신민총보新民叢報〉나 그보다 더욱 새로운 관점인 자유·평등·공화를 주장하던 〈국민보國民報〉 등에서 영향을 받았다.

차이위안페이는 늘 학생들에게 《양주십일기揚州十日記》, 《가정도성기嘉定屠城記》 및 흑인종의 탄압을 묘사한 《흑노우천록黑奴吁天錄》(해리엇 비처 스토Harriet Beecher Stowe 부인의 명작 《톰 아저씨의 오두막*Uncle Tom's Cabin*》을 가리킴—옮긴이), 영국의 인도 식민통치를 폭로한 《누란동양累卵東洋》 등의 번역본을 읽도록 권장했다. 또한 평소에 학생들의 일기나 작문을 평가하면서 민권을 제창하는 주장을 여러 번 제기했다.[7] 이러한 작품들과 궈전잉이 선양하고 읽으라고 권장한 《동화록》의 청나라 '강희제의 무공' 이야기는 극명한 대비를 이루었다. 궈전잉은 진보적 색채가 짙은 서적이나 잡지 등의 열독을 불허했고 언론·사상의 자유를 제한했다. 차이위안페이와 궈전잉은 신구 양 사조를 대표하는 상징적 인물이었다. 학생들이 진보적 사상을 가진 차이위안페이를 공경하고, 궈전잉 같은 구파 교수들을 멸시한 것은 결코 우연이라 할 수 없다. 먹물병 소동은 혁명의 불꽃을 지피는 일종의 도화선이었을 뿐이다. 마른 장작들은 일찍이 준비돼 있었으며, 그 타오르는 기세는 누구도 막을 수 없었다.

난양공학의 학생들은 학생들을 잔혹하게 노예로 길러내는 교수 방법을 속박으로 여겼다. 결국 총판 푸완둔復頑鈍이 언론의 자유를 억압하자[8] 전체 학생들이 이에 맞서 퇴학을 결행했으니, 이것은 봉건질서에 반대하는 일차적 혁명행동이었다. 차이위안페이는 비록 학생들의 행동을 부추기지는 않았으나 학생들의 입장에

동조를 표했으며, 난양공학 당국과 다투어봤자 효과가 없다고 생각하여 이 학당을 떠나게 됐다.[9]

그는 난양공학에서 보기 드문 진보사상의 전파자요, 상하이 난양공학에서 전국 최초로 발생한 학생운동의 동조자이자 지지자였다. 그는 평소 학생들에게 신사상을 고취시켰으며, 학생 소요 사태 발생 이후에는 진보학생의 편에 서서 조정자 역할을 했다. 그리고 더욱 중요한 것은, 학교를 떠난 학생들을 지지하여 본인이 직접 학교를 세워 출로를 모색함으로써 완고한 학당 측과의 타협을 완강히 거부했다는 점이다. 이러한 투쟁이 지속적으로 전개된 것은 명약관화하게 차이위안페이의 사상적 영향 아래 나온 것이었다.

중국교육회 설립, 교육구국에 앞장서다

변법유신사조의 영향으로 전국 각지에서 신식 학당이 난립했다. 특히 상하이를 중심으로 한 동남지역의 각 성에서 학당이 우후죽순처럼 생겨났다. 그런데 교과서가 태부족하여 큰 문제였다. 비록 일문 서적을 번역한 책들이 홍수를 이루고 상하이의 서점상들도 다투어서 각종 신서를 발간했으나, 대부분은 교과서로 채택하기에 부적합한 것들이었다.

이 무렵 상하이 교육계의 두드러진 인물로는 차이위안페이를 비롯하여 예한葉瀚, 장관윈蔣觀雲, 중셴창鍾憲鬯, 린사오취안林少泉, 왕지퉁王季同, 왕더위안汪德淵, 황쭝양黃宗仰 등을 들 수 있다.

이들과 함께 차이위안페이는 적절한 교과서 공급 등 교육사업 발전을 위해 힘썼다.

이들은 1902년 4월 15일에 '중국교육회'를 설립하고 먼저 교과서 편집에 착수했다. 교과서 편집은 이들이 중국교육회를 창립하게 된 직접적인 동기 중 하나였다. 4월 20일에 선거를 실시하여 차이위안페이가 회장으로 선출됐고, 왕무타오王慕陶·장관윈·치위안청戚元丞·콰이뤄무蒯若木·예한 등이 간사로 추대됐으며, 천중젠陳仲謇이 회계로 임명됐다. 중국교육회의 창립 취지는 "청년들에게 교육을 통해 지식을 축적하고 국가관념을 증진시켜 장차 국권회복을 위한 기초를 다지는 데 있다"[10]고 했다. 이러한 취지를 통해 차이위안페이 등 당시 회원들의 포부를 엿볼 수 있다. 그들은 대강大綱을 정하고 원대한 계획을 세웠으며, 교육부·출판부·실업부 3개 부를 조직했다.

주요 추진사업으로 교과서 편집 및 인쇄, 〈교육신보教育新報〉 발간, 남녀공학 학당 개교 준비, 상점·공장·회사 설립 및 운영 등을 꾀했다. 그러나 일부 서생들은 생각만 무성하고 하는 일이 적었으며, 일할 회원은 드물고 경비는 고갈되는 등 상황이 여의치 않아 교육사업이 뜻대로 진행되지 못했다. 심지어 단 한 권의 교과서도 발간하지 못했다. 그러나 이 학회의 창립은 학계의 진보 인사들이 모일 수 있는 토대와 합법적 조직을 만들었다는 데 그 의의가 있다.

중국교육회는 혁명역량을 축적하고 혁명사상을 전파하는 데 적극적인 작용을 했다. 발기인의 한 사람이었던 장웨이차오蔣維喬는 《중국교육회의 회상中國教育會之回憶》에서 "상하이에서 성립된

국민당 시절의 우즈후이(오른쪽)와 차이위안페이(왼쪽).

중국교육회는 표면적으로는 교육단체이나, 사실상 은밀히 혁명을 부추긴 급진적 성격을 띤 단체"[11]라고 했다. 즉 "은밀히 동남 각 성의 혁명을 위해 조직된 집단"[12]으로 규정했다. 중국교육회를 중국 근대사 최초의 혁명조직으로 평가한 것이다.

1902년 여름에 차이위안페이는 가오멍단高夢旦과 일본 각지를 유람하던 중 우연히 우즈후이吳稚暉와 부딪혔다. 당시 우즈후이는 부국강병을 도모하기 위해 저장·장쑤江蘇·장시성江西省 출신의 청년들을 일본 육군사관학교 예비학교인 성청成城학교에 입교시키려고 교섭 중이었다. 그러나 우즈후이 등의 적극적인 노력에도 불구하고 주일공사 차이쥔蔡鈞은 이들의 예비학교 입교를 거절했다. 우즈후이는 사력을 다해 투쟁을 벌였으며 다른 유학생들도 광범위하게 그를 성원했다. 주일공사와 우즈후이를 비롯한 유학생들이 일주일 가까이 대치하다, 분노한 차이쥔이 결국 일본 경찰 당국에 우즈후이를 치안방해죄로 고발하여 강제출국 조치를 취해 귀국선에 태웠다.[13] 루스펀陸世芬 등은 톈진행 여객선이 도착하자마자 이들이 청 조정에 체포될 거라는 사실을 알고 몹시 걱정했다. 이때 우즈후이는 격분하여 투신자살하려 했으나 미수에 그쳤다. 차이위안페이는 더 이상 일본에 체류할 수가 없어서 스스로 우즈후이 일행의 호송책임을 맡겠다고 자원하여(이를 계기로 두 사람은 막역한 사이가 된다—옮긴이), 우즈후이 일행과 함께 상하이로 돌아왔다.

8월 13일 중국교육회는 상하이 장원 은밀한 곳에서 우즈후이 등의 귀국 환영식을 갖고, 이 자리에서 귀국 유학생에 대한 지지를 표시했다. 이어서 중국교육회는 '협조아동유학회協助亞東游學會'를 발기했다. 8월 22일에 장원 내 회관에서 집회를 열어 일본과 교섭방법을 협의하고, 중국교육회에서 유학생을 직접 선발하여 보내는 방법을 모색했으나, 일본 정부가 동의하지 않을 수도 있을 것을 고려하여 직접 학교를 세우기로 결정했다.[14] 차이위안페이는 중국교육회의 영도자로서 이러한 활동에 적극 참여하고 지도했다. 이렇듯 두 차례에 걸쳐 안개제安愷第에서 열린 집회를 통해 장원을 거점으로 연설회를 진행하면서 혁명을 선전하는 선도적인 구실을 했다.

교육구국의 요람, 애국여학교·애국학사

애국여학교는 1902년 겨울에 징롄싼經蓮三이 제의하여 차이위안페이와 장관윈, 오목烏目 스님(황쭝양黃宗仰), 린사오취안, 천명포陳夢坡, 우옌푸吳彦復 등이 공동으로 세웠다.[15] 처음에는 장관윈이 교장을 맡았으나 얼마 후 그가 일본으로 가야 했으므로 그의 뒤를 이어 차이위안페이가 애국여학교 총리로서 학교를 이끌었다.

처음에는 학생 수가 적었으나, 애국학사 성립 후 애국학사와 관련된 집안의 부녀자들이 모두 애국여학교에 들어오면서 학생 수가 급증했다. 수리 방면은 왕샤오쉬王小徐·옌젠루嚴諫如·중셴창鍾憲鬯·위허친虞和欽 등이, 문학·역사 방면은 예하오우葉浩吾·장웨이차오蔣維喬 등이 가르쳤다. 애국여학교는 여권신장을 부르짖었고, 젊은 여성들에게 혁명사상을 주입할 목적으로 설립됐다.

차이위안페이는 애국여학교와 애국학사의 설립목적에 대해 다음과 같이 회고했다.

> 이 학교는 청조 말기에 세워진 혁명적 성격을 띤 교육기관이었다. (…) 대개 당시 일반 우국지사들은 청조의 정치가 불량하고 국세가 날로 오그라들어 마치 중병을 앓고 있는 사람처럼 백약이 효과가 없으므로 좋은 처방책을 찾아 치료해야 했으며, 군중들은 일어나 혁명을 모의해야 했다. 혁명은 병을 치료하는 좋은 방책이다. 상하이의 혁명단체는 그 이름을 중국교육회라 했다. 목적은 남녀를 불문하고 모두 혁명정신을 고양하는 데 있으며, 교육으로 근본을 삼아야 한다. 이런 취지에서 애국여학교와 애국학사가 세워진 것이다.[16]

이 시기 그의 사상의 핵심은 교육구국이었으며, 진일보하여 혁명인재 육성에 정열을 기울였다. 애국여학교 창설 후 차이위안페이는 곧바로 상하이에 애국학사를 세웠다. 애국학사는 비록 중국

교육회의 설립 취지에 따라 나온 산물이었지만, 그 직접적인 동기는 난양공학 학생운동이었다.

학생운동 이후 200여 명의 난양공학 퇴학생 가운데 일부는 학교 측의 다양한 유인책과 학부모들의 압력을 이기지 못하고 학교로 복귀했다. 그러나 대다수 학생들은 복귀를 원치 않았으며, 결국 145명의 학생이 퇴학했다. 이들은 난양공학을 자퇴한 후 일부는 친구 집에 머물렀고, 일부는 여관에 거주하는 등 방황했다. 이들은 '공화共和학교'를 세워 계속 공부하려 했으나 경비와 부지가 없어서 중국교육회에 도움을 청하고자 차이위안페이를 방문했다. 차이위안페이와 중국교육회 동인들은 11월 19일 퇴학생 대표와 장원에서 면담한 후 애국학사를 건립하기로 결정했다.

차이위안페이와 중국교육회 지도자들은 이 사랑스러운 청년들을 돕고자 하는 마음이 간절했으나, 역시 서생들이라 경제적으로 어려운 처지여서 학교를 창설하기가 쉽지 않았다. 그러나 "하늘이 무너져도 솟아날 구멍이 있으며, 하늘은 스스로 돕는 자를 돕는다"는 말처럼 일이 의외로 순조롭게 풀렸다. 중국교육회 영도자 중 한 사람이며, 불교계 지도자인 오목 스님이 학교 설립에 많은 도움을 주었다. 독실한 불교계 인사였던 그는 구국사업에 헌신적인 열정을 보인 애국자이자 자선가였다. 평소 그와 두터운 관계를 유지했던 차이위안페이는 그와의 관계를 잘 활용하여 거액의 기부금을 모았고, 그 돈으로 애국학사 창립경비를 충당했다. 경비를 모으는 과정에 우여곡절이 있었으나 결국 잘 해결됐다. 차이위안페이 등과 일부 학계 인사들의 사회적 지위와 영향력이 작용한 덕이었다.

오목 스님은 장쑤성 창서우常熟 사람으로, 대대로 학자·문인을 배출한 집안에서 태어나 어려서부터 학문과 시문 짓기를 좋아했다. 20세에 난징 청량사에 들어가 수도생활을 했으며, 금산사의 저명한 승려인 현체顯諦법사에게 수계를 받았다. 속명은 황쭝양, 인릉선사印楞禪師라고도 불렸다.

오목 스님은 상하이 사회의 명사요 불교계의 저명한 인물로서 불교의 이치를 터득하는 데 정진했을 뿐만 아니라, 공익사업에 헌신적 열정을 보였다. 그는 세상을 구제하는 데 헌신할 뜻을 세운 애국승려였다. 또한 다재다능했는데, 특히 서법과 회화에 뛰어나 세인의 관심과 이목을 끌었다.

오목 스님의 불제자 중에 특히 신앙심이 깊은 뤄자링羅迦陵 여사가 있었다. 그녀는 원래 상하이에서 세탁일을 하며 생계를 꾸려가는 매우 곤궁한 삶을 살았다. 영국양행의 문지기인 유대인(중국이름 허퉁哈同)의 옷을 세탁하고 꿰매고 수선하는 일을 도맡아 했는데, 이 과정에서 두 사람 사이에 점점 애정이 싹텄다. 후에 허퉁은 상하이에서 부동산 투자에 성공하여 입지전적인 인물이 됐다. 그는 상하이 정안사靜安寺 일대의 커다란 나대지를 구입했는데, 이 일대는 외국인 조계지租界地(중국이 다른 나라에 임대해 준 지역—옮긴이) 중 가장 번화한 곳이었다. 허퉁은 엄청난 부를 축적했고, 10여 리나 되는 상하이 조계지의 해안 거리를 소유한 대부호가 됐다. 상하이에서 갑부가 된 이 유대인 투기상은 사생활에서는 오히려 옛정을 그리워하여 뤄자링과 정식 결혼하여 부부가 됐다. 아울러 초라했던 시절에 마음이 맞았던 아내를 위해 호화로운 별장을 지어주었다. 뤄자링의 본명에서 한 글자를 따서 별장 이름을 '애려원愛儷園'이라 지었다. 사람들은 흔히 이 별장을 '허퉁화원哈同花園'이라 불렀다. 뤄자링 여사는 투기를 해서 돈을 번 허퉁의 사람됨을 잘 알고 있었고, 재물이나 돈은 바람이나 연기처럼 사라져버린다는 것을 깨닫고 불교를 깊이 믿고 내세를 위해 수양을 하며 음덕을 널리 쌓았다.

그녀는 오목 스님을 존경하고 섬겼으며, 늘 그를 초청하여 설법을 듣고 스님이 얼굴을 드러내는 공익사업의 모금에 반드시 동참했다. 애려원 별장의 청사진도 미학 방면에 소양을 갖춘 오목 스님의 머리에서 나왔다. 별장 정대亭臺 누각의 대들보와 기둥에 새기고 그린 장식물들은 모두 중국 건축의 특색을 잘 표현했고, 고색창연하여 마치 《홍루몽紅樓夢》 가운데 나오는 대관원大觀園이 재현된 것 같았다. 뤄자링 여사는 오목 스님을 위해 원내에 아름다운 불당을 건립했다.

이 불당 주변은 그윽하고 우아하기 이를 데 없었고, 기이한 온갖 화초들이 만발하여 사시사철 무성하게 잘 자랐다. 화원 밖의 투기업자들은 서로 속고 속이며 죄악의 땅에서 각축하고 있는데, 이곳은 홍진紅塵에서 허덕이는 속세와 동떨어진 도화원이었다. 스님은 상하이에 있을 때는 늘 이곳에 거처했다. 세속인과의 왕래가 뜸한 것이 본래 출가한 승려들의 본분이지만, 그는 상하이 명사들과 빈번하게 교류했다. 특히 차이위안페이와 장타이옌章太炎 등과는 막역한 사이로 지냈으며, 구국혁명에 대한 열정도 결코 속세인에 뒤지지 않았다.

차이위안페이 등은 중국교육회 창립 즉시, 오목 스님을 통해 뤄자링 여사를 모금운동에 참여시켰으며, 애국여학교 창설에 필요

중국교육회를 이끌며 애국학사, 애국여학교를 설립했던 시절의 차이위안페이(1902년). 아들 우지의 손을 잡고 있다.

한 제반경비도 그녀가 기부한 자금으로 충당했다. 그녀는 애국학사 창립 때도 전액을 부담했을 뿐만 아니라 푸위안리福源里에 있는 건물 한 채를 학교부지로 선뜻 내주었다. 마침내 1902년 11월 26일, 애국학사가 정식으로 문을 열었다.

그러나 개교한 뒤에도 애국학사의 초창기 학사운영에서 일상적인 경비지출이 큰 문제로 대두됐다. 교원들은 의무를 다했으나, 학생들의 식생활 문제를 해결하는 것이 시급한 과제로 떠올랐다. 애국학사의 짐을 두 어깨에 걸머진 차이위안페이는 난징에 가서 콰이광뎬蒯光典에게 돈을 빌려 일시적으로 해결하기도 했다.

차이위안페이는 부인에게 작별인사도 못 하고, 심지어 병석에 누워 있던 장남을 문병할 겨를도 없이 돈을 구해 황급히 부두로 떠나야 했다. 그리고 결국 장남이 사망했다는 소식을 듣고 얼굴을 묻고 하염없이 눈물만 흘릴 뿐이었다. 그는 중국교육회 동인들에게 장남의 장례를 부탁하고는 배를 타고 6,000위안을 빌려서 사흘 만에 상하이로 돌아왔다. 이리하여 학생들이 가까스로 밥을 굶는 비참함을 면하게 됐다. 사사로운 가정사를 돌보기에는 차이위안페이의 책임이 너무 컸다. 사람들은 그가 보여준 멸사봉공의 정신을 찬양할 따름이었다.

이처럼 애국학사가 매우 짧은 시간 내에 창설될 수 있었던 것은 상하이 진보학계와 여러 단체들이 협력했기 때문이다. 이로써 완고파 세력은 상당한 타격을 입었다. 이것은 상하이 지식계에 이미 민주혁명의 대오가 형성됐음을 나타내는 것이었다. 그러나 당시 오목 스님 같은 불교계 고위인사나 뤄자링 부인처럼 거액을 쾌척할 수 있는 독실한 불교신자가 없었다면 이 같은 일들이 어찌 순조롭게 진행될 수 있었겠는가? 이러한 사실은, 정의로운 사업은 결국 많은 도움과 사람들의 지지를 받게 된다는 진리를 보여준다고 할 것이다.

혁명파들은 일사불란하게 단결된 역량을 보여야 했으므로 종파분자들처럼 사람을 제한하지 않고, 천 리 밖에서 찾아온 사람도 막지 않았다. 종교계와 학술계의 각종 유파를 망라하여 진리와 정의로 인도했고, 이들의 힘이 모두 적극적인 역량으로 변해 효율적으로 혁명사업을 펼칠 수 있었다.

후에 차이위안페이는 자신이 맡은 직무가 너무 과중하다 여기고, 중국교육회장 직을 학계에 큰 기여를 해온 오목 스님에게 맡겼다. 애국학사 건립 초기, 정식 학생은 55명이었다.[17] 차이위안페이는 애국학사의 총리로서 여기에 큰 희망을 걸었다. 그는 개학식 축사에서 이렇게 말했다.

> 애국학사는 전력을 기울여 우리의 진리를 전국에 보급해야 한다. 마치 신경계통이 뇌에서부터 근육에 이르기까지 온몸에 퍼져 있는 것과 같다. 애국학사가 과연 이러한 역할을 해낼 수 있다면 우리 중국의 앞날에 실로 지대한 영향을 미칠 것이다.[18]

차이위안페이가 주도한 애국학사는 몇 가지 특색을 띠었다.

첫째, 자치제로 운영됐다. 애국학사의 학제는 각 2년제의 심상尋常과 고등과정으로 이루어졌다. 일부 사원社員은 가르치고 나머지 사원은 배웠으므로, 학교라 부르지 않고 학사學社라 했다. 중국교육회의 책임자들은 모두 겸임교원이었다. 차이위안페이도 윤리학을 강의했고, 우징헝吳敬恒은 천연론天演論을 가르치면서 사감을 겸했다. 장웨이차오가 초급국어, 장타이옌이 고급국어를 강의했다. 장타이옌은 강의할 때 교과서를 사용하지 않았다. 단지 강단 의자에 앉아서 자신이 쓴《광복대의光復大義》를 거침없이 가르쳤다.[19]

애국학사의 사원은 모두 중국교육회 회원들로 구성됐다. 애국학사는 곧 학교이자 상호부조단체이며, 봉건왕조체제 내에 존재한 하나의 작은 극락정토였다.

둘째, 혁명에 관한 고담준론高談峻論을 벌였다. 이것이 애국학사와 당시 존재했던 다른 학교와의 가장 두드러진 차이점이었다. 애국학사 내에는 정치적 열기가 넘쳤고, 사원들은 '혁명'이란 단어를 입에 올리는 것을 추호도 꺼리지 않았다. 난양공학 시절 스승과 제자들이 거리낌 없이 '혁명'을 주제로 담론을 즐겼듯이,[20] 이곳에서도 차이위안페이와 애국학사의 제자들은 소리 높여 '혁명'을 외치고 곳곳에서 연설을 할 때도 주저함이 없었다.[21]

난양공학 시절의 차이위안페이는 비교적 은밀하게 학생들에게 새로운 사상을 주입했다. 당시 질식할 것 같았던 교내의 분위기에 비해 애국학사에서는 정신의 해방을 만끽하게 된 것이다.

셋째, 아동과 소년들을 대상으로 멍양蒙養학당을 창립했다. 애국학사는 사원들을 교육하고 단련시키는 것 외에, 아동과 소년들을 선발하여 이들의 교육에 힘썼다. 애국학사 사원들이 주로 교사 노릇을 했고, 《아동세계兒童世界》라는 잡지를 발간했다. 그림을 집어넣어 편집한 이 잡지는 1903년 4월 6일에 창간되어 5월 28일까지 31호가 발간됐다. 이후 점차 확대·개편되어 학설·정치·시국·역사·지리·물리·화학·박물·전기·평론·번역총서·신간 소개 등의 지면이 생겨났다. 이 잡지는 심오한 내용을 알기 쉽게 전파했고 대중적이고 통속적이어서 이해하기 쉬웠으며, 신지식을 보급하고 진보사상을 전파하는 역할을 했다.

장타이옌

애국학사의 독특한 운영방식은 청년학생들의 관심을 끌었으며, 각지 학교들의 적극적인 지지를 받았다. 그리하여 비록 애국학사의 인원은 별로 많지 않았으나, 영향력은 날로 증대됐다. 이곳은 진보적인 학생의 교류처이자 각지 학생투쟁의 발원지가 됐다. 청년들은 소문을 듣고 학사로 쇄도했다. 난징 루스陸師학당을 퇴교한 40여 명의 학생들이 장스자오章士釗, 린리林躒 두 사람을 대표로 상하이에 파견하여 애국학사 입학을 타진하여 결국 애국학사에 입학했다. 루스학당 퇴교생들은 군사훈련을 받았기 때문에, 애국학사에서 군사체육을 가르치는 주역이 됐다.

이 밖에 중국교육회 회원 자격으로 애국학사에 가입한 이들도 있었다. 류야쯔柳亞子, 차이인蔡寅 등이 그들이다. 이렇게 하여 애국학사의 학생은 다음 해 5월경 132명으로 증가했다. 이제 중국 교육회와 애국학사의 명성이 자자해졌고, 당시 중국 내에서 가장 중요한 애국혁명단체의 하나가 됐다.[22] 차이위안페이도 본인의 의도와 달리 상하이에서 혁명의 중심인물로 부각됐다.

장원 연설회와 상하이 군국민교육회를 조직하다

1903년은 신해혁명 준비기간 중 가장 중요한 해였다. 재일 유학생과 국내의 광범위한 애국지식인들이 러시아제국의 동북 3성 강점을 규탄하고자 거아拒俄(러시아에 항거함―옮긴이)운동을 전개했다. 청 정부는 오히려 "'거아'는 명분이고 실제는 혁명을 위한 것"이라며 학생들을 대대적으로 탄압하고, 귀국 유학생들을 엄밀히 조사할 것을 요구했다.[23] 이로 인해 많은 뜻 있는 청년들이 혁명으로 돌아섰다. 이러한 형세에 따라 상하이 애국학사와 중국교육회 학생들의 혁명열기는 무르익었고 활동범위도 전 사회로 확대됐다.

차이위안페이는 매주 학생들을 인솔하여 '장원張園'에서 연설회를 거행했다. 이곳에서 시국문제를 강연하고 국제적 형세를 설명하는 등 정견을 폈고, 상하이 시민들에게 혁명의 당위성을 선전하고 혁명의식을 고취시켰다.

장원은 '장씨張氏 미순원味蒓園'의 약칭으로 수십 묘畝(또는 무)나 되는 광활한 땅에 숲이 우거져 있고, 장원 내에는 광장이 있으며, 서양식의 아름다운 작은 누각이 서 있다. 또한 작은 다리와 개울이 흐르고 새와 꽃향기가 아름다워 상하이 시민의 쉼터 구실을 했다. 영화로도 소개되어 인기를 끌었던 곽원갑霍元甲이 세계의 기라성 같은 격투기 선수들을 격퇴한 현장도 바로 이곳이다.

중국교육회는 쉬징우徐敬吾를 통해서 장원 내의 안개제 회관을 빌려 매주 이곳에서 연설회를 개최했다. 이곳은 연설 및 선전활동에 적합한 공간이어서 상하이 인민의 의견과 정보교류의 중심지로 자리 잡았다. 이곳에서 일어난 사건과 소식은 상하이 전역에 금세 퍼졌다.

차이위안페이는 연설회의 조직자이자 명강연자였다. 그는 일본에서 갓 돌아온 유학생들을 초청하여 강연하게 함으로써 시민들이 새로운 소식을 접할 수 있게 했다. 1903년에 반反러시아·반프랑스 운동이 일어났다. 광시廣西 순무 왕즈춘王之春이 프랑스 군대를 불러들여 가로회哥老會의 천야파陳亞發 등을 공격하여 진압하고, 그 대가로 프랑스 측에 광시성 전 지역의 광산채굴권을 양도했다. 이에 일본 유학생들이 분노하여 베이징 정부에 항의전문을 보내 왕즈춘을 징계하라고 촉구하고, 아울러 상하이 중국교육회 등 진보단체에도 전문을 날려 성원해줄 것을 요청했다. 이 같은 도쿄 유학생들의 애국적 호소에 부응하여 반러시아·반프랑스 운동을 선전하고 연설하는 것이 장원 연설회의 주된 목적이었다. 1903년 4월 25일 상하이에 머물고 있는 각 성의 대표인사들이 장원을 빌려 집회를 열었다. 이 자리에서 차이위안페이는 즉석연설을 했다. 그는 당시의 국내외 정세와 청 정부의 그릇된 정책을 면밀히 분석하고 반프랑스 투쟁에 적극 나서자고 호소했다.

이 일은 한두 개 성의 일이 아니라 나라 전체의 명운이 달린 일이다. (…) 현재 우리는 왕즈춘과 대치하고 있는데, 광시성 인민들의 투쟁이 본 성에서부터 저지당하고 있으므로 멀리 상하이 및 각지에서 동지들이 성원하고 지지해주기를 바란다.

이러한 호소에 호응하여 반프랑스를 영도하는 단체들이 조직되기 시작했다.

오늘 한 단체가 설립됐는데, 이것은 오로지 프랑스 군대를 저지하기 위해 설립된 것이므로 이 회에 가입하려는 자는 즉시 서명하기 바란다.[24]

1903년 4월 30일 장원에서 거행된 항러抗俄대회에 애국학사 사원들이 군대 복장을 하고 달려갔다. 애국여학·무본務本여학·육재育才학당 학생 약 1,200명이 참가했다.
차이위안페이는 초반에 연설을 했는데, 〈자림서보字林西報〉에 그 내용이 생생하게 보도됐다.

일전에 장원에서 연일 국사에 관한 토론회를 개최하여 사람들의 애국심을 촉발시켰다. 지난주 목요일에 개최한 장원 연설회 소식을 도쿄 유학생들이 듣고 이 사실을 전보로 광시성에 알림으로써 시민들이 떨쳐 일어났으며 집회에 참석한 인원은 1,200명에 달했다. (…) 상하이에 응당 국민공회를 설립하여 국사를 논의해야 하며, 동북삼성, 광시성 등의 투쟁을 가장 중요한 문제로 다루어야 한다.

차이위안페이가 연설한 후 마쥔우馬君武가 영도하여 좌중에 있던 제군들이 애국가를 제창했다. 회의가 무르익을 무렵, 홀연히 도쿄 유학생들이 주축이 돼 항러의용대를 구성했다는 긴급전문이 접수됐다.

러시아가 노골적으로 중국 침략의 야욕을 드러내고 있으며, 베이양北洋이 주 전장이 될 것이다. 우리 유학생들이 항러의용대를 조직하여 면전의 적에게 달려가고자 하니, 반러시아 투쟁을 위해 적극 협력해주기를 요청한다.[25]

룽쩌허우龍澤厚는 곧 군중들에게 선언했다.

우리는 중국 사람이 아닌가? 도쿄 유학생들의 이 같은 움직임을 좌시함으로써 하늘이 부여한 직분을 방기할 것인가? 동정을 표하는 자들은 우리가 앉아 있는 풀밭의 동쪽으로 몸을 돌려 허리를 굽혀 절함으로써 유학생들의 애국심과 일치된 모습을 보여야 한다.

이 연설이 끝나자 집회 참석자 전원이 일사불란하게 동쪽으로 몸을 돌려 허리를 굽혀 절했으며, 한 사람도 뒤처지는 자가 없었다. 곧이어 집회장에 입장하여 서명하려는 인파가 쇄도했으며, 마침내 상하이 '거아拒俄의용대'가 설립됐다.[26]

'거아의용대'는 청조의 탄압에 부딪히자 도쿄·상하이 등지에서 '군국민교육회'로 개칭하여 활동을 지속했다. 차이위안페이와 우징헝, 황쭝양 등이 솔선하여 군국민교육회에 가입했다. 애국학사

학생 가입자만 무려 96명에 이르렀고, 모두 8개 소대로 편성됐다.

　난징 루스학당에서 퇴교당해 애국학사로 편입해온 장스자오章士釗와 린리산林力山(또는 린리林蠣라고도 함), 그리고 체육교사인 허하이차오何海樵와 허산위何山漁 등이 군사훈련을 담당했다. 차이위안페이도 자발적으로 머리를 자르고 군사훈련 복장으로 학생들과 똑같이 훈련을 받았다.[27] 이때 차이위안페이의 혁명사상은 더욱 선명한 빛을 띠었다. 군국민교육회는 '상무정신 고양, 민족주의 실천'을 내걸고, 반청혁명의 기치를 높이 들었다.

4

광복회·동맹회의 탁월한 지도자

〈소보〉 지지와 〈석구만〉을 발표 | 〈소보〉 사건의 곤경에서 탈출 | 옥중의 친우, 장타이옌에 관심을 기울이다 | 〈경종일보〉 주필로 활약하다 | 국내 혁명활동의 중심인물로 부상하다 | 광복회와 동맹회를 영도한 민족의 위인

차이위안페이는 중국교육회·애국학사·군국민교육회를 조직하는 등 일련의 활동을 통해 진보학생운동을 지지했으며, 그 자신도 봉건체제에 반대하는 혁명투사임을 사람들에게 각인시켰다. 이른바 유명한 '〈소보蘇報〉 사건'을 거치면서 그의 혁명활동은 진일보했으며, 더욱 치밀하게 전개됐다. 상하이는 동남지구의 혁명 중심지로 부각됐다. 상하이가 혁명 중심지로 떠오름에 따라 차이위안페이의 영향력도 더욱 확대됐으며, 그는 상하이 혁명조직의 핵심인물이 됐다.

〈소보〉 지지와 〈석구만〉을 발표

차이위안페이가 영도하는 애국학사는 날로 명성이 높아졌으나, 경제사정은 매우 어려워서 외국인 여교사 한 명을 제외하고는 교원들에게 봉급을 지급하지 못했다. 다른 곳에서 봉급을 받아야 했는데, 차이위안페이도 상무인서관商務印書館 편역소장의 직책을 겸하여 그곳에서 봉급을 받았다. 사정이 이렇다 보니 적극적으로 재원 마련에 나설 수밖에 없었다.

애국학사는 〈소보〉사와 계약을 맺어 차이위안페이·장타이엔·우징헝·장스자오·왕원보汪文薄 등 7인이 매일 교대로 〈소보〉에 평론 등을 기고하고 매월 학사보조비로 100위안씩 받기로 했다. 차이위안페이 등이 〈소보〉의 유력한 지지자였으므로, 이 신문의 명성은 더욱 높아졌다.

〈소보〉는 1896년에 창간되었으나 경영이 어려워 매년 손해를 보았다. 그러다가 1898년 장시성 벽지에서 근무하다 해직되어 상하이로 온 전 옌산鉛山현장 천판陳範이 경영을 맡으면서 혁명적 성격을 띠었다. 중국 백성을 보호하려다 파직된 그는, 그 일로 인해 관직의 부패에 몹시 분노했으며, 잡지를 운영하여 정치논평을 통해 여론을 바로잡고자 했다.[1]

천판은 애국학사 학생 및 요원들과 긴밀한 관계를 유지했다. 그는 또 자신의 딸이 만들어 '소小 소보蘇報'라 불린 〈여학보女學報〉를 적극 지지했다. 두 잡지는 서로 호응했으며, 올바른 정치논평을 통해 천하를 구하고자 했다. 상하이 등지에서 민주사상의 물결이 고조됨에 따라 그의 사상도 갈수록 혁명파의 투쟁을 지지하는 쪽으로 기울어졌다. 처음에는 변법유신을 지지하다가 혁명으로 기울면서 애국학사와 긴밀히 연락을 취했다.[2]

그런데 공교롭게도 그의 외조카 선롄沈聯이 난양공학 시절 학생운동을 적극 주도한 인물이었다. 천판은 학생들의 정의로운 투쟁을 지지하여, 〈소보〉에 '학계풍조'란을 마련하고 적극 활용토록 배려했다. 이렇게 각지 학계의 소식이 실리자, 여론이 이 잡지의 유력한 지지자가 됐다. 천판은 중국교육회 발족 초기에 차이위안페이의 권유로 교육회에 가입했을 뿐만 아니라, 장원 연설회에 적극 참여하여 강단에 올라 흥미진진한 발언을 토해냈다. 이 연사들의 강연 내용이 매일 〈소보〉의 '사설'란에 게재되어, 〈소보〉의 혁명적 색채는 더욱 선명해졌다. 〈소보〉는 혁명적 수단을 사용하여 청 정부를 전복하자는 주장을 편 최초의 일간지이다. 〈소보〉는 애국학사의 장스자오를 주필로 초빙하고, 그에게 대담하게 '정론직필正論直筆'을 휘두르라고 주문했다.

당시 쩌우룽鄒容은 도쿄에서 지내고 있었던 탓에 반청활동에 참가할 수 없었으므로 귀국하여 차이위안페이, 장타이엔 등과 애국학사에서 생활했다. 그가 쓴 원고《혁명군革命軍》은 문장이나 논조가 매우 격렬하여 어느 누구도 감히 그에게 발표하라고 제의할 엄두를 내지 못했다. 장스자오가 정식으로 〈소보〉의 주필을 맡은 첫날(1902년 5월 27일), 쩌우룽의《혁명군》서문을 〈소보〉에 싣고, 아울러 차이위안페이와 차이예민蔡冶民·타오야훈陶亞魂 등이 돈을 모아《혁명군》을 출판했다.[3]《혁명군》은 파죽지세로 상하이와 중국 전역을 강타했다. 그 골자는 이러했다.

> 우리 중국은 오늘 만주인의 속박에서 벗어나고자 하며, 혁명이 불가피하다. 우리 중국이 독립번영을 이루고 세계 열강과 자웅을 겨루기 위해서도 혁명이 급선무다. 20세기 신세계로 뻗어나가기 위해서도 오직 혁명. 우리 중국이 지구상의 중심국가가 되기 위해서도 혁명을 하지 않을 수 없다.[4]

뒤이어 6월 10일에 장타이옌이 〈소보〉에 〈서序 혁명군革命軍〉을 발표했다. 또한 6월 12~13일에 류야쯔柳亞子, 장타이엔, 차이예민, 쩌우룽 등이 공동으로 쓴 〈'박駁'혁명박의革命駁議〉를 기고하여, 〈중화일보中華日報〉가 배포한 '입헌은 가하나 혁명은 불가하다'라는 논조를 반박했다.

〈소보〉는 5월 27일부터 6월 29일까지 한 달 남짓한 기간 동안 16편의 중요한 문장을 게재했다. 16편 문장의 핵심은 이렇다.

> 청조는 4억 동포의 불공대천지수不共戴天之讐이므로, 반드시 타도해야 장차 중국을 절망의 나락에서 구할 수 있다. 광서황제를 '짜이톈어릿광대載湉小丑(짜이톈은 광서제의 이름이다—옮긴이)'라 욕을 퍼붓고, 민중이 봉기하여 황제를 죽이고 청조를 타도하여 자유의 종을 치고, 독립의 깃발을 꽂아야 한다.

이 청년혁명가는 진심으로 눈물을 뿌리며 예리한 필봉을 휘둘러, 추호도 꺾임이 없이 황제를 배척하고 혁명의 정기를 크게 고양시켰다. 차이위안페이는 혁명이라는 격랑의 중심에 서서 열렬히 혁명을 찬양했으나, 일반 혁명가들과는 달리 냉철한 두뇌로 예리하게 사태를 직시했다. 그는 혁명을 견지하되 경솔하지 않았다. 반청의 태도를 견결히 유지하되 청조의 적과 아군을 구분해야 한다고 강조했다.

당시 분위기는 편협한 종족우월주의사상이 지배적이었다. 즉 혁명이 한족과 만주족 간 종족투쟁의 성격을 띠었다. 장타이옌이 〈캉유웨이의 혁명을 논하는 글을 반박함駁康有爲論革命書〉에서 만주족은 '이민족으로 천한 종족이며 우리의 신령한 중화종족이 아니다'라는 관점을 견지했고, 쩌우룽도 《혁명군》에서 '호인胡人은 모조리 전멸시켜야 할 존재'로 인식했다. 그러나 차이위안페이는 이 같은 편협한 인종차별주의 논리에는 결코 찬동하지 않았다. 차이위안페이는 1903년 4월 11일자 〈소보〉에 〈석구만釋仇滿〉('석구만'은 원수 만주족에 대한 해설이라는 뜻이다—옮긴이)이라는 빼어난 한 편의 논문을 발표했다. 골자를 간추리면 다음과 같다.

> 혁명의 지향점은 작위세습 및 무위도식하는 특권층을 반대하는 데서 출발해야 한다. 진실로 만주인이 자각하여 그 특권을 버릴 수 있다면 한족들도 결코 만주인을 다 죽일 필요가 없다. (…) 소멸시켜야 하는 것은 만주인들이 누리는 특권이지 만주인들의 씨를 말려야 하는 것은 아니다. 반청혁명은 한족과 만주족 간의 투쟁이 아니다. 인류는 모두 평등하며, 종족 간의 우열은 있을 수 없다. 청조 통치자의 특권은 역사의 흐름에 반하는 것이며, 결코 소수인의 특권이 유독 동아시아 사회에만 머무를 수는 없다.[5]

그의 이러한 견해는 신해혁명 시기 점차 다수의 공감을 얻었다. 당시에 이와 같은 관점을 견지한 사람은 극소수였으니, 차이위안페이의 식견이 뛰어남을 엿볼 수 있다. 당시 혁명열기가 고조되면서 일부 청년들은 냉정하지 못하고 발끈했으며, 심지어 천판처럼 현의 우두머리를 지낸 식견이 높은 사람들도 약간은 멍하여 갈피를 잡지 못하고 우왕좌왕했다.

그 무렵 차이위안페이가 가짜 쑨원을 교묘하게 알아차린 재미난 얘기가 전해진다.

장원 연설회에서 첸錢 아무개라는 사람이 늘 단상에 올라 비분강개하며 격앙되어 '혁명'을 외쳤다. 천판은 그를 꽤 마음에 들어 했고, 어느 정도 시간이 흘러 같이 생활하게 되면서 서로 의기투합하여 집으로 초청하는 등 왕래가 잦아지면서 가까운 친구가 됐다. 첸 아무개는 천판과 허물없이 대화를 하던 중 천판이 쑨원을 추앙한다는 사실을 알게 됐다. 또한 그가 쑨원과는 일면식도 없음을 파악했다. 어느 날 첸 아무개는 극히 은밀하게 천판에게 말했다.

"당신이 숭배하던 쑨원이 바로 날세. 나는 이번에 가명으로 해외에서 이곳에 잠입하여 혁명을 지도하고 있네. 이것은 꼭 비밀로 해두고, 절대 밖으로 누설해서는 안 되네."

첸 아무개는 몸에 감춰두었던 작은 병을 꺼내며 다시 말했다.

"이 병에는 염소가스가 들어 있네. 국외에서 들어올 때 가지고 온 것인데 경찰의 추적을 따돌리기 위한 것일세."

천판은 밤낮으로 그리던 쑨원 선생이 뜻하지 않게 바로 눈앞에 있다는 사실에 무척 기뻐하고 곧 열렬히 환영하며 첸 아무개를 〈여학보〉관館으로 초청했다. 아울러 딸 천셰펀陳擷芬에게 헌신적으로 뒷바라지 하게 했다. 그리고 대단히 경사스러운 일이라 여겨 차이위안페이와 장웨이차오 등에게 이 사실을 고했다. 두 사람은 정황을 분석한 뒤 이 시기에 쑨원이 상하이에 왔다는 사실을 믿지 않았다. 그들은 천판에게 가짜 쑨원이므로 조심하라고 일러주었다. 천판은 이들의 충고를 믿지 않고 첸 아무개를 더욱 존경하며 깍듯이 상객上客으로 모셨다. 그러나 첸 아무개는 호의를 저버리고 몰래 그의 딸에게 음탕한 마음을 품었다. 천판은 나중에 〈소보〉 사건이 일어난 후 일본에 갔다가 우연히 쑨원을 만났다. 당시 쑨원은 요코하마橫濱에서 혁명활동에 종사하고 있었다. 그제서야 천판은 마치 꿈에서 막 깨어난 사람처럼 그 '정인군자正人君子'가 강호의 사기꾼임을 깨달았다. 그는 자신이 속은 것을 알고 나서야 비로소 차이위안페이의 충고를 떠올렸다. 이 가짜 쑨원 에피소드는 급속히 퍼졌을 뿐 아니라 해외에까지 널리 알려졌다.[6]

〈소보〉 사건의 곤경에서 탈출

장원에서의 혁명 강연회 개최와 〈소보〉의 반청선전은 사회를 뒤흔들었고, 청조를 불안에 떨게 했다. 결국 청조는 혁명파에 대한 진압의 고삐를 더욱 당기기로 결심했다. 1903년 6월 29일, 대내외를 진동시켰던 〈소보〉 사태가 돌연 발생했다. 이 잡지에 대한 압수수색이 전격적으로 이루어졌고, 잡지는 결국 정간당했다. 뿐만 아니라 급진적인 글을 실었던 장타이옌과 쩌우룽이 붙잡혀서 수감됐다. 어떤 사람은 우즈후이가 밀고했다고 주장했으나 이것은 와전된 것이며, 역사가들에 의해 명명백백하게 사실이 아닌 것으로 밝혀졌다.[7]

어떤 사람들은 애를 태우며 소곤거렸다. "상하이 혁명파의 거두인 차이위안페이도 어찌 별 탈이 없겠는가?" 차이위안페이를 논평한 일부 글들은 이 사건의 내용과 경위를 일부러 회피했다. 역사는 거울과 같다. 차이위안페이가 활동할 당시를 돌아보면, 그는 정정당당하고 결백하며 조금도 허물이 없었다. 그럼에도 당시 그는 청조 정부에서 제거해야 할 수괴로 지목됐으며, 다행히 법망을 피해 도피했다. 여기에는 여러 요인들이 작용했다.

〈소보〉는 조계지에서 운영되었고 일찍이 일본 총영사관에 등록했으므로, 후에 비록 잡지의 정치성향이 급변했어도 서양인을 호랑이처럼 무서워하던 청 정부는 이 잡지에 대해 감히 간섭할 엄두를 내지 못했다. 〈소보〉는 갈수록 어느 누구도, 어떤 기관도 두려워하지 않게 됐다. 이른바 황제 '머리끝까지' 기어올라갔다. 그러다가 〈소보〉가 배만흥한排滿興漢의 주장을 높이 외치며 황제를 매도하는 글을 싣는 등 직접적인 위협을 가하자 청 정부는 마침내 독수毒手를 뻗어 가혹한 탄압을 시작했다. 그 과정에는 우여곡절이 있었다. 청조의 관원들 사이에서 혁명파를 진압하는 문제를 놓고 이견이 분분했다. 조계지 당국은 특권을 보호·유지하고자 겉으로는 애써 공정한 모습을 가장했으나, 조계지 내에서 발생한 사건들에 대해서는 청 정부가 간여하지 못하도록 했다. 이리하여 시일을 끌게 됐고, 혁명파들은 대책을 강구할 시간을 벌게 됐다.

당시 양강(장시·안후이·장쑤 세 성을 총칭하는 말—옮긴이) 총독 웨이광다오魏光燾는 상하이에서 프랑스에 항거하는 시위가 열릴 것이라는 공식전문을 접수했다. 전문의 내용은 이와 관련하여 왕즈춘이 프랑스 정부와 결탁하려 한다는 것이었다. 그는 즉시 광시순무 왕즈춘에게 전문을 보내 진상을 확인했다. 왕즈춘의 전문답신 내용은 이러했다.

상하이에 비적들이 유언비어를 날조하여 유포하는 등 사태를 야기하고 있다. 즉시 공문을 하달하여 금지하도록 하고 유포자를 은밀히

잡아들여야 한다.[8]

웨이광다오는 이어 즉시 상하이 도독道督 위안수쉰袁樹勛에게 전보를 쳐서 처리하도록 명령했다. 위안수쉰은 사전에 미리 소문을 듣고 알았으나 조사하여 체포하지 않고 미온적인 태도를 취하다가, 웨이광다오의 전보로 하달된 명령을 받들어 곧 다음과 같은 포고령을 내렸다.

존경하는 광둥·광시의 신사, 상인 여러분들은 유언비어에 현혹되지 말기 바람. 군중에게 유언비어를 날조·유포하는 자는 법에 따라 엄중히 처벌할 것임. 아울러 각 신사, 상인 여러분들은 누구의 소행인지를 밝히고 적절한 방안을 강구하도록 신고해주기 바람.

사실 프랑스에 대한 항의집회에 참가한 주요 인사들은 각 신문에 모두 이름이 올라 있었다. 그러나 상하이 도독 위안수쉰은 누구를 체포할 것인지 지명하지 않았다. 그가 여전히 이 사태에 대한 대책을 깊이 강구할 뜻이 없었음을 알 수 있다.[9] 이와 동시에 상하이 주재 상약대신商約大臣 뤼하이환呂海寰은 도리어 왕즈춘의 부탁을 받고 장쑤 순무 언서우恩壽에게 급히 편지를 보냈다. 편지의 요지는 아래와 같았다.

상하이 조계지에서는 이른바 열혈청년들이 장원에서 군중을 모아놓고 강연을 벌이고 있다. 이들은 반러시아·반프랑스를 명분으로 하지만, 사실은 난을 일으키려는 것이므로 앞으로 은밀히 수괴를 체포하여 엄중하게 처벌해야 한다.

처음 수배자 명단에는 차이위안페이·우징헝·뉴잉젠紐英建·탕시湯栖 등 네 명이 올라 있었고, 두 번째 수배 명단에는 역시 차이위안페이와 우징헝을 비롯하여 천판·펑징루馮鏡如·장빙린章炳麟(장타이옌의 본명), 황쭝양(오목 스님) 등 6인이 올라 있었다.[10] 언서우는 이 소식을 듣고 바로 상하이 도독 위안수쉰에게 각국 영사관에 수배자를 조회하여 체포할 것을 명령했다. 위안수쉰은 즉각 명령대로 각국 영사관 측과 교섭을 벌였다. 그러나 영사관 측은 이미 허가서명을 했고, 조계 공부국工部局(조계지 내에 있는 행정관서로 상하이, 톈진 등에 위치함―옮긴이)에서 사전에 상술한 피의자들이 자유롭게 활동하도록 허락했기 때문에 이들을 특별히 보호해야 할 의무가 있었다.[11]

한편, 주일공사 차이쥔蔡鈞은 도쿄에서 '거아의용대'가 조직된 것과 관련한 정황을 위안스카이袁世凱, 웨이광다오, 단방端方에게 전문으로 알렸다. 전문 내용을 요약하면 아래와 같았다.

> 도쿄에서 유학생들이 '항러의용대'를 조직했으며, 그 규모는 약 200여 명에 달한다. 비록 명분은 러시아에 대한 투쟁을 내걸고 있으나 사실은 혁명단체이다. 현재 이미 내지 깊숙이 숨어 있으므로 각 주나 현에 체포령을 하달하고 엄밀히 조사하여 이들을 잡아들여야 한다.[12]

군기처에서도 상하이에 다음과 같은 전문을 발송했다.

근래에 애국당 일파들이 '거아拒俄'를 가장하여 북상을 계획하고 있
다. 아마도 이것은 상도常道에서 벗어나는 일이다.[13]

단방도 조정에 은밀히 상주문을 올림과 동시에 양강 총독 웨이
광다오에게도 사태의 심각성을 고지했다.

애국당파들이 상하이 장원에서 집회와 시위를 벌이고 있으며 혁명
을 제창하고 있는데 해당 지역의 도독들은 귀머거리고 벙어리냐?

웨이광다오는 전문을 받고 당황하여 어찌할 바를 몰랐다. 그는
황급히 상하이 도독 위안수쉰에게 전문을 보내, 애국학사의 연설
을 금지시키고 〈소보〉와 관련된 자들을 은밀히 체포하라는 지령
을 하달했다. 아울러 이 사건의 해결이 지체된 탓에 공부국의 제
지를 받는 것을 피하기 위해, 난양南洋(청 말에 장쑤, 저장, 푸젠福
建, 광둥 연해지역을 일컫던 말—옮긴이) 법률고문 드루몬드
Drummond의 계책에 따라 정부 명의로 혐의자들을 상하이 조계
회 측에 정식 기소하기로 했다. 이렇게 함으로써 공부국으로 하여
금 법에 따라 구속영장을 발부하게끔 하려는 것이었다. 이를 위
해 장쑤성 독판 내정자인 위밍전兪明震을 상하이로 특별히 파견
해 위안수쉰과 회동하여 일을 처리하도록 위촉했다. 위촉명령은
다음과 같다.

아 측이 혐의자들을 조사하여 체포하는 것을 법적으로 따져 외국인
들이 허락하도록 하고 그들이 멀리 도주하게 해서는 안 된다.[14]

이렇게 해서 〈소보〉 사태가 발생한 것이다. 그런데 당시 장쑤성 독판 내정자로서 아직 정식발령을 받지 못한 위밍전은, 일찍이 난징 루스학당 총판으로 있을 때 학계와 어느 정도 유대관계가 있었던 까닭에 혁명당파에 속한 사람들에게 매우 동정적이었으며, 특히 차이위안페이를 내심 흠모했다. 그래서 웨이광다오의 "혁명을 부르짖고 역모를 꾀하는 반역무도한 차이위안페이, 우징헝 등을 상하이 도독과 공동으로 은밀히 체포하여 즉시 실정법에 의거 처리하라"[15]는 지시를 받고도 고의로 퇴로를 열어줌으로써 그들을 비호했다.

차이위안페이와, 우징헝의 도주는 모두 유兪 선생이 고의로 방치한 것이다.[16]

이처럼 우여곡절 끝에 1903년 6월 29일 〈소보〉 사가 압수수색을 당했고, 천판·장스자오·우징헝 등은 해외로 망명했으며, 오목은 합동화원에 은둔했다. 차이위안페이도 형 위안펀元鈖과 친구인 탕서우첸湯壽潛·쉬셴민徐顯民 등의 도움으로 독일로 망명하여 난국을 피하기로 하고, 일단 6월 하순에 칭다오靑島로 가서 그곳에서 독일어를 공부했다. 이때를 그는 다음과 같이 회상했다.

내가 칭다오에 도착한 지 한 달도 못 되어 상하이에서 '소보 사건'이 일어났으나 나에게까지 직접 피해가 미치지는 않았다.[17]

오직 장타이옌만이 의연하게 동요하지 않았으며, 멀리 도주하지 않고 체포되어 옥살이를 했다. 이때 쩌우룽도 자수하여 같이 수감됐다. 장은 3년간의 수감생활을 마치고 출옥했으나, 몸이 허약한 쩌우룽은 옥중에서 젊은 나이로 병사했다. 〈소보〉와 〈여학보〉가 수사대상이 되어 정간당하자 애국학사도 자연히 해산됐다. 이것이 전국을 진동시킨 '〈소보〉 사건'의 전말이다. 혁명가들은 법정 내외에서 투쟁을 전개하며 의지가 더욱 굳건해졌으나, 중국과 외세 반동세력의 공동진압에 부딪혀 상하이의 혁명역량은 막대한 타격을 받았고 혁명의 기세도 한풀 꺾였다.

이 사태 이후 차이위안페이는 상하이를 떠나게 됐다. 청조의 수배령을 잠시 피해보자는 생각도 있었지만, 혁명파 내에서 애국학사의 독립 문제를 놓고 의견이 분분하여 사분오열된 것에 심한 염증을 느꼈기 때문이었다. 애국학사의 사무가 복잡해지고, 소요경비가 늘어나자 다수의 학사 학생들이 중국교육회에서 분리 해독립할 것을 요구했던 것이다. 당시 황쭝양이 공식으로 추대되어 중국교육회장의 임무를 수행하고 있었고, 차이위안페이는 부회장 겸 평의회장이었다. 평의회 석상에서 그는 여러 사람들을 설득하여 학생들의 요구대로 애국학사를 독립시키려 했다.

량줘루梁卓如와 왕랑칭汪獽卿이 이 문제를 가지고 〈시무보時務報〉 지면에서 서로 다투자, 반대당에게 빌미를 주지 않기 위해 그는 단결의 중요성을 동인들에게 훈계했고 황쭝양도 이에 찬동했다. 그러나 장타이옌이 이러한 결정은 소수 평의원 사이에서 나온 의견이라며, 상하이에 부재중인 평의원을 소집하여 다시 평의회를 열어서 결정해야 한다면서 극력 반대하고 나섰다. 결과적으로 다수가 애국학사의 독립을 반대하는 방향으로 선회했다.

차이위안페이는 중간에 끼어 매우 난처해졌다. 그가 이러한 분규에 잘 대처하지 못해 한바탕 소동이 벌어진 것이었으므로, 유일한 출로는 그가 물러나는 길밖에 없었다. 결국 차이위안페이는 분란을 일으킨 책임을 지고 중국교육회 부회장 직과 평의회장 직을 사임했으며, 다시는 애국학사와 관련된 일은 하지 않겠다고 선언하고 상무인서관 편역소장 및 애국학사 총리 직까지 사임했다.[18] 그리고 칭다오에 머물면서 독일어를 익혔는데, 이는 이러한 불쾌한 분규에서 벗어나고 싶었기 때문일 것이다.

칭다오에 도착한 차이위안페이는 독일어판 《철학요령哲學要領》을 일어로 번역했다. 그러나 몸은 칭다오에 있어도 마음은 여전히 상하이의 혁명동지들에게 가 있어 몸과 마음이 편하지 않았고, 정서적으로도 불안하여 번역작업이 순조롭지 못했다. 그는 하루빨리 상하이로 돌아갈 날만을 고대했다. 그곳은 환경도 익숙하고, 가까운 전우도 있으며, 특히 혁명임무가 그를 기다리고 있었기 때문이다.

옥중의 친우, 장타이옌에 관심을 기울이다

〈소보〉 사태의 발생으로 상하이 및 국내의 혁명역량은 심대한 타격을 입고, 혁명의 기운도 침체됐다. 그러나 청 정부의 의도와는 다르게 강경한 탄압조치는 혁명의 불길을 잠재우지 못했다. 도리어 새로운 혁명의 기운이 싹트고 있었다. 잠시 분산됐던 혁명역량은 곧 다시 새롭게 집중되기 시작했다.

혁명의 불길이 다시 치솟을 무렵, 차이위안페이는 이러한 움직임에 적극적인 역할을 수행했다. 이때가 그의 혁명 인생 가운데 중요한 시기로 꼽힌다. 칭다오에 머물러 있으면서도 상하이의 친구들과 긴밀히 연락하고 지냈던 그는, 형 위안펀에게서 '급한 일'이 있으니 속히 상하이로 오라는 전보를 받고 1903년 겨울에 돌아와서 혁명활동을 재개했다.

그가 칭다오에 있을 때 가장 보고 싶어했던 사람들은 옥에 갇혀 있는 전우들이었다. 옥중의 전우를 만나보는 일은 혁명역량을 재결집시키기 위해서 반드시 해야 할 중요한 일이었다. 그는 상하이에 도착하자마자 즉시 수감 중인 장타이옌과 쩌우룽을 면회했다. 감방 규정에 면회객은 동패를 받아야 면회를 할 수 있었으며, 한 달에 한 명만 만날 수 있게 되어 있었다. 따라서 격월로 한 달은 장타이옌을 다음 달에는 쩌우룽을 면회했다. 면회시간이 아주 짧고 옥졸들이 옆에서 감시하므로 음식, 수감생활 등 자질구레한 얘기만 나누고 책과 몇 푼의 영치금을 보내는 것에 만족해야 했다.[19]

이렇게 동지들을 면회하고 관심을 기울이는 일은 번잡스럽긴 해도 그 의미는 매우 깊었다. 그들은 '간단하지만 심오한 말로 대의를 논했다微言大義'. 동지들의 옥중생활에 대한 세심한 보살핌과 비할 바 없는 정신적인 관심은 수감자와 면회자에게 모두 엄청난 위로와 격려가 됐다. 장타이옌은 강골이며 이미 일곱 차례나 투옥된 바 있었다. 투쟁경험이 풍부한 그는 암흑과도 같은 힘든 감옥생활을 잘 견뎌내고 석방됐다. 쩌우룽 역시 대의를 품고 의연했으며 회유에 굴복하지 않았다. 그런 그를 청 정부는 옥졸을 매수하여 종종 가혹하게 대했다.

> 매 끼에 죽 한 그릇, 콩 세 알로 연명했다. 쩌우룽은 본래 신체가 약했으나 추운 밤에도 담요 한 장으로 견디고 고된 노동에 시달리며, 추위와 굶주림에 떨어야 했다.[20]

그는 이와 같은 비인도적 대우를 견디다 못해 1905년 4월 3일 옥중에서 요절했다. 차이위안페이는 통절한 심정으로 그의 장례를 주관했고, 4월 5일 중국교육회에서 쩌우룽 열사 추도회를 개최했다. 후에 혁명동지 류지핑劉季平과 류둥하이劉東海가 생명의 위협을 무릅쓰고 영구를 상하이 화경향華涇鄉에 있는 자신들의 토지에 묻고 '쩌우룽의 묘'[21]라고 새긴 묘비를 세웠다. 사람들은 그들을 '의사'라 불렀다.

1906년 7월 3일, 차이위안페이는 애국열사 쩌우룽기념탑 준공식을 거행하는 자리에서 기념강연을 하여 청중들을 몹시 감동시켰다.[22] 그 4일 전인 6월 29일 장타이옌이 장장 3년간의 긴 옥살이를 마치고 만기출소했다. 차이위안페이는 동지 10여 명과 공부국 정문 앞에서 그를 환영하기로 약속했다. 당시 장타이옌은 면도칼로 머리를 빡빡 밀어 번들번들했다. 고개를 뻣뻣이 쳐들고 나오는 그에게 모두 뜨거운 환영의 박수를 보냈다.[23] 그중 누군가가 "바람 불면 뇌를 다칠라!"라고 놀리자, 그가 "칼도 두렵지 않은데 어찌 바람을 두려워하겠는가!"[24]라고 응수하여 모두 박장대소했다.

청 정부가 일으킬지 모르는 만일의 사태에 대비하며 다시 탄압

받을 구실을 주지 않으려고, 차이위안페이는 그를 즉시 중국 공학公學으로 이동시켰다. 장타이옌은 바로 그날 저녁, 사전에 예약한 일본 여객선에 올랐다. 장타이옌이 일본에 도착하자 쑨원이 사람을 보내 영접했으며, 동맹회에서 그를 동맹회 기관지〈민보民報〉주필로 초빙했다. 아울러 7월 15일 도쿄에서 전에 없던 성대한 환영대회가 열렸다.

상하이에서 이 소식을 전해 들은 차이위안페이는 마음속에 있던 무거운 짐 하나를 내려놓은 듯한 기분이었을 것이다. 차이위안페이는 동지와 전우들은 물론 죽은 자나 산 자를 가리지 않고 진심으로 정성껏 대해주었다. 혁명의 영도자로서 책임지려는 그의 자세는 상하이에 남아 있는 동지들에게도 큰 위로가 됐다.

〈경종일보〉 주필로 활약하다

1903년 겨울, 러시아 군대가 다시 펑텐(현 선양沈陽)을 점령하자, 러·일 양국 간에 전운이 감돌았다. 두 제국주의 강도는 중국 영토에 마수를 뻗쳤고, 당당하던 대청제국은 도리어 '중립'을 선포했다. 이것은 제국주의 강도들이 중국 백성을 살육하고 아름다운 산하를 침탈하도록 방치하는 것이나 다름 없었다. 마치 큰 도둑이 들었는데 주인은 단잠을 자고 있는 꼴이었다. 나라는 더더욱 침묵과 암흑 속으로 빠져들었고, 허다한 우국지사들은 황제의 자손으로서 오히려 광명을 다시 볼 것을 기약하는 함성을 외치고 재차 격렬하게 항抗러시아운동을 전개했다.

차이위안페이도 즉각 혁명동지들과 연계하여 '항러동지회'를 조직했다. 이 조직은 겉으로는 항러운동을 내세웠지만 실제로는 반청혁명운동을 전개했다. 청 정부가 도쿄 유학생의 애국운동에 무리하게 '혁명'이라는 죄명을 씌운 바 있지만, 이것은 명실상부하게 "명분은 항러였지만, 실상은 반청혁명"이었던 것이다.[25]

항러동지회에는 200여 명이 가입했다. 적시에 국가의 위급한 상황을 국민들에게 알리고자, 차이위안페이는 왕샤오쉬·왕원쫑·장웨이차오 등과 함께 항러동지회 명의로 일간 〈아사경문俄事警聞〉을 창간했다. 여기에는 산둥 지현知縣 현장 직에서 파직당하고, 약간의 돈을 모은 천징취안陳鏡泉이 후원했다. 그가 인쇄비·사옥 임대료 등을 부담하기로 했으므로, 관계자 전원은 맡은 바 책무를 다할 수 있었다.

〈아사경문〉은 좀 더 효율적으로 선전하기 위해 매일 두 편의 논문을 실었다. 그중 한 편은 문언문文言文으로 게재하고 다른 한 편은 백화문白話文 형식으로 실었으며, 제목은 항상 '○○에게 고함' 등과 같은 논조를 띠었다. 예를 들면 '학생에게 고함', '군인에게 고함', '노동자에게 고함' 등이었으며 직접 '혁명'을 언급하지 않았지만 《러시아 허무당의 역사俄國虛無堂的歷史》 등을 번역·소개함으로써 간접적으로 혁명의식을 고취시켰다.

이 일간지는 격앙되고 비분강개한 논조를 사용하여 애국시민의 열렬한 지지와 환영을 받았으며, 상하이 및 국내의 큰 부두에서 날개 돋친 듯이 팔렸다. 내륙의 동지들도 여럿이 돈을 모아 미리 예약하여 구독했으며, 사람들의 왕래가 빈번한 찻집이나 주점에 배포하여 여러 사람들이 보도록 열독閱讀운동을 전개했다. 〈아사경문〉은 1902년 12월 15일부터 1904년 2월 25일까지 총 1172호가 발행됐다.

1904년 2월 발발한 러일전쟁에서 러시아가 일본에 패함에 따라, 동북 3성 지방을 강점하려던 러시아의 야심이 실현 불가능하게 되자 항러동지회도 투쟁목표를 상실했다. 그러나 다른 제국주의 열강들의 중국을 침략하려는 야욕이 사그라들지 않았으므로, 국가는 여전히 존망이 걸린 위급한 상황에 놓여 있었다. 그래서 거아동지회에서는 이름을 '쟁존회爭存會'로 바꾸고, 〈아사경문〉도 〈경종일보警鐘日報〉로 개칭하여 발간을 지속했다. 원래 주필은 왕샤오쉬였고, 그의 뒤를 이어 차이위안페이가 반년 동안 주필을 맡았으며, 7월 이후 왕원쫑汪允宗·린완리林萬里·류스페이劉師培·천취빙陳去病 등이 연이어 주필을 맡아 예봉을 휘둘렀다. 이 신문도 〈소보〉와 〈아사경문〉 등의 혁명전통을 계승했다.

차이위안페이가 명칭을 '경종'이라고 바꾼 것은, 애국심을 환기하여 오랜 역사와 전통을 지닌 중화의 빛을 다시 발하게 하기 위해 공동으로 분투노력하자는 의미에서였다.

> 커다란 종을 힘껏 치면 그 소리가 멀리 헤이룽장성黑龍江省까지 들리는 것처럼, 어찌 잠자는 사자(중국을 지칭한다—옮긴이)를 깨우지 않는가? 오직 '혁명'만이 이 구방舊邦을 부흥시키리라.[26]

〈경종일보〉는 1904년 2월 26일부터 1905년 1월 28일 청조에 의해 폐간될 때까지 총 338호가 발행됐다. 이 신문은 겉으로는 '외적으로부터의 수모를 막고, 국권회복을 위한 것'임을 호소했으나, 사실은 반청혁명의식을 고양시키는 것이 주 목적이었다. 〈경종일보〉가 정간된 직접적인 원인은 산둥에 대한 독일의 침략 야욕을 폭로한 것이었다. 이에 대해 상하이 주재 독일영사가 먼저 해명성 서신을 발송하자, 신문은 더 강도 높게 반박했다. 그러자 독일영사관과 청 정부가 결탁하여 조계지 내에 영장을 발부하여 관계자를 체포하고, 신문을 강제로 정간시켰다.[27]

차이위안페이는 신문경영에 혼신의 노력을 기울였다. 당시 사람들의 기억에 의하면, 그는 신문 편집을 책임졌을 뿐만 아니라 종사자들의 식비, 인쇄소 운영경비 등 모든 골치 아픈 일들을 도맡아 해결해야 했다. 그의 동료들은 이렇게 회상한다.

> 오른손이 동상으로 터지고 갈라졌으며 만두처럼 퉁퉁 부어서 선생은 그때 오른쪽 장갑을 반쯤 잘라서 손가락이 보이게 끼고 다녔다. 왼손은 외투의 호주머니에 넣고 다녀서 온기를 유지했으며, 여전히 냉랭한 바닥에 앉아 업무를 처리했다.[28]

간난신고를 겪었을 그의 모습이 눈앞에 생생하다. 차이위안페이가 창간한 〈아사경문〉과 그 후신인 〈경종일보〉는 당시 국내의 저명한 진보 일간지로서 신해혁명 준비기간에 여론형성과 선전 활동에 지대한 공헌을 했다.

국내 혁명활동의 중심인물로 부상하다

차이위안페이는 1904년 2월에 소집된 중국교육회 회원대표대회 석상에서 다시 회장으로 추대됐다. 이 해 여름방학 이후 그는 재차 애국여학 총리 직을 맡게 됐다. 〈소보〉 사태 후에도 애국여학교는 건재했다. 이곳은 혁명파를 재집결시키고 혁명을 추진하는 중요한 전초기지 역할을 했다. 그가 다시 애국여학 총리로 복귀한 이후 원래 교원이었던 왕샤오쉬·중셴창을 유임시키는 한편, 궁바오취안龔寶銓·차이위안캉蔡元康·위쯔이兪子夷 등 청년혁명가들을 교원으로 초빙함으로써 애국여학이 점차 활력을 띠게 됐다. 차이위안페이의 회고담을 들어보자.

〈소보〉 사태로 인해 애국학사가 해산됐으며, 중국교육회도 몇 년 안 되어 동지들이 뿔뿔이 흩어졌으나 오직 애국여학만이 지금까지 존재하고 있다. 신해혁명 때 본교 학생 다수가 난징의 전투에 참가했는데 이것은 교육의 효과가 아니라고는 말할 수 없다.[29]

차이위안페이는 애국여학을 일종의 여성 혁명간부를 육성하는 단체로 여겼을 뿐만 아니라, 실제로는 상하이 혁명파 인물들의 연락기관 역할을 하도록 했다. 1903년은 중국 지식계에 일대 변혁이 일어난 해였다. 청년지식층들 가운데 애국에서 반청혁명으로 급선회한 인물들이 갈수록 늘어났다.

1904년이 되자 혁명의 기운이 무르익어 각지의 혁명활동이 날이 갈수록 활발해졌다. 차이위안페이가 상하이에서 펼친 혁명공작은 그가 펼친 전체 혁명활동 가운데서도 특히 중요한 부분을 차지한다. 이때 군국민교육회의 총본부가 도쿄에 설립되었으며 황싱黃興, 양두성楊篤生 등이 이를 주도했다. 상하이에는 군국민교육회 지회가 설치되어 차이위안페이가 지회장으로 활약했다. 그는 '혁명의식 고취, 봉기, 테러' 등 세 가지 목표를 확정하고 이 방면으로 반청혁명활동을 전개했고, 혁명의 방법도 공개적인 합법투쟁에서 비밀혁명투쟁으로 전환했다.

상하이의 혁명활동은 전국 혁명역량의 중추요 희망으로서, 쑨원도 수차례 이러한 의도를 드러냈다. "반드시 상하이의 혁명동지들이 멀리서나마 적극 관심을 가지고 성원해주기를 바라노라." 그는 또한 부단히 관심을 가지고 "상하이 동지들의 근황은 어떠한가? 의지와 사기는 어떠한가?"[30] 등 안부를 묻는 서신을 보냈다.

1903년 여름에 후난의 우국지사 황싱과 천톈화陳天華 등이 도쿄에서 귀국하여 그해 11월 후난성 창사長沙에서 혁명단체인 '화흥회華興會'를 조직했다. 그리고 다음 해인 11월 16일 서태후 70세 생일인 '만수절萬壽節'에 창사에서 거사를 벌이기로 계획을 세웠다. 황싱의 계획은 차이위안페이에게도 비밀리에 통지됐다. 장강 하구 각 성의 혁명역량이 연합하여 총궐기해야 한다는 요청에, 차이위안페이는 장쑤성·저장성 일대의 혁명가들이 호응하도록 적극 노력하겠다고 응답했다. 1904년 가을에 차이위안페이와 황싱, 타오청장陶成章 등은 상하이 모처에서 봉기와 관련된 구체적인 내용을 논의했다. 이날 황싱 등은 "후난과 후베이 두 성이 동시에 봉기하고, 푸젠과 저장 두 성이 후원하는 방식을 의제로 정했다."[31]

이 즈음 타오청장이 저장의 비밀혁명조직과 연락을 취하고 있었으므로, 차이위안페이는 타오청장을 저장으로 파견하여 지역의 회당會黨들을 봉기에 가담하도록 했다. 타오청장은 이미 저장에서 세력이 가장 큰 회당인 용화회龍華會와 접촉하고 있었다. 타오청장은 풍수쟁이로 분장하여 용화회의 우두머리인 천룽칭沈榮卿과 장궁張恭을 찾아가서 거사계획, 거사단계, 진군노선 등을 토의했다. 그러나 애석하게도 후난성 창사의 거사계획이 사전에 누설되어 실패하고 조직은 파괴되고 말았다.[32] 황싱과 천톈화는 후난, 후베이 등지에 발을 붙일 수 없게 되어 할 수 없이 상하이로 차이위안페이를 찾아와 도움을 요청했다. 차이위안페이는 그들에게 영국 조계지에 임시 도피처를 마련해주었다.

그들은 이곳에서 화흥회의 비밀조직을 재건하고, 후베이와 난징 등지에서 재차 거사하기로 계획을 세웠다. 차이위안페이는 이 1년 동안 도쿄의 군국민교육회 소속 비밀테러조직과 긴밀히 연락을 취하고 있었다. 1904년 도쿄에서 조직된 이 암살단은 이 해 가을에 테러단 요원인 궁바오취안이 국내에 잠입하여 차이위안페이와 연락을 취하며 혁명활동에 펼쳤다. 차이위안페이도 이전에 러시아 국수주의파에게 깊은 영향을 받아 테러활동에 심취한 바 있었기에 암살단의 취지를 이해하고 즉시 비밀테러조직 가입을 요청했다.[33]

1905년 도쿄에서 비밀테러조직이 결성되었다. 이 조직은 양두성을 수반으로 쑤펑추蘇鳳初, 허하이차오何海樵, 저우라이쑤周來蘇, 후전차오胡鎭超, 탕중시湯重希 등 6인이 주도했다. 이들은 일본 화학 교수를 초빙하여 폭탄 제조법을 익힌 후 중국에 잠입하여 뜻을 세우고 테러활동에 착수했다.[34] 청조의 요인들을 제거한다는 목표를 세우고 그 첫 번째 대상으로 서태후를 지목했으나 결과적으로 암살계획은 실현하지 못했다. 사실 테러로 혁명의 근본문제를 해결할 수는 없었다. 허하이차오는 원래 애국학사의 군사체육 교사로서 차이위안페이와 잘 알고 지내던 터여서 남하하여 차이위안페이를 찾아왔다. 이윽고 비밀소조의 성원들이 상하이에 운집했고, 차이위안페이는 그들을 위청리에 머물도록 배려했다. 그는 또한 계속해서 애국학사의 물리·화학 교사였던 중셴창 및 위쯔이兪子夷, 류광한劉光漢, 장싱옌章行嚴, 천여우지陳由己 등의 지사들을 소개한 후 비밀소조에 가입시켰다. 이들은 폭탄제조에 종사했다.

이처럼 차이위안페이는 각지에서 자신을 찾아온 혁명동지들이 기댈 큰 산의 역할을 마다하지 않았다. 그는 도움을 청하고자 하는 자에게 반드시 도움을 주었으며, 자신을 찾아오는 자를 막지 않았다. 또한 망명 조계지에서 어려움을 겪고 있는 전우들을 열렬하게 환대했으며, 이들의 혁명여건을 보장해주고자 심혈을 기울였다. 그가 총리로 있던 애국여학교가 혁명활동의 중심에 서서 지대한 역할을 했다.

애국여학과 〈소보〉 사태로 인해 문을 닫았던 애국학사는 당시에 원근 각처에 명성이 자자했다. 차이위안페이는 신해혁명의 준비기간 동안 애국학사와 애국여학 두 단체를 이끌었는데, 이때의 활동은 눈부신 것이었다. 후세 사람들은 이 시기의 역사를 기술하면서 애국학사와 애국여학을 높이 평가했고, 후난의 화흥회, 안후이安徽의 무의회武毅會, 저장의 광복회光復會 등이 모두 애국학사 및 애국여학교와의 인연으로 생겨난 것이라고 했다.[35] 당연히 이 시기에 왕성하게 활동한 차이위안페이에 대한 평가도 높을 수밖에 없었다. 차이위안페이가 광복회, 동맹회의 영수가 된 것을 우연으로 치부할 수 없는 이유가 바로 여기에 있다.

광복회와 동맹회를 영도한 민족의 위인

창사 봉기 실패로 후난과 후베이 지구의 혁명당파는 비록 좌절을 맛보았지만, 장쑤·저장 지역의 혁명역량과 회당의 영향력은 이로 인해 오히려 강화됐다. 차이위안페이는 혁명의 물결을 더욱 고조시키고, 장쑤·저장 지구의 혁명역량을 통일시키는 것이 급선무라 여겼다. 그래서 후난·후베이 지구의 혁명지사들이 조직한 화흥회의 계시에 따라 하나의 통일된 혁명단체를 조직하기로 결정했다.

그들은 곧 군국민교육회에 속한 테러조직의 기반 위에 조직을 확대했고, 이로써 광복회 또는 '복고회復古會'가 탄생했다. 타오청장의 증언을 보자.

> 군국민교육회라는 이름은 점차 자취를 감추게 됐다. 광복회가 성립될 무렵은, 완푸화萬福華가 전 광시 순무 왕즈춘을 저격했으나 불발에 그친 시점이었다.[36]

타오청장의 증언처럼, 1904년 11월 19일에 완푸화가 전 광시

순무 왕즈춘을 저격하여 미수에 그친 사건이 발생했으며, 이때를 전후하여 광복회가 조직된 것으로 볼 수 있다. 광복회 건립 후 차이위안페이가 회장으로 추대됐다. 장타이옌은 비록 영어囹圄의 몸이었지만, 옥중에서도 그를 적극 지지했다. 궁바오취안, 타오청장, 웨이란魏蘭 등이 초창기 광복회의 핵심간부들이었다. 이 시기에 건립된 소규모의 각종 혁명단체는 모두 광복회로 귀속됐으나 여전히 지방색이 두드러졌다. 광복회 회원들 중에는 상하이에 머물고 있는 저장 출신 인사들이 상당히 많았다. 특히 차이위안페이와 타오청장은 동향인 저장성 사오싱 사람으로 막역한 사이였다. 차이위안페이는 사오싱에서 원래 명망이 높았고 타오청장도 사오싱의 회당 내에서 비교적 튼튼한 기반을 확보했기 때문에, 사오싱의 재계와 학계의 지사와 회당의 주요 간부들이 광복회에 다수 가입했다.

1905년 차이위안페이의 소개로 쉬시린徐錫麟이 광복회에 가입했고, 1906년에는 타오청장·쉬시린 등의 권유로 여성 혁명가 추진秋瑾이 가입했다. 뒤이어 동남 각 성의 수많은 우국지사들이 광복회에 가입하려고 문전성시를 이루었다. 일순간에 걸출한 인재들이 모여들어 광복회는 명실공히 혁명 엘리트들의 집결지가 됐다.

이전에 차이위안페이가 테러단에 속해 활동할 때를 돌이켜보면, 그의 혁명사상은 비교적 개개의 요인 암살활동 차원에 머물렀다. 그러나 혁명적 성격을 띤 광복회가 조직되면서 사상적으로도 비약적인 발전을 거듭했고, 주요 목적도 무장봉기를 기도하는 것으로 바뀌었다. 반청 무장봉기를 이끌어내려면 이른바 '폭동자'를 널리 모집해야 했고, 이러한 이유에서 광복회가 세워진 것이었다. 차이위안페이는 저장의 회당 조직을 눈여겨봤으며, 이 조직을 통해 봉기를 일으킬 긴박한 공작들을 추진했다.

명말청초 이래 푸젠, 저장 일대에서 반청 비밀조직인 회당이 출현했다. 여기에는 계급투쟁·민족투쟁의 영향이 컸다. 더욱이 태평천국의 군대가 저장에 진군한 이후 저장의 회당 조직은 급속히 발전하여 맹활약하며 20세기 초 저장성 내의 각지에 고루 퍼지게 됐다. 가로회 계통인 종남회終南會, 천인회千人會, 쌍룡회, 용화회, 백포회白布會, 복호회伏虎會, 평양당平洋黨, 오대당烏帶黨 등이 그것이다. 이 밖에 항저우, 자싱嘉興 지구와 청방青幇 계통에 속한 사판당私販黨이 활약하고 있었다.

이들은 '반청복명反淸復明(청에 반대하고 명을 다시 세움―옮긴이)', '척양斥洋(서양 세력을 물리침―옮긴이)'의 기치 아래 거대한 잠재 투쟁세력으로 등장했다. 민간에도 상당한 영향력을 발휘했으며, 반봉건 투쟁세력의 동맹군이 되었고, 이로 인해 혁명파의 주목을 끌게 됐다.

그러나 이 조직들은 민간 차원의 비밀결사에 불과했고, 조직의 이합집산이 심했으며 주먹구구식으로 체계를 세웠다. 따라서 어떻게 이 조직들을 효율적으로 규합하여, 그 타오르는 불길을 더욱 맹렬히 하고 혁명의 파고를 높일 것인지를 고심해야 했다.[37] 이 조직들을 혁명의 본 궤도에 올려놓는 것이 혁명당파 사람들이 풀어야 할 큰 과제였다. 차이위안페이와 저장의 회당 조직은 이들과 직접적인 교류가 없었으므로 회당을 움직일 수 있는 타오청장, 쉬시린, 아오자슝敖嘉熊 세 사람에게 희망을 걸었다.

○ **타오청장**陶成章(1878~1912)

자는 환경煥卿, 사오싱(옛 지명, 회계會稽) 출신. 고향 사오싱에서 교편을 잡았다. 역사서를 두루 탐독했고 일본에 유학했으며, 지모가 매우 뛰어나며 총명하고 유능한 인재였다. 차이위안페이와 오래전부터 교분을 나누었다. 광복회의 실질적인 영도자로서 능력과 성실성 등을 중시했고, 회당 조직에 영향력과 기반을 가지고 있었다. 광복회에서 수차례 봉기를 조직하고 거행할 무렵, 장쑤·저장의 회당과 연계를 유지하여 혁명활동에 기여한 공을 높이 평가해야 한다.

○ **쉬시린**徐錫麟(1873~1907)

자는 백손伯蓀, 사오싱 출신. 향시에 응시하여 부방副榜(향시에 합격했으나 인원 수의 제한으로 거인의 자격을 받지 못한 사람 중 국자감에 입학한 사람을 가리킨다—옮긴이)의 명단에 올랐다. 일본 유학생 출신으로 일찍부터 웅지를 품었고 강렬한 애국열정을 지녔다. 활달하고 강직하며 영웅적 기질과 협객의 풍모를 갖춘 인물이었다. 뒤에 광복회를 영도하는 핵심간부가 되었다.

○ **아오자슝**敖嘉熊(1874~1908)

자는 몽강夢姜 또는 성우成愚, 핑후平湖 사람. 원시院試에 합격하여 수재가 됐다. 일찍이 자싱嘉興의 농촌 지역에서 '학가공사學稼公社'를 창립했다. 농업개량에 주력하고 우인들과 공동으로 '절회浙會'를 조직하여 혁명사상을 전파했다. 후에 애국학사에 가입하여 교직원으로 일했다. 애국학사 해산 후 자싱으로 돌아와 원저우溫州·타이저우台州·추저우處州회관을 운영하고, 타향에 사는 주민들의 세금문제 등을 대신 처리해주었다. '단련團練'을 조직하여 각 처의 지사들을 규합하고, 쉬시린과도 연계하여 혁명공작을 진행했다. 후에 다퉁大通학당(저장성 사오싱에 쉬시린과 타오청장이 건립한 학당—옮긴이)에서 봉직했다.

이 세 사람은 출생연도는 달랐지만, 공교롭게도 모두 34세의 꽃다운 나이에 요절했다.

차이위안페이는 타오청장이 관계하고 있는 회당과 쉬시린의 회당을 통합시키고자 1904년 겨울에 쉬시린을 애국학사로 오게 해서 회견을 했다. 마침 애국학사에서 쉬고 있던 타오청장도 합석시켰다. 쉬시린과 타오청장 두 사람은 이로부터 교분을 맺었고, 이를 계기로 각자의 근거지에서 활동하며 독자적인 행보를 보였던 저장·장쑤 두 파가 연합하게 됐다.

한편 차이위안페이는 저장 서부지역 회당의 단결을 도모하고자 친히 자신의 종교계 거두인 아오자숭을 예방하고, 광복회에 가입하여 활동해달라고 요청했다. 그는 가입은 원치 않았지만 유사시에 돕겠다고 약속했다. 후에 아오자숭의 활동은 광복회 활동 가운데 중요한 부분이 됐다. 특히 그가 경영했던 원저우溫州·타이저우台州·추저우處州 회관은 광복회 영도기관의 비호庇護 장소가 됐다. 광복회의 수많은 동지들이 이곳에 집결해서 지냈으며, 다퉁학당이 개교하고 난 후 그들은 사오싱으로 발길을 돌렸다.

결국 저장성 동부지역의 회당과 서부지역의 회당이 연합하여 큰 힘을 발휘했고, 이들은 광복회의 외곽 울타리가 됐다. 아울러 광복회가 이들을 통할하게 됐다. 저장의 여러 회당들이 통합되어 혁명이 본 궤도에 진입하기 시작한 것은 여러 객관적 요인들이 작용한 결과였다. 이들은 새로운 형세에 눈을 뜨면서 사상이 더욱 혁명화됐다. 가장 근본적인 전제는 '바늘에 실을 꿰듯穿釺引綫' 혁명당과 연계하는 문제였는데, 이 과정에서 차이위안페이가 지대한 공적을 남겼다.

광복회는 동남지구의 반청혁명투쟁이 심화되는 과정에서 나타난 산물이었다. 특히 양쯔강 하구 유역인 장쑤, 저장, 안휘, 푸젠, 간쑤甘肅 등 5개 성에서 이미 상당한 세력을 형성한 상태에서 광복회의 건립은 동남지역 몇 개 성의 혁명역량이 대연합되도록 촉진시켰다. 바야흐로 이 5개 성을 기반으로 중국 전역에 혁명의 새로운 물결이 넘실거렸다.

형세의 진전에 따라 전국적으로 통일된 정당의 필요성이 점차 증대됐다. 1905년 7월 유럽에서 일본으로 돌아온 쑨원이 도쿄에서 황싱 등 혁명당 사람들과 모임을 가졌다. 그 자리에서 홍중회, 화흥회, 광복회 등의 자립문제와 기타 난립한 혁명단체들을 연합하여 새로운 혁명단체로 재창립할 필요성이 논의됐다. 모두 이에 찬동하여 급기야 1905년 8월 20일 도쿄에서 '중국동맹회' 발기대회가 열렸다. 이 자리에서 쑨원이 총리로 추대됐고, 황싱이 집행부 서무庶務로 선출되어 동맹회의 실제적인 일을 모두 주관했다.

황싱은 국내 공작활동을 강화하기 위해 상하이로 돌아왔으며, 10월 27일 차이위안페이에게 권유하여 그도 동맹회에 가입시켰다.[38] 차이위안페이는 황싱이 귀국할 때 가져온 쑨원의 위임장을 접수했다. 위임장 내용은 차이위안페이를 동맹회 상하이 지회장으로 임명한다는 것이었다.[39] 차이위안페이는 동맹회 회원이자 상하이 지회장 신분으로 조직공작에 힘썼으며, 무수한 혁명지사들을 동맹회에 가입시켰다. 이로써 혁명역량이 대폭 확대됐다.[40]

제자인 황옌페이의 회고를 통해 당시 혁명에 임한 차이위안페이의 단호한 태도와 주도면밀한 성격을 엿볼 수 있다.

을사년(1905년) 가을, 내 스승 차이위안페이는 우리를 별안간 자신의 집으로 불러 엄중하게 말했다. '우리나라의 전도가 매우 위태롭다는 것을 제군들도 알 것이다. 밖에서는 강포한 이웃이 호시탐탐 노리고, 안으로는 청 조정이 썩어 문드러져가고 있다. 망해가는 나라를 구하려면 혁명 외에는 다른 방도가 없다. 제군들이 볼 때 그렇지 않은가?' 그리고 바로 공손하게 그 자신이 이렇게 답했다. '혁명하려면 반드시 조직이 필요하다. 그렇지 않으면 세력이 결집되지 않아 거사를 도모할 수 없다. 지금 이 자리에 모였으니 동맹회에 가입하지 않겠는가?' 그러자 모두 즉석에서 이렇게 답했다. '진실로 선생께서 명하시니 누가 감히 복종하지 않겠습니까?' 모일某日을 기약하고 심야에 선서문을 작성하여 선서했다. 선서문 내용은 '민국을 건립하고, 토지소유를 균등하게 하고, 만주족을 축출하며, 중화의 광복을 이룩한다'는 것이었다. 나의 스승은 '토지소유의 균등화'를 지적하며 그 이유에 대해 설명했다. 나는 스승 앞에서 선서하고 동맹회에 가입했다. 그곳은 상하이시 시창서우리西昌壽里 62호, 곧 선생의 우거寓居였다.[41]

차이위안페이가 동맹회 상하이 지회장으로 활약할 당시 혁명운동은 절정으로 치달았으며, 그의 혁명열정도 최고조에 이르렀다. 동맹회가 건립되자 쉬시린 외에 광복회의 많은 영도자들이 속속 동맹회에 가입했다. 광복회가 저장성 내지에서 여전히 독자적인 체계를 조직하고 깃발을 내걸고 혁명공작을 벌였으나, 차이위안페이는 더 이상 광복회 회장 직을 맡지 않았다. 광복회 일은 타오청장이 주도했으며, 그가 출국한 후에는 쉬시린과 추진이 공동으로 책임을 졌다. 그들은 조직을 강화했고, 광복군을 건립하여 무장봉기를 기도했다. 저장·안후이 두 성의 봉기가 청조에게 진압된 후에도 쉬시린과 추진은 계속해서 봉기를 도모했으나, 광복회 조직이 심각하게 와해됐다.

장타이옌과 타오청장이 난양南洋과 도쿄에서 광복회 재건의 기치를 내걸고, 와해된 장쑤·저장 지구의 혁명역량 재집결에 나섰다. 차이위안페이가 창건하고 이끈 광복회는 혁명단체로서 중국 근대사에 뚜렷한 불멸의 공적을 남겼다. 쑨원은 훗날 이렇게 말했다.

> 광복회의 쉬시린은 장시 순무 언밍恩銘을 살해하고, 슝청지雄成基는 안칭安慶을 습격했다. 근래에는 상하이를 공격하고, 저장을 수복했으며, 진링金陵(난징의 이전 명칭—옮긴이)을 점령했다. 이것은 다 광복회의 구성원들이 힘쓴 결과이며, 그 공적은 천하가 다 아는 일이다.[42]

마오쩌둥을 비롯한 중국공산당 지도자들도 차이위안페이를 '광복회·동맹회의 민족 영수'로 추존하고 있다.[43]

차이위안페이가 반청민주혁명에 투신한 것은 진실로 고귀한 일이며 높이 평가해야 한다. 그러나 그 자신도 '서생으로서 혁명에 뛰어든 약점秀才造反'을 말한 바 있다. 타오청장도 이렇게 말한 적이 있다.

> 위안페이는 덕망을 지녔으나, 구체적 방략方略이 부족하다. 성품은 학문을 좋아하나 사람들과의 불화로 인해 소요가 발생하면 이를 참아내지 못한다.[44]

그가 이러한 부족한 점이 있었음을 부인할 필요는 없다. 그러나 그가 광복회장으로 추대된 데에는 몇 가지 이유가 있으며, 아울러 시대가 영웅을 만든 것이라고도 할 수 있다. 여기에서 그가 남보다 뛰어났던 몇 가지 점을 언급하겠다.

첫째, 정치적인 측면에서 보면 차이위안페이는 혁명에 대한 굳은 신념과 태도를 견지했다. 그는 난양공학 총교습으로 있을 때부터 혁명사상을 학생들에게 주입시키기 시작했으며, 애국여학과 애국학사 총리 시절에는 아무 거리낌 없이 공공연하게 '혁명'을 발설했다.[45] 광복회는 반청혁명을 목적으로 하는 혁명단체로서, 견결堅決한 신념을 지닌 혁명영도자를 필요로 했고, 이러한 점에서 선명한 정치적 태도와 탁월하고도 대담한 능력을 지닌 차이위안페이가 회장으로 추대된 것은 매우 적절한 일이었다.

둘째, 그는 이름난 진사이자 저명한 한림원 관료로서 혁명에 투신하여 사림士林들의 칭송을 한 몸에 받았다. 그는 진사급제 후 곧바로 한림원에 봉직하여 고속출세와 영달을 보장받았으나, 의연히 관직과 후한 녹봉을 박차고 혁명에 투신했다. 이러한 인물은 중국 역사상 한두 명이 있을까 말까 할 정도로 아주 드물다. 사람들은 그의 고매한 인품에 탄복하여 그를 태산처럼 받들고 추종했다. 특히 광복회의 중견인물로서 많은 활약을 했던 쉬시린, 타오청장, 추진 등이 차이위안페이를 흠모했다. 그중에서도 타오청장이 더욱 그러했다.

> 나는 본래부터 차이위안페이가 훌륭한 인품과 덕망의 소유자라는 것을 알고 그를 존경했다.[46]

타오청장과 쉬시린 두 사람은 차이위안페이의 소개로 광복회에 가입했다. 1905년 7월에 여성 혁명가 추진이 도쿄에서 귀국했을 때, 타오청장은 소개장을 써주며 상하이 애국여학에 있는 차이위안페이를 찾아가도록 권했다.[47] 그리고 그녀는 다시 사오싱에 가서 쉬시린을 면담한 후 곧바로 광복회에 가입했다. 후에 타오청장이 광복회 가입 회원의 출신지역을 확인했을 때 사오싱 사람이 굉장히 많았는데, 이것은 실로 차이위안페이가 명망 있는 지도자였기 때문이라고 생각된다. 차이위안페이는 이처럼 신망이 두터웠기 때문에 광복회 회장으로 추대된 것이다.[48]

셋째, 그는 정세를 읽는 눈이 매우 예리했고 인식수준 또한 탁월했다. 그는 혁명에 임하면서 명확한 투쟁목표를 가지고 있었다. 1904년 2월 그는 〈아사경문〉에 '신년 꿈'을 발표하여 "실지회복, 조계지 철폐, 각국의 세력범위 소멸 그리고 문명사업이 정점에 도달하도록 매진할 것" 등의 내용들을 제기했다.

이처럼 그는 독립자주국으로서 부와 번영을 이루고 궁극적으로 문명이 발달한 신新중국을 건설해야 한다고 역설했다. 아울러 중국 인민이 반제반봉건 투쟁에 나서서 민족해방과 인민행복을 이루어야 한다는 염원을 표현했다. 청조를 전복한 후 어떠한 국가를 세워야 할지 망설였던 사람들 가운데 그는 더 분명한 목표를 제시했다.

차이위안페이는 일찍부터 쑨원이 내세운 '만족청조 축출, 중화회복, 민국창건, 토지 균등분배' 등을 요체로 하는 혁명강령을 지지했다. 이것이 1903년 쑨원이 제기한 유명한 '16자 강령'으로 동맹회의 혁명강령이 됐다. 이 강령은 반청혁명의 성격, 목적, 임무, 더욱이 토지의 균등분배까지 포괄하는 등 제반문제를 심도 있게 제기했다. 차이위안페이는 1904년 4월 26일에 자신이 주필로 있던 〈경종일보〉에 '모 친구에게 답하는 글復某友人書'을 통해 16자 강령을 언급함으로써 중국 내에서 처음으로 16자 강령을 소개한 셈이 됐다.

당시 사람들이 '민생주의' 등에 대해 무지했으므로 차이위안페이는 쑨원의 사회혁명 및 경제사상을 지지하고 앞장서서 선전 및 전파에 힘썼다. 차이위안페이는 '반청혁명'이라는 정확한 혁명 목표와 방향을 정하고, 근시안적인 사고의 틀에서 탈피하도록 사람들을 인도했다. 한족 중심의 종족우월주의에 기초하여 "만주족은 모두 다 원수이며, 한족은 누구나 다 친족"이라는 편협한 구호가 난무하고, 야만족인 만주족을 제거해야 한다는 목소리가 높을 때 의연히 〈석구만〉이라는 논설문을 발표했다. 이것은 차이위안페이가 고도의 혁명전략과 이론으로 무장했음을 대변해주는 글이라 할 것이다.

혁명의 영도자가 되려면 도덕적으로 존경을 받아야 할 뿐만 아니라, 이론과 사상 면에서도 남보다 뛰어나야 한다. 이러한 의미에서 차이위안페이는 도덕과 학문에서 남보다 우월했으며, 상하이 혁명파 중에서 발군의 능력을 갖춘 핵심인물이었다. 광복회의 수많은 영웅호걸들이 차이위안페이를 회장으로 추대한 것은 영웅이 영웅을 알아본 것이었다. 그는 혁명의 기운이 고조됐을 때 정의를 보면 용감하게 떨쳐 나아가고 옳은 일은 사양하지 않았으니, 이것이 그의 보배 같은 품격의 중요한 측면이다. 또 물러설 때 물러설 줄 알았던 분명하고도 독특한 성품의 소유자였다.

5

고달픈
해외 유학의 길로

제1차 독일 유학 | 신해혁명에 호응하다 | 프랑스에서 근공검학운동 전개

제1차 독일 유학

차이위안페이가 유학을 결심한 것은 상하이에서의 혁명활동이 그다지 진전을 보이지 않았고, 그 자신이 너무 피곤하고 지쳐서 진저리가 난 것도 하나의 이유라 할 수 있다. 그러나 이보다 더 근본적인 원인은 점점 곪아 들어가 치유불능 상태가 된 봉건 청조를 전복시키고, 신선한 피를 공급하여 새로운 중국을 건설하려면 서양의 신지식을 학습하고 선진문물을 도입하는 것이 묘책이라고 생각했기 때문이다.

1906년 봄, 여성 혁명가 추진 등이 사오싱에 학당 설립을 건의하고, 차이위안페이에게 이 학당의 교장을 맡아달라고 요청했다. 차이위안페이는 추지성裘吉生, 매이하이성梅海生 등에게 함께 학당을 운영하자고 권유했다. 그는 먼저 사범전습소를 설치하고 사범교육에 반드시 필요한 각종 과학지식을 강의했다. 그러나 사범학교 설립에 필요한 기금을 마련하기 어렵고 사람들에게 수모까지 당하자 분연히 사직하고 상하이로 떠났다.

이 해 가을, 청조에서 전·현직 한림원 관리를 대상으로 국비유학생을 선발한다는 소식을 들은 그는, 즉시 베이징으로 가서 해

베를린 유학시절(1908년).

외로 파견될 날을 손꼽아 기다렸다. 그런데 베이징에서의 달콤한 벼슬생활에 푹 젖어 있던 한림원의 '영감님老爺'들은 대다수가 처자식과 떨어져 만리타향에 가기를 원치 않았다. 지원자가 몇 명 되지 않자 청조는 결국 이 일을 없던 것으로 해버렸다. 이렇게 관비로 유학을 가기가 어렵게 됐으니, 이제 스스로 출로를 찾아나서야 했으나 그렇게 용이한 일은 아니었다. 가장 큰 문제는 당장 수중에 은화 한 닢 없다는 사실이었다. 출국할 돈을 마련하는 것은 그렇다 치더라도 해외에서 생계를 꾸려나갈 일이 막막했다.

그런데 때마침 부임하려는 독일공사 쑨바오치孫寶琦의 동생 쑨바오쉬안孫寶瑄과 예하오우葉浩吾 등이 주선해주어, 차이위안페이는 독일공사관에서 매월 은 30냥을 받는 조건으로 일을 도와주기로 했다. 아울러 상무인서관과의 출판계약에 따라 일정한 인세 소득으로 그럭저럭 생계를 꾸려나갈 수 있을 것 같았다.

드디어 1907년 5월경 차이위안페이는 시베리아행 열차에 몸을 실었다. 몽매에도 그리던 독일 유학이 실현된 것이다. 그는 독일을 서방 문명국의 대표이자, 유럽에서 가장 학술이 발달한 국가로 여겼다. 당시 독일은 자연과학과 인문학이 매우 융성한 국가였다. 독일 고전철학은 평소 그가 동경하던 바였고, 또한 그곳은 마르크스주의의 고향이기도 했다. 물론 당시 그는 마르크스주의에 대해서는 잘 알지 못했다.

유학 첫해인 1907년 차이위안페이는 베를린에 머물면서 독일어 학습에 전념했고, 틈틈이 편역을 하면서 가정교사 자리를 구했다. 베를린에 있던 탕사오이唐紹儀의 조카인 탕바오수唐寶書, 탕바오차오唐寶潮 등 네 명에게 중국어를 가르치고 매월 100마르크를 받아 그럭저럭 유학생활을 지탱해나갔다. 그는 궁핍한 유학생활을 통해 많은 것을 자각했고, 이러한 어려움이 훗날 프랑스에서 근공검학운동을 극력 제창하는 원동력이 됐다.

이듬해인 1908년, 그는 라이프치히로 옮겨 라이프치히대학에서 실험심리학의 대가인 빌헬름 분트Wilhelm Wundt(1832~1920) 교수의 지도 아래 심리학·철학사 등을 공부했다(각 전공과목은 격년제로 바꿔가며 들을 수 있었고, 매주 수업시간은 네 시간이었다). 문명사·미술사·문학사 등의 강의도 청강이 가능했다. 수업을 듣는 것 자체가 그에게는 독일어 공부였지만, 독일어 실력이 많이 부족했기 때문에 분트 교수의 수업을 잘 알아듣지 못했다. 그래서 곧 졸업할 예정인 동료 학생에게 부탁하여, 분트의 철학사 수업 중 제대로 이해하지 못한 부분을 복습했다.

그는 1909년부터 1911년까지 이 대학에서 강의를 듣는 것 이외에 램프리히트Lamprecht 교수가 설립한 '문명사와 세계사 연구소'의 연구사업에도 참여했다. 램프리히트 교수의 지도방법은 매우 독특했다. 매 학기마다 일련의 논제들을 정하여, 각 논제에 대해 토론할 때마다 갑과 을 두 명의 학생을 조장으로 지정하고, 2주에 한 번씩 지도교수의 주관 하에 갑론을박을 벌이게 했다. 예컨대 갑이 설명하면 을이 반박 혹은 보충설명을 하고, 병·정 등이 다시 설명하거나 을의 의견에 보충설명을 하며 지도교수가 최종 결론을 내리는 형식이었다.

이러한 방식은 연구자의 주체성과 분석능력을 키우는 데 매우 효과적이었다. 차이위안페이는 이곳에서 연구생활을 하며 학습자의 자율성과 창조성을 기르는 것이 얼마나 중요한지를 깊이 깨달았다. 아울러 독일 학자와 독일 국민들에게 적지 않은 것을 배웠다. 특히 게르만 민족의 진취성과 창의력, 그리고 학문을 할 때 실험을 중시하고 과학적 사고방법을 존중하는 점을 눈여겨보았다.

그는 독일에 몇 년간 체류하면서 여가시간을 활용하여 지은 저작물을 국내로 보내어 출판했다. 1911년 상반기에 《중국 수신교과서中國修身敎科書》가 출간됐다. 중화민족의 전통미덕을 선양하는 청소년용 도서로서, 상하이 상무인서관에서 발간했다. 또 비슷한 시기에 선진先秦·제자백가시대부터 송명시대 이학理學에 이르기까지 각 학파의 논점을 정리한 《중국 윤리학사中國倫理學史》를 저술했다. 이 책은 1910년에 상무인서관에서 출판됐다. 이 기간에 그는 연구·학습 및 저술 면에서 풍성한 수확을 거두었다.

신해혁명에 호응하다

차이위안페이는 독일에서 유학하는 동안에도 국내 혁명정세에 촉각을 곤두세우고 있었다. 그는 1911년 10월 라이프치히대학에서 알게 된 함부르크 사람의 소개로 신식학교를 세밀히 참관할 기회를 얻었다.

이 학교는 참신한 교과과정과 교육방법을 활용하여 학생들을 교육했다. 특히 주입식·암기식 방법에서 탈피하여 학생 스스로 깨우치는 것을 중시했다. 학생이 스스로 깨달을 때까지 결코 강요하지 않았다. 그가 더욱 감명받은 것은 이 학교에서 식사 전에 종교단체에서 기도를 하듯 전 학생이 일제히 선각자들의 명언

독일 유학시절의 차이위안페이(라이프치히에서, 1910년).

을 낭송하는 모습이었다. 이 학교는 음악도 중시했다. 그는 여러 면에서 신선한 충격을 받았다. 이 학교에서 일주일쯤 머물며 이같은 혁신적인 교육체제를 깊이 연구하려던 차, 독일 신문에서 무창봉기(신해혁명)가 성공했다는 소식을 보고 즉시 베를린으로 돌아와 일련의 활동을 전개했다.[1]

그는 독일에 거주하는 중국 유학생들을 모아놓고 무창봉기가 성공했다는 소식을 전파했다. 동시에 학생들과 함께 청조의 '용기龍旗'를 찢고 삼색기 두 장을 제작하여 책상 위에 교차하여 꽂아놓았다.[2] 이것은 청조 반동정부에 대한 결별을 의미하는 것이었다. 그들은 청조가 속히 붕괴되기를 학수고대했으며, 국내 혁명군의 승리 소식을 시시각각 간절한 마음으로 기다렸다.

10월 19일 차이위안페이가 지인에게 보낸 편지에서도 이러한 심정을 확인할 수 있다.

오늘 신문에 난징 주장 지역은 이미 회복됐고, 두 척의 전함을 침몰시키며, 싸전빙薩鎭氷의 해군을 격퇴했다는 소식을 들었소. 그러나 우리는 아직 만족할 수 없소. 자유를 갈망하는 우리의 마음은 이 정도로 간절하다오.[3]

이 무렵 차이위안페이는 혁명공작의 중점을 두 가지로 정했다. 하나는 중국의 각 성에서 속히 혁명을 지지하도록 국내를 향해 대대적인 선전공작을 펼치는 것이었다. 국내로 장문의 전문을 보내고자 화교들에게 기부금을 모금하려고 했지만, 독일 정부의 방해공작으로 어려움을 겪었다. 겉으로는 중립을 표방했지만 암암리에 청 정부를 지원하는 독일 정부가 훼방을 놓은 것이다. 독일 정부는 독일어로 보낸 전문을 모두 수거하여 반려시켰다. 그래서 독일 정부에서 해독하지 못하도록 '변려체 문장駢儷文'(육조시대에 즐겨 썼던 화려한 4·6운율의 문체—옮긴이)으로 고친 후에야 겨우 전문을 발송할 수 있었다. 10월 24일 자 편지에 당시의 정황이 이렇게 적혀 있다.

이번 토요일에 상하이 전보국으로 전문을 보내려 했고, 구미 각국에서도 대체로 무창봉기 소식을 듣고 호응하는 분위기였다. 그들은 우리 당을 지지하는 편이었으며 결코 간섭하지 않았다. 이곳에 거주하는 중국인들은 모두 세계 각국 사람들이 무창봉기의 성공을 격려하고, 이 소식이 더욱 멀리 퍼져 나가기를 간절히 바라는 심정이었다. 중문 및 영문으로 상하이에 보낸 전문은 아무런 문제가 없었으나, 독일어로 보낸 전문은 뜻하지 않게 독일 전보국에 모두 회수되어 되돌아왔다. 치안방해라는 핑계를 댄 것이다. 부득이 변려체로 다시 써서 보내려 한다. 변려체 문장으로 전문을 보내면 아주 생소해서 이해하지 못하므로 독일 전보국이 처박아두지는 않을 것이라는 생각이 들었다.⁴

이를 통해 당시 제국주의 국가들과 청조가 어떻게 결탁했는지 짐작할 수 있다. 그들은 말로는 중립을 소리 높이 외쳤으나, 실제로는 베이징에서 위안스카이가 재기할 수 있도록 긴박하게 움직이고 있었다. 위안스카이와 청 정부의 지위를 강화하려고 비밀리에 공작을 꾸미고 있었던 것이다. 한편 긴박한 사태에 직면하여 차이위안페이도 기지를 발휘했다. 23일 저녁에 외국인이 이해하지 못하도록 변려체 문장으로 전문을 발송한 것이다.

차이위안페이가 중점을 둔 또 다른 사업은, 외국인의 지지와 동정심을 유발시키는 것이었다. 최소한 독일 정부가 혁명군의 활동을 무력으로 간섭하지 않고 중국의 '신정부'를 승인하도록, 독일 조야를 대상으로 허다한 선전공작을 전개했다. 10월 18일 그는 친구에게 보내는 서신에서 거류지 혁명공작의 중요성을 이렇게 밝혔다.

희비가 교차하는 시기에 당장 내가 감당해야 할 한 가지 의무가 떠오른다. 내가 현재 처한 환경에서 할 수 있는 것이라고는 여론을 적절히 조성하여 무창봉기의 불꽃이 활활 타오르도록 돕는 일이다. 비록 도움이 될지 안 될지는 모르지만 이 기회를 빌려 미력하나마 나 한 사람의 의무를 다하고자 했다.⁵

그는 분주하게 움직였다. 가능한 범위 내에서 혁명의 최종적인 승리를 위해 자신의 의무를 다했다. 혁명군이 무기와 군수물자 조달 등으로 어려움을 겪자, 그는 뉴욕의 쑨원에게 편지를 보내 대포를 구입할 자금을 마련해달라고 요청했다. 그는 또 독일 크리버Klueber 병기공창에 근무하는 평소 잘 알고 지내던 쓰촨四川 사람 류칭언劉慶恩에게 편지를 보내, 현재 중국 대포의 구경과 제원을 조사해서 알려달라고 부탁했다. 당시 청조가 사용하던 대포는 모두 이 병기창에서 수입한 것들이었다. 차이위안페이는 혁명군의 정황에 대해서도 비교적 상세히 알고 있었다. 예를 들면 후베이군이 사용하는 대포는 '산포山炮'이고, 인창蔭昌이 인솔하는 로군虜軍(옛날 중국 북방의 외족外族을 낮춰 부르던 말—옮긴이)의 포는 모두 다 야전포이며, 신양信陽 이남의 산악전에서는 아군이 우세하고, 평원의 전투에서는 로군의 기계화 부대가 우세하다는 등의 전황을 나름대로 파악하고 있었다.

또 청조 군대는 신식포 78문을 보유하고 있고, 그 사정거리가 7,300미터에 달하여 혁명군의 포보다 우수하다는 사실도 알게 됐다. 그래서 청조 군대를 압도할 수 있는 사정거리 9,000미터의 신식 공성포攻城炮 구입을 건의했던 것이다. 차이위안페이는 화포 문수, 비용, 구입처 선정, 검수 및 운송방법 등 전반적인 구매계획 등을 주도면밀하게 작성했다.[6]

당시 그는 혁명정세를 면밀히 따져본 뒤 비교적 낙관적인 전망을 했다. 쓰촨·후난·광둥·안후이성 등에서 이미 봉기가 시작됐고, 현재 후베이가 봉기의 중추 역할을 하고 있으며, 전국의 형세는 곧 파죽지세가 될 것으로 내다보았다. 그러나 정작 본인은 해

난징 임시정부의 초대 교육부장관을 지냈던 시절의 차이위안페이(맨 앞줄 왼쪽에서 세 번째, 1912년).

외에 있어 직접 봉기에 참가하지 못해 몹시 불편한 심정이었다.[7]

그는 학업을 포기하고 귀국하기로 마음을 굳혔다. 청조를 전복하고 신국가를 세우는 데 작은 힘이나마 보태려는 뜻이었다. 11월 상순경 시베리아 철도편으로 귀국한 그는, 신해혁명이 성공하자 난징 임시혁명정부 교육부장관으로 임명됐다. 이후 위안스카이가 통치하는 베이양北洋정부에서도 잠시 교육부장관 직을 수행했으나 위안스카이와 그를 추종하는 무리들의 발호跋扈에 심한 염증을 느껴 사직했다. 그리고 1912년 9월, 2차 독일 유학길에 올랐다. 그러나 두 번째 유학기간은 매우 짧았다. 쑹자오런宋敎仁이 피살되자 그는 곧 상하이로 돌아와서 대책과 수습에 분주한 나날을 보냈다.

5. 고달픈 해외 유학의 길로 —— 157

프랑스에서 근공검학운동 전개

프랑스는 차이위안페이에게 매력적인 곳이었다. 프랑스대혁명 때 제창된 자유·평등·박애의 구호는 줄곧 자유에 목마르던 민주혁명지사 차이위안페이를 매료시켰다.

차이위안페이는 1913년 8월 상무인서관에 원고를 보내주고 소정의 원고료를 받기로 하고, 그해 9월 5일에 아내, 아들 우지無忌와 보링柏齡, 딸 웨이렌威廉과 함께 일본으로 가는 연락선을 타고 상하이를 떠났다.[8] 그리고 한 달 정도의 항해 끝에 프랑스의 유명한 항구도시 마르세유에 도착했다. 그는 다음 날부터 파리 인근에 거주하면서 불어 공부도 하며 저술과 편역에 몰두했다.

프랑스 체류 기간에 그는 리스청李石曾·우즈후이·우위장吳玉章·왕자오밍汪兆銘 등과 근공검학회勤工儉學會를 조직하고, 아울러 근공검학운동을 효율적으로 추진하고자 프랑스의 우호적인 인사들과 '중불교육회華法教育會'를 조직했다. 그는 실로 근공검학운동의 지지자요 실천자였다.

1912년 초에 리스청, 우즈후이, 장지張繼, 장징장張靜江, 추민이褚民誼, 치주산齊竺山 등이 발기하여 유법검학회留法儉學會(프랑스 유학생을 위한 근공검학회)를 발기했다. 그 종지는 다음과 같았다.

근공검학이란 근검절약함으로써 비용을 마련하여 해외 유학을 확대·보급하는 방법을 말한다. 노동으로 소박한 품성을 기르고 근면하고 청결한 습성을 배양한다.[9] '검학회'는 아르바이트 등 근검한 생활을 유지하며 공부하는 데 뜻을 두는 모임이다.[10]

이 해 4월에 이들은 베이징에 '유법예비학교留法豫備學校'를 설립했다. 당시 교육부장관이었던 차이위안페이는 이 학교를 적극 후원하며, 대방가大方街 모퉁이 구 사범학교 자리를 학교 부지로 제공했다. 이 학교는 다음 해에 베이징 쓰촨회관으로 자리를 옮겼으나, 위안스카이 정부의 간섭에 못 이겨 결국 운영을 중지했다.[11]

그러나 우위장, 주페이황朱芾煌, 천위바이沈與白, 황푸성黃復生 등이 청두成都에서 '쓰촨검학회'를 설립하여 근공검학운동의 선도적 역할을 했다. 차이위안페이가 프랑스에 유학할 당시 그곳의 근공검학생이 이미 100여 명에 달했다. 그는 매주 한 차례씩 이곳의 근공검학생들에게 '중서中西 학술·문화' 등을 강의했다.

1914년에 제1차 세계대전이 발발하자 근공검학생들도 좌불안석했다. 전쟁기간 동안 생명의 위험은 물론이고, 경제적 소득원이 단절되는 것이 제일 큰 걱정이었다. 이에 상당수 근공검학생이 학업을 포기하고 귀국하려 하자, 차이위안페이는 불합리한 일이라 판단하고 서둘러 대책마련에 부심했다. 그리고 프랑스에서 중국 유학생들의 근공검학활동을 지속시키기 위해 리스청 등과 함께 '여법학계 서남유지회旅法學界 西南維持會'를 조직했다.

그는 〈우리는 왜 귀국하려고 하는가?〉라는 글을 써, "만약 유학의 목적을 포기하고 돌연 돌아간다면 이것은 처음에 프랑스에 왔을 때의 초심을 잃는 것"이라고 설득했다. 손익을 따져볼 때 중국으로 돌아가는 것이 더 손해가 많다고 호소함으로써 귀국을 적극 만류했던 것이다.

다각도로 의견을 들어보니 제군들이 귀국하려 한다는데, 이것은 이치에 맞지 않는다. 귀국을 고집하는 것은 심사숙고한 결정이 아니며, 적절한 이유 없이 아마도 일시적 감정에서 분출된 것이라 생각된다. 떠남과 머무름의 사이는 별것 아닌 것 같지만, 학문적인 손실은 매우 크다. 원컨대 동학들은 깊이 헤아려 일시적 감정을 행동으로 표출하려 해서는 안 된다.[12]

동시에 차이위안페이는 주불공사 후웨이더胡維德와 함께 노력하여 국내에서 송금을 받지 못한 학생들에게 임시로 보조금을 지원했다. 그 덕분에 대다수 근공검학생들이 정서적 안정을 되찾고 모두 프랑스 남서부에 소재한 각 학교로 되돌아가서 학업에 열중했다.

한편 그는 '유법검학회'를 조직하여 중국 유학생들의 복리와 권익을 위해 활동했다. 그리고 유법검학운동을 전개하여 유학생들의 적지 않은 경제적 부담을 덜어주었다. 당시 유학생 한 명당 의식주 비용 및 여비 등을 포함하여 1년에 평균 800~900위안에 달하는 거금이 소요되었으므로, 학생들은 아르바이트를 하여 학비 등을 충당할 수밖에 없었다.[13] 그런데 근공검학생은 100위안짜리 여객선 4등칸 표 한 장이면 프랑스에 갈 수 있었고, 그곳에서 아르바이트를 하여 의식주 등 제반 생활비를 벌 수 있었다.

마침 전쟁으로 인해 프랑스에서 엄청난 수의 중국 노동자가 필요했으므로, 양국 간의 이해관계가 맞아떨어져 프랑스에서 아르바이트하면서 공부하려는 근공검학생들이 날로 늘어났다. 따라서 이 학생들에게 불어 학습을 지도하고, 교양·지식 수준을 향상시키는 것이 시급히 해결해야 할 과제로 대두됐다.

일찍이 1909년 리스청 등이 파리에 두부공장을 세워, 이곳에서 일하는 중국 유학생들은 이미 근공검학을 실천하고 있는 셈이었다. 1913년에는 치주산 등 중국 유학생 40여 명이 인조실을 만드는 공장에서 근공검학을 실천했다. 1914년 차이위안페이, 리스청, 우즈후이 등이 이 공장을 참관하고 나서 이곳을 주축으로 '근공검학회'를 조직했다. 이것이 '근공검학회'라는 명칭이 최초로 사용된 유래이다.

1915년 6월, "근공검학으로 노동자의 지식을 증진하자"는 취지[14] 아래 근공검학회가 정식으로 조직됐다. 차이위안페이는 이 학회의 의의를 선전하고자 근공검학회에서 출판한 《근공검학전 勤工儉學傳》에 〈근공검학전 서序〉를 썼다. 이 서문에서 학회를 설립하게 된 동기와 의의를 서술하고, 전前 단계의 근공검학활동을 총결산했다.[15]

그는 프랑스에서의 근공검학운동을 촉진하기 위해 1917년 4월 15일에는 〈유법검학회 발기 취지 및 회칙〉을 기초했다.[16] 당시 설립된 유법검학회는 베이징 순치문順治門 밖에 있는 민국대학民國大學에 부지를 마련하고 활동을 개시했다. 또 국내에 설치된 몇 곳의 근공검학회 예비학교에서 중학교 졸업생을 모집하여 그들에게 불어와 공예기술 등을 가르쳤다. 1년 후 이들을 졸업시켜 프랑스에 보내자, 프랑스 공장에서 크게 환영했다.[17]

1916년 3월 29일, 파리에서 중불교육회 발기대회가 열렸다. 중국 측 회장에 차이위안페이가 추대됐으며, 프랑스 측 회장은 어우뤄歐樂가 맡게 됐다. 중불교육회 발족을 계기로 근공검학운동은 한 차원 발전하게 됐다. 중불교육회는 중·불 양국 교육계의 인

프랑스 파리에서 설립된 중불교육회
장 시절의 차이위안페이(1916년).

사와 교류·협력을 강화하고, 프랑스의 문화예술과 과학을 중국에 소개했다. 차이위안페이와 리스청, 우즈후이, 우위장, 왕자오밍 등이 주요 회원들이었다. 차이위안페이는 중불교육회 발기대회에서 '중·불교육회의 설립취지'라는 제목의 연설에서 열변을 토했다.

중불교육회는 6월 22일에 정식 발족되어 양국의 문화교류를 촉진하는 교량 역할을 했다. 차이위안페이 등은 영향력을 확대하고자 〈여구잡지旅歐雜誌〉를 발간하고 대대적인 선전활동에 나섰다. 그가 쓴 〈유법검학회연기留法儉學會緣起〉가 《신청년新靑年》에 실렸다. 이 글에서 그는 "신사회, 신국민을 만들려면 프랑스에서의 '근공검학'이 아니면 달리 길이 없다"고 강조했다.[18]

차이위안페이는 혁명에 성공한 프랑스를 거울삼아 중국 근대교육제도를 개혁하려 했다. 많은 중국의 우수한 청년학생들이 프랑스에 가서 근공검학을 체험하고, 장차 이들이 귀국하여 국가를 부흥시킬 주역이 되기를 소망했다.

중불교육회는 프랑스에 있는 중국 근공검학생의 이익을 보장하고자 '화공학교華工學校' 설립 등 여러 방면에서 두드러진 업적을 남겼다. 1916년 프랑스 육군에서 중국에 사람을 파견하여 화공華工(본래 중국 노동자라는 의미로, 여기서는 프랑스에서 유학 중이거나 유학을 준비하는 중국 학생을 지칭함—옮긴이) 모집에 나섰다. 그들은 베이양정부와 협의하여 베이징에 초공국招工局을 설립하고 먼저 5,000명을 선발하여, 교통 관계 책임자 량스자오梁士詔가 톈진에서 개설한 혜민공사惠民公司에 이 사업을 위촉했다. 그리고 5월에 중국과 프랑스 쌍방이 화공 모집 계약서를 작성했다.

이 공사의 계약규정에 따라 화공의 임금을 단순노동자는 매일 1프랑, 벽돌공은 1.5프랑, 철도노동자는 2.5프랑씩 받기로 했다. 그런데 모집된 화공들의 임금을 모두 지불하기로 약정한 혜민공사의 중간착취가 매우 심했다. 혜민공사는 화공 한 명당 수수료로 100프랑씩을 갈취하여 폭리를 취했다. 차이위안페이는 프랑스로 떠나는 화공들이 중간에서 착취를 당하지 않도록 적극 노력하여, 마침내 중불교육회 명의로 프랑스 건설국과 화공 모집을 직접 협의하는 새로운 경로를 개척했다.

또 위안스카이 정부와 프랑스가 맺은 약정이 화공에게 매우 불리하자, 차이위안페이 등 여러 사람이 적극 투쟁하여 많은 희생을 치르고 프랑스와의 규약을 개정했다. 프랑스의 일반 노동자들과 똑같이 일하고 동등한 임금을 받도록 하는 등 화공들의 복지와 권리를 쟁취한 것이다.[19] 이때부터 근공검학의 일환으로 프랑스에 온 화공들은 프랑스 노동자와 동등한 임금을 받고 휴식·휴가 등에도 불이익을 받지 않게 됐다.[20] 그 밖에도 프랑스를 왕래하는 여객선 운임도 할인해주도록 하는 등 중불교육회는 근공검학생을 위해 많은 기여를 했다.[21]

그러나 화공의 수가 늘어나면서 예기치 못한 상황이 발생했다. 화공의 지력이나 체력이 떨어진다든지, 혹은 불어 실력이 짧거나 공예기술이 부족해서 적합한 일자리가 없다거나 하는 것이었다.

이러한 문제점을 해소하기 위해 중불교육회는 '근공검학생예비부법장정勤工儉學生豫備赴法章程'을 제정하여, 최소 예비학교 1년 수료 이상 수준이 되는 사람만을 선발하여 프랑스로 파견했다. 동시에 각 성의 행정기관으로 하여금 출국인원의 자격조건을 엄밀히 따져 출국시키도록 했다. 자격조건으로는 품행이 단정하고 신체 건강하며, 일정의 학력을 구비한 자, 무흡연자, 무도박자, 구타와 폭력을 일삼지 않는 자 등을 내세웠다.

한편 프랑스에 설립한 여법화공학교旅法華工學校에서는 프랑스에 온 중국 화공들에게 불어 교육, 공예 상식, 위생, 도덕교육 등을 했다. 화공학교에서 배출된 학생들은 생활, 노동, 학업 등 다방면으로 자립능력을 갖추었으며, 공장에서 일할 때에는 '근공검학생'으로서의 책임을 다했다.[22] 화공학교 제1기생은 24명이 선발되어, 1916년 4월 3일 파리에서 정식으로 입학했다. 차이위안페이는 이들에게 직접 강의하면서 총 40회분에 해당하는 도덕 및 지식교육 강의록을 만들어 활용했다.

이처럼 차이위안페이는 근공검학운동에 적극 참여하고 이를 지도한 주요 공로자 가운데 한 사람이었다. 그는 귀국하여 베이징대학교장으로 부임한 후에도 중불교육회장 직을 유지하며 이 운동의 활성화에 지속적으로 관심을 기울였다.

프랑스에서 전개된 근공검학운동은 중국 근대사에서 중대한 의의를 지닌다. 중국과 서방국가 간의 과학기술 및 문화교류를 촉진하여, 중국 국민들에게 경각심을 불러일으킨 중요한 계기가 됐다.

근공검학운동에 대한 관심은 5·4 운동(1919년 5월 4일 베이징의 학생들이 일으킨 반제국주의·반봉건주의 혁명운동—옮긴이) 이후 더욱 고조됐다. 1919년부터 1920년 두 해에 걸쳐 전국 각지에서 근공검학생 신분으로 프랑스행을 열망하는 청년들이 1,600여 명에 이르렀다. 특히 후난성의 열기가 가장 뜨거웠다. 차이허썬蔡和森 등 신민학회新民學會 회원들은 후난성에서 근공검학생을 적극 모집했다. 1919년 12월 25일 샹징위向警予, 차이허썬, 차이창蔡暢 등 20여 명의 청년들이 원대한 포부를 품고 상하이에서 배를 타고 긴 항해 끝에 프랑스에 도착했다. 이 중에는 나이 많은 학생들도 섞여 있었다. 차이허썬과 그의 모친 거젠하오葛健豪, 43세의 저명한 교육가 쉬터리徐特立, 구이저우貴州 교육계의 명망 있는 인사 황치성黃齊生 등이 그들이다. 당시 후난 창사 모 학교의 어문학 교원으로 있던 사람이 다음과 같은 칠언절구를 지었다.

> 제군들은 한뜻을 품은 벗들일세! 나라를 떠나는 것은 곧 나라를 염려하는 것이라네. 피끓는 젊음! 망망한 바닷길 멀다 않고, 외로운 배 하나 바닷물을 가르네.[23]

당시 열여섯 살의 소년 덩샤오핑鄧小平(근공검학생 중 최연소자였음—옮긴이)도 웅지를 품고 이 배에 올라타 있었다. 톈진의 '각오사覺悟社' 회원이었던 저우언라이周恩來도 근공검학생 자격으로 프랑스로 향했다. 1920년 11월 저우언라이는 프랑스에 도착하여 학습과 노동 및 혁명활동을 전개하며, 프랑스 노동계층 및 진보주의자들과 교류했다. 이들은 러시아 10월혁명의 영향을 받아 마르크스-레닌주의 이론을 받아들였으며, 중국공산당 최초 조직의 하나인 '여구지부旅歐支部'를 결성했다. 이 조직에서 걸출한 무산계급 혁명가와 공산주의 혁명가들이 배출됐다. 덩샤오핑, 천이陳毅, 차이허썬, 천두슈陳獨秀의 두 아들인 천옌녠陳延年과 천차오녠陳喬年, 자오스옌趙世炎, 녜룽전聶榮臻, 샹징위, 왕뤄페이王若飛, 리푸춘李富春, 차이창蔡暢 등이 그들이다.[24]

이처럼 프랑스에서 펼친 근공검학운동은 차이위안페이 등이 처음에 의도한 바대로 저우언라이, 덩샤오핑 등 장차 중국을 짊어질 국가 동량들을 배출했다.

6

서방 학습에
열정적인 중국인

동서 문화교류 촉진을 위해 분주하다 | '경자년 배상금 반환을 통한
흥학'을 진두지휘하다 | 서방 지식과 문물에 대한 갈구

동서 문화교류 촉진을 위해 분주하다

차이위안페이의 구미 유학 및 시찰은 궁극적으로 20세기 초 중서 문화교류를 촉진시키는 데 막대한 영향을 미쳤다. 그는 유럽에 모두 다섯 차례 갔는데, 뒤의 네 번은 모두 중화민국이 건립된 후였다.

두 번째는 1912년 9월에 부인 황중위黃仲玉 여사, 장녀 웨이롄, 삼남 보링과 함께 우편선을 타고 유럽에 갔다. 독일에 도착하니 이미 겨울이었다. 그는 라이프치히대학에서 강의를 듣고, 램프리히트 교수가 담당하는 '문명사·세계사 연구소'에서 연구에 몰두했다. 그러면서 램프리히트 교수의 요청으로 중국문명사 자료들을 중문으로 집필했다.

세 번째 출국은 1913년 9월경이었다. 이때 가족들과 함께 프랑스로 가서 약 3년간 근공검학운동을 전개하며 중불교육회를 조직했다.

네 번째 출국은 1920년 11월 말로, 국가의 부름을 받아 구미 교육을 고찰할 기회를 얻었다. 그는 이때 중국과 외국의 문화교류를 촉진하고자 여러 가지 일을 추진했다. 상하이에서 프랑스 우편선을 타고 12월 말에 프랑스에 도착한 차이위안페이는, 다음 해에 스위스 제네바와 베른에서 교육시찰활동을 계속했다. 바로 이때 부인 황중위 여사가 베이징에서 병으로 세상을 떠났다는 사실을 알았지만, 그는 중국의 학술과 교육사업의 발전을 위해 부인을 잃은 슬픔을 감내하고 시찰활동을 계속했다.

프랑스 리옹과 스트라스부르 등을 거쳐 2월 12일에는 벨기에로 건너가 샬루엣예술대학과 루벤대학 등을 참관했다. 3월 1일엔 파리의 프랑스학원 초청으로 강연했고, 다음 날엔 파리대학 총장이 주관한 저녁 연회에 참석하여 연설을 했다. 그는 또 각국의 과학계 유명인사들을 방문하여 중국 방문을 요청했는데, 이들은 대부분 흔쾌히 승낙했다. 그는 이들과 교류하면서 과학적 안목을 넓혔으며, 이를 계기로 중국의 과학사업을 추진할 수 있었다. 3월 8일엔 퀴리Marie Curie(1867~1934) 부인의 라듐연구소를 방문하여 교분을 나누었다. 이 자리에서 중국 방문 요청을 받은 퀴리 부인은 "여름휴가 때 방문하겠다"고 수락 의사를 밝혔다.

3월 12일에는 독일을 시찰하는 과정에서 저명한 과학자인 아인슈타인Albert Einstein(1879~1955)을 만나기도 했다. 샤위안리夏元瑮와 함께 간 자리에서 차이위안페이는 아인슈타인에게 중국에 와줄 수 있는지 물었다. 그러나 아인슈타인이 "꼭 가보고 싶지만, 다소 늦어질 것 같습니다"라고 답변했다. 그러면서 "중국에서 강연을 하려면 무슨 언어로 해야 하나요?"라고 물었다. 이에 차이위안페이는 "독일어로 해도 됩니다. 다른 사람이 통역을 해주면 되거든요. 샤위안리 군은 아주 훌륭한 통역가입니다"라고 대답했다.

차이위안페이는 3월 20일에는 독일 예나에 있는 헤겔의 고택을 방문하고 그곳에 보관된 엄청난 양의 서적, 수고手稿, 필적과 인쇄본, 번역본 등을 살펴보았다. 이어서 오스트리아, 헝가리, 네덜란드, 스위스의 교육현황을 둘러보고 이탈리아로 건너갔다. 이탈리아에서 바티칸 로마 교황청을 참관하고, 라파엘의 벽화와 미켈란젤로의 걸작을 눈으로 확인하고는 경탄을 금하지 못했다.[1]

그는 계속해서 영국으로 발길을 돌렸다. 이때의 유럽 방문길에서 그는 프랑스 대통령이 수여하는 3등 영예훈장을 받았고, 아울러 프랑스 리옹대학에서 명예문학박사 학위를 받았다.

이어서 6월 1일 미국 뉴욕에 도착한 그는 다음 날 오후 7시에 미국 외신기자클럽 초청으로 '동서문화연합의 추세'라는 제목으로 강연했다. 6월 6일에는 콜롬비아대학 총장의 초청을 받아 '중국 신교육의 추세'라는 주제로 강연을 하고, 6월 8일에는 뉴욕대학 졸업식에 참석하여 명예법학박사 학위를 받았다. 6월 14일에는 워싱턴에 위치한 조지워싱턴대학 총장이 마련한 연회에 참석하여 '동서문화의 결합'이라는 제목의 연설을 하고, 8월에 하와이 호놀룰루에서 열린 태평양교육회의에 중국 대표로 참석했다.

차이위안페이는 하와이 일정을 끝으로 구미 교육시찰을 마치고, 9월에 일본을 경유하여 상하이에 들러 베이징에 도착했다. 이 일은 또 다른 의미에서 매우 큰 수확을 거두었다. 바로 해외에서도 인정받는 석학인 리쓰광李四光·딩셰린丁燮林·리수화李書華·스잉石瑛·탄중쿠이譚仲逵·저우경성周鯁生·피쭝스皮宗石 등을 불러들여 베이징대학 교수로 임명함으로써, 이 대학 교수진의 수준을 현저히 향상시켰다는 점이다. 또한 그는 베이징대학에 다량의 서적과 교육용 실험실습 기자재들을 사들였다.

다섯 번째 출국은 저우양하오周養浩 여사와 재혼한 후의 일이었다. 1923년 7월 20일에 부인 저우양하오, 딸 웨이렌, 아들 보링과 함께 여객선을 타고 홍콩을 떠나 프랑스·벨기에·영국·네덜란드·독일 등을 차례차례 시찰하며 중서 문화교류활동을 펼쳤다. 아울러 프랑스 리옹에 머물며, 리옹 중법대학中法大學 교장으로서 학교경영에 여념이 없는 막역한 친구 우즈후이를 도와 미술·철학·민족학을 연구하는 데 정력을 쏟았다. 그는 2년 반을 이곳에서 보낸 후 1926년 2월에 상하이로 돌아왔다. 차이위안페이는 이처럼 모두 다섯 차례의 출국으로 중서 문화교류 촉진에 지대한 공헌을 했다.

'경자년 배상금 반환을 통한 흥학'을 진두지휘하다

차이위안페이는 유럽에 머물며 '경관흥학庚款興學'이라는 중차대한 사업에 착수했다. '경관흥학'이란 제국주의 열강들이 의화단사건의 배상금을 더 이상 요구하지 않도록 해서, 그 돈을 중국 교육발전 경비로 전환해 국리민복國利民福에 도움이 되도록 하는 일이었다. 차이위안페이는 유럽에 머물 당시, 열강들이 배상금을 요구하지 않도록 곳곳을 분주히 돌아다니며 수차례 호소하기도 하고, 이치를 따지며 강력하게 논쟁을 벌이기도 했다.

베이징을 강점한 8개국 연합군의 강압으로 서명한 '신축조약辛丑條約'은 청 정부가 체결한 불평등조약이자 일종의 매국조약이었다. 1900년(경자년)에 베이징이 8개국 연합군의 침공을 받아 함락됐을 때, 그들의 손실을 보상한다는 명분으로 4억 5천만 냥의 은을 1940년까지 39년간 분할상환하기로 약정한 것이다. 이는 연이자 4리를 포함하여, 모두 9억 8,200냥에 달하는 천문학적인 액수였다. 지방의 배상금 2,000만 냥까지 합하면 10억 냥이 넘었다. 그리하여 침략자들은 득의양양하게 "1900년 중국과의 전쟁은 역사상 가장 수지맞는 전쟁이었다"고 거드름을 피웠다.[2]

이 거액의 배상금은 모두 중국인들의 피와 땀으로, 중국 인민들은 매년 2,440만 냥에서 3,500만 냥의 은을 지불해야 했다. 이 돈을 은행권으로 환산하면 3,500만 위안을 초과하는 거액으로, 매년 갚아야 할 배상금이 전국의 1년 교육비의 거의 열 배나 됐다. 이에 교육부장관을 지낸 사람으로서 교육비가 매우 부족하다는 사실을 잘 알고 있는 차이위안페이는 격앙될 수밖에 없었다.

우리가 언제 교육의 필요성을 생각해본 적이 있었는가? 해마다 국민학교의 설립을 고대하며, 적령기의 아동들에게 의무교육을 시키려 하면서도 예산 제약으로 실천하지 못했다. 날마다 전문학교 이상의 고등교육기관들이 적절한 설비와 교육기자재 보급, 교수와 졸업생들을 위한 연구소 설립을 원하고, 수많은 학생들이 외국 유학을 꿈꾸면서도 돈이 없어 번번이 무산되고 말았다. 또한 평민 대학의 발기와 잘 구비된 도서관, 과학기술 진열관, 음악원, 동식물원, 민족역사관, 그리고 기타 박물관의 건설을 꿈꾸면서도 돈이 없어서 짓지 못하고 있다. 이처럼 교육경비가 부족한 것은 배상금 부담이 주요 원인 가운데 하나임이 틀림없다.[3]

청나라가 멸망한 후 이 배상액은 중국인들에게 큰 부담이 됐으나, 해마다 상당수의 금액을 갚아나갈 수밖에 없었다. 차이위안페이가 헤아려본 바에 의하면, 1918년부터 1932년까지 매년 2,448만 3,800냥의 돈을 갚아야 했으며, 1933년부터 1940년까지는 매년 3,535만 150냥의 돈을 갚아야 했다. 차이위안페이는 만일 이 배상금을 각 나라에서 받지 않는다면, 그 배상금 총액을 다음과 같은 여러 교육사업에 투입할 수 있다고 생각했다.

① 최고 연구학술기관 설립
② 국립 베이징대학 및 국립 각 전문학교 확충
③ 난징, 쓰촨, 광둥 3개 지역의 대학 건립
④ 국립 4개 대학의 기금
⑤ 국비유학 비용 충당
⑥ 베이징, 난징, 쓰촨, 광둥 네 곳에 도서관·박물관 건립
⑦ 재정이 열악한 각 성의 보통교육비 보조
⑧ 각 성의 사회교육비 보조
⑨ 국내의 화공교육비 충당[4]

이러한 목표에 도달하고자 차이위안페이는 〈동지들이 연합해 각 나라에 배상금을 반환토록 진정하여 교육사업을 확장하는 계획에 대한 의견서擬聯合同志陳請各國退庚子賠款專供吾推廣教育事業意見書〉를 썼으며, 나중에 〈영국의 경자년 배상금 반환액 사용처에 대한 의견對英國退還庚款規定之用途之意見〉을 발표했다.

그는 정부 당국에 외교적인 방법으로 교섭을 요청함과 동시에,

자신이 교육시찰차 출국하여 서유럽 각국과 교섭한 경험을 활용하여 배상금을 받는 나라들을 설득했으나 처음엔 별로 성과가 없었다.

그는 1924년 봄, 5차 출국 무렵부터 '주영 중국 유학생 배상금 반환 흥학연구회駐英中國學生退款興學硏究會'의 대표 자격으로 경자배상금 반환문제 해결에 전적으로 매달렸으며, 영국으로 건너가 영국 정부와 협상을 벌였다.[5] 그는 영국이 배상금 청구를 포기한다면 금액의 90퍼센트는 과학박물관 건립에 사용하고, 8퍼센트는 각 국립대학에 영국문학·영국사학 강좌 개설기금으로 사용하며, 나머지 2퍼센트는 대학 교원 및 대학 졸업생의 영국 유학기금으로 사용하겠다는 조건을 내걸었다.[6] 영국 정부는 중국 교육사업의 발전을 위해서라기보다 중국 고등교육기관 내에 자국의 영향력을 확대할 목적으로 결국 차이위안페이가 내세운 조건에 동의했다.

1924년 11월, 차이위안페이는 대 러시아 배상금 반환위원회 위원장으로 추대되어 이 업무에 전력투구했다.

과거에는 '경관흥학'에 대해 이견이 분분했다. 즉 제국주의 국가에 은사를 베풀어달라고 '애걸하는 행위'였다는 비판이 있었다. 당연히 이런 말들은 논쟁거리가 됐다. 그러나 그 본질을 살펴보면, 제국주의 국가들이 무력을 사용하여 중국과 불평등조약을 맺고 배상금을 요구한 것은 결국 중국인들의 피와 땀을 착취한 것이다. 차이위안페이 등이 사력을 다해 교섭을 벌여 일부 국가들이 배상금을 받지 않겠다고 함으로써 중국의 경제적 부담을 덜고, 교육비에도 적지 않은 보탬이 되었는데 이것이 뭐 그리 나쁜 일인가?

차이위안페이가 창과 대포 대신 입술과 세 치 혀로써, 국제 문화계 지식인들을 설득하여 각 국가의 권력층들에게 중국에서 받기로 한 배상금을 포기하게 한 것은 정당하고 합리적인 일이었다. 청 정부가 주권을 상실한 채 열강에게 비굴과 아첨을 일삼다 빼앗긴 엄청난 국가재산을 돌려받았으니, 이것이 어찌 피땀 어린 노력의 결실이 아니라고 할 수 있겠는가! 배상금을 받지 않기로 한 일부 국가에서 온갖 이유를 대며 문화침략을 자행했으나, 이것은 그리 무서워할 것이 못 된다. 또한 나중에 배상금 반환액의 실제 사용처와 그 효과를 따지는 것은 별개의 일로서, 그것은 차이위안페이가 책임질 일은 아니다.

서방 지식과 문물에 대한 갈구

차이위안페이는 모두 여섯 차례에 걸쳐 해외에 다녀왔다. 그의 발자취는 유럽·미국·아시아 세 대륙 곳곳에 남아 있으며, 체류기간만 총 11년에 달한다. 그는 눈물겨운 노력을 기울여 철학·미학·논리학·사회학·민족학 등의 방면에서 두드러진 성과를 이루었다. 특히 서방 교육을 심도 있게 고찰하여, 이를 적용하는 연구에 매진한 대가로 풍성한 결실을 맺었다.

그가 서방에서 어떻게 무엇을 배웠으며, 어떠한 결실을 거두었는지 중점적으로 살펴보자. 당시 차이위안페이가 소기의 성과를 거둔 것은 정확한 학습목적과 태도를 견지했기 때문이다. 그는 구국의 열정과 국가의 근대화를 도모하기 위해 서방의 선진문물을 습득하고자 했다. 마오쩌둥이 이런 말을 한 적이 있다.

> 1840년 아편전쟁의 실패 이후, 중국의 선각자들이 간난신고를 겪으며 진리를 찾아 서방 국가를 향해 길을 나섰고, 서방을 배우려고 심혈을 다했다.[7] (《신산을 찾아 동쪽으로 향하네》 참조, 일조각, 2005―옮긴이)

차이위안페이가 바로 이런 선각자였다. 그는 19세기 이후 선구자들이 제안했던 '새로운 기풍을 진작하고, 서학을 받아들이는' 진보한 사조思潮를 계승·발전시켰다. 그의 이러한 노력은 이전 사람들보다 훨씬 더 기여도가 높았다고 평가할 수 있다.

차이위안페이는 깊은 깨달음을 품고 서방을 학습하면서, 서방에 대한 중국인의 옛 인식과정을 종합한 바 있다.

> 중국이 외국인을 부러워하는 것은 첫째로 창과 대포, 공예 솜씨, 의술 등이 중국의 그것보다 우수하다고 생각하기 때문이다. 그러나 서방의 패도霸道정치는 중국의 왕도仁정치에 미치지 못한다. 후에 외국의 헌법과 행정·법률 등이 모두 중국보다 발전했다는 것을 인지하고, 그들의 법학·정치학을 배우려 했다. 그들의 도학道學은 질이 매우 떨어진다고 생각했으나, 이후 상세히 그들의 철학을 고찰하고서 연구할 가치가 있다고 판단했다. 서방 국가들의 장점들을 알고 난 후 외국에 나가려는 유학생이 점차 증가했고, 다방면에서 연구가 이루어졌다.[8]

이러한 인식에 근거하여, 그는 갑오전쟁의 실패 이후 바로 서방을 공부하기 시작했다. 처음에는 일본 원서를 가지고 공부했고, 나중에는 직접 유럽으로 유학을 떠났다.

 그는 이전 사람들에 비해 '국수國粹'를 중시하고, 서방 문명을 세심하게 공부하고자 했다. 그는 무조건 서방 문화를 배척하고 부정하려는 진부한 사람이 아니었으며, 또한 맹목적으로 서양을 숭배하는 경박한 사람도 아니었다. 이런 양 극단의 사람들은 외국 문화를 제대로 수용할 수 없으며, 자신에게 필요한 것조차 습득하지 못한다. 전자는 사람을 천 리 밖에서 거절하여 배우려는 의지가 근본적으로 없는 사람이며, 후자는 '차車' 하나를 보고 서양을 예찬하는 사람이니 이 모든 것이 다 무슨 소용이 있겠는가?

 차이위안페이는 이런 방면에서 자신의 고유한 사상과 주관이 있었다. 그는 중국의 문화와 전통 중 우수한 부분을 장려했고, 자신의 것만이 최고라고 생각하는 천박한 식견을 품지 않았다. 서방 문화 중 유용한 것들은 열심히 배우려 했으며, 미신을 맹종하지도 않았다. 과학적인 분석태도를 유지했기 때문에 당시에 '중국문화 본위론'이나 '전반적 서양화론'의 두 극단주의를 배격할 수 있었다. 외국을 바르게 이해하고 외국 문화와 중화의 우수한 전통문화를 접목할 수 있었다. 이렇게 그는 자신만의 독특한 풍격으로 중서 문화의 교류를 촉진시켰으며, 중국의 과학교육사업 발전에 크게 공헌할 수 있었다. 서방에 대한 이런 분명한 태도가 차이위안페이의 의식을 이룬 본질적 근원이었다.

 그는 중국과 외국 간 문화교류의 역사에서 많은 교훈을 얻었을 뿐 아니라, '세계 문명사'라는 거시적 범주에서 외국을 알아야 할 필요성을 느꼈다. 하나의 민족이 민족문화를 발전시키려고 한다면 다른 민족문화를 받아들여야 하며, 쇄국의 결과는 자승자박일 수밖에 없다고 생각했다.

그는 〈문명의 소화文明之消化〉라는 글에서 다음과 같이 날카롭게 지적했다.

> 원나라 시절부터 유럽 문명과 접촉하여 이미 600년이 넘었으나, 마치 알뿌리球根 식물이나 겨울잠을 자는 동물처럼 자신이 저장해놓은 것만으로 충분하다고 여겨 받아들이려 하지 않았다.[9]

그리하여 날이 갈수록 수척해지면서도 자기 민족의 보잘것없고 유한한 저장물에 의지한다면, 더 이상의 발전은 기약할 수 없다. 중국의 역사를 개관할 때 이런 이유들로 인해 많은 손해를 입었다. 나라는 대외적으로 개방을 하고 다른 나라에서 선진문화를 받아들여야만 더욱 비약적으로 발전할 수 있다. 세계사의 전례를 들어보자.

> 그리스 민족이 이집트와 튀니지제국의 문명을 소화해서 그리스 문명을 꽃피웠으며, 게르만제국이 그리스·로마와 아랍의 문명을 받아들여서 지금의 유럽 문명이 태동하게 된 것이다.[10]

국가가 발전하려면 한 나라의 문화만을 받아들여선 안 되며, '꿀벌이 꿀을 채취하듯이' 널리 받아들여서 취사선택해야 한다. 고대에도 이러할진대, 급변하는 현대사회에서 다른 나라의 선진

과학기술·문화를 받아들여야 한다는 데는 재론의 여지가 없다. 그는 〈문명의 소화〉에서 이른바 '문화의 융합'을 강조했다.

> 요즘 세상은 동서 문화의 융합 시대이다. 우리는 서양의 장점을 당연히 받아들여야 한다. (…) 고대에 서양인들도 중국의 산수화 기법을 받아들였다. 이전에 그들은 주로 인물화를 그렸으나, 이탈리아 르네상스 시대에 접어들면서 산수화를 가미하여 이 화법이 크게 번성했다. 프랑스 화가 중에도 중국의 화법을 받아들인 사람들이 꽤 있다. 서방 미술가들이 우리의 장점을 받아들인 것처럼, 우리도 서방 사람들의 장점을 받아들이지 않을 수 없다.[11]

이런 방면에서 차이위안페이는 스스로 모범을 보였다. 그는 '문화의 섭취'에 대해 말을 이어나갔다.

> 다른 나라의 문화를 섭취함에 있어, 큰 나라이든 작은 나라이든 간에 장점이 있다면 가리지 말고 '기갈에 허덕이는 사람처럼' 받아들여야 한다. 또한 한 나라, 한곳에만 구애받지 말아야 한다. (…) 대학구大學區로 분할하여 대학을 운영하고, 대학이 중학교·소학교를 겸업하는 방식은 프랑스식을 따른다. 대학에서 각종 전문학교를 포괄하여 운영하는 것은 프랑스·독일 방식을 채택할 필요는 없다. 별도로 고등전문학교를 세우는 것은 영국 방식을 따른다. 대학이 사회교육을 겸하는 것은 미국 방식을, 대학총장을 교수선거로 선발하는 방식은 독일을 좇으면 된다. 대학 내에 신학원을 세우지 않으며, 학교에서 종교교리를 선전할 수 없게 하고, 종교인들이 교육에 참여할

수 없도록 하는 제도는 모두 프랑스 방식을 따르면 된다. 교육세를 거두는 것은 미국식을 따라야 한다.[12]

서양 문화를 맹목적으로 수용해서는 안 되며, 소화하고 분석하고 비판하여 분명한 목적을 가지고 선택적으로 배워야 한다는 점을 강조했다.

흡수하기 위해서는 먼저 소화시킬 준비를 해야 한다. 반드시 소화할 수 있는 것만을 선택적으로 받아들여야 한다.[13] (…) 또 육식을 하는 사람은 뼈를 발라 먹어야 한다. 과일을 먹는 사람은 씨를 버리고 먹지 통째로 삼키는 사람은 없다.[14]

그는 또 자국의 역사경험에서 도출된 교훈을 되새겨 서구 문물을 맹목적으로 흡수하는 것의 폐해를 설명했다.

중국 문명은 한나라 이후 아라비아와 고대 로마제국의 문물이 점차 유입됐으나 그 영향력은 미미했으며, 우리 문화에 가장 많은 영향을 미친 것은 인도 문명이었다. 인도 문명은 심오한 철학적 진리를 담고 있으나 애석하게도 종교라는 '악취' 가운데 매몰돼버렸다. 마치 음식을 섭취하는 자가 급하게 먹다가 잘못 삼켜 소화불량에 걸린 것과 다를 바가 없다. 송나라 시대의 유학자들처럼 철학적 이치를 고찰하여 학파나 문호門戶의 선입견에 사로잡히지 말아야 한다. 일반 사회에서는 종교의 '구린내'에 도취되거나, 미신을 신봉하여 지금도 사리에 어둡고 꽉 막혀 있다. 이 같은 병리현상이 유행하게 된 것은, 예전에 인도 문화를 단지 받아들이기만 하고 제대로 소화하지 못한 죄과인 것이다.

그는 이처럼 역사의 교훈을 근거로, 외래문화 수용에 대해 치밀하고도 분석적인 태도를 견지했다. 아울러 서구 문명을 받아들일 때에는 자본주의 문화현상을 예리하게 관찰해야 하며 더더욱 분석적 태도가 요구됨을 재삼 강조했다.

유럽 문화는 학술을 중심으로 발전했으며, 인도 문화보다 훨씬 더 복잡하다. 아울러 부수적인 것들도 소화불량증에 걸린 것이 많은데, 인도에 비해 정도가 더욱 심하다. 예컨대 정치소요가 난무하고, 돈의 힘으로 협박·공갈을 일삼고, 종교를 기피하면, 사상의 자유를 이끄는 데 모두 장애가 된다. 음식을 급하게 삼키면 체할 수 있다. 이러한 폐단은 인도 문명이 더욱 심함을 볼 수 있다.[15]

유럽의 현대문명과 과학기술을 받아들일 때 그들의 폐단이라 할 수 있는 정당 간의 알력, 자본주의 경제위기, 사이비 이단종파 등도 이 기회를 틈타 섞여 들어와 사회의 혼란을 가중시킬 것이므로 서방을 공부할 때에는 반드시 옳고 그른 것을 취사선택해야 한다는 것이다.

그는 서방 자본계급의 교육사상을 학습할 때에도 분석적 태도를 취했다. 프랑스를 제외하고는 구미 각국들이 종교과목을 묵인하고 있다고 여겼다.[16] 또한 프랑스가 정교를 분리하여, 성직자들은 소학교부터 대학에 이르기까지 국립학교의 교원이 될 수 없다고 못 박은 사실에 매우 감탄했다.[17] 전반적으로 볼 때, 당시 중국은 대내외적 조건의 제약으로 서방 학습의 효과가 그다지 크지 않았다. 그러나 서방 학습에 대한 차이위안페이의 분석적 태도는 오늘날에도 시사하는 바가 크다. 신중국이 건립된 이후 30여 년이 지났으나(2009년은 신중국이 건립된 지 만 60주년이다—옮긴이), 여전히 외국의 경험이나 과학기술을 무시하고 받아들이기를 꺼리는 경향이 있다.

세계의 선진 과학기술과 지식을 진지하게 배우려면 단순하고도 편협한 민족주의 관점에서 출발해서는 안 된다. 차이위안페이는 '세계 문화의 발전'이라는 거시적인 차원에서 중국의 문화를 이해하고, 각 나라들과 문화교류를 실천함으로써 세계 문명사의 발전에 적극 참여했다.

그는 교육 방면에서 다음과 같이 중국의 고대 교육과 구미의 신교육을 접목시켜야 한다고 주장했다.

(1) 각종 유용한 학과를 망라하여 개설한다.
(2) 일면은 '합군운동合群運動(단체를 결성하여 상호 도움을 주는 운동)'을 제창하고, 다른 한 면으로는 고대의 모범적인 인격을 배워 도덕심을 배양한다.
(3) 중국은 사회교육시설과 환경이 미비하므로, 구미의 그것을 본받아 최대한 발전시켜야 한다.

그는 특히 프랑스 교육제도를 가장 가치 있는 것으로 생각했다.

각 민족의 교육실태를 시찰하면서 서로 장애가 될 수밖에 없다고 생각한 것이 두 가지 있었다. 그 하나는 군주요, 다른 하나는 교회였다. 그들은 자국의 신자들을 노예로 취급했고, 이교도는 적대시했다. 사정이 이러하니 그들이 주장하는 교육이 어찌 서로 괴리되지 않겠는가? 오늘날 세계 각국 가운데 군정君政 및 교회의 간섭에서 완전히 벗어나 독립적으로 교육이 추진되는 나라는 바로 프랑스가 으뜸이다. 프랑스는 혁명에 성공한 후 공화제가 확립됐으며, 교육계에서도 이미 군정의 잔재를 탈피했다. 1886년·1901년·1912년, 세 번에 걸친 법 개정 이후 종교계의 여독까지 쓸어냈으니 과연 '세계 으뜸'이라고 할 만하다.[18]

그는 프랑스를 배우기 위해 화법교육회華法敎育會(중불교육회)를 조직했다. 언어 방면에서는 각국 사람들과의 교류를 촉진할 목적으로 세계어(에스페란토—옮긴이) 보급을 적극 주장했다. 그는 이미 독일에서 유학하는 동안 세계어의 필요성에 공감했다.

독일 대학에서 '세계어학회'를 소개하는 광고를 흔히 볼 수 있었다. 일찍이 그 문법책을 사서 공부한 기억이 난다. 다른 종류의 학회나 과정들은 언어 제약 및 기타 여러 한계 때문에 마칠 수가 없었다.

그는 교육부장관 임기 중에 하부조직인 '전문교육사專門敎育司'에 지시하여 세계어 강습소를 개설하도록 했다. 학교규정 초안을 기초할 때도 외국어학교에 세계어학과 신설과 사범학교에 세계어를 선택과목으로 한다는 내용을 포함시켰다. 베이징대학교장 임기 중에는 '세계어연구회'를 조직하여 직접 이 학회를 이끌었다. 그는 1923년 8월에 베이징 세계어 전문학교를 설립하여 교장으로 추대됐다. 또 쑨중둥孫仲董이 상하이에서 조직한 세계어 학회를 적극 지지했으며, 이 학회에서 축하연설을 했다. 차이위안페이는 '상하이 세계어학회 강연사'와 '세계어 연합대회 개회사' 등에서 국제통용어의 필요성을 역설했다.

> 자멘호프Lazarus Ludwig Zamenhof(1859~1917)가 만든 세계어는 매우 유용하며 사용하기에 적합하다. 중국 사람들도 그것을 보조어로 활용한다면 유익할 것이다.[19]

그는 미국 샌프란시스코에서 거행된 '태평양 교육회의'에서 중국을 대표하여 '초등교육에 공공 보조어(에스페란토) 채택·사용 의견小學教育採用公共副語議'을 제기했다.

> 회의에 참석한 각국들은 초등학교 열 살 이상의 학생들에게 세계어를 배우게 하여 그 언어로써 각 나라 서적을 번역할 때 활용하는 안을 적극 권고합니다.[20]

이러한 제안은 단지 중국 문화사업의 발전만이 아닌 세계 각국의 문화교류와 발전을 촉진하는 것으로서, 이 같은 원대한 시각과 기개는 모든 사람을 감복시켰다.

그는 또 어떻게 하면 체계적으로 서방 문화를 공부하고 소화시킬 수 있을지 고심하면서 한 가지 유력한 조치를 취했다. 그것은

1921년 8월 미국 샌프란시스코에서 열린 태평양 교육회의 참가단과 함께.

중학교 이상의 교과서에 외국 교과서 가운데 반드시 필요한 부분만을 채택하면서, 채택한 내용들의 '중국화中國化'를 강조하여 과거처럼 '전반적인 서구화'로 기우는 것을 막는 것이었다. 당시 중학교에서는 국어와 역사, 지리 교과서 외에 수학·이학·화학과목은 모두 외국의 교본을 사용했고, 심지어 중국의 지리 교과서는 아예 외국인이 쓴 책을 사용한 적도 있었다.

대학에서는 어문·역사 계통의 학과들이 외국의 교재를 부분적으로 사용했으며, 그 밖의 학과에서는 교과서와 참고서 모두 영문서적을 사용하는 것이 보편적이었다. 이러한 방법은 일부 전공 분야에서는 좀 더 깊이 있게 배운다는 면에서 장점이 있지만, 대다수 학생에게는 학습부담이 가중됐다. 심지어 외국인이 쓴 중국의 역사·지리 교과서는 저자 자신도 잘 모르는 상태에서 썼기 때문에 우스운 일이 많이 발생했다.

차이위안페이는 민국 20년(1931) 4월에 다시 교과서의 중문화를 주장했다. 그는 중등 이상의 학교에서 외국문학을 제외하고, 모두 중문 교과서를 써야 한다고 역설했다. 또한 교과서의 중국화를 위해 몇 가지 준비작업을 했다. 각 전공 영역에서 주로 사용하는 명사와 번역법의 통일 및 표준화 작업, 체계적인 외국서적 선택, 고교·대학의 각종 참고서 편집·출판 등을 예로 들 수 있다.

그는 그러면서 그해에 '국립편역관國立編譯館'을 건립했다. 이곳에서 차이위안페이의 진두지휘 하에 자연과학 분야에서 쓰이는 각종 번역 명사의 표준화 작업이 이루어졌고, 각종 참고서들이 번역됐으며, 중학 교과서도 편집·출판됐다. 이는 모두 전국적으로 영향을 미치는 큰 과업들이었다. 이로써 외국 문화를 배우는 것이 더욱 유리해졌다.

이처럼 차이위안페이는 동서 문화교류에 각고의 노력을 기울여 왔다. 그는 중국의 20세기 전반부에 서양의 민주사상을 전파했다. 실험주의를 핵심으로 하는 근대 자연과학사상을 소개했고,

과학적 교육관리 시스템을 도입했다. 이러한 것들은 모두 후속세대에 깊은 영향을 미쳤다.

차이위안페이는 서방 문화를 학습할 때에도 자신만의 독특한 성향을 간직했다. 그는 서방 문화의 활용을 중시했고, 오랜 기간 동안 해외에서 생활했지만 전통학문에 대한 식견을 바탕으로 한 동양적 풍격을 갖추고 있었다.

> 자신의 개성을 찾으려면 외국의 사상·언론·학술을 적절히 흡수해야 하고, 억지로 자신을 여기에 동화시키려 해서는 안 된다. 독일에 유학을 다녀온 사람 중에 독일에 동화하려는 자들은 겉모습은 중국 사람이지만 실제로는 독일 사람이나 다를 바 없고, 프랑스·영국 등지에 유학을 다녀와 이들 나라에 동화하려는 자들도 이와 마찬가지이다.
> 학생들이 낯선 곳에서 문화적 충격을 받으면, 의지가 강한 사람은 장점을 찾아 나서며 분발하지만, 의지가 나약한 사람들은 처지와 본분을 망각하고 외국 사람들과 쉽게 동화하려 한다. 후배 유학생들에게 바라건대, 반드시 잘 섭취하고 그들의 문화에 함부로 동화돼서는 안 된다. 학업을 성공적으로 이수하려면 더 많은 나라들을 두루 여행하고, 그곳의 장점들을 흡수하여 자신의 특성을 더욱 발전시켜나가야 한다.[21]

외국의 장점을 좀 더 많이 받아들일수록 나의 개성도 점차 발전하게 된다. 이러한 태도로 외국의 문물을 학습해야만 국가에 크게 기여하는 사람이 된다는 주장이다. 차이위안페이가 보여준 외국

과학기술·지식에 대한 적극적인 '흡수와 소화'의 자세는, 오늘날 중국이 개혁·개방정책을 추진하고 외국 과학기술을 도입하는 데 많은 의미와 교훈을 던져준다.

7

위안스카이와의 투쟁과 타협

간웅 위안스카이의 음모를 간파하다 | 위안스카이 임시 대총통을 환영하러 베이징으로 향하다 | 광란의 소용돌이 | 위안스카이 토벌의 기치를 올리다

위안스카이가 역사의 무대에 오르면서, 중국의 자산계급 민주혁명은 심한 좌절을 겪으며 퇴보했다. 이것은 봉건 보수세력의 기반이 여전히 강대하다는 것을 나타낼 뿐 아니라, 중국 자산계급 민주혁명파의 취약성을 설명해주는 것이기도 했다. 이 시기 위안스카이의 간교한 태도에 직면하여 차이위안페이의 민주혁명가로서의 성격과 사상이 분명히 드러난다.

간웅 위안스카이의 음모를 간파하다

차이위안페이는 청조 한림원에서 근무할 때 청조의 무능과 관료들의 내막을 꿰뚫어보았다. 후에 그는 관직을 떠나 학문에 매진하다 해외 유학을 떠났으며, 유학 중에도 늘 정국의 추이에 촉각을 곤두세우고 있었다. 그런 까닭에 무창봉기가 발발했을 때 독일에 체류하고 있으면서도 국내 각 파의 혁명역량과 정황을 훤히 알고 있었다. 그는 의거가 성공했다는 소식을 듣고 기뻐서 잠을 이루지 못했다. 그러나 청조가 위안스카이를 후광湖廣 총독으로 다시 기용한다는 소식을 듣고 머리에 한 바가지 찬물을 뒤집어쓴 듯 아연실색했다. 차이위안페이는 1911년 10월 18일 우즈 후이에게 보낸 편지에서 위안스카이의 믿지 못할 정치성향을 다음과 같이 예리하게 지적했다.

어제 신문에서 위안스카이가 후광 총독에 임명될 것이라는 소식을 접하고, 기뻐서 들떴던 생각이 곧 꺾여버리고 말았네. 위안스카이라는 자는 증국번曾國藩(1811~1872, 태평천국군을 진압해 청나라 최고의 공신으로 평가받은 인물―옮긴이)의 행적을 되풀이하려 하나 기필코 그렇게 되지는 못할 것이며, 미국의 조지 워싱턴George Washington(1732~1799, 량치차오가 위안스카이를 나폴레옹, 워싱턴에 비유하여 극찬했다―옮긴이)도 될 수 없다. 그가 후광 총독이 되려는 의도는 혁명군을 파괴하는 데 있고, 그는 이것을 빙자하여 스스로 황제가 되려는 야심에 가득 차 있다. 따라서 그가 후광 총독에 기용된 것을 놓고 몇 가지를 예측해볼 수 있다(위안스카이 군대의 세력이 후베이 당黨보다 확실히 강하다는 것을 전제로).
첫째, 위안스카이가 군대를 이끌고 후베이성에 도착하여 흔쾌히 혁명군과 합작하여 북벌에 나서는 경우이다. 이렇게 된다면 하늘이 내린 복일 것이다. 그러나 수년 전의 정황을 보았을 때 이런 호사스런 희망은 아마도 실현 불가능할 것이다.
둘째, 위안스카이가 비록 혁명당과 적이 되려고 하더라도 그의 부하들이 반대하여 오히려 그를 죽이고 혁명당과 연합할 수도 있다. 그러나 이것은 나로서는 판단하지 못하겠다.
셋째, 위안스카이의 군대가 혁명당을 이긴 후 군대를 이끌고 북행하여 만주족을 축출하고 스스로 황제가 되려고 할 경우이다(이것은 반드시 2차 혁명을 초래할 것임).

넷째, 위안스카이가 제2의 증국번이 되려 하는 경우이다.

이 네 가지 가정을 상정해볼 수 있는데 내 머리는 낙관적인 생각과 비관적인 생각으로 오락가락하고 있다. 그러나 결국은 낙관적으로 바뀔 것이라 생각한다. 아마도 이 중 네 번째 가정이 가장 비극적일 것이다. 그러나 근 10년 동안 지속돼온 혁명사업은 더욱 진보하고 강대해질 것이며, 또한 광둥이나 후베이의 혁명사업이 천하에 정의로운 목소리를 울려 퍼지게 했다는 소문이 자자하다. 혁명사업이 뜻대로 이루어져 이미 성공한 사례도 있으므로 이후 더욱 발전하여 기필코 목적을 달성할 것이라고 단언할 수 있다.[1]

위안스카이에 대한 차이위안페이의 분석은 매우 예리하다. 마치 그의 뱃속을 훤히 들여다보듯 간교한 음모와 궤계詭計를 통찰했다. 차이위안페이는 몸은 비록 만 리 밖 독일에 있었으나, 위안스카이가 황제제로의 복귀를 부르짖기 3년 전에 이미 그의 의도를 간파했다. 그의 말대로 위안스카이가 '하산'한 것은 혁명군을 파괴하고 이를 구실로 스스로 황제가 되려는 의도였다. 차이위안페이는 형세가 진전됨에 따라 2차 혁명을 피할 수 없을 것이라고 예견했다. 뒤이어 나타난 역사적 사실은 그의 추측이 맞아떨어졌음을 여실히 증명해주었다.

위안스카이가 황제 전제정치로의 복귀를 천명하자 혁명파는 2차 혁명을 일으켰다. 얼마 지나지 않아서, 당시 상하이 도독 천잉스陳英士가 전보를 보내 차이위안페이의 귀국을 재촉했다. 차이위안페이는 시베리아를 거쳐 11월에 상하이에 도착하여 공화국 건설투쟁에 적극 가담했다. 상하이로 돌아온 그는 상하이 주재 각 성 대표들이 모여 발기한 임시정부 회의에 참가했다.

이 회의에서 대원수大元帥 추대를 놓고 다수파 대표들은 뤼위안훙黎元洪을, 소수파는 황싱을 지지하는 경향을 보였다. 차이위안페이는 황싱을 지지하는 입장에 섰다. 뤼위안훙은 입헌파로 후베이에 있을 때부터 무장봉기에 반대한 인물이며, 위안스카이의 베이양군과 타협할 의지를 보인 적이 있으므로, 만일 그가 대원수로 추대되면 혁명에 불리하다고 판단한 것이다. 차이위안페이는 이러한 이해관계를 근거로 탕서우첸, 장타이옌 등을 몇 차례 설득했고, 결국 황싱이 대원수로 추대됐다. 12월 4일에 거행된 공화연합대회에서 황싱이 대원수로 추대되고, 뤼위안훙이 부원수가 됐다.

한편 난징 임시정부 수립 전에 청조의 감옥에서 막 풀려난 왕징웨이汪精衛는, 위안스카이의 역량이 대단하다고 적극 선전하며 난징정부가 반드시 그와 합작해야 한다는 논조를 폈으나 곧 차이위안페이의 반대에 부딪혔다. 차이위안페이는 다음과 같은 반대 논리를 제기했다.

북방은 큰 용광로이다. 우리 혁명파들이 그들과 합작하면 그 용광로에서 녹아 없어져버릴 것이다. 그들과의 합작은 말할 것이 못 된다.[2]

위안스카이 임시 대총통을 환영하러 베이징으로 향하다

역사의 발전은 우여곡절 끝에 전진하는 것이며, 일개 정치가의 선량한 바람대로 쉽게 방향이 움직여지는 것은 아니다. 차이위안페이가 비록 위안스카이의 야심을 간파했으나, '하늘을 돌리기回天'에는 너무나도 무력했다. 신해혁명 후 중국 정치무대에서 힘의 역학작용으로 청 왕조의 주구이자 베이양군벌의 우두머리인 위안스카이가 역사발전 과정에서 중심인물로 부상했다. 이것은 막 역사의 무대에 오른 중국 혁명파들에 대한 조롱과 다름없었다. 차이위안페이도 자신의 소신과 달리 어쩔 수 없이 위안스카이를 환영하는 베이징 사절단의 대표 역할을 수행해야만 했다. 이러한 상황이 벌어진 것에 대해서는 중국 자산계급의 취약성을 탓할 수밖에 없다. 더욱이 신해혁명 후 맞서야 했던 존재는 제국주의의 이익을 대변하는 완고한 봉건왕조였고, 봉건왕조보다 더욱 교활한 또 하나의 봉건주의·제국주의 이익의 대변자인 위안스카이였다.

1912년 2월 12일 청조는 혁명파들의 요구사항을 받아들였다. 황제가 퇴위함으로써 인민을 폭압하며 268년간 존속해온 봉건 청조가 종막을 고했다. 이때 위안스카이가 협의의 중개인으로서 전면에 등장했다. 위안스카이는 청조 말엽에 직예총독 겸 베이양대신을 맡고 있었다. 무창봉기를 알리는 포성이 울리며 남북이 대치국면에 이르자, 청조는 시간을 끌면서 족足 질환 치료 및 요양을 핑계로 은둔하며 정세를 관망하고 있던 위안스카이를 불러들여 청조의 내각총리대신으로 임명했다. 이로써 위안스카이가 군정의 대권을 장악했다.

위안스카이는 권모술수에 능하고 음모와 간계가 뛰어난 정치적 야심가였다. 그는 청조의 대세가 이미 기울어 만회할 수 없음을 간파하고는, 앉아서 혁명당에게 기꺼이 천하를 내줄 수 없다고 생각했다. 그는 일석이조의 꾀를 생각해냈다. 즉 수중에 장악하고 있던 베이양군의 무력을 활용해 혁명당을 위협하여 화의를 진행하는 한편, 혁명군의 위세를 빌려 청 조정을 견제함으로써 정권탈취를 기도했다. 혁명파는 위안스카이의 반정反正과 청조의 퇴위를 노리고 위안스카이의 중재에 동의하고 말았다. 그들은 위안스카이가 청 황제의 퇴위를 보장할 수 있을 것으로 생각했고, 쑨원도 임시 대총통에서 사임하고 대총통 직을 위안스카이에게 물려줄 의사가 있음을 표명했다.

이 기간에 위안스카이는 일련의 음모활동을 전개했다. 당시 청조 황제의 퇴위조서는 장젠張謇이 기초하고 참의원의 의결을 거쳐 탕사오이唐紹儀가 위안스카이에게 전문으로 알리게 되어 있었는데, 이때 청 황제의 퇴위에 관한 조서를 변조한 것이다. 위안스카이는 교묘하게 다음과 같은 구절을 첨가했다.

> 위안스카이가 임시 공화정부를 조직하며, 군민軍民과 협상하여 통일하는 방법에 대한 전권을 가진다.

이리하여 위안스카이는 저절로 청 정부를 얻은 것과 같게 됐으며, 혁명정부와의 약속을 어기고 일종의 '베이양정통北洋正統'의 관념을 구축하기 시작했다. 청 황제가 퇴위하자 위안스카이는 즉각 임시 공화정부를 조각組閣하는 전권을 가진 '합법적'인 지위에 올라, 문무관원에게 이전과 똑같은 관직을 유지한다고 선포했다.[3] 동시에 임시정부 주비처籌備處를 설립하고, 여기에 법제·외교·내정·재정·군사·변사邊事(변경지대 업무 관장—옮긴이) 등 6부를 둠으로써 난징 임시정부를 대체하고자 했다. 또한 베이양군대와 몽골 대표에게 전국 각 성에 자신이 총통이 됐음을 타전하여 고지하도록 지시했다. 아울러 베이징에 주재하는 열강의 공사들에게도 자신이 총통으로 추대된 것을 알리고 지지하도록 설득공작을 펼치는 데 총력을 기울였다. 쑨원도 이 사실을 알고 즉각 위안스카이에게 전보를 쳐 엄중 경고했다.

> 공화정부는 청 황제가 위임하여 조직할 수 없다. 만약 그대로 실행한다면 아마도 엄청난 어려움이 닥칠 것이다.

그러나 노회한 위안스카이는 후안무치하게 쑨원에게 다음과 같은 답신을 보냈다.

> 이 조서는 '유언'의 성격을 띤 것이며, 이치가 매우 합당하므로 재론의 여지가 없다. (…) 공화정부란 당연히 청 황제가 위임하여 조직할 수 있는 것이 아니다. 현재 북방의 각 성의 군대와 전체 몽골 대표들에게, 참의원의 의결을 거쳐 임시 대총통에 추대된 사실을 전문으로 통고했으니 문제 삼을 것이 못 된다. 그러나 남북의 의견 차이로 인해 사태가 발생하면 통일은 더욱 어려워지고 국가를 위해서도 불행한 일이 아닐 수 없으므로 황급히 내각을 조직하게 되었다.[4]

위안스카이는 혁명파들이 서로 반목하여 결렬되는 것을 두려워하고 있으며, 혁명으로 지친 심리상태를 조속히 종결지으려 한다는 사실을 간파했다. 그래서 임시정부의 구색만 갖추고, 곧바로 임시정부 건립에 착수하지 않았다. 이것은 혁명파를 몰아붙여 정권을 빨리 내놓게 하려는 의도였으며, 위안스카이 자신이 명분과 합당한 논리를 만들어 정권을 장악하려는 것이었다. 이를 위해 그는 사람을 속이는 수법을 취했다. 청조 마지막 황제 푸이溥儀가 퇴위한 다음 날인 2월 13일, 난징 임시정부에 혁명당의 어조에 호응하는 듯한 전보를 쳐 사태를 호도했다.

> 공화제는 가장 우수한 국가체제로서 세계가 공인하는 바이다. 지금 제정이 비약하여 공화제가 성취됐으니 이는 많은 사람들이 오랜 세월에 걸쳐 심혈을 기울인 결과이다. 공화제의 탄생은 민국民國의 무궁한 행복이 아닐 수 없다. 이로부터 더욱 노력하여 이 제도가 확고히 뿌리내리도록 힘써야 하고, 이후에 다시는 중국에서 군주정치체제가 발을 붙이지 못하도록 해야 할 것이다.[5]

청 황제가 퇴위하고 위안스카이가 공화제에 찬동한다는 소식이 남방에까지 퍼지자, 일부 혁명파는 혁명의 대업이 성취되었다고 착각했다. 쑨원도 '양위讓位'의 약속을 실천하여 위안스카이를 임시 대총통으로 추천했다. 위안스카이는 총통에 취임한 후 거짓으로 이렇게 공언했다.

> 나의 소원은 시종일관 국리민복에 있다. 나라가 존망의 위기에 처하여 온 국민이 모두 다 공의를 펼치고 서로 책망하는데 내가 어찌 감히 공복의 의무를 다하지 않을 수 있겠는가? 어찌 나 한 사람의 의

견을 고집하여 전 국민의 뜨거운 성원을 저버릴 수 있겠는가?[6]

세인의 이목을 가리기 위해 위안스카이는 스스로 변발을 자르고, 2월 18일에는 문무백관들도 모두 변발을 자르게 함으로써 공화제를 경축하는 듯한 분위기를 조성했다.

쑨원은 당시 비록 의연하게 임시 대총통 직을 물려주었으나, 위안스카이에 대해 긴장의 고삐를 늦추지 않았다. 그는 임시 대총통 직을 위안스카이에게 양위하는 조건으로 다음 세 가지를 제시했다.

첫째, 난징에 도읍을 정해야 하며, 이것은 이미 각 성의 대표들이 결정한 것이므로 번복할 수 없다.
둘째, 총통은 친히 난징에 내려와서 업무를 인수해야 한다.
셋째, 새로운 총통은 임시정부가 제정한 '약법約法'과 이미 반포한 모든 법률 장정을 반드시 준수해야 한다.

이렇게 한 것은 위안스카이를 베이징의 봉건 소굴에서 끌어내어 혁명군이 통제하는 난징에 머무르게 함으로써 신정부를 보호하고, 그가 자기 세력을 구축하는 것을 막으려는 의도였다. 그러나 교활한 위안스카이는 '약법을 제정하고 말고는 혁명파 당신들의 권한이고 그것을 준수하고 안 하고는 본인의 권한'이라며 난징 천도 요구를 거부했다. 그는 즉시 쑨원에게 답신을 보내, 북방의 군대가 불온하여 치안유지가 곤란하고, 단 하루라도 수도를 떠나 있으면 온갖 병란이 즉각 발생할 것이라는 등 온갖 이유를 들어 난징행을 거부했다.

쑨원은 자신이 내세운 조건을 관철시킴과 동시에 위안스카이가 난징에서 취임선서를 하도록 하기 위해, 2월 하순경 차이위안페이를 임시정부 축하사절단 대표로 임명하여 베이징으로 보내 위안스카이를 맞이하도록 했다. 난징 취임은 위안스카이가 민국을 전복하지 못하게 하고 공화제를 보장하게 하려는 것으로서, 혁명파로서는 요지부동의 유력한 조치였다.

> 나라 안팎에서 모두 예의주시하고 있으며, 황제를 여전히 끼고 돌며 관료들로 하여금 봉건 청조를 보존하게 하려는 느낌이 있으므로 이들에게 천하를 맡겨서는 안 된다.[7]

그러나 위안스카이로서는 사활을 걸고 베이징에 남아 있어야 정권찬탈에 유리하니 어찌 남행을 결행하겠는가! 그는 한편으로는 장젠으로 하여금 비밀리에 전보를 쳐 혁명파와 의사소통하게 하고, 다른 한편으로는 베이징 주재 각국 공사들과 결탁하려 했다. 위안스카이는 다음과 같은 이유를 들어 자신의 남행을 적극 만류하고 지지하도록 회유공작을 폈다.

> 난징으로 천도하게 되면 '신축조약'에 의거하여 획득한 베이징·톈진 지역의 군사주둔 권리 및 모든 외교적 특권을 박탈당할 우려가 있다.

이로 인해 각국 주재 공사들은 만장일치로 위안스카이의 주장에 적극 동조했다. 특히 난징 주재 영국 총영사인 윌슨은 공공연하게, 난징 임시정부 외무부장관 왕충후이王寵惠에게 "난징 천도는 지나친 요구"[8]라고 항의했다. 차이위안페이는 이 같은 정세에서 위안스카이의 '난징행'을 실행시켜야 할 중책을 짊어지게 됐다. 임무 완성이 어려울 것이라는 사실을 익히 알고 있던 차이위안페이는 고집스럽게 말했다.

> 모든 사람이 이번에 내가 맡은 임무를 달성할 수 없을 것이라고 여긴다. 그러나 난징정부가 기어코 이번 일을 거행하려고 하니 마침내 위안스카이를 환영하러 북으로 떠날 수밖에 없다.[9]

그는 계속해서 이렇게 털어놓았다.

> 나의 친구는 "이것은 재수 없는 불운한 사절단이니 거절하고 가지 않는 것이 옳다"고 권유했다. 나는 가지 않으려고 했으나 결국 누군가는 가야 했다. 남에게 책임을 미루고 곤란을 두려워하여 피하는 것은 말이 되지 않으므로 마침내 북행을 결심하게 됐다.[10]

'불가능한 일임을 알고도 실행할 수밖에 없는知其不可而爲之' 난감함을 또 한 번 표출한 것이다.

2월 18일에 위안스카이 환영사절단으로 특명 전권대사인 차이위안페이를 비롯하여 법제국장 쑹자오런, 외교부 차장 웨이천쭈魏宸組, 해군부 고문 류관슝劉冠雄, 참모차장 뉴융젠紐永建, 육군부 군수국장 청자오원曾昭文, 보병31단 단장 황카이위안黃愷元,

위안스카이의 총통 취임 축하사절단으로 베이징에 가다(맨 앞줄 오른쪽에서 네 번째, 1912년).

후베이성 외교사장外交司長 왕정팅王正廷, 전 의화참찬議和參贊 왕 징웨이 등 모두 8인이 임명됐다. 탕사오이도 동행하여 2월 21일 상하이에서 배편으로 베이징으로 떠났다. 차이위안페이가 미루어 짐작할 수 있는 전경前景이 그를 기다리고 있었다. 그러나 그는 한 가지 확신에 차 있었다. 즉 "위안스카이의 난징 취임은 이론상으로는 실현되기 어렵지만 시국에 비추어 보면 참으로 신성 불가침한 조건이었다"[11]는 사실이다. 그랬기에 그는 마지못해 위안스카이를 환영하러 베이징 길에 올랐던 것이다.

광란의 소용돌이

차이위안페이를 대표로 하는 위안스카이 환영사절단은 6일간의 고된 여정 끝에 톈진을 거쳐 마침내 2월 27일 베이징에 도착했다. 탕사오이와 왕징웨이가 하루 전에 미리 베이징에 들어가서 위안스카이 측과 연락을 취했다. 위안스카이는 두 얼굴을 하고서 전권사절단을 추호도 거절할 뜻이 없음을 밝히고, 매우 헌신적이며 다정하고 정성스런 태도로 이들을 성대하게 예의를 갖춰 맞이했다.

둥자오민샹東交民巷에 오색의 비단으로 수놓은 아치문門이 세워지고, 베이징 전역이 오색 깃발로 뒤덮였다. 위안스카이는 시민들을 연도에 세워 환영하게 했으며, 아울러 특별히 정양문正陽門과 남정문南正門을 개방(청조 규정에 의하면 황제 출입시에만 정양문을 개방했다)하여 열렬히 환영의 뜻을 표했다. 차이위안페이는 그것이 기만적인 행위라고는 결코 생각하지 않았으나, 허영이라고 여겨 이러한 의식을 원치 않았다. 그래서 길을 돌아 동문에 진입하여 동성매사東城煤渣 부근 골목에 위치한 옛 귀족 법정法政학당에 투숙했다. 위안스카이는 자오빙쥔趙秉鈞에게 지시하여 경호원 600여 명을 동원하여 사절단을 특별히 경호하게 했고, 자오빙쥔·후웨이더胡維德 등 13명을 사절단의 접대요원으로 지정했다.

사절단은 베이징에 도착한 당일 곧바로 위안스카이와 회견하고, 참의원에서 위안스카이를 임시 대총통으로 선출한 통고문과 쑨원의 친서를 건네주며 난징에서 취임할 것을 요청했다. 위안스카이는 겸양의 몸짓으로 너스레를 떨며 그 자리에서 "지금이라도 당장 난징에 가고 싶은 마음이 굴뚝같다"고 답했다. 다만 북방의 모든 일이 온전하게 제자리를 찾아야 하니, 북방의 각처가 점차 안정되면 즉시 난징에서 취임하겠다고 약속했다. 차이위안페이는 그 말을 진실로 받아들였다. 그리고 마침내 자신이 베이징에 온 목적과 위안스카이의 의사표명이 조금도 어긋남이 없다고 생각했다.

다음 날인 2월 28일, 위안스카이와 차이위안페이를 비롯한 사절단은 난징 천도 문제와 취임 문제를 토의했다. 이 자리에서 위안스카이는 각계각층의 인물들이 난징 천도에 반대하는 의견을 담아 보낸 것이라며 100여 통의 전문을 보여주고, 사절단에게 베이징에서 공화정부의 기초를 닦아야 하는 이유를 상세히 설명했다. 그리고 철도편으로 남하해서 취임선서를 한 후에 곧바로 베이징으로 돌아오는 방안을 제의하며 양해를 구했다. 차이위안페이는 난징의 참의원과 쑨원에게 이 제안을 전문으로 보고하고 답신을 받은 후에 다시 논의하자고 했다.

사흘째인 2월 29일, 위안스카이는 친히 사절단을 위한 다과회를 주관하며 온갖 정성을 표시했다. 다과회 석상에서 차이위안페이는 거듭 그의 남행 결단을 촉구했다.

총통께서는 반드시 남행을 결행해야 합니다. 남북 간의 감정을 헤아리고 소통하며, 군과 민의 최근 상황을 살핀다는 구실로 남쪽으로 내려오신다면 관계가 매우 좋아질 것입니다.

위안스카이는 즉답을 회피하고 이렇게 얼버무렸다.

나도 난징으로 무척 내려가고 싶지만 지금 당장 베이징에 남아서 치안유지를 담당할 대신大臣을 결정하는 문제가 남아 있으니 그 문제가 해결되면 다시 얘기합시다. 그리고 비단 난징뿐 아니라 후베이에

도 가야 하므로 모든 문제를 뤼위안훙 부총통과 협의해서 결정해야 합니다.[12]

다과회가 끝난 후 위안스카이는 육군 수뇌부 및 민정 담당 수장들을 소집하여, 베이징에 남아 치안을 유지할 대신을 뽑는 토의를 하고 심지어 남하 노선도 논의하는 모양새를 갖췄다. 이것은 위안스카이가 사전에 치밀하게 연출한 것이었다. 그는 자신이 생각을 바꿔 남하를 준비하는 듯 보이도록 했다. 그러나 그는 이미 암암리에 음모를 꾸며 사절단을 함정에 빠져들게 했다.

차이위안페이 일행이 톈진에 도착할 무렵부터 벌써 민의民意의 대표라는 아무개가 위안스카이의 난징 취임을 반대하는 투서를 올렸다. 사절단은 베이징에 도착한 이후에야 비로소 연일 각계 단체에서 베이징에 도읍해야 한다는 진정서를 올리고 있다는 사실을 알게 됐다. 차이위안페이는 위안스카이의 계략을 알아차리지 못하고 재차 다음과 같은 의견을 제시했다.

이번에 명을 받들어 베이징에 총통 취임 환영사절단을 이끌고 온 유일한 목적은 난징 취임이다. 수도 문제는 의원 성립 후에 의원에서 공개적으로 결정하면 된다. 위안스카이의 난징 취임은 추호도 미룰 수 없다.

차이위안페이의 태도는 여전히 단호했다. 위안스카이는 민의대표 등의 투서와 진정서만으로는 차이위안페이를 설복시킬 수 없음을 알고 다른 방법을 생각해냈다. 즉, 무력으로 병란을 일으켜 전권사절단의 업무를 방해하고자 한 것이다. 2월 27일 베이양군의 진영에 돌연 "난징으로 천도하면 베이양군은 해산하게 된다"[13]는 유언비어가 퍼졌다. 난징 임시정부에 대한 사병들의 불만을 확산시키려는 불순한 의도가 숨어 있는 유언비어였다.

2월 29일 저녁, 조양문朝陽門 외곽 동악묘東岳廟에 주둔하던 육군 제3진鎭 제9포병 진영의 병사들이 식품 가게, 과일 노점상 등을 습격하여 닥치는 대로 물건을 약탈했다. 병사들은 날이 어두워지자 일제히 조양문으로 난입했다. 녹미창祿米倉의 치중대輜重隊 및 수부원師府園, 매사煤渣 골목과 동성묘東城廟 등에 위치한 부대들도 떼로 일어나 마을을 습격하고 재물을 약탈했다.

량수밍梁漱明의 기억을 되살려보자.

이날 저녁 나는 어머니를 모시고 문 밖 광덕루光德樓 극장에 가서 연극을 보고 있었는데, 연극이 한창 무르익을 무렵 갑자기 징과 북소리가 멎으며 무대 뒤에서 한 사람이 나타나서 관객들에게 외쳤다. "현재 밖에서 군사정변이 발생해서 더 이상 연극을 진행할 수 없으니 모두 집으로 돌아가주시기 바랍니다." 우리가 극장에서 나왔을 때 변란을 일으킨 군인들이 여전히 이 일대에서 약탈을 일삼고 있었고, 일부 군인들은 하늘에 대고 총을 쏴댔다.[14]

그러나 기이하게도 병란은 기율을 유지한 채, 약속이라도 한 듯 조계지는 침범하지 않고 외국인에게는 해를 입히지 않았다.[15] 오직 중국인의 재산만 약탈했다. 법정학당에 머물고 있는 특명사절단에게도 이들이 들이닥쳤다. 변란을 일으킨 군인들은 총칼을 앞

세워 문을 부수고 쳐들어와 문건이나 짐 등을 한바탕 뒤집어놓고 강취했다. 차이위안페이 일행은 소란스런 북소리에 휩싸여 있다가 이들이 난입한 후 황급히 뒤뜰로 도피하여 사다리를 타고 담을 넘어 미국인 그린의 응접실에서 공포에 떨며 하룻밤을 보냈다.

그들은 다음 날 아침 둥자오민샹의 육국六國반점에 몸을 숨겼다. 3월 1일에는 톈진, 바오딩保定 지역에서도 병란이 계속됐다. 이 군사정변으로 베이징 상인들은 엄청난 손실을 입었고, 강탈당한 집이 내성에서 4,000여 채, 외성에서 600여 채나 됐다. 톈진에서도 가옥 300여 채가 소실됐다. 바오딩의 상황은 더욱 처참하여 깨진 기와와 자갈이 산처럼 쌓였고, 온 몸이 만신창이가 된 채 굶주림과 추위로 울부짖는 사람들이 집집마다 가득했다.[16] 문자 그대로 아비규환의 참극이 벌어진 것이다. 이를 통해 위안스카이의 간악하고 흉포한 마음을 쉽사리 엿볼 수 있다.

베이징 주재 외교사절들은 이미 경자년(1900년)에 발생한 의화단운동에 크게 놀랐으므로, 위안스카이를 격려하고 적극 지지했다. 각국은 군대를 증파하여 베이징을 사수하려 했다. 일본이 제일 먼저 외곽에 있던 병력 1,500여 명을 차출하여 베이징으로 불러들였다. 이때 민심이 매우 흉흉했고, 위안스카이가 난징으로 내려가서 취임하려는 것 때문에 군사정변이 발발했다는 소문이 파다하게 퍼졌다. 순식간에 톈진·베이징·바오딩 등지의 각 상무商務총회 등에서 난징의 임시정부를 일제히 성토했고, 도처에서 난징 천도를 반대했다. 위안스카이도 "군대를 관리하고 배치하며 외교 현안을 처리해야 한다"는 구실로 난징 취임에 난색을 표명했다.[17]

차이위안페이는 예기치 못한 병변에 직면하여 속수무책이었고, 사절단 요원들도 당황하여 어쩔 줄을 몰랐다. 결국 애초의 생각을 바꾸어 양보와 타협 쪽으로 가닥을 잡고 난징 임시정부 및 참의원에 황급히 전문을 날려 정황을 보고했다.

> 베이징에 군사정변이 발생하여 외국 열강들이 격앙돼 있고 일본 군대가 이미 베이징으로 이동했다. 이 같은 사태가 재발한다면 외국인들이 방자하게 행동할 수 있어 공황상태를 면하기 어렵다. 우리는 이러한 상황을 직시하고 신속히 통일정부를 건설하려면 국론을 결집해야 한다. 금일에 당면한 중차대한 문제를 해결하려면 양보와 타협으로 사태를 진정시켜야 할 것이다.[18]

결국 3월 4일 사절단 자체 회의를 통해 차이위안페이는 위와 같은 의견을 제시했고, 다른 성원들도 모두 비슷한 견해를 제시했다. 이리하여 결국 난징 천도 및 취임 요청을 포기하고 임시정부의 수도를 베이징으로 확정하는 안으로 최종의견을 모으고, 이 같은 사실을 쑨원에게 급히 타전打電한 후 회신을 기다렸다. 쑨원과 임시정부의 대다수 성원들도 별 뾰족한 방법이 없었다. 당시 쑨원은 안팎으로 비난과 공격의 대상이 되고 있었다. 당시 남방에서도 일찍부터 위안스카이와 타협하려는 사람이 있었는데, 이들은 얼토당토아니하게 쑨원을 비난하며 말했다.

> 오직 허영심과 교만함이 가득 차서 국가 안위를 돌아보지 않는다.

뤼위안훙도 "난징을 버리면 혼란에 이르지 않지만, 베이징을 버리면 반드시 국가가 망할 것이다"라는 내용의 전문을 쑨원에게 보냈다.[19] 난징 임시정부 측에서 또 한 번 양보하는 수밖에 없었다. 3월 6일 참의원 회의에서 위안스카이로 하여금 베이징에서 취임하라는 결정을 내렸다. 3월 7일 쑨원은 "베이징 육국반점 등에 있는 사절단 일행은 위안스카이의 베이징 취임을 허락하라. (…) 사절단은 민국을 대표하여 취임선서문을 접수하라"는 내용의 전문을 보냈다.

이로써 위안스카이는 목적을 달성했고, 마침내 3월 10일 득의양양하게 베이징 스다런石大人(전 청조 외무부 청사)에서 취임식을 거행하고 임시 대총통의 자리에 올랐다. 아이러니하게도 일찍부터 위안스카이의 음모를 알아차렸던 차이위안페이가 단상에 올라 위안스카이의 총통선서를 수락하는 자리에 서게 됐다. 게다가 그는 쑨원을 대신하여 위안스카이의 취임 축하연설까지 했다.

연설의 요지는 다음과 같았다.

우리나라는 전제에서 공화제로 새롭게 변모하고 있습니다. 지금은 과도기입니다. 가장 중요한 것은 국회를 소집하고 헌법을 제정하여 이에 따라 모든 일을 처리하는 것입니다. 쑨원 대총통은 전국에서 가장 유능하고 가장 책임이 무거운 사람을 뽑아서 대총통 감으로 선발했습니다. 그리고 전국을 대표하는 참의원에 추천했고, 참의원의 의결을 거쳐 최종적으로 각하께서 우리나라 대총통으로 당선되셨습니다. 쑨원 대총통은 적임자를 얻어 경사스럽게 생각하고 있으며, 취임식에 반드시 참석하고 싶었으나 시국이 여의치 않아 직접 참석하지 못함을 잘 말씀드리라고 당부하셨습니다. 부득이 저희들이 대신 축하를 드리게 됐습니다. 쑨원 대총통은 우리 중화민국이 공고한 공화정체를 수립할 것을 희망하고 전국 4억 동포가 한량 없는 행복을 누리기를 바랄 뿐입니다.

위안스카이가 답례연설을 했다.

본인은 노쇠하고 총통의 중임을 감당할 수 없으나, 쑨원 대총통이 나를 추천하고 중화 전 민족이 본인을 추대했으며 거듭 참의원의 의결을 거쳤으니 고사하려 해도 그럴 수가 없습니다. 이러한 뜻에 보답하기 위해 중화민족의 행복을 이룩하고 중화민국이 강성한 국가가 되도록 신명을 다 바칠 것입니다. 쑨원 대총통 및 전권사절단 여러분에게 경의를 표하며 감사의 말씀을 드립니다.[20]

차이위안페이는 비록 사절단의 대표로서 취임 축하연설을 하기는 했지만, 나라를 훔친 대도大盜 위안스카이에게 신생 공화국의 정권을 친히 갖다 바치는 심정이 오죽했겠는가! 어찌 됐든 이 모든 비극의 책임을 차이위안페이 한 사람의 탓으로 돌릴 수는 없다. 차이위안페이와 쑨원이 천하를 위안스카이에게 갖다 바쳤다고 할 수 있는가? 단지 형세가 긴박하여 어찌할 수 없었을 뿐이다. 차이위안페이가 쑨원에게 보낸 전보를 보아도 불가피한 결정이었음을 알 수 있다.

내란이 이미 발생했으며, 외국 열강들이 간섭하려는 조짐이 보이고,

무정부상태가 지속되어 그 피해가 하루 이틀에 그칠 것 같지 않다. 이리하여 위안스카이에게 줄을 설 수도 없고, 또 한편으로는 통일정부를 즉시 성립하지 않으면 안 되는 딜레마에 처해 있다. 온통 커다란 위기국면이어서 우리는 수차례 회의를 열어 논의한 결과, 우리가 여기에 온 목적을 포기하지 않을 수 없다는 일치된 결론에 다다랐다.[21]

차이위안페이가 어찌 교활하고 간사하며 강한 군대를 거느린 위안스카이의 적수가 될 수 있겠는가. 객관적인 형세를 봐도 차이위안페이가 이미 기울어진 광란의 소용돌이를 잠재우고 그의 음모를 저지하는 것은 불가능했다. 올가미에 걸린 것을 분명히 알고 또 목을 빼고 빠져나오려 했으나 눈을 뜨고 다시 올가미에 들어간 꼴이 됐으니 이것이 곧 비극이었다. '나라를 훔친 도둑(위안스카이를 가리킴—옮긴이)'은 손쉽게 일을 처리하나, 군자('正人君子', 차이위안페이를 가리킴—옮긴이)는 재주가 궁한 것이 당시의 현실이었다.

본래 위안스카이의 작태는 거미줄과 말 발자국처럼 단서가 분명하여 일찍부터 사람의 이목을 가릴 수 없었으며, 이는 훗날 사료史料를 통해 드러났다. 이때의 군사정변은 위안스카이가 기회를 틈타 벌인 일이며, 그가 연출하고 감독해서 이루어진 '활극活劇'이었던 것이다.

이와 관련하여 탕사오이의 회고담을 들어보자.

> 병란이 발생했을 당시 우리 남측의 사절단은 속수무책이었고, 나는

여명에 발걸음을 재촉하여 위안스카이를 방문했다. 나는 문 옆에 앉아 있었고 위안스카이는 문을 마주하고 앉아 있었다. 차오쿤曹錕이 무장한 복장과 가죽신발 차림으로 황급히 문을 밀치고 들어와 위안스카이에게 아침 안부인사 후 이렇게 말했다. '총통 각하께 보고합니다. 어젯밤에 총통 각하의 명을 받들어 군사정변 건은 잘 처리됐습니다.' 그러고 나서 곁에 있는 나를 보고 역시 문안인사를 했다. 그러자 위안스카이가 노기에 찬 얼굴로 '허튼소리 하지 말고 당장 꺼져!'라고 내뱉었다. 나는 비로소 그가 군사병란을 일으키도록 명령했다는 소문이 날조된 것이 아님을 알게 됐다.[22]

탕사오이는 공교롭게도 문 옆에 앉아 있어서 차오쿤이 문을 밀치고 들어왔을 때 잠시 가려져 보이지 않았다. 이로써 위안스카이가 군사정변이라는 자작극을 벌였다는 사실이 드러났다. 비록 차이위안페이를 속였으나 어찌 천하 사람들의 이목을 다 속일 수 있겠는가!

근자에 이르러 군사정변은 결코 위안스카이가 지시한 것이 아니라는 고증이 나왔으나, 그가 직접 군사정변을 모의했는지의 여부는 사태의 본질과 무관하다. 군사정변의 결과, 사절단은 속수무책으로 속히 물러나 양보하지 않을 수 없었고 위안스카이는 어부지리로 베이징에서 총통으로 취임하게 되었다. 이는 부인할 수 없는 사실이다. 이 일에 대해 필자는 군사정변을 가까이에서 자세히 지켜보았던 량수밍 교수에게 가르침을 청했다. 그는 "위안스카이가 군사정변을 기획했으며, 이것은 모두 의견일치를 보인 공인된 사실"이라며 확실한 태도를 견지했다.[23]

위안스카이 토벌의 기치를 올리다

사절단의 대표로서 위안스카이의 '난징 취임'을 반드시 성사시켜야 했던 차이위안페이의 임무는 실패로 끝났다. 그러나 그는 대국적 견지에서 출발하여 민국 건립 초기에 무엇보다도 국가의 단결을 중시했으며, 이를 위해 위안스카이에게 억지로나마 우호적인 태도를 견지하려 했다. 그는 〈대공보大公報〉에 발표한 〈전중국에 고함告全國文〉에서 난징 취임을 원하지 않는 위안스카이를 자못 완곡한 어조로 비평했다.

오늘 비록 위안스카이가 난징에 와서 취임하는 것이 불가능하게 됐지만, 최선의 대처법을 강구하고자 했다. 즉 위안스카이의 법규 준수, 쑨원의 멸사봉공 정신 및 대국적 견지에 의한 참의원의 결단 등을 이미 천하에 알렸으며, 심지어 소수의 시기하는 의견과 이간하는 입을 놀리는 자들을 포용하려 했는데 이것은 다 대화합을 이루고자 한 것이다.

차이위안페이는 또 이렇게 회상했다.

우리 사절단은 직접적인 목표를 달성하지는 못했다. 감히 가볍게 '무죄'라고 말할 수는 없으나 이른바 전국을 정신적으로 통일시키고, 온 동포들을 심리적으로 안정시키고자 한 간접 목적은 결국 달성했다. 그리고 우리가 몸소 성대한 장면을 접하게 돼 다행스런 일이 아닐 수 없다.[24]

사실 위안스카이가 '복선'을 깔고 추구한 정신적인 통일은 차이위안페이가 바라는 것과는 천양지차였으며, 환상일 뿐이요 이른바 아큐阿Q의 '정신적인 자기위안'에 지나지 않았다.

위안스카이는 대총통에 취임한 후, 난징 임시정부 측 사람 중 일부를 현 정부에 참여시켜 돋보이게 함으로써 억지로 난징 정부의 체면을 세워주고자 했다. 동시에 차이위안페이의 인물됨이 솔직하고 성실해서 속이기 쉽다고 생각하고, 먼저 탕사오이를 국무원 총리에 임명한 후 그와 탕사오이가 재청하는 식으로 차이위안페이를 탕사오이 내각의 교육총장으로 유임시켰다.

그러나 서로 생각하는 바가 다르면 함께 논의하고 도모할 수 없는 법이다. 차이위안페이의 민주적인 세계관과 위안스카이의 제왕적 전제주의 관점은 첨예하게 대립했다. 위안스카이의 정치적 지위는 갈수록 공고해졌고, 그의 측근들은 무소불위의 권력으로 국정을 농단했다. 차이위안페이는 위안스카이의 간교한 여우들과 주구들이 음모를 꾀하고 권모술수를 부리며, 견해가 다른 집단을 배척하고 민주헌정질서를 파괴하는 등 전제독재를 휘두르는 것을 목도하고 몹시 분노했다. '중화민국 임시약법'은 위안스카이의 안중에도 없었다.

약법의 규정에 의하면 참의원이 최고 권력기관이었고, 내각의 대원수는 국회에 대해 책임을 져야 하며, 총통이 선포한 일체의 명령과 법령 등은 국무원의 동의와 서명을 거쳐야 했으나, 위안스카이는 이를 아예 무시했다. 이때 내각총리 탕사오이는 위안스카이가 동맹회 측을 적대시하는 견해는 시대에 뒤떨어진 것이라 생각하고, 위안스카이와 동맹회 사이에서 완충 역할을 하려 했다. 탕사오이는 차이위안페이와 황싱 등의 소개로 동맹회에 가입해서 활동한 적이 있었다. 이로 인해 탕사오이는 이미 사사건건 위안스카이와 충돌했다. 탕사오이는 어떤 문제를 결정할 때 먼저 동맹회의 향배를 고려하고 동맹회의 의견을 존중했다. 위안스카이는 이에 큰 불만을 품고 심복을 시켜 여러 번 그를 견제하려 했으나 쉽지 않았다.

이때 두 가지 사건이 발생했다. 하나는 위안스카이가 6개국 은행단에 가서 굴욕적이며 가혹한 조건으로 돈을 빌려오라고 무리하게 요구하자 탕사오이가 완강하게 거절한 일이다. 다른 하나는 왕즈샹王芝祥이 직예총독이 되어야 한다는 동맹회의 의견을 위안스카이가 묵살한 사건이다. 위안스카이는 일방적으로 왕즈샹을 남방의 선위사宣慰使로 부임시키고, 내각의 동의서명 없이 단독으로 펑궈장馮國璋을 직예총독으로 임명했다.

탕사오이는 동맹회 편에 서서 위안스카이가 '약법'을 위반하고 내각의 합법적 권리를 침범했다고 성토한 후, 1913년 6월 15일 병을 핑계로 사직서만 남긴 채 아무런 통고도 없이 떠나버렸다. 차이위안페이도 더 이상 분노를 참지 못하고 '밥만 축내고 자리만 지키는 내각伴食內閣'에 더 이상 머물러 있을 수 없다며, 위안스카이의 만류에도 불구하고 사직했다. 이때 차이위안페이의 권유로 동맹회 출신 각료인 법무총장 왕충후이, 농림총장 쑹자오런, 상공총장 대리 왕정팅 등이 동반사퇴했다. 7월 10일에 차이위안페이가 작성하고 이 네 사람이 서명한 사직서를 신임총리 루정샹陸征祥에게 제출했다.

내일부터 왕충후이는 더 이상 국무회의에 참가하지 않을 것이다. 업무는 14일까지 마감한다. 먼저 이러한 성명을 발표하니 참고하여 준비하기 바란다.

7월 14일, 위안스카이는 차이위안페이 등 네 사람의 사표를 수리했다. 이후 차이위안페이는 즉시 베이징을 떠나 남하했고, 9월에 가족들을 데리고 독일 유학길에 올랐다. 그가 독일에 머무는 동안 위안스카이가 내려보낸 자객에게 혁명파인 쑹자오런이 상하이에서 피살되었다. 이로 인해 난징의 혁명정부와 베이징의 위안스카이파 간에 긴장감이 감돌았다. 이듬해 6월 2일, 차이위안페이는 쑨원의 부름을 받아 천신만고 끝에 다시 상하이로 돌아왔다.

쑹자오런은 동맹회의 주요인물로서 서구민주주의와 의회정치제도의 열렬한 신봉자였으며, 영국과 프랑스의 정당내각제에 경도됐다. 그는 일개 당이 책임지는 정당내각제로는 위안스카이의 권력팽창을 견제하기 어렵다고 보았다. 따라서 쑹자오런 등은 동맹회의 역량을 확대하기 위해 임박한 1912년 8월 국회의원선거에서 승리를 쟁취함으로써 정당내각제를 실현하고자 했다. 이들은 동맹회의 강령을 수정하여 통일공화당統一共和黨, 국민공진회國民共進會, 국민공당國民共黨, 공화실진회共和實進會 등 군소정당들과 연합하여 '국민당國民黨'을 조직했다. 그리고 일찍이 한 시대를 풍미했던 량치차오의 지지를 획득했다.

이 해 연말에 실시된 국회의원선거에서 국민당은 참의원 870석 중 392석을 차지하여 의석 수 40퍼센트를 점한 다수당이 됐다.

국민당은 조각을 준비하고 쑹자오런을 내각총리에 내정했다. 그는 남방 몇 개 성을 순회하며 현 위안스카이 정부를 비판했다. 위안스카이는 일찍이 자신의 심복들에게 말을 잘 듣지 않는 탕사오이를 더 이상 용납할 수 없다고 얘기한 바 있었다. 그러니 탕사오이보다 훨씬 더 심각하게 직접적인 위협을 가하는 쑹자오런이 내각총리로서 함께 정치에 참여하는 것을 바랐겠는가? 결국 쑹자오런은 상하이에서 위안스카이가 보낸 자객에게 저격을 당했다. 쑹자오런의 죽음은 위안스카이의 반동적인 면모를 더욱 드러나게 했다. 결국 쑨원은 위안스카이를 제거하기로 결심하고 위안스카이 토벌을 주장하고 나섰다.

이 무렵 차이위안페이는 막 상하이로 돌아와 쑨원, 황싱 등과 회견을 했다. 이때 쑨원, 황싱, 차이위안페이 등 국민당 영도자들 사이에서 위안스카이를 토벌하는 방식을 놓고 의견이 분분했다. 황싱 등은, 국민당은 무장력이 약하고 남방의 각 성이 통일되지 않았으므로 법률적 해결방식을 기다릴 수밖에 없다고 생각했다. 차이위안페이도 무력에 호소하는 방법에 동의하지 않았다. 그는 국민당 상하이 교통부 환영다과회 자리에서 다음과 같이 호소했다.

우리 당의 혁명은 본래 대다수 인민의 행복을 위한 것이다. 지금 대다수 인민의 심리를 세심하게 헤아려야 한다. 현재 대다수 인민은 극단적인 무력투쟁 방법을 꺼리고 있다. 우리 당이 굳건하게 결심하여 온건한 보조를 유지하고 진정한 공화제를 이룩하려면 절대다수 국민의 공감과 지지를 받아야 한다. 그래야 승리의 날이 찾아올 것이다. (…) 동지들은 평정심을 가지고 심사숙고하여 세심하게 살피고 견실하게 역량을 축적하며 여론의 추이를 살피고 적절한 방안을 채택하는 대국적大局的 자세를 견지해야 할 것이다.[25]

사실 이때의 '민국'이란 일찌감치 위안스카이가 찬탈하여 유명무실 그 자체였다. 차이위안페이는 여전히 군자의 가슴으로 소인의 음흉한 복심腹心을 헤아려 남북 간의 충돌을 피하고 조화를 꾀하고자 했다. 차이위안페이와 왕징웨이, 후잉胡瑛 등은 입헌파의 영수 장젠 등을 통해 위안스카이와 대화를 시도했다. 그러나 그들의 생각과 달리, 위안스카이는 오로지 난징의 국민당 세력을 소멸시키는 데 혈안이 되어 있어서 차이위안페이 등이 내놓은 절충적 주장에는 전혀 관심을 보이지 않았다.

위안스카이는 당면한 문제는 남북문제가 아니라 지방과 중앙의 문제이고, 지방이 중앙에 복종하는 것은 당연하며, 어떻게 통일하느냐가 관건이라고 생각했다. 결국 위안스카이의 베이양군대가 남방으로 진공을 시작하자, 국민당은 더 이상 용인할 수 없어 7월 중순에 위안스카이

중화민국 초대 교육부장관을 지내던 시절의 차이위안페이(오른쪽, 1912년). 차이위안페이는 위안스카이가 '약법'을 무시하고 왕정으로 돌아갈 움직임을 보이자 1913년 장관 직을 사퇴했다.

를 토벌하기 위해 출병했다. 이것이 이른바 '2차 혁명'이다.

눈앞에 놓인 잔혹한 현실과 위안스카이 군대의 야만적인 포성을 들으며, 차이위안페이는 다시는 위안스카이 정부의 과실을 용인해서는 안 되겠다고 생각하고 혁명세력의 편에 서서 더욱 견결하고 단호하게 투쟁에 나섰다. 그는 〈민립보民立報〉에 〈전국동포에게 경고함警告全國同胞〉, 〈각 성 의회에 경고함警告各省議會〉, 〈위안스카이는 전화戰禍를 일으킨 허물을 피할 수 없다〉, 〈야심인가, 약법約法인가, 겸양인가?〉 등의 글을 연달아 발표했다. 이 글들을 통해 '실덕失德', '암살 자행', '무리한 차관 도입', '의원 매수 및 무력협박', '국회 무력화' 등을 언급했으며, 정의의 전쟁과 부도덕한 전쟁을 대하는 태도는 근본적으로 다르다고 천명했다.

> 군대는 흉포하고 전쟁은 위험하다. 우리는 양민을 평안하게 해야 할 책임이 있으므로, 정당하지 못한 전쟁에는 결코 찬동할 수 없다. 정당한 전쟁은 우리의 안녕과 행복을 지켜주는 간접적인 작용을 한다. 우리는 서로 몰아다가 부도덕한 전쟁터로 내모는 정당하지 못한 전쟁을 반대하려는 것이다.[26]

아울러 이번 전란을 야기한 수괴가 위안스카이임을 명확히 지적했다.[27] 그리고 군민이 앞 다투어 궐기하여 위안스카이 토벌에 찬동하도록 고무했다. 국민당 사람들은 기필코 무력으로 대응하고자 했으나 애석하게도 이미 너무 때가 늦었다. 쌍방 군대의 전투력은 현격한 차이가 났으며, 동맹회도 이전과 같은 생기를 잃었다. 더욱이 내부적으로 분열됐으며 무장력도 약하고, 인민의 전폭적인 지지와 신뢰를 얻지 못했다. 그에 비해 대치하고 있던 적들은 흉포하고 막강한 베이양군벌이어서 2차 혁명은 무위에 그치고 쑨원과 황싱은 재차 국외로 망명했다. 차이위안페이도 9월 5일에 부인, 아들 우지, 보링, 딸 웨이롄 등과 상하이에서 배편으로 프랑스로 떠났다.

위안스카이에 대한 차이위안페이의 태도 변화는 그의 사상의 변화를 반영한 것이다. 위안스카이가 신해혁명 후 승리의 열매를 훔치려고 음모를 꾸미기 시작할 무렵, 차이위안페이는 남다른 통찰력과 예리한 정치적 감각으로 위안스카이의 음모를 간파했다. 2차 혁명 시기에 그는 위안스카이에 대해 깊이 인식하게 됐다. 마치 "장기를 두는 자가 최후의 일착一着으로 승부를 결정짓듯" 위안스카이가 매우 악랄하고, 약법을 멋대로 폐기하며 무력에 의지하는 야심가임을 알아차린 것이다.[28]

국내형세가 발전해감에 따라 황제가 되려는 위안스카이의 야심이 적나라하게 드러났다. 그의 작태는 개인의 행위일 뿐 아니라, 중국의 모든 암흑세력의 총대표 자격으로서 저지른 것이었다. 차이위안페이는 위안스카이가 죽은 후 그에 대해 다음과 같이 분석하고 평가했다.

> 위안스카이의 죄악은 비단 그 한 사람이 지은 죄에 지나는 것이 아니다. 그는 실로 세 가지로 대별되는 구악舊惡의 총체이다. 첫째, 부패한 관료, 둘째, 고지식한 학자, 셋째, 교활한 방사方士 등이다. '공리를 가장한 사욕', '구밀복검口蜜腹劍(겉으로는 친한 듯하나 속으로는 해칠 생각이 있음—옮긴이)', '사치와 탐욕' 등은 암흑 속에 허둥대는

관료를 표현한 것이다. '천신에 제사', '초등학교에서 경전 읽기', '면류관 장식의 부활', '궤배跪拜의식' 등은 완고하고 사리에 어두운 학자집단을 나타낸 것이다. '관우사당 선서', '교원기도敎院祈禱', '신묘한 처방으로 질병치료神方治疾 행위' 등은 방사 계층의 어리석고 괴이한 행태를 상징하는 것들이다.

차이위안페이는 반동의 대표인물과 구제도·구세력이 놀라운 일치를 보이고 있다는 사실을 알게 됐다. 그러나 위안스카이가 죽어도 반동세력의 기반은 그와 함께 무너지지 않았다.

지금 위안스카이가 죽었으나 이 세 가지 사회의 유독은 왜 그와 함께 떠나지 않는가?[29]

그의 이러한 견해는 의미심장했다. 차이위안페이와 위안스카이의 접촉과 우여곡절을 거친 투쟁은, 신해혁명부터 2차 혁명 이후에 이르기까지 혁명세력과 반동세력 간의 투쟁의 한 측면이 반영된 것이라 할 수 있다. 이때의 역사는 중국 근대역사상 가장 극적인 일막을 장식했으며, 차이위안페이에게서 퍼져나간 역사의 한 줄기 빛은 사람들의 주목을 끌기에 충분했다.

8

중국 근대교육 발전에 공헌하다(상)

예리한 안목을 지닌 개혁 성향의 교육부장관 | 식견과 안목을 갖춘 베이징대학교장 | 실패를 두려워하지 않는 대학원 원장

차이위안페이는 중국의 저명한 교육가로서 생애의 대부분을 교육과 관계를 맺으며 반세기 이상 중국의 교육발전에 지대하게 공헌했다. 그는 모두 3회에 걸쳐 교육부장관을 역임했고, 사숙에서부터 대학에 이르기까지 전 교육과정에 걸쳐 학생들을 직접 가르쳤다. 또한 여러 학교를 운영한 경험이 풍부하고, 10년 넘게 베이징대학을 이끌었던 그는 중국 근대역사상 가장 저명한 대학교장으로 평가된다.

  차이위안페이는 근대 중국의 중요한 교학활동에 직접 참여하며 이를 이끌었다. 예를 들어 초대 교육부장관으로서 제1차 전국 교육회의를 소집했고, 유명한 '임자·계축壬子癸丑학제'를 제정했다. 1922년 교육부에서 소집한 학제學制회의의 주석으로서, 전국이 해방되고 나서 이른바 '6·3·3학제'의 제정을 주도했다.

  20세기 초에 조직된 중국교육회에서도 초대 회장을 지냈다. 아울러 저명한 애국여학교와 애국학사를 설립했다. 프랑스 유학 기간에는 근공검학운동을 적극 지지했고, 중불교육회를 발족하여 역시 회장으로 추대됐다. 1917년에는 황옌페이 등과 함께 '중화직업교육공진사中華職業敎育共進社(후에 '중화직업교육개진사中華職業敎育改進社'로 개칭, 약칭 '직교사')'를 조직했고, 〈신교육新敎育〉

이라는 잡지를 창간했다. '교육독립'을 부르짖은 그는 〈미육美育(미적 정서교육—옮긴이)으로 종교를 대신하자以美育代宗敎〉는 글을 통해 미육의 보급을 역설했으며, 비 종교교육 투쟁에 참가하기도 했다. 이 밖에 대학원을 영도하여 대학구大學區를 확충하는 등의 괄목할 만한 업적을 남겼다.

이러한 사실들을 종합해보면, 그는 중국 근대교육사에 나타난 수많은 중대 사건들과 불가분의 관계에 있다. 그는 수천 년간 내려온 봉건주의 교육을 혁파하고 교육개혁을 위해 창조적인 노력을 기울였으며, 신식 교육제도의 기초를 세우고자 평생 혼신의 노력을 기울였다. 특히 그가 교육발전을 위해 밝힌 독창적인 견해들은 오늘날 우리가 거울삼아야 할 귀중한 것들이다. 그러므로 과거 그의 교육사상과 실천운동이 중시되지 못하고 일부 폄하되기까지 한 것은 온당치 못한 일이다.

차이위안페이가 중국의 교육발전에 공헌한 내용 중에서도 '교육실천가'로서 기여한 공로를 최우선으로 꼽을 수 있는데, 본 장에서는 그가 교육부장관, 베이징대학교장, 대학원 원장 등에 종사하며 실천한 내용을 세 시기로 나눠 살펴보기로 한다.

예리한 안목을 지닌 개혁 성향의 교육부장관

1911년 신해혁명이 성공하자 독일 유학 중이던 차이위안페이는 크게 고무됐다. 그는 서둘러 귀국하여 공화국 건설에 앞장서기로 결심했다. 그리하여 11월 상순, 천신만고 끝에 시베리아를 거쳐 상하이에 도착했다. 그는 상하이에서 황싱, 장젠, 탕서우첸, 장빙린 등과 함께 중화민국 임시정부의 설립을 준비하는 일을 맡았다. 그리고 12월 29일, 쑨원이 오랜 망명생활을 마감하고 상하이에 도착하여 임시대총통에 추대됐다. 1912년 1월 1일, 쑨원은 임시대총통에 취임했고 중화민국이 성립됐다.

다음 날, 각 성의 대표들이 모여 회담을 열었다. 이 자리에서 각 부 장관의 인선 문제가 논의됐다. 그런데 성 대표들 중 일부가 쑨원이 추천한 각료 중 내무부장관 쑹자오런, 외교부장관 왕충후이, 교육부장관 장빙린 등에 대해 동의를 표하지 않았다. 다시 협의를 거쳐 황싱이 내무부장관에 청더취안程德全, 교육부장관에 차이위안페이, 외교부장관에 우팅팡伍廷芳, 법무부장관에 왕충후이 등을 추천했다. 쑨원은 즉시 교육·내무 두 사람의 인선에는 동의했지만, 외교부장관에는 여전히 왕충후이를 고집했다. 일설에 의하면 황싱은 원래 후위안탄胡元倓(子靖)을 교육부장관으로 추천했으나 본인이 고사하자 일부 인사들이 왕징웨이와 옌슈嚴修를 언급했다가 결국 차이위안페이로 추천이 확정됐다고 한다.[1]

차이위안페이는 1912년 1월 9일 교육부장관에 취임했다. 모든 이가 차이위안페이는 풍부한 교육실천 경험과 교육전문가로서의 능력을 바탕으로 중화민국의 초대 교육부장관이라는 중책을 잘 감당할 것으로 내다보았다. 그러나 그는 냉혹한 현실에 직면해야만 했다.

민국 초기에는 만 가지 적폐가 드러났는데, 특히 청조가 남긴 봉건교육은 만신창이가 되어 철저히 썩어 문드러져 있었다. 봉건교육을 개조하여 시대적 요청인 신교육제도에 부합되도록 만드는 것이 차이위안페이가 당면한 과제였다.

차이위안페이는 신흥 공화국 건설이라는 열망을 품고 교육사업을 전개했다. 그는 교육의 '전면적 개혁'이라는 새로운 요구에 부응할 효율적인 교육부 건설에 착수했다.

당시 쑨원이 이끄는 난징 임시정부는 막 승리를 쟁취한 자산계급 정부로서 욱일승천할 태세였다. 그 와중에 일부 고위직 인사들이 막강한 권세를 휘둘러 사람들을 어리둥절하게 했다. 이제 혁명이 성공하여 중화민국이 탄생했으므로 '새로운 영도층'으로서 화려한 외관을 선보여야 했고, 그러면서 형식과 규모를 따지는 등 부지불식간에 겉치레에 신경을 쓰기 시작했다. 일부 부서는 기구가 방대해졌고, 일자리에 비해 사람 숫자가 지나치게 많아서 100명이 넘을 때도 있었다. 그러나 차이위안페이는 이처럼 비효율적인 일처리 방식을 따르지 않았다. 그는 다음과 같이 말했다.

사무를 처리하는 부서는 응당 사회사업을 하는 것처럼 해야 한다. 사무처리를 위해 꼭 필요한 사람만 골라 뽑아야 하고 불필요한 인원을 많이 뽑아 인력을 낭비할 필요는 없다.[2]

쑨원의 임명장을 받은 그는 즉시 애국학사의 옛 동료들을 찾아가서 어려움을 같이하자고 호소했다. 학식이 풍부한 장웨이차오가 그를 도와 함께 일을 처리하기로 했다. 여기에 회계와 서무를 겸직하는 직원과 차이위안페이 본인까지 포함해서 겨우 3인이 꾸려가는 조촐한 교육부가 난징에서 정식으로 발족됐다. 그러나 사람만 있었지 사무실은 마련돼 있지 않았다. 그가 쑨원에게 "교육부는 어디에서 업무를 수행해야 합니까?"라고 묻자, 쑨원은 "스스로 찾아서 해결하시오"라고 답했다.

차이위안페이는 사무실을 구하려고 동분서주했다. 결국 친구의 도움으로 장쑤도독부 외무사령부가 사용하는 사무실 중 방 세 칸을 빌려 사무실로 정했다. 나중에 업무상의 필요로 인원이 늘었지만 교육부의 인원은 그래도 30여 명에 불과했다. 이처럼 임시정부 각 부서 중 가장 적은 인원으로 구성된 부서가 교육부였다. 그러나 교육부에 초빙돼 근무한 직원들은 모두 우수한 인재들이었다. 그중에서 루쉰魯迅(당시 이름은 저우수런周樹人), 쉬서우창許壽裳, 샤쩡유夏曾佑, 판위안롄范源濂, 위안관징袁觀瀏, 중관광鍾觀光, 후위진胡玉縉 등은 차이위안페이가 직접 발탁한 인물들이었다. 교육부는 이처럼 매우 효율적인 소수정예 조직이었다. 일손이 부족한 탓에 교육부 직인職印은 차이위안페이가 직접 인력거를 타고 쑨원을 찾아가서 받아가지고 돌아왔는데, 이것은 후세 사람들에게 아름다운 일화로 남아 있다.

당시 교육부의 분위기는 학술적이며 진지했고, 일의 효율성이 매우 높았으며, 대부분 오전 아홉 시에 출근하여 오후 네 시 반까지 업무에 몰두했다. 안건들은 수시로 접수하여 즉시 처리했고, 질질 끌거나 부연하지 않았다. 무엇보다 학제의 신속한 통일과 신교육의 질서를 세우기 위해 관련 규정항목들의 초안을 기초하는 것이 급선무였다. 교육부 직원들은 각자의 전문분야와 장기에 따라 초중고·전문학교·대학에 이르는 전 교육과정의 관련 규정을 기초했다. 이처럼 교육부는 마치 출판사의 편집부처럼 관료기구의 냄새를 전혀 풍기지 않았다. 차이위안페이는 일찍이 이렇게 말했다.

> 정식으로 정부가 성립되기 전이라 교육부 직원은 정식 임명절차를 밟지 않았으며, 모두 다 일률적으로 교육부 직원으로 칭했다. 매달 생활비로 30위안 정도를 지급했다.[3] 모든 직원의 생활비를 다 합쳐도 매월 1,000위안을 초과하지 않았다. 참으로 검소하게 생활하고 오직 실무에 힘썼으니 좋은 기풍이 형성된 것이다.[4]

차이위안페이가 손수 조직한 교육부는 기구機構 면에서 일대 혁신을 일으켰다. 청조 말엽에는 유사한 기구들이 중복되어 있었고 직원들은 너무 많아서 5사司 1청廳이 존재했으니, 여러 기구에 부속된 '학부'는 말할 것도 없었다. 그리고 이후 국민정부의 역대 교육부 기구와 차이위안페이의 그것을 비교해보면, 이러한 관료적 색채가 갈수록 짙어졌음을 알 수 있다.

차이위안페이는 민국 초기에 교육방침, 교육제도, 교육방법, 교육관리 및 사회교육 등 일련의 노정된 문제들을 전면적으로 개혁했다. 가히 '혁명적'이라 할 수 있는 이러한 교육개혁의 영향력은 막대했는데, 이를 정리해보면 다음의 두 가지로 개괄할 수 있다.

(1) 진부한 봉건주의 교육강령을 혁파하고, 새로운 민주적 교육방침을 확정했다.

1906년(광서 32년) 청조 학부는 '신학'이라는 명분을 내세워 봉건통치에 필요한 진부한 교육강령을 발표했다. 황제령으로 전국에 반포된 이 교육강령은 '충군忠君, 존공尊孔, 상공尙公, 상무尙武, 상실尙實'의 다섯 가지 항목을 규정했다. 그리고 전국의 모든 공사립 교육기관에서 충효와 경서 강독을 기본과목으로 가르치라고 요구했다. 아울러 수도 및 각 성의 모든 교육기관의 장이나 학생, 생도들은 의리를 분별할 줄 알아야 한다고 역설했으니, 이 다섯 가지 항목을 강조한 것은 '나라의 근본을 영원히 고착시키려는 시도'로밖에 볼 수 없다.[5]

청조의 교육강령이 장려한 바의 도덕이란 '봉건주의 도덕'을 가리키며, 이른바 나라라는 것은 '대청제국'을 말한다. 이 제국이 영구불변하도록 지키고 봉건통치자의 만수무강을 기원하는 망상을 도덕이 뒷받침해야 했다. 그러므로 이 교육강령이란 것은 봉건통치질서를 보호·유지하려는 목적에서 나온, 충군과 공자 추존을 중심으로 한 교육방침이라 할 수 있다. 그랬으니 이 진부한 강령이 당시의 형세와 부합될 리 없었다. 여기에는 방대한 중국 인민을, 그중에서도 청년세대의 사상을 봉건 윤리도덕의 틀 속에 묶어 봉건전제주의에 충실한 우민愚民으로 길러내려는 불순한 의도가 숨어 있었다.

교육부장관에 취임한 차이위안페이는 청조에서 반포한 교육강령의 의도를 정확하게 꿰뚫어보고 그것의 진부함과 모순을 폭로하고 부정했다. 그리고 〈교육방침에 대한 의견〉을 발표하여 자신의 교육적 견해를 체계적으로 밝혔다. "충군사상과 공화정은 서로 맞지 않고, 공자 추존과 종교의 자유는 상충된다." 이것은 곧 2,000년 동안 전해 내려온 움직일 수 없는 두 가지 교조敎條를 철폐하려는 시도였다.

그는 '군국민주의 교육, 실리주의 교육, 공민도덕 교육, 세계관 교육, 미육'[6]이라는 다섯 가지 교육관을 아우르는 교육방침을 학생들에게 교육하도록 교육종지宗旨를 선포했고, 이로써 전국적으로 일제히 신교육이 추진됐다. 그가 선포한 '신교육방침'은 중국 역사를 통해 이어져 내려온 봉건주의 교육을 대대적으로 개혁하여 중화민국 건설에 기여한, 그야말로 역사의 한 획을 긋는 중대한 의의를 지닌 사건이라 할 수 있다.

(2) 봉건 청조의 교육제도를 개혁하여 시대에 부응하는 새로운 교육체제를 세웠다.

청조 후기, 중국이 반봉건·반식민지로 변하면서 봉건주의 교육도 점차 시대 흐름에 따라 변화하기 시작했다. 이러한 역사적 상황에서 청조 역시 '충군존공忠君尊孔'이라는 핵심적 교육가치를 표면적으로나마 쇄신하지 않을 수 없었다. 청말에 이르러 학부 명의로 새로운 법령이 반포되었다. 이 법령은 서원을 학당으로 개칭했고, 학습내용도 새로운 과학지식을 포함시켰으며, 신찬 교과서에 팔고문 및 과거제도 폐지와 관련된 내용을 언급했다. 그러나 이는 근본적인 대책이 아닌 미봉책으로, 과거의 교육제도는 전혀 바뀌지 않았고 새로운 교육방침의 관철은 탁상공론에 그쳤다.

그리고 마침내 임시정부가 건립되었다. 차이위안페이는 각종 교육규정과 제도의 초안 작성에 정력을 기울인 끝에 〈보통교육 잠정시행방법普通教育暫行辦法〉, 〈보통교육 잠정시행 교과과정 표준안普通教育暫行課程標準〉, 〈민국 교육관직령民國教育官職令〉 등 30여 종의 법령과 규정을 연이어 반포하여 청조의 구 법령과 대체했다. 다음은 그가 작성한 12개 주요 조치 및 조항이다.

① 학당을 학교로 개칭하고 학교 책임자는 모두 교장으로 칭한다. 이러한 호칭은 오늘부터 유효하다.
② 학제의 개혁이다. 이전의 계묘癸卯학제에서 초등학교는 9년제였으나 7년제로 바꾸고 중등학교와 사범학교는 5년제에서 4년제로 바꾼다.
③ 여권신장이다. 먼저 남녀분교의 금령을 타파하고 초등학교에서 남녀공학을 실시한다. 여자중학교 및 여자직업중학교를 설립하고 부녀자들도 교육받을 권리를 확대한다. 오늘날 남녀공학은 거의 철칙이 됐다. '남녀가 가까이 해서는 안 된다'는 봉건예교에 묶여 2,000년 이상을 지내온 중국에 이러한 개혁은 도리어 일대 '사건'이 됐다. 이 같은 남존여비라고 하는 봉건사상의 그물을 뚫고 나와야 한다.
④ 중등학교 과정이 보통교육의 범주에 들도록 규정한다. 이를 위해 학술과 실업의 두 분야를 분리하고, 실업교과를 경시하는 풍조를 배격하기 위해 실업교육을 중시하고 자연과학 학습에 비중을 둔다. 아울러 군사교육의 중요성을 제기한다.
⑤ 초등교육 과정은 공작을 중시하고 초등학교 고학년 과정부터는 군대식 체조를 실시한다.
⑥ 초등교육 과정에서 경서 강독을 폐지함으로써 초등학생을 봉건의 속박에서 해방시키고 각급 학교에서 공자 제례의식을 없앤다.
⑦ 교재를 수정한다. 청조 학부에서 채택한 각종 교과서의 사용을 금지한다. 예를 들면 민간에 널리 이용된 교과서 가운데 청조와

구시대의 관제 및 군제 등을 중시하는 과정을 기술한 교과서는 없애고, 황제의 이름과 같은 글자 등 피해야 할 글자 등도 각 출판사 등에서 자발적으로 삭제한다. 대학에서 《대청회전大淸會典》, 《대청율례大淸律例》, 《국조사실國朝事實》 등을 교재로 사용하는 것을 일률적으로 금지한다.

⑧ 사숙私塾의 정리이다. 사숙의 교과과목이나 교재 및 강의시간 등도 모두 새로 제정된 초등학교 장정을 준수하도록 한다.

⑨ 봉건제도에서 출신을 차별하던 각종 제도를 철폐하고, 귀족학당을 모두 보통학교에 병합시킴으로써 교육상의 봉건적 특권을 모두 폐지한다.

⑩ 사회교육을 적극 제창한다. 도서관, 미술관, 박물관, 체육 분야 사업의 통일적 관리, 사회교육사社會敎育司와 보통교육사普通敎育司를 병설하고 사회교육이 행정기구도에서 독립적인 지위를 확보하도록 한다.

⑪ 소수민족 교육을 중시한다. "이미 5대 민족이 한 국가를 이루었으니 5대 민족이 모두 동등하게 교육받을 기회를 가져야 한다."[7] 특히 몽골족과 장족藏族의 교육에 관심을 기울여야 하고, 교육부에서도 이들 민족을 전담할 몽골·장족 교육사敎育司를 조직한다.

⑫ 유학생 파견 업무를 개선한다. 외국 고등교육기관에 직접 유학할 수 있는 자격을 본국 고등교육기관 졸업 성적이 매우 우수한 자들로 제한함으로써 해외 유학생의 자질을 높인다.

차이위안페이는 이처럼 야심차고도 과감하게 체계적으로 교육개혁에 착수했다. 그러나 경제가 어렵고 정치적 여건이 점차 악화되는 상황에서 곧이어 임시정부도 철폐되어 사라지고 말았다. 비록 그는 위안스카이가 통치하는 베이징 정부에서 교육부장관 직을 수행했지만, 위안스카이가 정권을 절취하려는 분위기에서 '무위도식하는 내각'의 각료생활에 염증을 느껴 1912년 7월 10일 장관 직을 사직했다.

차이위안페이는 교육부장관 직을 사직하기 하루 전날 저녁에 제1차 전국 임시교육회의를 소집했다. 이 회의는 신해혁명 후 진행된 교육개혁의 성과를 공고히 했을 뿐 아니라, 후세 사람들이 지속적으로 교육개혁을 할 수 있는 밑거름을 마련한 역사적으로 매우 중요한 회의였다.

임시교육회의는 1912년 7월 10일 베이징에서 개최해 8월 10일에 폐막했으며, 출석한 대표들은 50여 명이었다. 이 회의에서 〈교육종지안〉, 〈소학교령안〉, 〈중학교령안〉, 〈실업학교령안〉, 〈전문학교령안〉, 〈대학령안〉, 〈사범학교 규정안〉, 〈고등사범학교 규정안〉, 〈학교관리 규정안〉, 〈학교관할 분획안〉, 〈교과서 심의선정 처리안〉, 〈절음切音자모 채용안〉, 〈소학교 교원봉급 규정안〉, 〈교육회 조직요강안〉 등이 법률 형식을 빌어 사회적 승인을 얻었다. 이때 제정된 교육제도가 바로 역사상 유명한 '임자계축학제'이다. 이 학제는 중국 근대교육 발전에 지대한 영향을 미쳤다. 이후 줄곧 사용해 온 '6·3·3학제'는 이때 결정된 것이다.

차이위안페이가 교육부장관 직을 맡은 기간은 겨우 반년에 불과했지만, 그는 중국 근대교육사상 불멸의 공적을 남겼다. 민국 초기의 역사적 환경과 열악한 조건에서 최고의 성과를 거두었다고 평가할 만하다.

그가 영도한 교육개혁은 봉건 청조의 교육제도에 강력한 충격을 가했다. 그는 '임자계축학제'를 제정하여 중국에 자산계급의 교육체제를 확립했을 뿐만 아니라, 일련의 새로운 교육법령을 반포하고 비교적 완전한 신형 교육체제를 마련하여 중국 근대교육 발전의 기초를 세웠다. 물론 중국 인민의 역량으로 일군 중국 근대교육의 발전을 차이위안페이 한 사람의 공으로만 돌릴 수는 없으나, 그의 헌신과 성과를 과소평가해서는 안 될 것이다.

사실 차이위안페이는 역사적으로 매우 유리한 호기를 맞았다. 청조가 전복되고 민국이 새로이 건립될 시기였기 때문에 구 왕조의 폐허 위에서 개혁에 착수할 수 있었다. 원래부터 난마처럼 얽힌 복잡한 교육문제를 풀어나가면서 꼼짝도 하지 않는 교육관료 집단의 지탄과 방해공작이 있었으나 그는 아랑곳하지 않았다. 만약 당시에 차이위안페이가 교육부장관이 아니었다면, 그 자신이 교육문제에 정통하지 않았다면 그 같은 개혁이 가능했을까? 그의 불굴의 개혁의지와 흉금을 털어놓는 도량, 인재에 대한 갈망에다 젊고 유능한 교육부 직원들의 헌신이 더해졌기에 겨우 반년 만에 이러한 개혁이 가능했던 것이다. 모르긴 몰라도 난징 임시정부의 어느 부서도 이와 같은 개혁을 이뤄내지는 못했을 것이다.[8]

당시는 민국 초기라 정국이 아직 안정되지 않았고, 그가 주도한 교육개혁 또한 극히 제한된 조건에서 진행될 수밖에 없었다. 게다가 곧이어 정국의 위기가 격화됐고 민국 정부는 폭풍 한가운데 놓이게 됐으니, 위안스카이의 베이양정부가 어느 겨를에 진정으로 교육개혁을 지지했겠는가? 군벌들도 정국이 혼미한 와중에 무슨 정신으로 교육을 중시했겠는가? 그들은 도리어 일체의 혁명을 억압하려 했으나, 차이위안페이는 열정적으로 교육개혁에 매진했다. 그러나 정정政情 불안으로 일부 합리적인 구상들은 실현되지 못했고, 법령으로 통과된 것들도 유명무실하게 문서상에 그친 것이 많았다. 이렇게 된 것을 차이위안페이의 탓으로 돌릴 것인가? 개혁적 선비들을 탓할 것인가? 개인의 힘으로는 뛰어넘을 수 없는 시대적 한계가 엄존했다고 할 수밖에 없다. 그러나 도도히 흐르는 창장長江과 황허黃河를 따라 시대와 사회는 전진하고, 선인들이 못 다한 일은 후세인들의 몫으로 남겨진다. 차이위안페이가 주도한 민국 초기의 교육개혁은 아직 미성숙한 중국 자본주의 경제의 토양 아래서 자란 덜 여문 과실과 같았다.

민국 시기에 접어들면서 교육적 열망을 품은 적지 않은 인사들이 많은 노력을 기울였다. 그 결과 어느 방면에서는 전진했으나 총체적으로 보면 구舊중국 교육은 세계 조류에 매우 뒤떨어졌고, 방대한 인민대중은 정상적인 생활을 할 수 없었으니 교육받을 권리는 더더욱 누리지 못했다.

식견과 안목을 갖춘 베이징대학교장

중국 근대교육사를 살펴보면 5·4 운동 시기의 베이징대학은 선명한 기치를 내걸고 중국혁명과 문화사업에 독특한 공헌을 했다. 베이징대학은 중국에 마르크스주의를 가장 먼저 전파한 과학·민주혁명의 요람이자 중국 신문화운동의 발상지이며, 중국혁명을 이끈 혁명가(당시 마오쩌둥은 20대 청년으로서 베이징대학 도서관 사서로 일하며 차이위안페이를 추종했다—옮긴이)와 학자 및 전문가를 다수 배출했다.

이러한 베이징대학의 발전을 논할 때 차이위안페이의 역할을 빼놓을 수 없다. 그는 낙후하고 부패한 옛 베이징대학을 개조하여 영광스러운 최고 학부로 개조했다. 그 결과 베이징대학은 당시 각지의 지식인들이 동경하고 후세 사람들이 흠모하는 전국 교육계의 전범典範이 됐다.

(1) 베이징대학교장에 취임

1916년 6월 6일, 나라를 훔친 대도大盜 위안스카이가 마침내 사망했다. 그의 죽음으로 고풍이 완연한 수도 베이징은 다시 생기가 감돌기 시작했다. 이러한 때 베이징에서 활동하는 저장성 출신 의원들이 모여 향우회를 개최했다. 그들은 차이위안페이를 귀국시켜 저장성 발전을 맡겨야 한다고 한목소리를 내었다.

당시 프랑스에서 떠돌던 차이위안페이는 이러한 의견을 접하고 전보를 쳐 다음과 같이 답했다. "귀국은 하겠지만 벼슬은 하고 싶지 않다." 이때 마침 베이징대학 후런위안胡仁源 교장이 사퇴 의사를 표명하자, 일찍이 베이징대학 교수를 맡고 있던 마쉬룬馬敍倫과 베이징 의학전문학교 학장 탕얼허湯爾和 등이 차이위안페이가 교장을 맡는 것이 안성맞춤이라고 여겼다.

이튿날 탕얼허는 교육부장관인 판위안렌에게 이 내용을 건의했다. 예전부터 차이위안페이와 단짝이었던 판위안렌은 차이위안페이를 교장으로 초빙해야 한다는 말을 듣고 매우 기뻐했다. 그리고 뤼위안훙 총통에게 그의 임명을 상신하는 한편, 차이위안페

이에게 귀국을 재촉하는 전문을 보냈다.⁹

9월 1일, 차이위안페이는 다음과 같은 전보를 받았다.

차이위안페이 선생께

국가가 점차 안정을 되찾으니 교육 분야의 일이 급선무로 떠오릅니다. 현재 수도의 최고 학부를 뭇사람들의 사표이시며 큰 선비인 선생께서 주도해주시기를 바랍니다. 해내海內의 인사들이 모두 선생을 경모하고 있습니다. 이에 특별히 전문을 보내 베이징대학교장으로 초빙하고자 하오니 여러 사람의 기대를 봐서라도 부디 조속히 귀국해주시기를 바랍니다. 즉시 출발하시도록 먼저 전문을 띄웁니다.

외교부 대리 판위안롄[10]

이에 차이위안페이는 1916년 11월 귀국하여 고향인 사오싱에 잠시 들렀다. 12월 26일에 북정부는 그를 국립 베이징대학교의 교장으로 임명했다. 차이위안페이의 회고를 보면, 부임 당시의 복잡한 사정이 잘 드러나 있다.

상하이에 도착하니 다수의 친구들이 베이징대학교장으로 부임하는 것을 만류했다. 이 대학은 몹시 부패하여 정비하기가 쉽지 않다는 이유에서였다. 아울러 역시 적지 않은 사람들이 부임을 강권했다. 이 대학의 부패가 심하다고 하니 누구든 와서 이 학교를 개혁해야 한다, 여러 의견에 구애받지 말고 한번 개혁을 시도해보는 것이 좋

겠다는 것이었다.[11]

 확고한 결심을 하지 못하던 그는 마침 상하이에 와 있던 쑨원 선생을 찾아가 상의했다. 쑨원은 차이위안페이의 이야기를 듣고 나서 부임을 적극 권했다. 쑨원은 그가 이 대학을 개혁할 적임자일 뿐 아니라, 이 기회를 활용해 북방에 혁명사상을 전파할 수 있을 것으로 생각했다.[12] 그는 쑨원의 말을 듣고 부임하기로 마음을 굳히고 베이징으로 향했다. 마침내 1917년 1월 4일, 차이위안페이는 부패한 베이징대학을 개혁하려는 야심찬 포부를 품고 교장에 취임했다. 이것은 그의 일생 중 찬란한 광채를 드리우는 역사의 서막이었다.

 다음은 베이징대학 개교 20주년을 맞이하여 어떤 사람이 쓴 노랫말이다.

> 교정의 수목들도 영재를 즐겁게 맞이하는구나. 청조의 경사대학당 京師大學堂을 뒤돌아 보니, 징산景山(자금성 북쪽에 위치한 작은 인공산—옮긴이) 너머로 해가 아름답게 비치는구나. 옛집에 새 주인이 들어와 규칙을 정하니, 봄의 밝은 기운이 강단을 깨우네. 춘풍이 불어오니 우수한 인재들이 그 재능을 마음껏 발휘하는도다. 푸른 바다에 풍랑이 일고 뇌성이 울리네. '사상의 자유' 아래, 그동안 인재를 기르기 위해 얼마나 많은 땀을 흘렸던가. 마침 다행스럽게도 이때에 차이蔡 선생을 만나니 기쁘기 그지없다. 헤아려보니 황망히 가는 세월 어느덧 20년이 지났구나.[13]

여기서 "마침 다행스럽게도 이때에 차이 선생을 만나니 기쁘기 그지없다"라는 가사에는 당시 베이징대학의 교수와 학생들이 차이위안페이에게 느낀 감사와 환영의 마음이 담겨 있다. 이후 베이징대학은 새로운 역사적 단계로 접어들었다.

베이징대학의 전신은 노랫말에 나오는 대로 경사대학당이다. 이 학당의 주요 부분은 사학원仕學院이었는데, 진사를 초빙, 거인擧人 출신의 7품 이상 관리들을 입학시켰으므로 학당은 관료적 색채가 매우 짙었다. 비록 신해혁명 이후 어느 정도의 발전은 있었지만 위안스카이가 황제가 되려는 야심을 본격적으로 드러내면서 이 대학은 부침을 반복했으며, 공자를 추존하고 경서를 강독하는 복고적인 기류가 출현했다.

일부 교원은 정부 관원으로서 이름과 직위만 걸어놓고 하는 일 없이 봉급을 받거나, 해마다 낡은 강의록으로 케케묵은 내용을 반복해서 가르치며 되는대로 세월만 보냈다. 학생들도 베이징대학 진학을 입신출세의 발판으로 삼았다. 돈 많은 학생들은 하인을 '거느리고' 등교하는 한편, 아편과 마작과 음주를 일삼으며 화류계를 전전했다. 상황이 이러했으니 학교다운 정기는커녕 학교 내에는 암울하고 음산한 기운이 자욱했고, 식견 있는 선비들은 중용되지 못했다.

당시 베이징대학의 총체적인 정황은 차츰 변하기 시작했으나 관료적 분위기를 모두 씻을 수는 없었다.[14] 차이위안페이를 맞이한 것은 이처럼 철저하게 부패한 베이징대학이었다. 굳센 의지와 실력을 갖춘 담력 있는 교장의 영도가 절실히 필요한 시기였다.

(2) 학생과 약법 3장

차이위안페이는 1917년 1월 4일 취임했다. 이날 학교 잡부雜夫들은 신임 교장이 부임한다는 소식을 듣고 일찍부터 교문 입구에 늘어서서 한참을 기다린 후 그에게 공손하게 고개 숙여 절을 하며 경의를 표했다. 과거의 교장들이 안하무인으로 그 같은 하층민은 거들떠보지도 않았던 것과는 달리, 차이위안페이는 모자를 벗고 인부들에게 정중하게 답례했다. 그의 이러한 태도는 사람을 평등하게 대하는 민주주의 교육가로서의 풍모를 나타낸 것으로 사람들을 크게 놀라게 했다.[15]

그로부터 며칠이 지난 1월 9일, 그는 고색창연한 마신묘馬神廟 강당에서 전교생을 대상으로 연설을 했다. 비록 그의 음성은 크고 낭랑하지 않았지만, 그 속에 담긴 힘과 간절한 정성은 1,000여 명의 학생들의 마음을 사로잡기에 충분했다.

그는 베이징대학을 심오한 학문연구를 위한 최고 학부로 만들겠다는 학교 운영방침을 천명했다. 이를 위해 약법約法 3장을 제정 실천하겠다고 발표했다. 첫째, 학생들은 커다란 포부를 품고 학문을 추구하며 학업에 힘써야 한다. 둘째, 모두 덕행을 연마하고 수신에 힘써야 한다. 셋째, 스승과 벗을 공경하고 사랑해야 한다는 것이었다.

그러면서 그는 학생들의 입학동기와 학문태도를 철저하게 분석하고, 당시 학생들 사이에 존재하는 괴이한 현상을 지적했다. 즉, 법과에 들어가는 것은 오직 입신출세를 위해서였고, '벼슬과 봉록을 구하는 첩경'이었다. 제도상 예과 수료 후 원하면 법과에 들어갈 수도 있고 문과나 이과에 입학해서 공부할 수도 있었으나,

학생들은 관리가 되려는 열망으로 오직 법과만을 선호했다. 뿐만 아니라 졸업생 중 상당수는 교원들과 '제휴'했는데, 이때 제휴 조건으로 해당 교원의 학문의 깊고 얕음은 아랑곳하지 않고 단지 그의 현재 벼슬과 지위의 높고 낮음만을 따졌다. 이런 관행에 대해 차이위안페이는 학생들에게 순수한 동기와 명확한 진로 설정, 공부에 대한 분명한 목표의식이 무엇보다도 중요하다고 가르쳤다. 연설의 요지를 살펴보자.

베이징대학 교장으로 취임하던 무렵의 차이위안페이(1917년).

일단 취지를 정했으면 스스로 올바른 방향으로 나아가야 한다. 제군들은 여기에서 3년 혹은 4년 동안 학업을 이수한다. 시간이 결코 많지 않으니 진실로 촌음을 아껴 학업에 힘써야 한다. 그래야 조예가 깊어진다. 만약 학생들이 벼슬과 돈벌이에 급급하면 애초에 정했던 취지는 어그러져 이탈하게 된다. 평소에 방탕하고 노는 것에 탐닉하여, 시험 때에도 강의 내용을 달달 외워 답안을 작성한다. 학문의 유무는 불문하고 오직 점수의 많고 적음만을 다툰다. 시험이 끝나면 책은 높은 누각 속에 묻어버리고 추호도 의문을 품지 않는다. 3, 4년을 이렇게 헛되이 보내고 되는대로 아무렇게나 책임을 때워 학위증만 손에 넣는다. 껍데기뿐인 졸업장에 의지하여 사회에서 활동을 하니 이것이 학문을 하려는 애초의 태도에 배치되는 것이 아니고 무엇이겠는가?

그의 강연은 너무나 절절하고 이치에 지극히 합당한 말이었다. 그는 청년들에게 재차 이렇게 강조했다.

세월을 헛되이 보내고 학문에 힘쓰지 않으면 곧 스스로를 망치게 된다. 지금 제군들은 이때에 그 기초를 튼튼히 하고 학문에 힘써야 한다. 그렇지 않으면 장차 사회에 나가 일을 처리하게 될 때 일을 그르치게 되고, 강단에서 강의하게 될 때 기필코 학생들을 잘못 인도하게 될 것이다. 그리고 정계에서 활동하면 반드시 국가를 망치게 될 것이다. 이것이 사람을 그릇되게 하는 것이다. 나를 그릇되게 하고 남을 망치는 것이 어찌 진심으로 원하는 바이겠는가? 그러므로 근본적인 생각이 옳아야 한다. 이것이 내가 바라는 바의 첫 번째이다.

그는 당시 베이양 군벌통치 하의 부패한 사회상을 겨냥하여 자신의 수양을 강화하는 것만이 나쁜 습속에 오염되는 것을 방지하고, 나아가 퇴폐한 풍속을 바로잡으며 사회를 개조할 수 있는 길임을 역설했다.

그는 특히 '덕행의 연마'를 강조했다.

바야흐로 오늘날의 풍속은 날로 투박하고 도덕윤리가 상실되어 베이징은 더욱 조악하고 졸렬한 사회가 됐다. 보고 듣는 것마다 부패하고 행동을 망치게 하는 그릇된 습속뿐이며, 이러한 부패의 뿌리가 너무 깊어 나쁜 습속에 물들지 않을 수 없다. 제군들은 대학에서 학업을 이수하는 동안 심신을 수양하고 자신을 사랑할 수 있어야 한다. 국가의 흥망성쇠에 따라 풍속의 후박厚薄함을 엿볼 수 있다. 나

뿐 습속이 이와 같이 만연해 있으면 그 앞길은 말할 것도 없다. 그러므로 반드시 빼어난 선비들은 솔선수범하여 퇴폐적인 풍속을 바로잡는다. 제군들은 대학생으로서 그 지위가 매우 높으므로 감당해야 할 짐이 무겁고 이러한 책임을 남에게 전가할 수 없다. 그러므로 제군들은 자기 자신만을 수양할 것이 아니라 다른 사람들이 갈고닦도록 도와주어야 한다. 만일 덕을 닦지 않고 배우고 익히지 않으면 그릇된 풍조와 한통속이 되어 휩쓸리게 될 것이다. 오염된 세태에 섞여 자신도 경멸을 당하면서 어떻게 남을 감화시킬 수 있겠는가? 그러므로 근신하여 품행을 바르게 하지 않으면 안 된다. 이것이 내가 바라는 두 번째이다.

그는 학생들에게 더욱더 스승을 존경하고 벗을 사랑하라고 요구했다.

교수가 가르치는 것과 직원의 임무는 제군들의 공부에 편의를 도모하는 것이다. 그런데 제군들이 충심으로 움직여주지 않아서야 되겠는가? 성실로써 상대를 대하고 존경과 예의를 더해야 한다. 동학이 한 교실에 모여 공부하는 가운데 서로 아껴주어야 하고, 그렇게 되면 아마도 절차탁마의 효과를 거둘 것이다. 솔직담백하며 더욱 도의 道義로써 서로에게 권면해야 한다. 스승과 벗이 서로 경애하는 것, 이것이 내가 바라는 세 번째이다.[16]

철저한 분석을 바탕으로 한 이 같은 열변은 학생들의 마음에 깊이 파고들었다. 그가 제기한 세 가지 요구는 당시 대학생활의 몇 가지 근본문제, 학생들의 학문자세, 인간됨과 처신과 관계된 것으로 베이징대학의 지도지침이 됐다.

(3) 우수한 교수진 확보

대학의 업무 중심은 교학이며, 교학 수준의 높고 낮음은 교수의 자질에 달렸다. 베이징대학을 개혁하고자 했을 때 차이위안페이는 우선 학문적 식견이 있으며 열정적이고 성실한 교원을 널리 초빙하여 학생들이 학문을 연구하는 데 흥미를 갖도록 했다.[17]

그는 먼저 문과부터 개혁했다. 문과의 적폐가 심각하고, 완고한 수구주의자들이 적지 않게 포진하여 대학 발전에 장애가 됐기 때문이다. 그는 탕얼허, 선인모沈尹黙 등 오랜 친구들과 이 문제를 상의했다. 탕얼허는 천두슈(1879~1942)를 문과대학 학장으로 추천했는데, 이는 오늘날의 문학원 원장에 해당한다. 천두슈의 자는 중푸仲甫이며, 안후이성 화이닝懷寧 사람이다. 원래 천유지陳由己로 불렸는데, 1904년 비밀반청활동을 하면서부터 차이위안페이와 잘 알게 됐다.[18] 청 정부에 체포된 적도 있는 그는 후에 일본으로 유학하여 신학문의 세례를 받고 급진주의자가 됐다. 1903년부터 1914년까지 〈국민일일보國民日日報〉, 〈안휘속화보安徽俗話報〉, 《갑인잡지甲寅雜誌》 등의 편집에 관여했고, 1915년 9월 상하이에서 《청년잡지青年雜誌》를 창간했다. 이 잡지는 이듬해 '신청년'으로 개명하고 신사상을 선전하여 학계에 명성이 자자했다.

현자賢者 초빙을 갈망했던 차이위안페이는 베이징대학에 온 지 열흘 만에 천두슈를 문과대 학장으로 초빙했다. 1917년 11월에 차이위안페이는 또 저명한 학자인 리다자오李大釗(1889~1927)를 대학 도서관 주임으로 초빙했다. 그의 자는 서우창守常이며, 허베이성 러팅樂亭 사람이다. '북에는 리다자오, 남에는 천두슈'라고 불리던 두 거인이 베이징대학에 같이 근무하게 되자, 차이위안페이는 호랑이가 날개를 단 것처럼 힘을 얻었다. 그는 이 두 사람의 추천으로 새로운 사람들을 끌어들였고, 베이징대학의 개혁은 이로부터 일취월장했다.

일찍이 이 대학에 몸담고 있던 첸쉬안퉁錢玄同, 선인모, 선젠스沈兼士 등 신사상을 구비한 이들 외에 저우위차이周豫才, 저우수런周樹人(필명 루쉰―옮긴이), 저우치밍周啓明, 류반눙劉半農, 양창지楊昌濟(마오쩌둥의 장인―옮긴이), 마쉬룬, 천위안陳垣, 쉬베이훙徐悲鴻 등 학자들을 연이어 초빙하여 베이징대학의 교수로 임명했다.

당시 후스胡適(1891~1962, 안후이성 지시績溪 사람)는 제2차 경자년 배상금으로 미국에 유학한 학생이었다. 그는 〈문학개량추의文學改良芻議〉라는 글을 《신청년》에 발표했다. 이 글에서 문장은 모름지기 내용이나 실질이 있어야 하며, 옛사람들의 문학개량에 대한 몇 가지 주장을 단순히 모방해서는 안 된다고 주장하여 문단을 뒤흔들었다. 그는 또한 천두슈와 교류하며 일련의 새로운 관점을 제기했다. 차이위안페이는 천두슈의 소개로 후스를 교수로 초빙했고, 그는 주로 중국 고대철학사를 강의했다. 이리하여 천두슈를

차이위안페이가 베이징대학 문학교수로 초빙한 후스.

수반으로 하는 문학혁명 진영이 갖추어졌다.

이과 방면에는 저명한 학자인 샤쩡유의 아들인 물리학자 샤위안리(샤푸쥔夏浮筠이라고도 함)를 학장으로 임명했다. 그 밖에 전문학자인 리중쿠이李仲揆(리쓰광李四光이라고도 함), 옌런광顔任光, 윙원하오翁文灝, 딩쉰푸丁巽甫, 왕푸우王撫五, 런훙쥔任鴻雋, 리수화, 주자화朱家驊 등을 초빙했고, 원쭝위溫宗禹를 공과학장으로 임명했다. 법과대 학장으로는 왕젠쭈王建祖를, 법대 교수에는 마인추馬寅初, 타오멍허陶孟和, 저우겅성周鯁生 등의 저명한 학자를 불러들였다.

차이위안페이는 실력 있는 교수를 널리 초빙하는 동시에 유명무실하여 교원이라 부를 수 없는 사람들을 솎아냈다. 외국 국적을 가진 교원들도 예외가 아니었다. 단지 서양인이라는 이유만으로 학생들을 호도하고 봉급을 갈취하는 이들을 차이위안페이는 몹시 혐오했다. 그래서 학문적 능력이 결여돼 있다고 판단되면 계약 규정에 따라 그들을 해임했다. 그 과정에서 해임된 한 외국인 교직원이 난동을 피우며 공사관에 달려가서 고발장을 접수한 일도 있었다. 외국 공사는 바로 차이위안페이를 찾아왔는데, 차이위안페이는 그 교직원을 방치하는 것은 이치에 맞지 않아서 해임할 수밖에 없다고 응대했다. 그러자 이 외국 공사는 "차이위안페이! 당신이 계속 교장을 할 수 있는지 어디 두고 보자"라고 면전에서 협박했으나, 그는 태연히 일소에 부쳤다.

일대 개혁을 거쳐 베이징대학은 교직원의 면모를 일신했다. 1918년 통계자료에 의하면 당시 학교의 전 교직원 수는 200여 명이었고, 이들의 평균연령은 30세에 불과했다. 천두슈는 36세였으며, 30세가 채 안 된 청년교수들도 10여 명이나 있었다. 예를 들어 량수밍은 22세, 쉬자황徐家璜은 25세, 주자화는 26세, 류원뎬劉文典과 후스는 각각 28세였다. 더욱 고무적인 것은 이들이 전문적 식견과 막강한 실력을 구비했고, 혁신적인 경향을 보였다는 점이다. 이는 대학의 개혁에 필요한 기반과 조직의 견실함을 말해주는 척도이다. 유능한 중견학자들을 다수 충원한 베이징대학은 힘차게 도약했다.

(4) 학과 정비와 민주적 관리체제 도입

차이위안페이는 여기에 머무르지 않고 국가에 유용한 인재를 배출하기 위해 대학의 관리체제와 학과 설치, 교과과정과 그 내용상의 조정과 개혁을 꾀했다. 그는 이 방면에서 몇 가지 탁월한 조치를 취했는데, 주요 내용은 다음과 같다.

첫째, 학과의 정비이다. 당시 베이징대학에는 문과, 이과, 공과, 법과, 상과 등 5개 과科가 개설되어 있었다. 문리 양과는 기초 훈련의 성격을 띤 것이고, 농공상법학과는 곧 응용학문이었다. 그런데 베이징대학의 건물과 시설 및 설비는 제한되어 응용학문을 할 만한 조건이 구비되어 있지 않았다. 당시 이 대학의 공과는 겨우 토목분야 2개 학과와 채광, 야금 각 1개 학과만이 개설되어 매우 불완전했다. 한편 똑같은 국립대학인 베이양北洋대학이 베이징과 지근거리인 톈진에 있었다. 베이양대학 공과에 개설된 과목과 베이징대학의 그것은 중복됐고, 영어학습 기자재나 초빙한 영어교원 등도 피차 중복됐으며, 수강생들도 양 대학의 공과학생을 통틀어 1,000명 미만이었다. 한 학교를 꾸려가기도 부족한데 헛

되이 국가재정을 낭비해서야 되겠는가.[19]

차이위안페이는 베이징대학의 공과를 톈진의 베이양대학과 통합하고, 베이징대학은 문과·이과·법과의 3개 과만 집중적으로 육성하자고 주장했다. 이과와 공과의 분리는 장기적 관점에서 볼 때 유리할지는 몰라도 당시로선 다분히 문제의 소지가 있었다. 그러나 그는 실정에 비추어 여건이 불비한 학과는 철폐하고 인적·물적 자원을 문과·이과·법과를 육성하는 데 집중하는 것이 더 적절하다고 보았다. 그는 무엇보다 기초이론 분야를 중시했고, 대학에서도 이 분야의 학문발전을 심도 있게 추진했다.

1917년 겨울, 차이위안페이는 문과 관계자와 협의하여 중국사학 과목을 개설하고 이과에서는 지질학 과목을 개설했다. 중국에서 지질학이 독립학과로 개설된 것은 이것이 처음이었다. 1919년에는 전공 분류 단위인 문門을 학과 단위인 계系로 바꾸었다. 베이징대학 3개 과에 공통으로 다음과 같은 과목이 개설됐다. 국문학, 영문학, 독문학, 불문학, 철학, 사학, 수학, 물리학, 화학, 지질학, 법률학, 정치학, 경제학, 상학 등 14개 계열系列이 그것이다. 그리하여 베이징대학은 전국에서 가장 완비된 대학의 면모를 갖추게 되었다.

둘째, 학생의 선택과목제를 실행했다. 본과 학생은 모두 80개 과목을 이수하면 졸업할 수 있었는데, 그중 필수과목과 선택과목이 반씩 차지하게 했다. 학생들로 하여금 학습에 대한 자각과 주체성을 갖게 하여 지식을 넓혀 보충하기 위함이었다.

셋째, 예과의 개혁이다. 예과는 중학中學(초급중학은 우리의 중학교, 고급중학은 우리의 고등학교에 해당한다—옮긴이)과 대학 본과 사이에 있는 일종의 과도교육 형태라 할 수 있다. 즉, 고등학생이 대학 본과에 승급하기 전의 예비단계이다. 그러나 당시 베이징대학의 예과는 대학 자체에서 자연스레 생겨난 과정으로, 일반에 문호門戶를 개방하고 자칭 '예과대학'이라 했다. 그런데 이러한 예과과정과 장차 본과로 승급하는 학업 사이에 전혀 연관성이 없었다. 심지어 대학 1년생 과정을 이수하면 예과 3학년 과정을 수료한 것으로 인정하는 경우까지 있었다. 그 결과, 막상 학생들이 대학에 진학했을 때 대학 1년생 과정이 중복되어 학습에 흥미를 잃고 좌절하는 사태가 벌어졌다. 이러한 폐단을 없애고자 차이위안페이는 1917년 가을에 독립적으로 존속해온 3년제 예과를 폐지하고, 문과·법과·이과의 3개 학과 안에 2년제 예과를 부설했다. 아울러 예과교육도 본과 학장이 주관하게 하여 모든 교육과정을 본과 교수가 담당하게 했다. 이러한 조치로 예과 존치의 본래 의미가 회복됐다. 예과제는 여러 해 동안 유지됐으나, 후에 많은 논의를 거치면서 중학과 대학은 계속 이어지기만 하면 되므로 예과를 철폐할 수도 있다고 여겼다.

넷째, 그의 베이징대학교 개혁에서 가장 중요한 것은 '대학관리의 민주화' 실현이었다. 이와 관련하여 그는 한 연설에서 다음과 같이 말했다.

> 내가 처음 베이징대학에 와서 보니 기존 방식대로 학교가 운영되고 있었다. 즉, 모든 교무는 대학교장과 학감주임, 서무주임 등 소수가 처리했고 학장에게도 의견을 구하지 않았다. 나는 이를 부당하다고 여겨 1단계로 교수대표들로 구성된 평의회를 조직하여 입법 분야의

일을 의결했으며, 학장의 권한을 회복시켜 그들에게 행정업무를 분담시켰다. 그러나 교장과 학장은 여전히 소수에 불과했다. 그래서 2단계로 각 과의 교수회를 조직하고 교수회의에서 공개추천된 교수회 주임이 교무를 분담했다. 아울러 행정회의를 설립하여 교무 이외의 사무는 모두 합의제를 취했으며, 사안의 성격에 따라 각종 위원회를 조직하고 연구 및 각종 업무를 처리했다.[20]

평의회는 대학 최고의 입법기구이자 권력기구로서 평의원으로 구성되었다. 평의원은 각과 학장과 교수 중에서 선출하고, 매 5명의 교수가 한 명의 평의원을 선출했다. 대학교장은 평의회의 당연직 의장이었다. 행정회의도 설립됐는데, 이것은 대학 최고의 행정기구였다. 행정회의는 각 전문위원회의 위원장과 교무처장, 총무처장으로 구성되며, 대학교장은 의장을 겸했다. 각 학과의 교수회에서는 학과의 교학 임무를 규정하고 관할했다. 학과주임은 교수 중에서 선발하며 임기는 2년으로 정했다. 교무처장은 각 학과 교수회 주임이 추천·선발하며 임기는 1년으로 했다. 마인추, 구멍위顧孟余, 후스 등도 교무처장으로 선발되어 일했다.

차이위안페이는 이처럼 민주적으로 선출된 직책의 권한을 중시했으며, 절대 형식주의를 취하지 않았다. 다음 일화는 그의 민주정신이 어떠했는지 보여준다. 당시 베이징대학 규정에 따르면 현직 관리의 서명과 도장이 찍힌 보증서를 제출해야만 입학할 수 있었다. 그런데 마위안차이馬元材라는 학생이 이러한 규정을 비판하며 차이위안페이에게 편지를 보냈다.

내가 불원천리하고 이 대학에 온 것은 '민주적 공기'를 마시기 위함이며, 또한 독립자존의 정신을 기르기 위해서였다. 그러나 뜻하지 않게 아직도 입학이 허가되지 않았다. 강제적으로 더러운 냄새가 나는 경관京官(구 청조의 관리, 여기에서는 대학의 직원을 가리킨다—옮긴이)의 면전에 머리를 조아리고 사정하는 것은 사람으로서 하지 못할 짓이다. 만약 이러한 보증서가 반드시 필요하다면 나는 곧 자퇴하겠다.

차이위안페이는 곧 그에게 답신을 보냈다.

프랑스의 각 대학은 본래 보증서가 필요 없는 입학제도를 취하고 있다. 단, 우리 대학은 교수회의에서 학교운영을 결정하므로 제도를 바꾸려면 반드시 교수회의를 거쳐야 한다. 교수회 의결이 이루어지기 전에라도 마군馬君이 내 개인 보증이라도 좋다면 곧 교장 사무실의 쉬바오황 비서장을 찾아 나 대신 서명과 도장이 날인된 보증서를 받으면 된다.[21]

이 같은 차이위안페이의 노력 덕분에 베이징대학은 조직과 제도 면에서 봉건적 색채가 짙은 학부에서 새로운 대학으로 면모를 새롭게 했다. 그는 계속해서 베이징대학의 발전을 위해 웅지를 품고 분투노력했다. 100년의 유구한 역사를 지닌 베를린대학을 학교발전의 모범으로 삼고 장차 이 대학을 따라잡기를 숙원했다.

베이징대학의 20년 역사는 베를린대학의 5분의 1밖에 안 된다. (…)

그러나 맹렬한 기세로 따라잡으려 하니 어찌 이 대학과 대등하게 발전하지 않겠는가?[22]

(5) 평민 교육 확대

차이위안페이가 베이징대학에서 이룬 또 하나의 중대한 개혁은 평민을 위한 교육을 실천한 것이다. 그는 일관되게 사람이면 빈부귀천을 막론하고 누구나 교육받을 권리가 있으며 그 기회가 주어져야 한다고 주장했다. 그는 여러 가지 방법을 취하여 평민들도 최고 학부에 진학하여 공부할 조건을 창안했다. 그는 신입생들에게 품행을 강조하고 자격은 묻지 않았다. 그리고 엄격한 시험을 거쳐 실력이 없는 귀족 자제의 입학을 제한했다.

대학의 문턱을 낮추는 한 방안으로 청강생을 확대하여 베이징대학에 정식으로 입학하기 어려운 청년들도 강의를 들을 수 있도록 했다. 공동거주단지에 사는 적지 않은 곤궁한 학생들이 생업에 종사하며 강의를 듣는 이른바 '주경야독'을 실천했다. 이 중 많은 학생들이 학업을 마치고 이후 혁명에 투신했다. 더욱 주목할 만한 조치는 대학에 야간반을 개설하여 학교의 잡역부들에게도 학습기회를 제공한 것이다. 이것은 당시로서는 천지가 개벽할 노릇이었다. 학교의 잡일을 도맡아 하며 하층민들로 취급당했던 이들이 당당하게 공우工友(학교에서 일하는 수위나 잡역부 등 하층민—옮긴이)대학 강당에서 공부할 수 있게 된 것이다.

1918년 4월 14일, 이들을 대상으로 한 야간반이 정식으로 개설되어 입학식이 성대하게 거행됐다. 230여 명에 이르는 대학 공우들이 참석한 자리에서 대학교장인 차이위안페이는 연설을 했다.

이들은 모두 장삼 차림에 가슴에 꽃을 달고 문과 제1교실을 가득 채운 채 정신을 집중하여 그의 강연을 들었다. 그의 연설문 가운데 일부를 인용해보자.

> 보통 사람들은, 대학은 학생들의 교육을 위해 마련된 곳이라 여기니 사환 등 학교 잡역부들이 어떻게 대학에서 공부를 할 수 있겠는가? 그러나 그들은 대학도 일종의 '사회'라는 것을 알지 못한다. 작게는 가정이나 상점, 크게는 국가에 이르기까지 반드시 사회를 구성하는 개개인들이 모두 다 이 사회와 밀접한 관계를 맺고 있다. 그러니 사회의 성격을 깊이 알아 각자 맡은 바 책임을 다해야 한다. 따라서 사람은 배우지 않으면 안 되므로 때때로 배워야 한다. 제군들은 이미 나이가 적지 않으므로 여러 가지 일로 제법 바쁠 것이다. 그러나 내 경우에는 휴가를 보낼 때도 오히려 책을 놓지 않는다. 교직원들도 이들(곧 잡역부 출신 야간학생―옮긴이)이 학업에 힘쓰도록 모두 격려하고 힘써 도와야 한다. 제군들 혼자서는 학업의 기회를 얻기가 어렵고 따라서 무미건조한 생활을 면할 수 없다. 이러한 이유로 야간학교 과정을 개설하게 됐다. 그리고 금일 특별히 정중하게 개학식을 거행하게 된 것이다.[23]

그는 어렵게 입학한 공우들을 잘 이끌어 이들이 각자 성실하게 야간학습에 매진하게 했다.

1920년 차이위안페이는 여기서 한발 더 나아가 대학이 마땅히 사회에 문호를 개방해야 한다는 논리를 펴 이를 실행했다. 그해 1월 18일 그의 지지와 후원 아래 학생회가 주축이 되어 대학에 평민야학 과정을 개설했다. 이는 남녀공학을 실행하는 계기가 됐다. 그는 평민야학 개학식에도 직접 참석하여 강연을 했다.

종전에는 이러한 평민야학을 불허했다. 현재는 누구나 다 평민야학에 입학할 수 있다. 종전에 베이징대학에 걸려 있던 '마신묘馬神廟'라 씌여 있는 편액은 호랑이 머리 모양을 방불케 했다. 사람들은 그것을 보면서 위압감을 느꼈고, 학당을 중요한 곳으로 여겨 함부로 들어가지 못했다. 학당은 전국의 최고 학부로서 단지 대학생과 교직원만이 들어갈 수 있었으며, 과객들은 아무도 학교에 들어갈 수 없었다. 이러한 생각은 베이징대학 부근에 사는 사람들도 마찬가지였다. 현재 이 편액은 이미 제거됐다. 베이징대학이 평민야학 과정을 개설함으로써, 대학이 누구에게나 교육받을 권리를 제공하는 장場의 역할을 한 셈이다. 단, 대학 내에 있는 사람만 교육을 받는 것으로는 만족할 수 없으며, 더욱 확대하여 전국의 모든 사람들이 이 같은 교육받을 권리를 누려야만 한다고 생각했다. 그래서 먼저 일부 사람들을 중심으로 평민야학을 개설하게 됐다. 이리하여 평민도 대학에서 교육받을 권리를 누리게 됐다.[24]

평민야학 개학식이 열린 날은 베이징대학에서 평민이 교육을 받게 된 역사적인 첫날로 기록됐다. 차이위안페이는 '평민야학'을 무엇보다도 큰 '대사大事'로 여겼다. 평민도 대학에서 교육을 받아야만 누구나 교육받을 권리를 갖는 교육평등의 원칙이 구현된다고 여긴 것이다. 그는 베이징대학을 전국 최고 학부로 육성하고, 고급인재를 배출하는 심오한 학문연구기관으로 발전시키는 동시에 평민들의 교육평등권 문제도 결코 잊지 않았다. 그래서 자신의 힘이 미치는 범위 내에서 평민들도 대학에서 교양 및 전문지식을 흡수하도록 힘썼다. 당시로서는 참으로 보기 드문 진기한 일이었다.

(6) 학문적 자유와 다양성 고취

차이위안페이는 학술적인 면에서 '겸용병포兼容竝包(모든 사상을 두루 포용—옮긴이), 사상자유'를 제창했다.[25] 이것은 대학 전체에 광범위한 파급효과를 불러왔다. 한마디로 봉건적 유습과 정치적 공기로 음습해진 베이징대학을 학술적 분위기가 충만한 대학으로 바꾸어놓았고, 사상의 자유가 충만한 최고 학부로 변모시켰다. 이를 두고 일부 논자들이 당시 베이징대학의 실제 상황 및 사상자유의 원칙이 낳은 객관적 효과를 외면한 채, 이것을 신구사상의 조화와 절충에 지나지 않는 '황당무계한 사이비 잡설'이라고 혹평한 것은 이치에 맞지 않는다 하겠다.

차이위안페이가 '겸용병포, 사상자유'의 원칙을 제창하게 된 배경에는 당시 베이징대학의 어두침침하고 열악한 상황이 자리잡고 있다. 서구 학술사상의 영향을 받은 그는 중국 대학이 유아독존적 유가학술을 신봉하는 완고한 봉건사상의 첨병 역할을 하는 것에 반대했다. 대학은 모름지기 '대전大典을 포괄하고, 백가의 학설을 망라하는' 명실공히 최고의 '학부'여야 한다는 것이었다.

이를 위해 그는 대학 내에 각종 학파가 병존해야 상생할 수 있고 학술발전을 도모할 수 있다고 여겼다.

《예기》,《중용》 가운데 이러한 구절이 보인다. '만물이 나란히 성장 발전하고 서로 간에 해를 끼치지 않는다. 도는 병존하며 서로 어긋나지 않는다.' 이는 신체의 오장육부와 같다. 오장과 육부는 다 좌우가 있고, 호흡기관도 출입하는 부분이 있다. 피부도 강함과 부드러움이 있어 서로 상반되는 것 같지만 상생의 기능을 한다. (…) 각국 대학에는 철학의 유심론과 유물론이 병존하고, 문학과 예술에도 이상파와 현실파가 공존하며, 경제학에도 간섭론과 방임론이 존재한다. 윤리학에도 동기론과 공리론이, 우주론에도 낙천주의와 염세주의가 병립되어, 항상 그 가운데서 서로 대치하기도 하고 조화를 꾀하기도 한다. 이러한 '사상자유의 원칙'이 존재하기 때문에 대학이 위대한 것이다.[26]

대학을 경영하는 사람은 마땅히 이러한 기백을 지녀야 하지만, 베이징대학이 민주과학의 보루 역할을 한 데에는 차이위안페이 개인의 기질과 도량이 크게 작용했음을 읽을 수 있다. 당시 그가 '겸용병포, 사상자유의 원칙'을 추진하게 된 것은 진화론과 무관하지 않다.

우리는 각 대가의 학설과 각 대학의 통례에 의거, 사상자유와 겸용병포의 원칙을 따르는 것이다. 물론 어느 학파든 학설이나 이치가 맞으면 지지를 받게 되어 자연도태의 운명에 이르지 않는다. 즉, 피차 논리가 상반되더라도 자유롭게 의견을 펼치고 뻗어나가도록 조장하고 경청해야 하는 것이다.[27]

각종 학파와 사상이 대학 안에 공존하며 여러 목소리를 내는 것은 지극히 당연한 일이다. 사람들은 이 목소리들을 구별하고 비교하여 각자 나름의 관점을 취사선택하면 된다. 각 학파의 관점은 만물이 자생하기도 하고 자멸하기도 하는 것과 같은 이치이다. 학술의 발전은 백가쟁명百家爭鳴을 통해서만이 우승열패에 이를 수 있고, 높고 낮은 것, 길고 짧은 것을 재어보고 나서 장점을 취하고 단점을 보완하는 과정을 거쳐 이루어지기 때문이다. 무엇보다 사상자유의 원칙은 청년학생들로 하여금 독립적 사고를 제고하여 진위를 판별하는 능력을 갖게 한다.

차이위안페이가 베이징대학의 개혁에 착수하자, 노소를 불문하고 비난의 화살이 빗발쳤다. 그들은 유언비어를 날조하고 악의에 찬 비방을 퍼부었다. 그들은 차이위안페이의 대학 경영방침과 여러 정황을 이해하지 못한 채 한꺼번에 비난을 쏟아냈다. 차이위안페이는 다방면으로 힘써 변론하고 여러 사람의 의구심을 해소시키려 했다.

그는 《월간 베이징대학北京大學月刊》 발간사를 통해 봉건주의의 편협한 틀 속에서 사고하며 이러한 생활에 찌든 사람들의 논리를 반박했다.

우리 중국은 수천 년 동안 내려온 학술 '전제專制'의 누습을 답습하다 보니 견문이 미치는 바가 매우 편협하여 한 분야의 이론만 고집한다. 우리 대학에도 근세문학 1개 과가 있다. 이 학과에서는 송·원대 이후의 소설과 희곡 극본을 연구하고 가르치는데, 이것을 트집잡아 구 문학을 배척한다고 여긴다. 그러나 주·진, 양한兩漢의 문학,

육조의 문학, 당·송대 문학강좌는 원래부터 개설되어 있었다.

또 우리 학교의 윤리학은 구미의 학설만을 응용하고 따르며, 중국 고유의 윤리학은 폐기했다고 비방한다. 이것은 잘 모르고서 하는 말이다. 철학의 분야 가운데 주·진의 제자백가, 송·원대의 도학을 모르고서 어떻게 제대로 철학을 연구할 수 있겠는가? 또 들으니 우리 대학에 강사를 초빙하여 불교학을 강의하는 것이 곧 불교를 제창하는 것이라고 하는데, 이것은 불교가 인도철학의 한 갈래인 것을 모르고서 하는 얘기다. 불교학은 심리학과 논리학의 인증을 근거로 하며, 애초에 종교와 무관할뿐더러 불교학을 강의한다고 해서 결코 '사상자유의 원칙'을 파기하는 것은 아니다. 그것은 하나만 알고 둘은 모르고서 하는 얘기여서 심히 괴이할 뿐이다. 마침《월간 베이징대학》 발간을 계기로 학교 밖의 독자들에게 우리 대학의 '겸용병포주의'를 알게 하며, 아울러 낡은 견해로써 사상의 자유를 얽어매려 해서는 안 된다는 것을 선포하고자 한다.[28]

'겸용병포와 사상자유'의 구호 아래 차이위안페이는 각 학과가 관점을 펼쳐 자유롭게 발전하도록 조장하려 했다. 이리하여 각파가 병존하여 백가쟁명과 흡사한 국면이 출현했다. 예를 들면, 천제스陳介石와 천이장陳議章을 주축으로 하는 '문사文史파'는 선인모 일파와 다른 학파였다. 또 황지강黃季剛 일파의 문장 유형은 후스 일파의 그것과 상이했다. 이처럼 당시 베이징대학의 학파들은 각자의 관점에서 학문을 연구했고 서로 방해하지 않았다. 외국어교육과 관련해서도 영어에 편중된 구습을 바로잡고자 프랑스·독일·러시아문학과를 증설했고, 세계어(에스페란토)도 선택과

목의 범주에 집어넣었다.[29]

이런 노력 덕분에 강당 내에도 생동적인 학술 분위기가 감돌았고, 백화문 사용파와 문언문 사수파, 유물론을 선전하는 파와 유심론을 주장하는 파 간에 날카롭게 대립각이 세워졌다.

베이징대학의 삼원三院강당에서는, 후스가 미국 유학 때 익힌 민주적·자본주의적 관점과 방법에 근거하여 '중국철학사'를 강의했다. 동시에 이원二院강당에는 인도철학과 불교학에 조예가 있는 량수밍이 유창한 언변술을 구사하며 열변을 토했다. 이 두 사람의 강좌는 토요일 오후에도 수강생들이 줄을 서서 기다릴 정도로 인기가 있었고, 학생들은 자유롭게 이들의 강의를 선택해서 들을 수 있었다.

문자학 방면에서는 황칸黃侃은 구파요 첸쉬안퉁은 신파로서, 두 사람의 관점은 첨예하게 대립했고 둘 다 상대방의 관점을 수긍하려 하지 않았다. 두 사람은 각자의 관점에 입각하여 강의했고 스스로 옳다고 여겼다. 한번은 첸쉬안퉁이 강의 중에 역시 맞은편 교실에서 강의하는 황칸과 마주쳤다. 황칸은 고개를 흔들고 괴성을 지르면서 큰 소리로 첸쉬안퉁의 관점을 비판하며, 옛사람의 교훈과 논거에 맞지 않는 황당한 주장이라고 매도했다. 그러나 첸쉬안퉁은 '당신은 당신의 케케묵은 지식이나 자랑하라'는 듯 전혀 개의치 않고 당당하게 자신의 논점을 펴며 강의를 진행했다.

당시 유명한 천두슈나 신문학을 주장하는 젊은 교수들인 후스, 첸쉬안퉁, 류반눙, 공산주의자 리다자오, 루쉰 등 내로라하는 신파 인물들이 모두 베이징대학의 주요 구성원이었다. 베이양군벌의 통치질서 아래 완고한 사상의 보루로 군림했던 베이징대학은 이들의 활약에 힘입어 신문화운동의 진원지로 탈바꿈했다. 이것은 곧 역사의 필연법칙이요, 차이위안페이가 '사상의 자유와 겸용병포'의 토양을 닦고 파종한 데서 비롯된 풍성한 수확이었다.

차이위안페이는 이러한 신·구사상이나 신·구문화의 교체를 간단하게 처리하지 않았다. 단순히 기계적으로 낡은 것을 새로운 것으로 대체하려고 하지 않았다. 바로 이 점이 그가 역대 교장보다 뛰어난 점이라 할 수 있다. 그는 모든 교수를 대할 때 그 사람이 어떤 관점을 견지하는지를 따지지 않고 차별 없이 동등하게 대했고, 예의를 갖추었다. 특히 신파 교수들의 역량을 믿고 헌신적으로 지지하며 뜻있는 청년교수들이 온전히 뿌리내릴 수 있도록 붙들어준 동시에, 구파 교직원들에게도 매우 신중하게 대했다.

예를 들면 문학 분야에서 차이위안페이는 신파를 지지하고 신파에 경도됐다. 그러나 기존의 국학 연구자가 옛것을 고수하여도 이를 반대하지 않았다. 이들도 연구성과가 있으면 재차 초빙했으며, 특별히 그들의 인격을 존중했다. 무릇 한 가지라도 전문지식이 있으면 초빙하여 그가 가진 지식을 활용하도록 했다. 단지 재능과 식견을 따졌을 뿐 학위 등 외형적 자격은 불문에 부쳤다.

이를 보여주는 일화가 있다. 당시 량수밍이 베이징대 입학시험에 쳐서 불합격했으나 후에 《동방잡지東方雜誌》에 제법 수준 높은 불교철학 논문을 발표했다. 차이위안페이는 그의 글을 읽고 일가一家를 이룬 사람의 글이라 여겨 극찬하고, 그를 파격적으로 대학에 초빙하여 인도철학을 강의하도록 배려했다.

교원은 학문적 조예의 유무를 기준으로 채용해야 한다. 예를 들면 복벽론자復辟論者(황실을 복원하자는 주장을 펴는 사람―옮긴이)는 민국 시절에 배척을 당했는데, 본교 교원 중에 변발을 늘어뜨리고 복벽론을 견지하는 자가 있었다. 그가 전수하는 바는 영국문학이었고 이는 정치와 무관하여서 그를 받아들였다. 또 본교 교원 중에 주안회籌安會(위안스카이의 황제 즉위를 지지하는 모임―옮긴이)의 발기인이며 청의소請議所에 의해 죄인으로 지목된 자가 있었다. 그러나 그가 가르치는 바가 고대문학으로 정치와 무관하므로 그를 받아들였다. 기방을 출입하고, 도박을 일삼으며, 축첩을 하는 행위 등은 본 대학 진덕회進德會(차이위안페이가 베이징대학에 조직한 도덕규율 모임―옮긴이) 규정에 따라 삼가는 바이다. 그런데 교원 중에 음란한 시사詩詞를 잘 짓고 첩을 들이고 기녀를 끼고 살며, 도박으로 세월을 보내는 자가 있었다. 그러나 그가 실력이 있으며 강의능력이 괜찮고 결코 학생을 유혹하여 타락시키지 않았으므로 그도 역시 교원으로 초빙했다. 무릇 인재란 구하기 어려워 완전한 자만을 찾고 사소한 허물을 들춰내 꾸짖기만 한다면 학교는 아마도 유지되기 어려웠을 것이다.[30]

당시의 혼란스러운 사회조건에서 만일 차이위안페이가 완전무결한 현자만을 갈구하여 흠 없는 보배 같은 인재들만 추구했다면, 어떻게 그렇게 많은 사람들을 응집시킬 수 있었겠으며, 어떻게 이 같은 과감한 개혁을 추진해나갈 수 있었겠는가? 또 수구적 사상을 가진 사람들을 어떻게 기꺼이 교육사업에 헌신하도록 끌어들였겠는가?[31]

차이위안페이는 덕이 결핍된 사람들도 결코 방임하지 않았고 그들에게 아무런 제한도 가하지 않았다. 다만, 맡은 일에 대해서는 최선을 다하도록 독려했고, 부정적인 사상과 행위로 학생들에게 악영향을 미치는 것은 불허했다. 이를 보여주는 가장 전형적인 사례로 구파 교원인 구훙밍辜鴻銘(1857~1928)을 들 수 있다.

구훙밍의 이름은 탕성湯生이며, 푸젠성 퉁안同安 사람이었다. 그는 청조의 원로 선비로, 가늘고 긴 회색 변발을 늘어뜨리고 다녔다. 다 빠지고 몇 개 안 남은 치아는 이미 검은색을 띠었고, 의복은 남루했으며, 검은 도포와 정수리에 걸친 작은 모자는 이미 누더기가 되어 있었다. 하의는 짙은 회색 바지를 즐겨 입었는데, 양말을 띠 삼아 복사뼈 부분에 묶고 다녔다. 사람들은 모두 그를 완고한 복벽주의자라 냉소하며 일찍 집에 가서 쉬어야 한다고 조롱했다. 그러나 차이위안페이만은 그렇게 보지 않았다. 오히려 그가 철학교수에 제격이라며 그를 신뢰했다. 한번은 외국 여자 둘이 구훙밍의 뒤에서 시시덕거리며 그의 변발이 괴상하다고 입을 놀려댔다. 그러자 그가 휙 몸을 돌려 매우 유창한 영어로 한바탕 풍취 있게 떠들고 나서 냉엄하게 꾸짖었다. 그 여자들이 대경실색하고 난감하여 어찌할 바를 몰라한 것은 당연했다.

구훙밍은 젊은 시절에 독일에 유학하여 박사학위를 받은 후 다시 영국 옥스퍼드대학에 가서 공부했다. 이러한 연유로 독일어, 영어, 불어, 희랍어 등에 정통하여 당시 베이징대학에서 가르치는 몇몇 서양인 교수보다 학식이 더 뛰어났다. 그는 외국어에 능통할 뿐 아니라 유학에도 식견이 높아 일찍이 《논어》, 《중용》 등을 서양어로 번역했고, 《중국문화의 정신中國文化之精神》 같은 책을 펴냈다. 완고한 사상을 지닌 그는 구중국의 마지막 선비를 자처했다. 강한 민족적 자존심과 애국심을 지녔고, 중국인을 기만한 제국주의를 극도로 멸시했다. 그는 자신의 조국 중국이 부강할 것이라 확신했다. 중국 인민에 대한 그의 자부심은 다음 글에 잘 나타나 있다.

> 중국의 4억 인민은 세계에서 가장 실용적이며, 가장 근면한 민족이라 생각한다. 황색인종들도 백인종들처럼 정교한 무기를 제조하여 백인들과 전쟁을 벌인다면 백인종에 뒤질 것이 무엇이 있겠는가? 백인종! 너희는 일찍이 기관총으로 호소했다! 너희도 반드시 기관총 세례를 받을 날이 올 것이다.[32]

차이위안페이는 이 기괴한 모습에 남루한 복장을 한 노학자의 두뇌에 이 같은 진취적 사상이 응축되어 있음을 간파했다. 그래서 청 황조를 변호하는 시대착오적인 면은 무시하고 그에게 '구훈 선생'이라는 존칭을 사용했다.

차이위안페이는 기타 구파의 학자인 류스페이劉師培(1884~1919), 황칸(1886~1935) 등에 대해서도 인격적으로 존중하고 그들의 장점을 적극 활용했다. 이러했으니 학구적 분위기가 형성되고 자유토론의 기풍이 자리잡은 것은 당연한 일이었다.

문과·이과·법과의 전문학자들이 각 분야에서 두각을 나타냈고, 각종 사회단체들이 우후죽순처럼 생겨났다. 신문연구회, 철학연구회, 진덕회, 지질연구회, 공자연구회, 수리학회, 웅변회, 서법연구회, 격투기회技擊會, 음악연구회, 평민교육 강연단, 국민잡지사, 신조사, 국고國故 월간사 등이 그것이다. 차이위안페이도 신문연구회 회장을 맡았다. 마오쩌둥도 이 단체의 구성원으로서 늘 학술활동에 참가했다. 동학들이 스스로 운영한 잡지와 신문 등 각종 간행물들이 연이어 생겨남으로써 신사상발전을 더욱 부채질했다. 그 결과 베이징대학은 마르크스주의를 전파하는 전초기지이자 위대한 5·4 애국운동의 발상지가 됐다.

베이징대학은 이러한 일련의 정돈과 개혁을 거쳐 5·4 운동 시기에 획기적으로 변모했다. 공사 중이었던 홍러우동紅樓棟이 완공되는 등 양적인 면에서도 비약적인 발전을 이룩했다. 전체 학생 수는 1,980명이었고, 이 중 대학원생이 148명에 이르는 등 전국 최대의 고등교육기관으로 자리잡게 됐다.

대학의 방대한 규모에 걸맞게 전국에서 인재들이 몰려들었다. 특히 개혁적 사고와 학식 있는 학자들로 진용을 갖추었으며, 제 분야의 전문가들이 운집하여 학술적인 활기가 넘쳤다. 이로 인해 전국 교육계, 사상계에 대한 베이징대학의 영향력은 갈수록 커졌다. 일찍이《매주평론每周評論》이 다음과 같이 지적했다.

> 차이위안페이 선생은 베이징대학교장에 부임한 이후 제일 먼저 부패청산에 나섰다. 그가 각고의 노력을 기울여 초빙한 인재들은 모두 한결같이 신학문의 세계적인 권위자들이요, 지사志士들이었다. 그들은 사리사욕에 눈먼 이전의 교원들과는 완전히 구별됐다. 이러한 이유로 이 대학이 몇 년 만에 괄목할 만한 성과를 이루어냈던 것이다. 해내海內의 모든 지식인들은 기꺼이 이 대학으로 달려갔다. 그리고《신청년》,《신조新潮》등이 출간되어, 고루하고 막힌 가운데서

도 중국 학술의 신기원을 열었다.³³

 이러한 우수한 자질을 갖춘 교수진들이 애쓴 결과, 베이징대학은 5·4 운동의 진원지 역할을 할 수 있었다. 차이위안페이는 시종일관 '겸용병포, 사상자유'의 원칙을 실천했고, 이것은 당시 학술발전을 촉진시킨 기초적 사상으로 자리잡게 됐다.
 각 학설들이 서로 경쟁하는 가운데 '우승열패優勝劣敗', '자연도태'의 원리가 작용하는 것은 거스를 수 없는 진리였다. 마오쩌둥이 '쌍백방침雙百方針('백화제방'과 '백가쟁명'을 '쌍백'이라 일컫는다—옮긴이)'을 적극 실천에 옮긴 것처럼, '백화제방百花齊放', '백가쟁명(당시 누구든지 자기 의견을 펼 수 있다는 뜻으로 '백화제방'과 함께 쓰인 정치구호—옮긴이)'을 통해 예술도 더욱 번성하게 되는 것이다.

실패를 두려워하지 않는 대학원 원장

 난징 임시정부와 베이양군벌 정부에서 교육부장관 및 대학교장을 역임한 차이위안페이는, 이후 10여 년이 지난 1927년 교육부장관에 해당하는 대학원장을 맡아 '대학구大學區(전국의 대학을 몇 개의 단위로 묶고, 각 대학구의 교육행정을 대학교장이 처리하게 한 특유의 교육행정단위—옮긴이)'라는 미완의 실험을 추진했다. 중국이 대학구제를 추진하게 된 것은 차이위안페이의 대담하고도 원대한 생각의 발로였다.

1927년 난징에 국민정부가 설립되자, 차이위안페이와 리스천, 왕자오밍 등 세 사람이 교육행정위원으로 선출됐다. 이때 차이위안페이는 상무위원으로서 1927년 6월 6일 교육행정위원회를 대표하여 국민당 중앙정치회의 석상에서, 전국 최고 학술기관이자 교육행정기관의 성격을 띤 '중화민국 대학원 설치안'을 제기했다.

그가 제기한 대학원 설치안은 이 회의에서 통과됐다. 이어 6월 27일 국민당 중앙집행위 109차 정치회의 중앙법제위에서 발의한 '중화민국 대학원 조직법'이 통과됐고, 7월 4일 국민정부가 정식으로 대학원 설치 계획을 발표했다.

이어서 7월 6일, 차이위안페이 등은 교육행정제도를 고칠 것을 제안했다. 즉, 대학구를 교육행정단위로 설정하고 대학구 내의 교육행정은 대학교장이 처리하는 안을 제기했다. 6월 17일 국민정부는 차이위안페이를 대학원장으로 임명했고, 10월 1일 대학원이 설립되어 그는 대학원 원장으로 정식 취임했다.[34] 이로써 대학원은 명실상부한 전국 최고의 교육 및 학술기관이자, 교육행정기관으로서 전국의 교육·학술·행정사무 전반을 관장하게 됐다. 대학원은 대학위원회를 설치하고 이곳에서 학술상의 모든 중대한 문제를 의결했다. 원장으로서 차이위안페이는 학술·교육 및 교육행정상의 중대 방안을 결정할 권한을 가졌다.

그가 대학구제를 제안한 배경을 살펴보자. 당시 장기간 지속된 군벌통치로 교육은 자율성을 상실했다. 관료들의 무리한 간섭 때문에 정상적인 교육과 학술활동이 불가능했다. 차이위안페이는 이 같은 부당한 간섭에서 벗어나 교육의 독립성을 확보하고자 대학구의 건립을 시도하여 마침내 실현을 보게 된 것이다.

다음 글에는 그가 대학원을 설립한 배경이 분명하게 드러나 있다.

민국 이전에 학술 및 교육기관의 관리는 학부가 담당했으나 민국 원년에 교육부로 개칭했다. 교육부도 부패한 베이징의 환경 탓에 오염됐다. 교육부란 이름은 부패관료를 연상시키는 대명사가 됐고, 학술이 뭔지도 모르고 오직 자기 파벌 심기에 분주했다. 따라서 교육부라는 명칭을 버리고 대학원으로 이름을 바꾸어 학술 및 교육행정의 효율성을 높이려 했다.[35] (…) 학자들이 교육행정을 관장하고 지도함으로써 관료화를 방지해야 한다.[36]

그는 관료화된 교육부에 대해 반감을 품었다. 관료화된 교육부를 개혁하여 학술적인 교육부로 탈바꿈시키려면 대학원 체제로 바꾸어야 한다는 것이 그의 생각이었다.[37]

그는 또 다음과 같이 말했다.

교육이란 인재를 배양하기 위한 것이므로 과학과 예술 분야에 관심을 기울이지 않으면 안 된다. 학교를 운영하는 교직원이나 사범대학생들, 이들의 '호불호好不好'를 교육청은 당연히 살펴야 할 것이다. 만일 종전에 관료화된 교육청이 여전히 지방 교육행정을 관장한다면 영원히 희망이 보이지 않을 것이다.[38]

이것이 그가 '대학구제'를 건의하게 된 배경이다.

한편, 그는 국립대학교장이 전국 각 성의 교육행정 및 모든 학술사업을 관장해야 한다고 주장했다. 동시에 중앙에는 대학원을 설립하여 대학교장이 관할 대학구의 중등 및 초등교육과 기타 특수교육을 겸해서 관장하고, 교육행정은 대학교수 조직에서 관할해야 하며 아울러 연구원硏究院에서 각종 계획을 담당해야 한다고 주장했다.[39]

이 대학구제는 그가 프랑스에 체류하면서 체득한 것을 적용한 것이다. 프랑스는 1920년 이전까지는 대학원장이 전국의 교육행정을 통할하다가, 1920년 이후에야 교육부가 설치됐다. 프랑스는 전국을 17개 대학구로 나누고, 각 구마다 1개 국립대학을 설립하여 국립대학교장이 각 대학구의 교육사무를 겸하게 했다.

중국의 대학구제 추진은 교육행정상의 일대 개혁사업이자 일종의 교육실험이었다. 각 지방별로 대학이 중심이 되어 고등학술을 연구하는 한편, 교육사업을 추진한다는 발상이었다.[40]

그러나 현실은 냉엄하여 그의 구상은 물거품이 됐다. '대학원' 구상은 실제로 성공한 것이 아무것도 없다. 교육은 독립초연의 지위를 누릴 수 없었고, 교육경비는 각 지역 군정당국과 재정당국이 임의로 사용했다. 그들은 온갖 구실을 붙여 학교의 판공비를 전용했고, 심지어 교직원의 기본 생활비조차 지급하지 않았다. 국가예산 중 군비가 2분의 1을 차지했고, 교육경비는 도리어 75분의 1로 급감하여 교육설비·교직원 급료·연료비 등을 충당할 수 없을 정도로 열악했다.[41] 상황은 이전에 비해 조금도 변한 것이 없었다.

사실 그가 대학원을 설치하고 대학구제를 추진하려 한 까닭에는 국민당 정부의 간섭에서 벗어나려는 것 이외에, 교육기구 및 교육행정기관을 통합하려는 의도도 내포되어 있었다. 그러나 이 제도는 저명한 교육계 인사들의 반대에 부딪혔다. 1928년 2월 국민당 2기 4중전회에서 중앙집행위원 징형이經亨頤·주지칭朱霽青 등 5인이 연합하여 교육부 설립안을 제안했다.

> 차이위안페이는 '교육부' 명칭을 부패관료와 연관시키는데, 이것이 원인이라면 온당치 못하다. 각 부에 이런 논리를 적용해도 맞는가? 학술과 교육사업, 이 두 가지는 별개 사안이며 대학은 교육행정기관이 아니므로 교육사업을 관장할 수 없다.[42]

이들은 목소리를 높여 대학원의 즉각적인 폐지를 주장했다. 같은 해 8월, 국민당 2기 5중전회의에서 징형이는 재차 교육부 설립을 건의하며 대학원 폐지의 변을 늘어놓았다.

> 대학원은 국민정부 조직의 일부이므로 당연히 국민정부의 지도감독을 받아야 하고, 기타 각 부部, 원院과 동일한 성질을 지녀야 한다. 그런데도 어찌하여 유독 대학원만 국민정부대학원이라고 칭하지 않고 중화민국대학원이라고 칭하는가? '교육독립'을 내세우는데, 대학원과 국민정부가 대등한 관계란 말인가? 설마 교육의 독립이 국민정부 밖의 독립을 말하는 것은 아니지 않는가? 국민정부 감독 하의 교육부를 설립해야 한다. 아울러 대학원령을 취소해야 한다.[43]

국민당 중앙감찰위원 후보 궈춘타오郭春濤도 중앙집행위원 류

서우중劉守中 등과 함께 대학원령을 취소하고 교육부를 다시 설립하라고 강력히 요구했다.[44]

그리하여 대학원은 여론의 뭇매를 맞았다. 대학구제의 실패는 크게 보면, 민주주의체제가 결핍된 전제주의나 독재국가에서는 이 같은 실험이 통용될 수 없음을 증명했다. 중국의 교육이 진정으로 봉건제도의 질곡에서 해방되려면 교육이 독립적 지위를 누려야 하고, 교육을 개조하려면 먼저 모든 사회제도 및 정치제도의 개조가 선행되어야 하기 때문이다.

이미 민초 이래 교육행정체계가 형성됐다. 중앙에는 교육부, 각 성에는 교육청, 각 현에는 교육국이 존재하여 각급 행정단위별로 교육행정을 관장했다. 그 결과, 각 학교는 소재지의 교육행정 및 관리 책임에서 벗어나게 됐다. 이것은 이미 바꾸기 힘든 규정으로 고착되어 있었다.

대학구제의 발상에 의하면, 각 성에 하나씩 국립대학이 있어야 하는데, 당시 베이징과 광저우를 제외하고는 대다수의 성에 국립대학이 없었다. 따라서 국립대학이 각 성 전체의 교육을 담당하는 것은 논의할 바가 못 됐다. 최단시간에 걸쳐 한꺼번에 각 성별로 국립대학을 설치하는 문제는 당시의 예산·인재수급 면에 비추어 볼 때 거의 불가능한 실정이었다. 대세는 이미 각 성 교육청에서 교육행정 및 관리를 하는 쪽으로 기울어 있었다.

대학구는 원래 광둥·장쑤·저장의 세 성에 우선 시험적용하려 했으나, 실제로는 장쑤·저장 두 성에만 적용됐다. 그런데 당시 저장성에 국립 제3중산대학中山大學의 설립이 임박하여 이에 대한 감독권 행사를 교육청이 할 수밖에 없었다.

장쑤성은 둥난東南대학을 국립 제4중산대학으로 개조하려 했으나, 이 대학은 난징에 있었고, 난징은 직할시로서 장쑤성에 속하지 않았다. 장쑤성 정부는 전장鎭江에 있었다. 장쑤성의 교육행정이 비록 제4중산대학의 관리로 귀속돼도 여전히 장쑤성 정부가 관할하며 행정적 책임을 져야 했다. 제4중산대학 교장은 당연히 장쑤성 정무회의에 참석해야 했으나, 본교의 업무 또한 극도로 과중했다. 교장이 난징과 전장을 오가며 대학의 운영과 장쑤의 교육행정까지 떠맡는다는 것은 무리였다.

이러한 문제점들이 노출되면서 장쑤성 교육계의 원성이 자자했으며, 채 1년도 지나지 않은 1928년 6월 장쑤 중등학교 교직원 연합회의 요구로 대학구제를 바꾸어야 한다는 여론이 비등해졌다.[45] 7월에는 장쑤 중등학교 연합회에서도 대학구제의 폐지를 호소하고 나섰다.[46]

당시 정치상황을 보면 국민당의 부패와 파벌다툼이 극심했는데, 장쑤성과 저장성은 장제스와 국민당이 통치하는 요충지였다. 정치적 파벌이 극심한 이곳에서 교육독립을 위한 실험이 순조롭게 진행되기란 어려웠다.

더군다나 당시 제4중산대학 교장과 각과 주임은 모두 저명한 학자요 명사로서 학술에는 정통하나 행정에는 밝지 못했다. 만약 이들이 보통교육처장·고등교육처장·국민교육처장 등 보직을 겸하게 되면 번잡한 행정사무에 골머리를 앓고, 결국 정력을 쇠진하게 되어 학술과 교육행정 두 가지 모두 실패할 것이 자명하다고 반대자들은 주장했다. 더욱 가관인 것은, 대학원은 원래 임명했던 장나이옌張乃燕 교장의 직위를 해임하고 우즈후이를 후임으로 임명했으나 우즈후이가 이를 거절한 것이다. '해임된 자는 물러나지 않고, 임명된 자가 임명을 거절하는' 괴이한 현상이 벌어졌다.

대학원은 매년 봄·가을에 지내던 공자에 대한 제례를 폐지하는 등 사회에 공헌한 점도 무시할 수 없으나, 근본이 부실하여 점차 가치를 상실했다. 뒤이어 베이핑北平대학구 문제가 터졌다. 1928년 9월 19일 당국은 각 국립대학을 합병하여 국립 중화대학을 설립하고, 베이징대학은 국립대학의 지위를 취소한다는 결정을 내렸다. 그리고 교장에 리위잉李煜瀛을 내정하면서 차이위안페이의 동의를 구하지 않았다. 베이핑대학구는 베이핑(베이징은 1928년 베이핑시로 개칭했다가 1949년 중화인민공화국이 수립되면서 다시 베이징이 되었다—옮긴이)과 톈진 두 도시와 허베이河北·러허熱河 두 성을 관할지역으로 포함하면서 전국 최대의 교육구가 되었다. 이에 대해 이 지구의 대학생과 교공校工(사환, 경비원 등 학교의 고용인—옮긴이)들이 무리를 지어 반대시위를 벌임으로써 베이핑대학구제의 추진도 난항을 겪었다.

리위잉의 임명은 당시 명목상으로나마 여전히 국립 베이징대학 교장 직함을 유지하고 있던 차이위안페이를 사실상 배제한 것이나 다름없었다. 이러한 조치는 그를 매우 난감하게 했고, 그는 항의표시로 대학원장 직에서 물러나기로 하고 사직서를 제출했다. 당국은 표면상 위로하고 만류했으나 그의 결심을 꺾을 수 없었고, 10월 3일 사표가 수리됐다. 그는 이후 오직 중앙연구원장 직무에만 전념했다. 이제 누가 후임 대학원장 직을 이어받을 것인가 하는 문제가 화두로 떠올랐다.

당시 후임자로 적합한 인물을 찾을래야 찾을 수가 없어서 후임자 인선이 표류하게 됐다. 후에 국립 제3중산대학 교장 장멍린(컬럼비아대학 박사 출신의 저명한 학자―옮긴이)을 후임으로 선출하려 했으나, 그가 차이위안페이와 친밀한 관계라 하여 리위잉이 반대하고 나섰다. 결국 이러한 난국을 돌파할 방안을 찾지 못하자 대학원은 종막을 고하고 교육부로 원상복귀했다.

1929년 6월, 장제스가 교육부장을 겸하고, 리수화, 천부레이陳布雷 등이 각기 차장을 맡았다.[47] 명분은 모순을 완충시킨다는 것이었지만, 실질적으로는 '당화黨化'를 강화한 것이다.

차이위안페이가 시험적용했던 대학원과 대학구제의 실패로, 교육이란 정치에서 벗어날 방도가 없음이 여실히 증명됐다. 국민당 당국은 갈수록 통제의 고삐를 조였으며, 이로써 교육발전에 헌신하고자 뜻을 세운 학자나 전문가들은 그 포부를 펼칠 수 없게 됐다. 비록 차이위안페이의 실험은 국민당 통치에 대한 어떤 정치적 의도에서 나온 것은 아니었지만, 이후의 객관적인 결과는 교육에 대한 국민당의 통제와 영향력을 약화시키려는 의도가 담긴 것으로 나타났다. 요컨대, 이러한 실험은 국민당 당국의 환영을 받지 못했으며, 이것은 차이위안페이가 일찍이 상상하지 못한 바였다.

대학구제라는 실험의 실패는, 차이위안페이 본인의 말을 빌리자면, 중국의 건립과정에서 근대적인 교육사업을 발전시키려고 한 노력의 좌절이었다. 그러나 이것은 단순한 좌절로 그치지 않았다. 차이위안페이의 교육실험은 이후 이 분야에서 사람들을 각성시켜 교육의 지위를 제고시키고, 교육제도를 개혁하며 교육경비를 보장하게 하는 계기를 마련했다. 이는 모두 국가정치를 쇄신하고 인민이 주인이 되는 민주제도의 건립과 불가분의 관계에 있는 것이다. 대학원 실험의 구상과 좌절은 중국 근대교육사에서 차이위안페이가 차지하는 탁월한 지위와 업적을 손상시키는 것이 아닐뿐더러, 오히려 중국 근대교육의 발전을 향한 그의 일편단심을 보여준 일이라 할 수 있다.

9

중국 근대교육 발전에 공헌하다 (하)

5육의 균형발전론 | 학습자 중심 교육 | 보통·고등·직업·사회교육 | 기초지식을 중시하는 학과 술의 병진론 | 교육독립론

차이위안페이는 장기간에 걸쳐 다양한 교육 현장에서 활발한 활동을 펼쳤다. 그는 한편으로는 비판적으로 유가의 전통을 계승하고, 또 다른 한편으로는 서양의 근대교육사상을 흡수하여 자신의 교육사상을 형성하는 기초로 삼았다. 그의 교육사상은 크게 다섯 가지 이론으로 개괄할 수 있다.

5육의 균형발전론

차이위안페이는 무술변법이 실패한 원인으로 캉유웨이, 량치차오 두 사람의 실패를 지적했는데, 그들이 이를 뒷받침할 인재의 양성에 힘쓰지 않았기 때문이라고 결론지었다. 변법의 실패 이후 차이위안페이는 줄곧 교육을 구국의 수단으로 여겼다. 그러다가 신해혁명 이후로는 교육을 통해 민주공화국을 이끌고 나갈 이상적 인재를 배양해야 한다고 생각했다. 이처럼 그의 교육사상은 '학이치용學以致用'의 특색을 띠고 있다.

그가 임시정부 초대 교육부장관으로 재임할 때 발표한 〈교육방침에 대한 의견〉에는 그의 교육관이 잘 나타나 있다. 여기서 그는 지·덕·체·미·세계관 등 5육五育이 조화된 이상적 인재를 배양해야 한다고 주장했다. 각 항목의 추진배경을 간략히 살펴보면 다음과 같다.

첫째, 군국민軍國民교육의 추진이다. 왜 군국민교육을 실시하지 않으면 안 되는가?

> 주변 강대국들이 번갈아 우리나라를 핍박하고 있다. 속히 자위에 힘써야 한다. 오랜 세월을 거치는 동안 상실된 국권은 무력의 힘을 빌리지 않고서는 회복하기 힘들다. (…) 오늘날 소위 군국민교육이라는 것을 진실로 채택하지 않을 수 없다.

둘째, 생산력의 증대를 위해 과학기술발전을 꾀하는 실리주의 교육이다.

> 보배 같은 광활한 중국 대지는 아직 생산력을 증대시키지 못하고 있으며, 실업계의 조직은 여전히 유치하고 인민의 실업상태는 극심하며, 국가는 심히 빈궁한 상태에 처해 있다. 따라서 실리주의 교육은 진실로 초미지급焦眉之急의 일이 아닐 수 없다.

셋째, 공민도덕교육의 추진이다. 공민도덕교육의 요체는 프랑스혁명 당시 표방했던 자유·평등·박애로서, 이를 통해 자본주의 경제 발전 요구에 부응하는 새로운 사회질서를 건설하도록 고무했다.

넷째, 세계관 교육의 추진이다. 세계관 교육은 주나라·진나라 시대의 제자백가, 인도철학 및 유럽철학을 병용하여 2,000년 동안 고집스레 지켜 내려온 공자와 유학 중심의 구습을 타파하는 데에 뜻을 두었다. 그는 전통관념의 틀을 깨고, 자본주의 세계관을 갖춘 새로운 개방형 인재를 배양하려 했다.

다섯째, 미학교육의 실천이다. 차이위안페이는 미감美感이란 '보편성'과 '초월성'을 지니고 있어서 피아 간의 편견을 타파함은 물론, 생사관계나 이해관계를 초월할 수 있다고 생각했다.[1]

그는 이 다섯 가지 교육이 각각 고유의 임무와 기능을 한다 할지라도, 서로 연관을 맺으며 추진돼야 함을 강조했다. 즉 어느 한 가지에 치우쳐서는 안 되며, 다섯 가지 교육 내용이 전체 가운데 조화를 이루어야만 상호촉진작용을 한다고 여겼다.

그는 다섯 가지 교육을 우리 몸에 비유하여 설명했다.

사람의 몸에 비유컨대, 군국민주의는 근육과 뼈로 이 근골을 사용하여 몸을 보호하고, 실리주의는 위장으로서 영양을 공급하며, 공민도덕교육은 호흡기·순환기로 몸의 전체를 두루 주관한 것이다. 미학은 신경계통으로서 감각을 전달하는 것이다. 세계관이라고 하는 것은 신경계통에 붙어 자취나 형상도 없이 기능을 한다. 이 다섯 가지는 현 혁명정세에 비추어 어느 한 가지에 치중해서도 안 되며, 어느 한 가지도 폐기할 수 없는 것이다.[2]

이러한 교육방침은 신해혁명 이후 민주공화국 건설에 동참할 견실한 인재를 배양하고자 공포된 것이다.[3]

그는 아울러 부국강병의 실현을 위해 실리주의 교육과 군국민주의 교육을 병행하여 실천할 것을 강조했다. '부국강병', 이것은 중국이 반봉건·반식민지 사회로 들어선 후 많은 우국지사와 지식인들이 꿈에도 그리던 목표였다. 차이위안페이는 중국이 부강하기를 진실로 열망했고, 가슴에 웅지를 품은 견인불발堅忍不拔의 정신을 가진 인재가 배출되기를 희구했다. 또한 과학과 미술을 중시[4]하여, 문화가 앞선 국민은 과학교육을 실시할 뿐 아니라 미술교육의 보급에도 더욱 힘써야 할 것이라고 힘주어 말했다.[5]

그가 시종일관 과학교육을 강조한 것은 평소에 과학과 민주정신을 제창한 것과 일치하며, 우매한 봉건주의와 대립하는 것이다. 그는 과학교육 중에서도 특별히 자연과학을 강조했다. 자연과학을 생산력의 일부로 인식하고, 부국강병의 숙원을 실현하기 위해 자연과학을 강화해야 한다고 생각했다.

또한 미학 분야의 육성·발전에도 관심을 기울였다. 그는 칸트의 이원론에 영향을 받아 세계를 두 가지 차원으로 인식했다. 하나는 현상세계로서, 이것은 인류가 일상생활 가운데 직면하는 물질세계이다. 다른 하나는 실체세계로, 감지할 수 없는 본질적이며 이상적인 세계이다. 그는 교육가란 모름지기 현상세계에 발딛고 서서 실체세계의 가치를 추구해야 한다고 했다. 실체세계의 관념을 궁극의 목적으로 여기며, 현실세계의 행복을 실체의 관념에 도달하는 작용으로 삼아야 한다고 강조했다.[6] 미육은 현상세계에서 실체세계에 이르는 교량적 역할을 하므로 특별히 미육을 지·덕·체육과 함께 4육으로 삼을 것을 제안했다.[7] 그는 미육은 사람의 정조, 품덕 및 인식능력을 길러준다고 보았는데, 이는 꽤 일리가 있다.

요컨대 5육이 조화와 균형을 이루어야 과학적 두뇌를 양성할 수 있다.[8] 아울러 비호飛虎 같은 체력, 원숭이 같은 민첩함, 낙타 같은 끈기 등을 배양함은 물론, 미술적 소양과 자애심의 미덕을 갖춘 사람을 기를 수 있다.[9] 차이위안페이는 이 같은 5육 교육방침을 실행에 옮김으로써 사람들을 봉건적 사고의 틀에서 해방시켰고, 개성의 신장을 촉진시켰다.

1912년 9월 교육부가 반포한 신교육방침은, 도덕교육을 위주로 하되 실리주의 교육과 군국민주의 교육으로 도덕교육의 미비점을 보완하고 미감교육으로써 도덕을 완성해야 한다고 규정했다.[10] 이것은 차이위안페이가 〈교육방침에 대한 의견〉에 근거하여 제정한 것이다. 이것의 파급효과는 자못 컸다. 나중에 차이위안페이는 보통교육의 종지로서 '건전한 인격의 배양과 공화정신의 발양'을 내세우고, 이를 위해 지·덕·체·미육의 4육을 실천해야 한다고 했다.[11]

1917년 5월 23일, 차이위안페이는 초청을 받아 톈진에서 강연했다. 그 요지는 지덕체 3육의 균형적 발전이었다. 당시 그의 강연을 들은 저우언라이는 난카이南開중학의 《교풍校風》 제67호에 관련 내용을 논평하는 글을 발표했다. 지덕체 3육의 균형적 발전에 대한 믿음은 이후 줄곧 저우언라이 사상의 기조를 이루었다.

학습자 중심 교육

어떻게 해야만 학생들을 민주공화국에 필요한 인재로 길러낼 수 있는가? 차이위안페이는 봉건주의의 틀에 묶여 있는 아동들에게 자연의 본성을 따르게 하고, 개성을 신장시키는 것이 관건이라고 여겼다. 그는 이미 수차례에 걸쳐 신교육과 봉건 구교육의 다른 점을 지적했다. 그 요지는 학습자의 주체성 발휘와 개성을 존중하는 문제로 요약된다.

그는 1912년 〈전국임시교육회의 개회사〉에서 이렇게 지적했다.

> 민국시대 교육과 군주시대 교육의 다른 점은 어디에 있는가? 군주시대에는 학습자의 주체성을 무시하고 획일주의적 학습방법을 취했다. 즉, 학습자에게 그들의 '주의主義'를 강제로 주입했다. 민국 교육방침은 학습자가 학습의 주체임을 고려하여 어떠한 능력을 가지고 있는지를 살피고, 그에 따라 주어진 책임을 다할 수 있도록 지도한다. 따라서 소정의 교육을 받으면 그에 따른 능력을 비로소 갖추게 된다.

그는 계속해서 스위스의 교육가 페스탈로치 J. H. Pestalozzi(1746~1827)의 다음과 같은 말을 인용했다.

> 옛날의 교육방식은 성인이 아동을 교육했으나, 오늘날의 교육방식은 아동이 성인을 교육한다.

이것은 어른들이 선입관을 아동에게 강제로 주입하지 않고, 아동의 입장에서 그들을 체험해가면서 교육의 방법을 정하는 것이다.[12]

1918년에 이르러 차이위안페이는 재차 신교육과 구교육의 다른 점을 언급했다. 그는 '신교육과 구교육의 분기점'이라는 제목의 연설 가운데서 다음과 같이 말했다.

신교육과 구교육의 두드러진 차이점은, 우리가 아동을 교육하는 것이 아니라 도리어 아동에게 교육을 받아야 한다는 점이다.

그는 구교육은 봉건왕조에 충직한 관리가 될 재목을 길러내는 것을 목적으로 했다고 지적했다. 그래서 모든 것은 과거科擧로 귀결되었으며, 단지 과거시험에 합격하는 데 필요한 공부를 강요했다. 아동에게 절실하게 필요한 지식이나 자연현상, 사회현상 등 과거와 무관한 내용은 배제됐다. 그의 비유는 생생하다.

교육이란 예정된 목적이 있거나 아동들에게 어떤 내용을 강제로 주입해서는 안 된다. 그 성질의 동정動靜이나 자질·품격의 뛰어남과 둔함을 묻지 않는다. 다만 잘한 자는 상을 주고, 못한 자는 벌을 가한다. 예를 들면 무생물을 다루듯이 돌이 튀어나왔으면 평평하게 하고, 쇠가 무르면 단련한다. 마치 조화造花에 솜씨가 있는 장인이 송백松柏을 다듬어 학과 사슴으로 만들고, 조련사가 개와 말을 조련시켜 춤추게 하는 것과 같다.
구교육을 예로 들면, 마치 괴한이 칼로 아동을 베어 흉칙한 모습으로 만드는 것과 같다. 이것을 미루어 생각해보면 전율을 느끼지 않을 수 없다. 신교육은 아동의 심신발달 정도를 탐지하여, 적당한 방법을 선택하여 아동들을 조장한다. 예를 들면 농업을 연구하는 학자가 식물을 다루는 것처럼, 마르면 물을 주고 시들면 붙들어주고, 냉기가 심하면 온실로 식물을 옮기고 영양분이 필요하면 비료를 주는 것과 같다. 빛을 더 받게 하려면 양지로 옮기면 된다. (…) 또 수시로 시험하고 수시로 개량하며, 결코 선입견이 작용하지 않도록 한다.

차이위안페이는 서양의 실험교육학을 중시하여, 새로운 교육을 위해서는 반드시 실험교육학을 기초로 삼아야 한다고 했다.

그는 교육이 타고난 본래의 영성을 해치고 개성을 말살해서는 안 된다고 했다. 그래서 기존의 법에 충실하기보다는 차라리 자연을 숭상하는 것이 낫다고 주장했다.[13] 그리고 획일성을 추구하기 보다는 개성을 발전시켜야 한다고 했다.[14]

그러므로 교수와 학습방법 두 가지는 경직되어서는 안 된다는 생각을 가졌다. 그는 학생 개개인의 개성을 발전시키기 위해 개별지도에 특별히 관심을 기울였고, 자신이 실천한 경험을 토대로 일련의 교육방법을 제시했다. 실례로 그는 베이징대학 재임시 학생들의 자율성과 적극성을 고취시키고자 학년제를 학점제로 바꾸고 수강과목을 스스로 선택하는 선과제選科制를 실시했다. 또 자유로운 연구풍토를 조성하고 학술적 흥미를 이끌어내기 위해 풍부하고 다채로운 과외활동을 전개하고 각종 연구회를 조직했다.

교육은 학습자의 개성 발전에 관심을 기울여야 한다는 차이위안페이의 주장을 개괄하면 다음과 같다.

첫째, 교육은 학습자를 위주로 해야 한다. 학생의 건전한 인격 양성에 주의를 기울여야 하며, 매사에 학생들로 하여금 스스로 움직이게 해야 한다.

둘째, 교육사업에 종사하는 사람은 억지로 교육하려 해서는 안 된다. 욕심을 버려야 하며, 학습자의 장점에서 출발하고, 재능에 따라 가르치는 방향을 정해야 한다. 학생들에게 원을 그리게 하면 곧 원을 그리고, 사각형을 그리게 하면 곧 사각형을 그려야 한다는 식의 획일적 교육방법은 큰 오류를 범하는 것이다.

셋째로 교육은 하나의 과학이다. 학습자의 특기와 심리를 연구해야 하고, 교학방법과 인재성장의 법칙을 연구해야 한다.

넷째로, 교육은 실험을 거쳐야 하므로 실험교육학을 건립할 필요가 있다.

차이위안페이는 중국에서 제일 먼저 실험교육 과학연구소의 건립을 제안한 인물이다. 그는 고등교육 발전에 매진했으나, 초등교육이나 아동교육도 결코 등한시하지 않았다. 그래서 적지 않은 서양의 교육사상과 견해를 담은 서적을 번역·소개했다. 예를 들면 몬테소리의 유치원, 톨스토이의 자유학교, 듀이의 실용주의 교육, 그리고 당시 유럽과 미국에서 유행한 노작교육勞作敎育(19세기 말부터 20세기 초까지 독일을 중심으로 발달한 교육사상으로, 공작과 원예, 요리 등 학생들의 능동적인 정신과 신체의 작업을 중심원리로 삼았다―옮긴이) 등이 그것이다. 그가 소개한 내용들은 훗날 중국의 초등교육에 상당한 영향을 끼쳤다.

보통·고등·직업·사회교육

차이위안페이는 보통교육의 보급 및 운영 이외에 사회교육에도 관심을 쏟았다. 그는 '사람은 누구나 배워야 하며, 그것도 무시無時로 배워야 한다'는 생각을 견지했다. 특히 모든 국민이 날 때부터 죽을 때까지 학습해야 한다는 차이위안페이의 견해는, 현재 구미에서 유행하는 평생학습론의 관점과 매우 흡사하다고 할 수 있다.

그의 생각은 20세기 역사발전의 조류에 부합하고 신해혁명 후 중국의 상황에도 적합한 것으로서, 보통·고등·직업·사회교육 등으로 구체화되어 추진됐다. 새로운 민주공화국을 건설하려면 각 방면에서 문화적·인문적 소양을 갖춘 인재가 많이 필요했다. 청조가 남긴 서원·학당·사숙은 이미 이러한 역할을 감당할 수 없었으므로 더욱 교육 분야의 역할이 중시됐고, 교육사업의 확충은 초미의 과제로 떠올랐다. 차이위안페이는 초등·중등·교육기관 및 대학 등 다양한 유형의 학교를 대대적으로 설립해야 한다고 주장했다. 그리고 교육방침도 보통과 전문교육 두 분야로 나누어서 정해야 한다고 주장했다.

> 보통교육은 혁명형세에 부응하는 공화국민의 건전한 인격을 양성해야 하고, 전문교육은 학문탐구라는 신성한 기풍을 진작해야 한다.[15]

여기서 차이위안페이가 심오한 지식을 갖춘 학문적 인재의 양성을 절실히 간구했음을 알 수 있다. 그는 고등교육을 중시했다. 한번은 교육부차관 판징성范靜生과 함께 교육체계를 정비하는 문제를 놓고 협의했는데, 이 자리에서 판징성이 다음과 같은 의견을 제시했다.

초등교육이 잘 안 되면 어떻게 중등교육이 잘될 리 있겠는가? 중등교육이 잘 안 되면 어떻게 대학교육이 잘 이루어지겠는가? 그러니 먼저 초등교육부터 정비해야 한다.

차이위안페이는 이렇게 응대했다.

좋은 대학이 없다면 중등학교 교사의 자질을 갖춘 인재들을 어디에서 구하겠는가? 양질의 중등교육을 제공할 수 없다면 초등교육 교사의 자질을 구비한 선생들을 어디에서 구하겠는가? 따라서 당연히 대학부터 정돈해야 한다.

나중에 두 사람은 의견일치를 보고 초등교육으로부터 대학에 이르기까지 정돈에 착수했으니, 어느 한 곳도 정돈되지 않은 곳이 없었다.[16] 차이위안페이가 교육부장관 재직 당시인 1912년, 〈보통교육 잠정시행방법〉과 〈보통교육 잠정시행 교과과정 표준안〉이 만들어져 임시교육회의의 의결을 거쳐 통과됐다. 다음 해 8월에 이르기까지 속속 공포된 각종 학교규정이 곧 유명한 '임자계축학제'로서, 이 규정은 법률적으로 남녀평등교육의 기초를 세웠다.

그가 1928년 5월에 소집한 제1차 전국교육회의에서 〈정비된 중화민국 학교체계안整理中華民國學校系統案〉이 통과됐다. 이로써 대학연한, 대학과 학원의 구별, 대학원을 연구원研究院으로 개칭하는 등의 항목이 결정되었다. 중등교육 방면에서는 직업교육에 역점을 두어 기존의 고등중학 직업과를 고급 직업중학교로 개칭하여 별도로 설립하고 수업연한은 3년으로 정했다. 이것은 보통

차이위안페이가 교육부장관을 지낼 당시 교육부차관으로 함께 일했던 판징성.

중학과 직업중학이 동시에 병존하는 중국 최초의 '복선형 교육제도(雙軌敎育制, dual system)'였다.

차이위안페이는 또한 노동교육을 적극 제창했다. 그는 대학원장으로 있으면서 국립 노동대학勞動大學의 설립을 주도했다. 그리고 그 안에 노공勞工학원과 노농勞農학원을 분리·개설하여 초등학교 졸업생과 중학생을 흡수했다. 그는 "육체노동자는 지식을 갖추고, 정신노동자도 육체노동에 나설 것"을 요구했다.[17] 이로써 노공교육의 보급 및 제고를 꾀했다. 그는 노공사업의 연구와 실험에 종사할 노공운동의 인재를 배양함으로써 노동자 스스로 근본적인 해방을 쟁취하고 민주주의를 실현하는 기초를 구해야 한다고 강조했다.[18]

그러나 당시 격변하는 국내 정치상황에서 노동대학은 잠깐 나타났다가 덧없이 사라지고 말았다. '노동대학'이라는 이름만 존재하고 그 실체가 없었으니, 이것은 차이위안페이도 어쩔 수 없는 안타까운 현실이었다.

차이위안페이는 중국 성인인구 중 문맹자가 대다수를 차지하고 있는 현실을 목도하고, 서구 유학 경험을 참고하여 사회교육의 추진을 적극 주장했다. 그래서 초대 교육부장관 재임시 교육부 안에 보통교육사普通敎育司, 전문교육사專門敎育司 외에 특별히 사회교육사社會敎育司를 개설했다. 사회교육 기회를 넓혀 누구나 수

시로 교육받을 수 있는 것이야말로 교육의 보급이라고 여겼다.[19]

그는 민주주의 사상에서 출발하여 사람마다 시시때때로 학습해야 한다고 믿었는데, 이것이 곧 '무인부당학無人不當學'(누구나 배워야 한다—옮긴이) '무시부당학無時不當學'(수시로 배워야 한다—옮긴이)이다. 그래서 야간교육과정을 개설한 데 이어 1920년 1월 18일에는 평민야학교를 개교했다. 그는 단지 대학생만이 대학교육을 받는 것은 불평등하다고 여겼다. 이제 평민야학교의 개설로 평민도 대학에 가서 교육을 받을 수 있게 됐다.[20]

차이위안페이는 중국 최초의 직업교육 창시자로 손꼽힌다. 그는 제자인 황옌페이 등과 함께 '중화직업교육회中華職業敎育會'를 창립하여 회장으로 추대됐다. 보통교육뿐 아니라 직업교육도 결코 소홀히 할 수 없다고 여겼기 때문이다. 아울러 상업이 발달한 곳에는 먼저 상과를 개설하고 공학·농학 관련 직업학교를 창설해야 한다고 주장했다. 농·공·상 각 분야의 독자적 연구에 지장을 초래해서는 안 되지만, 단지 한 분야에만 몰두해서도 안 된다고 했다.[21]

원칙적으로 사람이면 누구나 다 교육을 받아야 한다. 초등교육뿐 아니라 중·고등교육도 모두 자유롭게 교육을 받을 수 있어야 하고 학비를 요구해서도 안 된다.[22] 그러나 현실은 그렇지 못했다. 특히 구중국사회는 문맹률이 90퍼센트에 달해, 초등학교의 의무교육 추진도 쉽지 않았다. 이런 상황에서 중고등은 물론이고 대학까지 의무교육을 실행해야 한다고 요구하는 것은 지나친 이상론일 수 있다. 의무교육의 실천은 사회제도의 개조와 경제발전을 떠나서는 생각할 수 없다. 하지만 비록 배불리 먹지 못하더라도 누구나 어떤 고등교육이든 받을 수 있어야 한다. 오늘날 사회주의 제도에서 전 국민이 교육을 받아야 한다는 그의 논리는 완전히 실현됐다. 그의 교육사상의 역사적·현실적 의의는 바로 여기에 있다.

기초지식을 중시하는 학과 술의 병진론

차이위안페이가 내세운 교육사상의 특징은 과학을 중시하고, 그중에서도 기본이론과 기초지식의 함양을 강조했으며, '학學'과 '술術'의 병진竝進을 주장했다는 점이다. 그는 '학'은 이론이고 학리學理이며, '술'은 학을 응용한 것이라 여겼다. 따라서 당연히 학을 술보다 더 중시했다. 이러한 견해는 이론을 경시하는 실용주의적 교육이론의 침투를 견제하려는 것으로서, 기초이론 연구를 위한 방향을 제대로 설정한 것이라 할 수 있다.

그는 이렇게 지적했다.

> 학과 술은 불가분의 관계에 있는 두 개의 명사이다. 학은 학리를 위한 것이고 술은 응용을 위한 것이다. 각 나라 대학의 모든 과목, 예를 들면 공·상·법률·의학은 비단 학리연구뿐 아니라 적용방법을 강구하는 학문이므로 모두 술에 해당한다. 순수과학과 철학은 모두 학이다. 학은 반드시 술의 힘을 빌려서 응용하고 술은 반드시 학을 기본으로 해야 하는데, 양자의 병행추진이 가능하다.[23]

그는 더 나아가 이론과 학술을 소홀히 하는 것을 비판했다. 즉, 협의의 견해를 좇고 깊은 이유는 캐묻지 않는 근시안적인 견해를 비판한 것이다. 아울러 중국은 본래 우수한 기능인技師, 명의名醫들이 요구됐으므로, 반드시 숙련된 기능인과 함께 학리를 깊이 통하는 사람이 필요했다고 지적했다. 만약 기술을 익힐 줄만 알고 연구를 등한시한다면, 나라에 기술을 익히는 사람만 많고 과학연구에 종사하는 사람은 매우 드물게 될 것이다. 그러면 그 기술은 '근원이 없는 물無源之水'처럼 진보할 수 없고 결국 한계에 도달하고 만다.[24]

그는 학과 술, 양자의 효용성과 그 상호관계를 날카롭게 지적했다.

학과 술이 매우 밀접한 관계에 있을지라도 그것을 익히는 자의 취지에 따라 다르게 응용된다. 문학과 이학도 얼마든지 간접적인 응용을 할 수 있으며, 문학과 이학에 종사하는 자는 진리를 연구하는 것을 일생의 목표로 삼아야 한다. 그리고 문학과 이학의 겸업은 가르치는 것과 저술사업 등에 국한해야지 학리의 범위를 벗어나서는 안 된다. 법·상·의·공학도 술에 해당하여 직접 응용할 수 있으나, 이것에 종사하는 자가 비록 종신토록 연구에 흥미가 있다고 하더라도 어느 정도에 이르러서는 사회에 기여하지 않으면 안 된다. 종종 연구에서 벗어나 적시적절하게 연구한 경험을 통해 사회에 봉사할 때 기술의 진보를 촉진시킨다.

학문을 하는 근본 뿌리는 심오한 연구이다. 미천한 나 자신은 애초에는 학을 기본으로 하고 술을 지엽으로 여겼으나, 나중에는 양자가

상응하지 않을 수 없음을 깨달았다.[25]

그는 이러한 기초이론의 중요성에 근거하여 대학에서 교육과 과학의 연구를 접목시킨 최초의 인물로 평가된다. 그는 일찍이 다음과 같이 말한 바 있다.

나는 당시에 하나의 이상을 가지고 있었다. 문리 양과는, 농·공·의·약·법·상과 등을 포함하는 응용과학의 기초로 여겼다. 그리고 응용과학의 연구는 이과 계통에서 담당해야 한다는 것이 나의 생각이었다. 그리고 문리 양과는 반드시 각종 연구소를 설립해야 한다. 이 양 과의 교수와 졸업생 약간 명이 종신토록 연구소에 틀어박혀 겸임교수로서 연구에 종사해야 한다.[26]

그는 또 말했다.

이른바 대학이란, 대다수 학생들을 일정에 맞게 시간을 안배하여 가르치고 졸업의 자격을 갖추게 하는 곳이다. 여기에 덧붙여 공동학술 연구기관의 역할도 해야 한다.[27] '학리'를 추구해야 비로소 대학이라 부를 수 있으며, '술'을 연마하는 기관은 고등전문학교라 칭할 수 있다. 양자의 성격이 다르기 때문에 연한과 수준의 차가 반드시 요구될 필요는 없다.[28]

그는 이처럼 대학과 고등전문학교의 분리를 주장했다. 취업에 맞는 기능을 익히는 것은 고등전문학교에서 배우고, 심오한 학문

을 연구하는 것은 대학 본연의 일이라고 했다.[29]

그는 난징 임시정부의 교육부장관으로 재직할 때 법과와 상과의 설립을 주장하는 한편, 이 두 과에 반드시 문과를 병설하고, 또 의과·농과·공과 등의 각 과에는 반드시 이과를 병설해야 한다고 주장했다. 이 같은 내용은 이 해 11월 교육부에서 반포한 〈대학령〉 제3조에 명시되었다.

베이징대학 교장 재임시, 그는 베이징대학을 문리 양과가 개설된 종합대학으로 만들려는 자신의 생각을 구체화했다. 그는 각종 연구회 조직을 제창하고, 《월간 베이징대학》을 발간하여 교수와 학생들 간에 학문의 성과를 주고받는 교류의 장으로 삼았다. 또한 교내에 처음으로 각과 연구소를 설립하여 학문연구 분위기를 마련했다. 교수진을 위해 과학연구 여건을 제공했고, 대학생이 졸업 후 더 심도 있게 연구를 진행할 수 있도록 환경을 조성했다. 그 결과, 베이징대학은 5·4 신문화운동의 전초기지가 됐을 뿐 아니라 전국의 학술중심이 됐다.

그는 당시에 순수학문을 경시하는 폐단을 지적했다.

6년에 걸쳐 국립 베이징대학 이외에 기타 공·사립대학들에도 대부분 다 법과, 상과 등의 학과가 개설됐다. (…) 이 두 과는 말할 것도 없이 순수한 학문인 문과, 이과 두 과에 미치지 못한다. 이것은 우리나라가 '술'을 중시하고 '학'을 경시하는 충분한 증거가 된다.[30]

그가 이론과 순수과학의 탐구를 중시한 것은 안목을 가지고 당시 중국 교육계에 올바른 방향을 제시한 것이라 할 수 있다. 이러한 순수학문 분야에 대한 탐구정신이 결여되면 과학기술상의 괄목할 만한 발전도 이룩할 수 없었을 것이며, 사회진보도 불가능했을 것이다. 이론과 사유가 발달하지 않은 국가는 생기가 넘칠 수 없으며, 부국강병은 더더욱 불가능하다. 이러한 면에서 학리를 추구한 차이위안페이의 정신은 낙후된 중국의 과학 및 경제가 발전하기를 바라는 순수한 열정에서 나온 탁월한 견해라 할 수 있다.

그는 실제 교육에서도 다음과 같은 생생한 비유를 들어 기초지식과 기본이론의 중요성을 강조했다.

> 보통교육과 직업교육은 현격하게 구별된다. 직업교육은 일종의 건물과 같아서 내부에 교실과 침실 등 각 사용처가 있고, 보통교육은 건물의 기초와 같아서 그 위에 누각이나 정자 등을 건축할 수 있다.

차이위안페이는 초등교육에도 관심을 쏟았는데, 초등교육 단계에서도 기초교육을 중시했다. 그는 다음과 같이 말했다.

> 집을 짓고자 할 때 반드시 먼저 기초를 튼튼히 다져야 한다. 집이 완성된 후에 기초가 견고하지 못함을 발견하고 그때 다시 수리하려면 이미 때가 늦은 것이다. 이와 마찬가지로 초등·중등교육이 부실하고, 이에 대한 자각이 부족하여 뒤늦게 다시 보완하려 하면 그것은 매우 어렵다.[31]

기초교육을 강화하기 위해 차이위안페이는 중등교육과정에서

문과와 이과를 분리하는 것에 반대했다. 한번 분리되면 곧 기초교육의 수준이 저하될 것을 우려한 것이다. 대학에서는 원칙적으로 문리 양 과의 구분을 장려해야 하나, 지리학·심리학 등은 문과와 이과를 겸해서 공부해야 한다고 강조했다.[32]

오늘날 과학의 발전과 세계문명의 진보 추세에 따라 학문들 사이의 경계도 점차 희미해지고 있다. 날로 강화되고 있는 사회과학과 자연과학 간의 연합 추세는 이를 보여주는 생생한 증거라 할 수 있다. 차이위안페이는 이러한 흐름을 꿰뚫은 과학적 혜안을 지녔다고 할 수 있다.

교육독립론

'교육독립론'은 자못 논쟁을 불러일으키는 관점이다. 차이위안페이가 교육독립론을 주장할 당시, 이것은 계급과 정치를 초월한 자본주의 사상이라고 비판받았다. 그러나 비판에 급급하여 그가 교육독립론을 제기할 당시의 시대적 배경과 여건을 소홀히 한다면 그의 본래 의도와 충정을 읽지 못하는 오류를 범하게 될 것이다.

1922년 2월, 차이위안페이는 〈교육독립론〉을 발표했다. 이것의 골자는 교육 분야는 전적으로 교육가에게 맡겨야 하며, 각 정파나 교파의 영향권에서 자유로워야 한다는 것이다.[33] 사실 이러한 주장을 제안한 것은 그가 처음이 아니었다. 일찍이 위안스카이의 폭압통치 시기부터 교육독립론은 일종의 교육계의 사조가 됐다.

그 주요 내용을 정리하면 다음과 같다.

(1) 교육경비의 독자적 사용이다. 이를 위해 베이양정부에 고정적으로 교육경비를 충당해달라고 요청했다. 교육경비는 교육 분야에만 사용하고 다른 용도로 사용할 수 없다.
(2) 교육행정의 독립이다. 교육부장관은 정국의 변동에 따라 임의로 경질할 수 없다. 각 성에 전문적인 관할 교육사敎育司가 설치돼야 하며, 교육전문가를 초빙하여 이를 주관하게 한다. 그리고 더 이상 정무소政務所에 부속되지 않는다.
(3) 교육사상은 독립된 지위를 누려야 하고, 교육방침과 국정방침은 모두 교육의 자주성에 기여해야 한다.
(4) 교육종사자를 인격적 독립체로 인정하고, 학제學制를 준수하되 학제에 얽매여서는 안 된다.
(5) 교육내용의 독립이다. 교과서의 내용을 자유롭게 선택하고 편집하여 발간해야 한다.

그렇다면 차이위안페이는 어떠한 정치적 배경에서 교육독립을 거듭 제기했을까? 위안스카이가 죽은 후 여러 군벌이 혼전 양상을 보이며 베이징정권에 침을 흘리고 있었다. 아울러 계파들이 난립하여 정국이 소용돌이에 휩싸이고 도처에서 전란이 일어났다. 국민들은 온전한 삶을 누리지 못했고, 교육이 처한 환경은 더 말할 것도 없었다.

1912년 차이위안페이가 교육부장관을 사임하고 난 뒤, 1916년 위안스카이가 사망할 때까지 채 5년도 못 되어 교육부장관이 열명 이상 바뀌었다. 교육경비는 늘 부족했고, 각 지역의 재정·군정 당국은 이마저도 임의로 전용하거나 혹은 기한을 늦추어 지급했다. 심지어는 고의로 교육경비 지급을 중단하는 등 교육사업을 박해하는 일이 비일비재했다. 그리하여 학교 운영비나 교원에 대한 최소한의 생계비마저 지급하지 못했다.

1920년 〈전국 교육연합회의 교육경비 결의안〉을 통해 드러난 바에 의하면, 교육경비가 기한 내에 지급되지 못한 가장 큰 원인은 각 성 당국이 교육경비를 지출할 뜻이 없었다는 데 있었다. 국가예산 중 군비 점유율이 과반을 차지했고, 교육경비는 군비의 75분의 1에 불과했다.[34] 결국 수많은 학교들이 문을 닫아야 하는 위기에 처하게 됐다. 특히 건축비, 도서 구입비, 설비·기자재 구입비 및 일체의 교무행정비가 하나도 없는[35] 비극적인 국면이 전개됐다. 이처럼 간단한 사무조차 꾸려나가기 힘든데 '교육발전'을 논한다는 것은 말할 수도 없는 상황이었다. 이러했으니 불만의 목소리가 높지 않을 수 없었다. 차이위안페이 역시 베이양군벌 통치 하의 교육부장관으로 재직하면서 이상을 실현하기는커녕 오히려 핍박을 받아 사직해야 했다. 이러한 뼈아픈 교훈과 좌절의 역정을 거친 후 그는 군벌의 간섭에서 벗어나 교육의 독자성을 확보하기 위해 '교육의 독립'을 제기했다.

또한 교육이 종교에서도 독립해야 한다는 생각은 그가 오랜 경험을 통해 깨달은 바였다. 그는 봉건주의를 반대했고, 복벽파들의 망령된 술책에 반대했다. 그들은 공교孔敎(유교)를 국교로 삼고, 존공독경尊孔讀經을 다시금 국민교육방침으로 정했다. 차이위안페이는 일찍이 이러한 행위는 어리석은 짓이며 시대에 역행하는 처사라며 논박했다.

나중에 교육계를 중심으로 비기독교 교육운동이 일어났을 때도 차이위안페이는 이를 지지했다. 당시 기독교는 제국주의가 중국을 침략하는 일종의 수단이었다. 1920년대에 중국 영토를 유린한 제국주의는 기독교를 이용하여 문화침략을 자행했다. 기독교는 내지 깊숙이 퍼졌으며, 이를 빌미로 '교육대권'을 장악했다.

차이위안페이가 교육이 종교의 간섭에서 벗어나서 독립해야 한다고 역설한 의도는, 교회의 간섭에서 벗어나려고 한 것일 뿐 아니라 더욱 중요하게는 제국주의 침략에 반대하기 위함이었다. 그는 이러한 취지에서 〈비종교운동〉이란 글을 썼다. 그가 여기에서 제시한 것은 다음 세 가지다.

첫째, 대학에 신학과를 개설할 필요가 없으며, 다만 철학과에서 종교사, 비교종교학 등을 강의하면 된다.

둘째, 각 학교는 모두 교리를 선전하는 과정을 둘 필요가 없으며, 기도의식 등도 거행할 필요가 없다.

셋째, 선교를 위주로 하는 사람들은 교육사업에 참여해서는 안 된다.

그는 이처럼 종교가 교육에 침투해서는 절대 안 된다는 입장을 견지했다.[36]

교육의 독립이란 이러한 역사적 배경에서 제기된 것이다. 그가 주장한 교육독립의 요체는, 교육발전의 걸림돌인 군벌통치와 외국 교회세력의 영향에서 벗어나는 데 있었다. 또한 교육독립론은 반봉건 반식민지 상태에 놓여 있던 중국에서, 교육에 열정을 품은 사람들이 부당한 간섭을 받지 않도록 하게 하려는 사상적 무기였다. 실제적으로 교육상의 예방주의였던 것이다. 교육독립론은 서구사회에서 말하는 자유주의적 성격을 띤 주장이라고 할 수 있다. 그것의 창끝은 군벌통치와 봉건사회의 낡은 관념을 겨냥했으며, 궁극적으로 경제발전과 부국강병의 실현이라는 목표를 갖고 있었다.

한편, 교육독립론을 이렇게 풀이해볼 수도 있다. 교육이란 결국 일정한 정치적 목표에 기여하는 것이므로, 정치를 벗어난 진정한 교육의 독립이란 불가능한 것이다. 차이위안페이의 경우를 보더라도 청말 그가 운영한 애국학사와 애국여학교를 논하지 않을 수 없다. 이 두 학교의 설립목적은 '혁명인재'의 배양에 있었다.[37] 민국 건립 이후에도 그는 여러 곳을 다니며 강연할 때 교육은 '공화국 건설에 동참할 건전한 인격의 배양'에 기여해야 한다고 강조했다.[38]

이처럼 교육은 정치를 벗어날 수 없고, 정치를 벗어나서 존재할 수도 없다는 것이 엄연한 현실이다. 이는 그가 밝힌 〈교육방침에 대한 의견〉에서 더욱 분명하게 드러난다.

교육이란 두 가지로 대별할 수 있다. 하나는 정치에 예속된 교육이고, 하나는 정치를 초월한 교육이다.

그가 말한 정치예속 교육이란 군국민주의 교육이나 실리주의 교육처럼 직접 부국강병에 기여하는 것을 말한다. 그도 인정했다시피 정치를 초월한 세계관 교육이나 미육 등도 계급사회에서는 계급과 정부, 정치, 제도 등의 제약과 영향력에서 자유로울 수 없다. 다만 선진 정치제도에서는 교육의 발전이 촉진될 것이며, 부패한 정치제도에서는 교육발전이 막히게 될 뿐이다. 그러므로 차이위안페이가 제기한 교육독립론의 실체는 당시 중국 자산계급의 요구에 부응한 교육사업의 발전을 반영한 것이라 볼 수 있다.

그의 교육독립론은 자본주의의 의식형태에 속했으나, 당시 열악했던 중국의 교육여건을 감안할 때 필요불가결한 주장이었음을 알 수 있다. 비록 차이위안페이가 소망한 교육독립은 현실적으로 실현하기 어려운 것이었으나, 당시 시대상황에서 이 같은 '구호'를 제기한 것은 상당한 의의를 지닌다고 할 수 있다.

이처럼 시대적 특징과 민족적 기질을 담고 있는 차이위안페이의 교육사상은, 당시에도 막대한 영향을 끼쳤을 뿐 아니라 앞으로도 오래도록 영향력을 발휘할 것이다. 그의 교육경험과 사상은 근대 중국의 교육이론을 발전시키는 비옥한 토양의 역할을 했다. 바로 이 점이 중국 교육발전에 기여한 그의 빛나는 업적이라 할 수 있다.

10

중국 근대미육의 개척자

미육 발전에 전력을 기울이다 | 가정·학교·사회 미육의 실천 | 문화유적 보호에 지대한 관심을 쏟다 | 차이위안페이의 미학사상 분석

차이위안페이는 심미안을 가진 미학사상가이자 미육美育실천가로도 잘 알려져 있다. 그는 중국 근대 최초로 미학의 중요성을 환기시켰고, 서양의 미학사상과 방법을 체계적으로 중국에 소개했다. 이러한 의미에서 그를 중국 근대미육 발전의 초석을 다진 사람으로 평가하기도 한다. 그는 일생 동안 미육을 적극 주창했고, 이론과 실천 면에서도 기여한 바가 크다. 그러나 그가 미육 분야에서 이룬 업적을 조명하는 연구물들은 그다지 많지 않다.

중국의 미학을 논할 때 빼놓을 수 없는 사람이 왕궈웨이王國維이다. 그는 주옥같은 저작을 남김으로써 중국 미학사상 일대 신기원을 열었고, 중국 근대미학사상의 토대를 닦았다. 그와 어깨를 나란히 할 만한 인물이 바로 '미학대가美學大家'인 차이위안페이다.

이 두 사람은 활동기간이 비슷했을 뿐만 아니라, 미학사상에서도 동일한 뿌리를 가지고 있다. 차이위안페이의 진보적 민주주의 세계관은 미학사상에도 잘 반영되어 있다. 그는 신해혁명에 참가한 원로 혁명가로서의 명망을 등에 업고 문화예술계의 요직을 섭렵했고, 이러한 지위에 걸맞게 중국 근대미학의 기초를 세우고 발전시키는 데 지대한 공헌을 했다.

미육 발전에 전력을 기울이다[1]

차이위안페이는 미육에 깊은 관심을 쏟고, 중국 최초로 '미육'이라는 용어를 사용했다. 20세기 초에 독일어인 'Asthetische Erziehung'을 미육으로 번역한 사람은 일찍이 없었다.[2]

1912년 봄, 난징 임시정부 교육부장관으로 근무할 당시에 그는 〈교육방침에 대한 의견〉을 발표했다. 그는 여기에서 교육내용은 지육知育·덕육德育·체육體育·미육美育이 조화를 이루어야 한다고 강조했다. 이러한 4육은 모두 똑같이 중요하며, 건전한 인격을 배양하기 위해서 필수불가결하다는 것이다. 따라서 어느 한 가지도 게을리 해서는 안 된다고 했다.[3] 그가 교육행정 당국의 책임자로서 최초로 4육을 교육방침으로 명문화한 것은 중국 근대미학사에서 큰 의의를 갖는 것으로 결코 소홀히 취급해서는 안 된다. 그는 문학·예술방면에 조예가 깊은 루쉰을 후원하여 도서관, 박물관, 미술관을 맡게 했다. 모두 알다시피 이후 루쉰은 미술, 조소, 목각 등에서 두각을 나타냈다.

1913년 8월, 차이위안페이는 프랑스로 건너가서 저술에 몰두했는데, 이때 미육과 관련하여 적지 않은 번역서를 남겼다. 예를 들어 그가 엮은 《화공학교 강의華工學校講義》를 보면 덕육과 관련한 내용을 총 30장에 걸쳐서 서술했고, 지육 분야에도 10장을 할애했는데, 이 중 상당한 분량을 미육과 미학에 할애했다. 그리고 그가 편역한 《철학대강哲學大綱》 중 〈가치론〉 제4절에 '미육관념'이 기술되어 있다. 그는 이 밖에도 《구주 미술소사歐洲美術小史》, 《구주 미술총술歐洲美術總述》 등을 펴냈다.

중국으로 돌아온 차이위안페이는 베이징대학교장으로 있으면서 미육과 관련된 각종 단체들을 적극 후원했다. 예컨대 진덕회, 체육회, 음악회, 화법연구회, 서법연구회 등이 그것이다. 이 중 특히 화법연구회를 적극 지지했는데, "과학과 미술은 신교육의 요체가 되어야 한다"는 것이 그 이유였다. 그리고 천스쩡陳師曾, 쉬베이훙徐悲鴻 같은 저명한 화가들을 지도교수로 초빙했다.

1919년 1월 11일에는 베이징대학 화법연구회 기금 모금행사에 직접 참석해 찬조연설을 했으며, 같은 해 2월 22일에는 화법연구회 1주년 기념식에서 강연을 했다. 차이위안페이는 화법연구회에 직접 참가하여 활동했을 뿐 아니라, 베이징대학에 미술과를 개설했다. 중국미술사는 예하오우 교수가 담당했으며, 차이위안페이도 직접 10여 차례 미학을 강의했다.

그는 음악 또한 중시하여 베이징대학 음악연구회의 규정을 친히 기초하고, 왕신쿠이王心葵 선생을 초빙하여 거문고 등 옛 악기 연주법을 가르치도록 했다. 아울러 외국 유학을 마치고 돌아온 샤오유메이蕭友梅(1884~1940) 선생을 초빙하여 서양음악을 가르치도록 했다. 중국에서 베토벤 교향곡을 처음 연주한 모임이 바로 베이징대 음악연구회였다. 1919년 11월 저녁, 법대 강당에서 베이징대학 음악연구회 개회식이 열렸다. 그는 치사에서 다음과 같이 말했다.

음악은 미학의 일종이며, 문화의 변천과 밀접한 관련이 있다. 음악은 문화를 촉진시키는 유익한 도구가 돼야 한다.[4]

그러면서 이 단체에서 발간한 《음악音樂》 잡지의 발간사를 써서 적극적인 관심을 표명했다. 그는 비슷한 시기에 교육부에 국립 베이징 미술전문학교를 세울 것을 건의했는데, 이 학교가 바로 '베이징 미술전문학교北京美專'의 전신이다.[5]

그는 가는 곳마다 미육을 제창했다. 베이징 통속교육연구회 석상에서 소설, 강연, 희극 등 통속교육과 관계된 내용을 역설하고, 베이징 선저우神州학회에서는 '미육으로 종교를 대신해야 한다'는 저명한 연설을 했다. '미육은 일종의 중요한 세계관 교육'이라고 한 이 연설의 골자는 미육의 역할과 중요성이었다. 그는 바오딩의 덕육학교와 성립 제6중학교를 방문했을 때에도 한결같이 미술학습의 중요성을 강조했다. 1920년 가을 후난성을 방문하여 7차에 걸쳐 강연을 할 때에도 매번 미학과 미술의 문제를 부각시켰다. 1921년 5월에는 영국 에든버러에 있는 중국유학생회를 환영하는 자리에서, "미술이라고 하는 것은 고상한 소일거리이며, 곧 정신을 새롭고 창조적으로 가다듬게 한다"[6]라고 미육의 의미를 되새겼다.

1922년, 차이위안페이는 마침내 〈미육실시 방법〉을 발표했다. 그는 여기에서 체계적인 미육 실시방법과 전 국민에게 미육을 실시할 청사진을 제시했다. 이 글은 그의 미육사상을 집대성한 수작秀作이라 할 수 있다. 그는 연설문 등을 포함하여 일생 동안 수십 편에 달하는 미육 관련 논문과 저서를 남겼다. 그러면서 여러 차례 미술전람회 등을 주최하거나 후원했다. 1924년 2월 프랑스 유학 동창생인 류지퍄오劉旣漂, 린펑몐林風眠, 린원정林文錚 등이 '해외예술운동사海外藝術運動社' 명의로 주최한 순회미술 전람회

에서는 명예회장의 자격으로 개막식을 주관했고, 〈중국미술전람회 목록〉에 서문을 기고했다.[7]

후에 그가 설립한 예술학교들은 해외에도 널리 알려졌다. 1927년 10월 상하이에 국립음악원이 설립되어 첫해에는 그가 교장을 겸직했고, 뒤에 걸출한 음악가인 샤오유메이가 교장으로 초빙되었다. 이 음악원은 다음 해에 '상하이 음악전문학교'로 개명했다. 이 학교에는 예과와 본과가 개설되고, 사범학과가 부설되었다. 본과 내에는 이론과 작곡 및 피아노·바이올린·비올라·첼로 등 현악4중주팀이 구성되어 있었다. 이 음악학원은 설립된 이후 스승과 제자들이 맹활약을 하여 교사 현악연주회 등을 매월 1회 개최했다.

차이위안페이는 1928년 3월 경관이 수려한 항저우 고산 부근에 위치한 뤄위안羅苑에 '국립예술원'을 건립했다. 그는 이 예술원을 건립할 당시 위치 선정에 고심했는데, 항저우의 시후西湖가 최적의 장소라 여겨 이곳으로 정했다.[8] 그리고 저명한 화가인 린펑몐林風眠을 원장으로 초빙했고, 린원정이 교무처장 겸 미술사 교수로 활약했다.

차이위안페이는 난징에서 달려와 예술원의 개학식을 주관하고, 〈학교는 학술연구를 위해 존재해야 한다〉는 글을 발표했다.[9] 예술원에는 중국화, 서양화, 조소, 도안 등 4개 과가 설치됐다. 나중에 중국화과와 서양화과를 합쳐 회화과가 됐고, 다음 해 11월에 '미술전문학교'로 개칭했는데 학생 수는 226명이었다.

국립음악원과 국립예술원, 이 두 학교는 오늘날에도 남아 있다. 상하이 음악전문학원과 저장 미술학원이 그것이다. 지금도 저장

미술학원 정문에 들어서면 차이위안페이가 1929년에 직접 쓴 '국립예술원'이라는 글자가 선명하게 눈에 들어온다. 음악과 미술 분야에서 각각 최고의 권위를 자랑하는 이 두 명문학교는 반세기 이상을 지나오면서 음악·미술계의 인재들을 배출했다.

가정·학교·사회 미육의 실천

차이위안페이가 중국의 미육사에 기여한 또 하나의 중요한 공헌은 미육 보급과 실천에 대한 연구방법을 제기한 것이다. 그는 전례없이 전면적인 미육의 보급과 실천을 제기했다. 이 방안은 그가 1922년에 발표한 〈미육 실시방법〉에 집약되어 있다. 그가 제기한 방법은 온 국민에게 미육을 실천하게 하는 일종의 청사진이라고 할 수 있다. 그는 미육은 가정 미육, 학교 미육, 사회 미육의 세 측면을 포괄해야 한다고 주장하고, 세부계획을 수립하고 실천에 옮겼다.

(1) 가정 미육

그는 "미육은 태교로부터 출발점을 삼아야 한다"고 여겼다. 이를 위해 산모들이 거처할 수 있도록 '공립 태교원'을 건립해야 하고, 공립 태교원은 복잡하고 공기가 혼탁한 도시보다는 경관이 수려한 곳에 위치해야 한다. 건축의 형식은 사면이 모두 정원으로 둘러싸여 있으면 좋을 것이다.

또한 근처에 광장이 있어야 한다. 이곳에서 산보는 물론 가벼운

운동도 하며 일월을 감상할 수 있어야 한다. 정원에는 수목이 무성하고 사시사철 아름다운 꽃이 피어 눈을 즐겁게 해주어야 한다. 깃털이 수려한 우아한 자태를 지닌 동물들도 정원 곳곳에서 마음껏 뛰놀게 해야 한다. 정원 한가운데에 물을 끌어다 분수를 만들되 물살을 너무 거세게 분출시켜서는 안 된다. 아담한 연못도 만들고 이곳에 예쁜 물고기들도 집어넣어 생기 있게 노는 모습을 볼 수 있어야 한다.

실내는 벽지를 바르고 바닥은 양탄자를 깔되 모양은 고요하고 소박한 문양이면 좋겠다. 진열된 용기는 가볍고 운치가 있어야 하며 너무 무겁거나 요란하고 문양이 번잡한 것은 피해야 한다. 진열된 그림이나 조각은 모두 우아한 미를 감상할 수 있는 것이어야 한다. 건전한 신체를 묘사한 나체 조각상이나 나체화 등도 전시돼야 한다. 그러나 지나치게 조잡하거나 외설스러우며 처참할 정도로 괴이한 모습을 담은 작품들은 배제해야 한다. 지나치게 자극적인 색채도 피해야 한다. 액자 등에도 낙관적이고 평화스러운 글자가 적혀 있어야 한다. 사회의 암울한 면을 묘사한 작품 등은 적절치 못하다. 음악도 은은한 것들을 선정하여 매일 감상할 수 있도록 하고, 지나치게 격정적인 음악은 피해야 한다.

요컨대, 임산부들이 화평하고 쾌적한 환경에서 보낼 때 태아에게 바람직한 영향을 미치는 것이다. 이것이 바로 태아를 위한 미육이다.[10] 출산 이후에는 '공공육아원'으로 옮겨야 한다. 육아원과 태교원의 환경은 대동소이하며, 같은 지역에 건립해도 무방하다. 육아원에 종사하거나 기거하는 모든 성인의 태도나 동작은 영아나 유아들에게 모범이 돼야 한다. 차림새도 우아한 아름다움을 느낄 수 있어야 할 것이다. 공립기관 성립 이전에라도, 만약 가정에서도 이러한 공간을 마련하고 앞서 말한 시설들을 잘 배치할 수 있다면, '가정 미육'이라고 해도 무방할 것이다.[11]

(2) 학교 미육

학교 미육은 유치원에서부터 대학에 이르기까지 지속적으로 실시해야 한다. 아동은 만 세 살이 되면 유치원에 가야 한다. 이곳에서 아이들은 춤, 노래, 공작 등을 하면서 미적 감각을 체득한다. 중고등학교과정에서도 음악, 그림, 체육, 문학 등 미육에 속하는 과정을 통해서 개성을 표현하고 신장시킨다. 문자나 미술은 약간 복잡하나 비장함이라든지 골계미滑稽美를 느낄 수 있는 저작들을 모두 응용할 수 있다. 그는 특히, "학교의 모든 교육과정은 미육과 무관한 것이 없다"라고 강조했다. 바꿔 말하면 학교의 모든 과정과 활동은 학생들의 미육발달에 관심을 기울여야 한다는 것이다. 그리고 대학에는 음악, 미술, 건축, 문학 등 다방면의 미육 관련 과정들이 존재한다. 각 학교의 모든 진열품 등도 미육의 조건에 부합해야 한다. 학교에서 수시로 변론회, 음악회, 작품전시회, 각종 기념회 등을 여는 것은 미육을 보급·실천하기 위한 것이라 할 수 있다.[12]

(3) 사회 미육

차이위안페이는 사회 미육을 실천하는 방안으로 두 가지를 제시했다.

첫째, 미술관, 연극공연장, 영화관, 음악회관, 역사박물관, 민속·고고학박물관, 동식물원 등을 건립해야 한다.

둘째는 지방의 미화이다. 도로는 균형감을 가지고 꾸며야 한다. 아울러 광장이나 분수대, 화단, 조각품 등이 적절히 배치돼 있어야 하겠다. 유럽의 도시처럼 도로변에 가로수를 심고 행인들이 잠시 쉴 수 있는 공간도 고려해야 한다. 건축미를 고려하여 건물들은 너무 밀집되지 않아야 하겠다. 유럽 각국은 현재 '꽃의 도시花園城' 운동을 벌이고 있다.

공원은 폐쇄식과 개방식, 두 가지를 고려해야 한다. 폐쇄식 공원은 베이징의 중앙공원('중산공원'으로 개명)이나 상하이의 황푸黃埔공원처럼 담으로 둘러싸여 있어야 한다. 개방식 공원은 수목이 우거진 곳에 위치하여 산책할 수 있고 초원에서 운동할 수 있으며, 주변에는 냇물이 흐르거나 작은 호수가 있어 뱃놀이를 할 수 있으면 좋다. 차이위안페이는 파리와 베를린의 대공원을 예로 들어, 이러한 곳은 비록 땅값은 비싸나 영구히 보존할 만한 가치가 있다고 했다.

명승지의 배치는 장식과 보존의 두 가지 차원에서 고민해야 한다고 했다. 차이위안페이는 스위스와 미국의 예를 들었다.

스위스는 세계의 화원이라는 칭호를 갖고 있다. 풍광이 수려하고 그들의 보호의식도 투철하고 교통도 편리하여 사람을 매료시킨다. 미국도 몇 개의 아름다운 공원을 보유하고 있다. 매우 방대하며 국가가 완전히 통제하여 보호하며 개인이 임의로 점유할 수 없다. 그래서 이들의 빼어난 경관이 잘 보존돼 있고 훼손되지 않았다.

그는 중국에는 명승지가 많으나 보존을 소홀히 했음을 몹시 안타까워했다.

예컨대, 황산 등은 교통이 불편하여 관광하기가 쉽지 않다. 시후처럼 교통이 편리하여 찾기 쉬운 곳은 통제하지 않으면 몰지각한 많은 관광객들이 자연경관을 훼손하므로 애석할 뿐이다.

과거 중국인의 무덤은 매우 무질서하여 이를 해결할 방안으로 제시된 것이 공원묘지이다. 그는 서양의 공원묘지 조성방법을 채택해야 한다고 주장했고, 아울러 간소한 화장문화를 장려했다. 그래서 장엄한 건물을 활용하여, 전기로 시신을 처리한 후 유골을 이곳에 안치하면 토지점유율이 줄어 공원묘지도 예전처럼 혼란스럽지 않고 경관도 아름다움을 되찾을 것[13]이라고 했다.

그의 이러한 견해는 시대를 매우 앞선 것으로서 50~60년이 지난 오늘날에도 참고할 만하다. 그는 이처럼 어느 한 구석도 빠뜨리지 않고 세밀하게 미육 실시방법을 언급했다. 아울러, "내가 말한 미육은 요람에서 무덤까지 지속된다"고 했다.[14]

그러나 그가 제시한 미육 실천방안은 실천되지 못했다. 군벌들이 혼전을 벌이는 상황에서 국가의 운명이 위태로웠고, 방대한 인민대중들조차 목숨을 부지하기가 쉽지 않았으니 한가롭게 '미육'을 떠들 겨를이 없었다. 그의 청사진은 그림의 떡이요, 공상에 불과했다. 그러나 비록 차이위안페이가 제기한 미육은 활짝 꽃피우지 못했지만, 미육실천에 대한 그의 강렬한 욕구와 아름다운 사회를 창조하려는 지칠 줄 모르는 열정은 감동적이다. 그의 주장은 중국에서 제기된 최초의 전면적인 미육 실시방안으로, 미학과 실생활을 접목시키려 했다는 데서 그 의의를 찾을 수 있다.

그리고 신중국 건설 이후 수십 년 사이에 차이위안페이가 구상한 대로 미육이 생활과 결합하여 자연스럽게 실천되고 있다. 사회주의 현대화가 진전됨에 따라 사람들의 심미안이 높아졌고, 그가 제기한 미육의 주요 내용들은 날이 갈수록 사람들의 관심을 끌게 됐다. 이러한 측면에서 그의 미육사상과 실천의지는 오늘날에도 여전히 현실적 의의를 지니고 있다.

문화유적 보호에 지대한 관심을 쏟다

차이위안페이는 국가의 문화유산 보호에 남다른 열정을 기울였으며, 이 같은 진귀한 자산들이야말로 중화민족의 숭고한 정신의 결정체라 여겼다. 장쑤성 우吳현에 위치한 보성사保聖寺의 18나한을 새긴 조소 작품과 관련한 일화는 이를 잘 보여준다.

보성사는 서기 503년 당대 개원開元연간에 건립됐다. 건륭제 시절에 증축 및 보수를 했는데, 원래의 사원은 규모가 방대하여 전성기에는 전당殿堂만 5,000여 개가 존재하고 승려도 1,000여 명이나 됐다. 사찰 내의 대웅전에는 18나한이 보존되어 있는데, 이것이 바로 당나라 시대의 화공 양혜지楊惠之의 걸작이다. 양혜지와 오도자吳道子는 당대의 저명한 승려 요絲의 문하생으로, 두 사람이 각축하다 후에 오도자의 명성이 더욱 두드러졌다. 당시 사찰에 벽화가 성행했는데, 오도자의 그림은 널리 퍼져 그 이름이 만천하에 드러났다.

본래 성정이 오만했던 양혜지는 오도자의 명성만 높아지는 것을 참지 못하고 붓과 벼루를 던져버렸다. 그 후 그림을 포기하고 오로지 조소彫塑에 몰두했다. 결과적으로 그는 대성공을 거두었고 오도자와 더불어 길이 역사에 이름을 남기게 됐다. 당시 사람들은 이 두 사람의 신기에 가까운 솜씨에 경탄했다. 오도자의 그림과 양혜지의 조소는 스승을 뛰어넘었다. 고관이나 부자들은 그들의 그림과 조소를 구하려고 혈안이 됐다. 지금도 오도자의 그림은 난징, 상하이 등지의 고궁박물관에서 쉽게 볼 수 있다.

그러나 벽에 새긴 조소는 보존하기가 쉽지 않았다. 더욱이 원·명·청대의 사찰들은 예술에 대한 이해가 적었고, 역사서를 아는 사람들도 고적문물 보존에 그다지 관심을 기울이지 않았다. 그래서 보성사의 18나한은 전 중국에서 겨우 두 곳에만 남아 있는 양혜지의 조소작품 중 하나로, 매우 진귀한 보물이다. 벽에 새겨진 이 나한 군상群像은 적절한 배율과 선명함이 조화를 이루어 천하에 장관을 이루었으나, 오늘날에는 낡고 부식되어 그다지 선명하지 못하다. 그러나 그 자태나 형상은 여전히 생동감이 넘쳐 대가의 작품임을 한눈에 알 수 있다.

1923년 7월 차이위안페이는 저우쥔周峻 여사와 쑤저우 유원留園에서 혼례를 치렀는데, 별안간 후스에게 한 통의 서신을 받았다. 편지의 내용은 이러했다. 저명한 사학자인 구제강顧頡剛이 보성사에 가서 보니 당대 양혜지의 걸작 18나한이 붕괴 직전에 놓여 있더라는 것이다. 차이위안페이는 이틀 뒤 후스에게 답장을 보냈다. 나한 보존 문제는 사람을 보내 구제강 아니면 상하이에

있는 왕보샹王伯祥과 협의하겠다는 내용이었다.[15]

차이위안페이는 민족의 자산인 나한을 보존하고자 백방으로 애를 썼다. 그리고 보성사를 수리할 비용을 마련하기 위해 은 100위안을 모으자는 의견을 발의했다. 100위안은 큰 액수가 아니었지만, 당시 문화유산을 중시하지 않는 사회풍조로 인해 이마저도 모으기 어려웠다. 마치 바다에 돌멩이를 던진 것처럼 감감무소식이었으며, 당국의 지지도 얻지 못했다.

그로부터 5년이 흐른 1927년, 일본 미술가 오무라 세이가이大村西崖(1868~1927, 명치·대정 시기의 미술사가로 도쿄예대 조각과를 졸업했다—옮긴이)가 구제강이 쓴 문장을 접하고 그길로 보성사로 달려와 두 달을 살핀 뒤 귀국하여 《소벽잔경塑壁殘景》이라는 한 권의 책을 지었다. 그는 이 책에서 나한의 예술적 가치를 높이 평가했다. 그리고 나한이 부식되어 겨우 잔영만 볼 수 있다고 완곡하게 지적했다. 이 말은 중국인의 문화보존 의식이 결여됐음을 풍자한 것이었다.

이 책이 도쿄의 미하라三原서점에서 출판된 이후 국제여론이 비등해졌다. 이러한 국외의 반응은 중국에도 알려져 반향을 일으켰다. 결국 일본인 미술가의 힘으로 중국인들이 각성하게 된 것이다. 당나라의 걸작품인 조소 나한 관련 사건의 전말은 이러했다. 이로부터 국내에도 관심이 들끓어 쑤저우의 저명한 인사들이 보성사 보존을 호소하고 나섰다.

당시 차이위안페이는 대학원장에 갓 취임하여 임무를 수행할 때였다. 그는 즉각 1만 위안을 쾌척했고, 장쑤성 정부에서도 은 3,000위안을 마련하여 수리에 착수했다. 이른바 '당소唐塑(양혜지의 18나한을 가리킨다—옮긴이) 관리위원회'가 발족됐다. 차이위안페이와 마쉬룬, 천취빙陳去病, 구제강 등 19인의 위원이 상하이 청량사淸涼寺에 사무소를 설치하고, 1929년 1월 17일과 2월 22일 두 차례에 걸친 회의에서 구체적인 방안을 결정했다. 차이위안페이는 3월 4일 관리위원들과 보성사에 가서 나한의 상태를 직접 살펴보았다. 그들은 절간 지붕이 한쪽으로 치우쳐 붕괴 직전에 있고, 나한도 심하게 훼손된 것을 보고 이처럼 귀중한 문화유적이 잘 보존되지 못한 것을 한목소리로 애석히 여겼다.

그리고 저명한 건축가인 판원자오范文照가 박물관 모양의 기념관을 설계하고, 조각가인 장샤오젠江小鶼, 화톈유滑田友가 나한을 복원하는 책임을 맡았다. 1년 4개월여에 걸친 각고의 노력 끝에 통풍, 방화, 미관 및 화재에 대한 내구력을 갖춘 로마식 기념관이 지어져 유적을 장기적으로 보존할 수 있게 됐다. 기념관 준공 후 차이위안페이는 〈보성사 고물관기保聖寺古物館記〉를 지었다. 이를 마쉬룬이 해서체로 베껴 쓰고, 비석 전문가를 불러 전체 문장을 비석에 새겨 기념하게 했다. 이후 궈모뤄郭沫若, 예성타오葉聖陶 등이 모두 그곳을 방문하여 감상했다.

중화인민공화국 성립 이후 국무원은 보성사 일대를 전국 주요 문물보호구역으로 지정했다. 차이위안페이는 이처럼 줄곧 전국 각지의 문화유산에 비상한 관심을 기울였고, 다음과 같이 힘주어 말했다.

우리가 앞으로 여행을 할 때는 세 가지 주의를 기울여야 한다. 첫째는 독특한 자연미를 발견하고 감상할 줄 알아야 한다. 둘째는 고대

의 건축을 연구해야 한다. 셋째는 박물관의 미술품에 관심을 기울여
야 한다.[16]

중앙연구원장으로 있을 때에도 그는 각 지역의 문물훼손 건에
대해 늘 전면에 나서서 간여했다. 1929년 10월 15일 산시山西성
에 있는 '대동운강석상大同雲岡石像'이 절도범에 의해 훼손됐다는
소식을 접하고 즉각 산시의 군벌인 옌시산閻錫山에게 관심을 촉
구하는 전보를 쳤다.

대동운강석상은 엄청난 공정을 거쳐 만들어진 걸작품이다. 조각彫
刻이 매우 진기해서 사람들이 몰래 떼어다가 판다는 소문이 들린다.
문화유산들이 이처럼 훼손되니 국보가 날로 사라져간다.[17]

이와 같이 문물을 중시하는 차이위안페이의 언행은 후세에 귀
중한 전범이 됐다.

차이위안페이의 미학사상 분석

차이위안페이의 미학사상은 서구의 미학사상을 학습하고 전파
하는 과정에서 형성되었다고 할 수 있다. 1908년 독일 라이프치
히대학에서 공부하면서 그는 미학, 미술사, 문학사 등의 과목을
청강했다. 그곳은 늘 음악과 미술을 접할 수 있는 환경이 갖추어
져 있었다. 그래서 그는 의식하지 못하는 사이에 점점 미학 방면

에 관심을 집중하게 됐다. 특히 철학사 시간에 칸트의 미학관념에 관한 토론이 벌어졌는데, 이때 '미'의 초월성과 보편성에 관심을 기울이게 됐다. 차이위안페이는 더 나아가 칸트의 원저작들을 상세히 연구했고, 이 과정에서 더욱더 미학의 중요성을 인식하게 됐다.[18]

당시 차이위안페이를 가르쳤던 독일의 미학 교수는 미학에 심리학적 실험방법을 적용했는데, 차이위안페이도 그를 본받아 미학상의 실험공작을 진행했다. 또한 각 성과 지방을 여행하며 박물관, 전시회 등을 참관함으로써 이 방면에 눈을 뜨게 됐다.

독일에서 수학하는 동안, 그가 특히 칸트의 미학사상에서 받은 영향은 지대한 것이었다. 차이위안페이의 미학 논저들은 다음 세 방면을 중심으로 기술됐다.

(1) 미적 관념

미적 관념은 과학 및 철학의 개념과 다르다. 개념이나 이상은 모두 추상적이지만, 미학관념은 구체적 한계를 설정한다. 미와 구체적 형상은 하나로 이어져 있으며, 이로 인해 심미적인 판단은 논리적 판단이나 윤리적 판단과 다르다. 그는 다음과 같이 지적했다.

> 과학의 기본은 탐구에 있으며, 논리학의 판단은 진위를 구별하는 것이다. 도덕의 기본은 실천에 있으며, 윤리학의 판단은 선악을 구별하는 것이다. 미감美感의 기본은 감상에 있으며, 미학의 판단은 미추를 구별하는 것이다. 그러나 도덕, 종교, 과학은 또 미감과는 불가분의 관계에 있으며 미감의 내용과 뒤섞여 있다.

(2) 미의 구분

차이위안페이는 미를 '우아미'와 '비장미'[19]로 구별했다. 그에 따르면, 이러한 미는 피아의 선입견을 타파하고 이해득실을 초월하며 성정을 도야하여 날로 고상함에 이르게 한다.[20]

(3) 미감

미감이란 다음과 같이 초월성과 보편성을 지닌 것으로 여겼다.

순수 미육은 감정을 다스리고 고상한 습관을 갖게 하며, 선입관과 이기적인 생각을 점차 해소시킨다. 미의 보편성은 피아의 구별이 없는 경지로 들어가게 한다. 내가 음식물을 먹고 의복을 입는 것은 결코 타인의 배를 부르게 할 수 없고, 타인의 몸을 따뜻하게 할 수 없다. 이것은 곧 보편적이지 않기 때문이다. 미란 그렇지 않다. 예를 들면, 베이징 부근의 서산은 나와 남이 함께 감상하는 것이며, 사적으로 소유할 수 없다. 중앙공원의 화석花石이나 농업실험장의 수목은 모두 다 감상할 수 있다. 이집트의 피라미드나 희랍의 신전이나 로마의 극장은 보는 이의 감탄을 자아내고, 수천 년이 지나도록 불변의 가치를 지닌다. 미의 보편성이란 이런 것이다. 또한 미는 이해관계를 초월한다. 미에 이해관계가 있을 수 없다.[21]

차이위안페이는 이러한 이론적 기초 위에 '미육으로 종교를 대신해야 한다'는 구호를 외쳤다. 왜 미육으로 종교를 대신해야 하는가? 그는 '종교는 본래 구시대의 교육'이라 생각했다. 종교 안에 지육·덕육·미육의 요소가 원래부터 포함되어 있다. 그러나 과학이 발전함에 따라 지육과 덕육은 부분적으로 의의를 잃었고, 더 이상 적극적인 작용을 하지 못했다. 단지 미육만이 종교 안에 남아서 지위를 유지하고 있을 뿐이다. 웅장한 건축, 우아미를 풍기는 조각, 회화, 오묘한 음악, 웅혼雄渾한 서사문학 등의 미적 가치는 결코 말살될 수 없는 것이다. 다음과 같은 이유로 종교는 여전히 미육을 대신할 수 없다.

첫째, 미육은 자율적이고 종교는 강제적이다.
둘째, 미육은 진보적이고 종교는 보수적이다.
셋째, 미육은 보편적이고 종교는 한계성을 띤다.

따라서 감정을 도야하려는 종교를 떠나 순수한 미육을 기르는 것이 낫다. 종교는 다른 종파를 공격하여 인심을 자극하고, 점차 그 순수한 미감을 잃게 된다. 그러므로 '미육으로 종교를 대신해야 한다'는 주장은 모든 민주·혁명사상, 진보적인 교육사상과 유기적으로 결합되며, 제국주의와 봉건주의에 반대하는 성격을 띠고 있다. 그는 다음과 같이 지적했다.

무릇 종교란 서구 사회에서는 이미 과거의 문제가 됐다. 대개 종교의 내용은 현재 학자들이 과학적 연구를 통해 다 해결했다. 그런데 이상하게도 우리 중국은 이미 지난 과거의 사실을 새로운 것으로 여기며 마침내 많은 사람들이 토론을 벌인다. 외국 유학을 다녀온 학생들이 이들 서구 사회의 선진화된 모습을 보고, 또한 선교사들의 말을 잘못 이해하고서, 서방 국가가 앞서게 된 모든 공로를 종교 탓으로 돌린다. 그리고 기독교 교리를 우리나라 사람들에게 주입한다. 그리고 일부 구사상에 물든 사람들은 기독교사상을 점차 변형시켜서 공자를 중국의 그리스도로 받들어 이른바 '공교孔敎'를 조직하려고 아우성이니 이것이 오늘날 심각한 문제라 아니할 수 없다.

당시 위안스카이는 복벽운동을 통해 황제가 되려는 야심을 드러내며 공교를 국교로 삼았다. 또 제국주의 열강이 중국을 병탄하려고 호시탐탐 노리는 긴박한 시기에, 차이위안페이는 '미육으로 종교를 대신하자'는 실천운동을 전개하여 제국주의의 침탈을 견제한 것이다.

그러나 그의 미육사상과 실천운동에 반드시 긍정적인 측면만 있는 것은 아니다. 그가 단편적으로 강조한 미감의 '무잡념', '초공리超功利'는 현실사회와 괴리된 공허한 얘기로밖에 들리지 않는다. 미와 미감을 파악하기가 말처럼 쉽지 않기 때문이다. 그래서 미육은 다만 세계를 개조하는 일종의 수단으로 비쳐지고 만다.

미육에 대한 그의 관점은 다음 세 가지 면에서 치명적인 결함을 지니고 있다.

첫째, 현실과 괴리돼 있다. 미감은 자연미라 할지라도 완전히 공리를 초탈할 수 없고 사회적 영향에서 벗어날 수 없다.

둘째, 차이위안페이는 이론상으로 미육이 '피아를 초월하고 이해타산이 없다'고 했으나, 그의 미육 실시방법을 보면 곳곳에서 그의 논리와 모순되는 점이 드러난다. 예컨대 1922년 발표한 〈미육 실시방법〉에서, 그는 "전 국민을 위해 미육실천의 청사진을 제기한 것이며, 곧 인민의 복리를 위한 관점에서 출발했다"고 미육 실시배경을 언급했다. 그러나 여기에 '피아를 초탈하고 이해관계를 초월'하는 구체적 사례는 제시돼 있지 않다.

셋째, 부정적인 정서를 확산시켰다. 만약 사람들이 진정으로 이러한 미육의 '초탈의 경지'를 받아들인다고 가정해보자. 미적 감상을 통해 현실세계와 공리를 망각하고, 득실을 초월하게 되어 결국 혼미한 가운데 이를 것이다. 이 같은 혼미한 감정에 도취된다면, 미육의 초월성은 종교의 마취작용과 하등 다를 바가 없다.

일찍이 마르크스Karl Marx(1818~1883)는 다음과 같이 지적했다.

종교 속의 고난은 이미 현실적 고난을 표현한 것이다. 또한 이러한 현실적 고난에 대한 저항인 것이다. 종교란 억압받는 영혼의 탄식이고, 무정無情한 세계에 대한 감정적 호소이며, '정신 나간' 미친 제도와 같고, 인민의 아편이다.

마르크스는 인민의 환상적인 행복을 위해 존재하는 종교의 철폐를 요구했다. 이것은 현실생활에서의 인민의 행복을 요구한 것이나 다름없다. 종교에 대한 비판은 고통스런 현실세계에 대한 비판적 싹을 배태胚胎하는 것이다. 마르크스의 종교비판은 인민의 현실적인 이익을 위한 것이었다.

차이위안페이의 '미육으로 종교를 대신하자'는 주장은 자연히 종교에 대한 일종의 비판이자 부정일 수밖에 없었다. 이것은 곧 현실도피 투쟁으로 인식될 수 있다. 이러한 취약점을 안고 있는 그의 미학이론은 당시에 막 일어나기 시작한 신문화운동에 부정적 영향을 미치지 않을 수 없었다. 5·4 운동 이후인 1919년 12월 그가 발표한 〈문화운동은 미육을 잊지 말아야 한다〉에는, 이러한 이론적 결함 외에 정치관점상의 결함이 드러나 있다.

그는 이 글 가운데서 "미육은 이해를 초월하여 흥미를 불러일으켜야 하고, 피아를 가르는 편견을 없애고 조화를 꾀해야 하며, 영원한 화평의 심경을 유지해야 한다"고 주장했다. 그러면서 개성적 충동과 환경의 자극에 기대어 문화운동의 조류에 뛰어드는 것을 극력 반대했다. 이 같은 주장은 전적으로 신문화운동과 대립적 입장에 서는 것이다.[22]

그러나 이러한 이론적·현실적 결함에도 불구하고 그가 미육을 제창한 의의는 자못 지대하다. 그는 미육 창도에 필생의 정력을 기울였다. 그는 미육이 인간을 감화시키고 인도하는 적극적 작용을 하고, 종교가 '미적 효능'을 이용하여 사람들을 끌어들이는 오묘함을 이렇게 통찰했다.

무릇 종교적 건축물은 산수의 경관이 가장 수려한 곳을 택하여 짓기 때문에 천하의 명산은 모두 승려들이 차지하고 있다. 주변에는 아름드리 고목이 들어차 있고 아름다운 꽃들이 피어 있다. 이러한 모습은 시인의 붓을 따라 전파되는데, 다 자연의 미를 이용하여 사람을 감동시키는 것이다. 사찰에는 항상 준수한 탑이 있고, 장엄하고 고요한 대웅전에서는 정교한 조각과 화려한 벽화와 더불어 은은한 음악이 들린다. 찬미하는 자는 반드시 시사詩詞로 심금을 울리고, 연설하는 자는 반드시 웅변의 소양이 있어야 한다. 무릇 이러한 부류는 다 미술이 작용하는 것으로서 사람들의 마음을 사로잡아 넋을 잃게 한다.

또한 전쟁과 관련하여 미육의 순기능을 지적했다.

독일과 프랑스 양국은 제1차 세계대전 중에 지구전을 펼칠 수 있었
다. 이것의 제1차 원인은 과학의 발달이고, 제2차 원인은 미술의 발
달로 귀결될 수 있다. 이것은 어리석은 생각인 것 같지만 그 가운데
오히려 진리가 숨어 있다. (…) 대체로 사물의 행동은 의지로 말미암
아 일어난다. 의지는 지식과 정감을 떠나서 단독으로 나타날 수 없
다. 일반적으로 도덕은 공리功利와의 관계에서 지식을 수반하며 과
학의 작용을 믿는다. 도덕이 공리를 초월하고 정감을 수반한다는 것
은 미술의 작용을 믿기 때문이다.[23]

그에 의하면, 인생의 부침이나 전쟁의 승패는 모두 다 미육과
관계가 있다. 그래서 전쟁의 위기가 고조될수록 더더욱 미적 교
육이 필요하다고 믿었다. 항일전쟁이 격렬하던 1938년, 그는 연
설을 발표하여 미육의 중요성을 호소했다.

당시 전 국민이 항일전쟁의 와중에 있었으므로, 일부 사람들은 미술
을 감상할 여지가 없다고 여겼다. 그러나 나 자신은 곧 미술이 항전
시기의 필수품이라고 여겼다. 왜 그럴까? 항전 중에 가장 필요한 것
은 사람마다 평정심과 냉철한 두뇌와 굳센 의지이다. 또 강인한 의
지가 요구된다. 위풍당당하고 느긋한 태도를 가지고서 승리해도 교
만하지 않고 패해도 낙담하지 않으니 이 얼마나 평온하고 아름다운
가? 죽음을 불사하고 신명을 다 바쳐 싸우다 죽으면 그만이다. 이
얼마나 의연한 정신인가?
이러한 정신은 최전방에서 적진으로 돌진하는 병사나 후방에 군수
품을 공급하는 자나 위생병이나 난민구조활동을 하는 자나 학자나

사업에 종사하는 자, 누구를 막론하고 필요한 것이다. 이러한 정신을 지녔다면 소홀, 착란, 산만 등의 과실을 비로소 면할 수 있으며, 전 국민이 항전 중에 일익을 담당할 수 있다. (…) 내 생각에, 미육을 널리 추진하고 이러한 정신을 배양하는 것이 하나의 방법이다. (…) 또 전 국민이 항전시기에 가장 긴요한 것은 상부상조하고 서로 애호하는 것이다. 이러한 행위는 동정을 기본으로 하여, 이러한 동정심이 오래도록 멀리 퍼져나가면 미감美感상으로도 감정이입의 작용을 할 수 있다.[24]

'미육이 인생을 격려하고 정신을 분발시키는 작용을 한다'고 하는 그의 주장은 매우 독특한 견해라 하겠다. 그는 이처럼 인생에 대한 미육의 의의와 가치를 충분히 인식했기 때문에 회화·조각·음악 등 모든 예술적 가치를 중시할 수 있었다.
그는 또한 미육이 인류의 감정을 순화시킨다고 했다.

우리가 제창하는 미육은 인류로 하여금 음악, 조각, 그림, 문학을 통해 그들이 잃어버린 감정을 되찾게 한다. 우리가 노래를 듣고, 그림과 조각을 감상하며, 혹은 시사와 문장을 읽을 때 말로 형용할 수 없는 깨달음이 일어난다. 사방의 공기는 온유하게 바뀌고 눈앞의 대상은 달콤하게 변한다. 자신이 이 세계에서 일종의 위대한 사명을 받은 것처럼 느낀다. 이러한 사명감은 사람마다 의식주는 물론이고 동시에 사람마다 생존을 유지할 수 있게 하는 것 외에도 인생을 향유할 수 있게 한다. 인생을 향유할 줄 알게 되고 동시에 인생을 사랑할 줄 알게 된다. 사람과 사람 사이에 생기는 감정의 골은 예기치 않게 패이기 시작한다. 비록 전쟁을 완전하게 소멸시킬 수 없을지라도 최소한 전쟁을 야기하는 재앙의 싹을 제거할 수 있다.[25]

그의 견해에는 풍부한 철학적 진리가 담겨 있다. 시화, 분재, 조각 등 일체의 예술을 애호하고 자연미를 애호하는데 사람이 어찌 부정적일 수 있고, 어찌 타락할 수 있으며, 어찌 인생을 자포자기 할 수 있겠는가! 만일 이러한 것들이 존재하지 않는다면 세상에 사람들이 사랑할 만한 미는 존재하지 않을 것이며, 인생의 즐거움도 절반으로 줄어들 것이다. 우리 마음의 꽃도 빠르게 시들어 버릴 테니 인생이 무슨 의미가 있겠는가? 미의 요체와 미의 참된 가치는 바로 여기에 있다.

중국에도 전통적으로 미육을 중시하는 유구한 전통이 있었다. 고대의 사상가들은 미육을 매우 중시했다. 공자는 "풍속을 바꾸는 데 음악보다 더 좋은 것은 없다移風易俗, 莫善於樂"고 했고, 순자도 "예의가 지극하면 다툼이 없고 음악이 지극하면 원성이 없다禮至則無爭, 樂至則無怨"고 했다. 모두 음악에 교훈이 깃들어 있음을 강조한 말이다.

미육의 방법을 활용하면 사람들의 정신을 드높일 수 있다. 의심할 여지없이 차이위안페이는 중국의 전통적 미육에 정통했다. 그는 중국인의 미적 전통에 긍지를 느꼈다.

중국인은 미적 감각이 풍부한 민족이다.[26] (…) 고대 중국에서는 예악을 모두 중시했고 과학과 미육의 의의를 알고 겸용했다.[27]

비록 그의 독일 고전미학 수용에 비판정신이 결여되어 있고, 그의 구상과 실천이 뿌리를 내리지는 못했지만, 걸출한 교육실천가로서 그의 미적 이론은 민족 고유의 색체를 띠었다고 평가할 수 있다. 그의 미육실천과 구상은 곧 애국애민의 필요성에서 나온 것이다.

시대가 다르고 소속된 계층이 다르더라도 심미적 표준은 일맥상통한다. 결국 미육은 문명사회에서 정신문명을 끌어올리는 중요한 분야인 것이다. 미육은 오늘날 우리가 사회주의 정신문명을 건설하면서 중요한 목표로 삼아야 할 과제이자, 사회주의 정신문명을 이룩하는 중요한 방법과 수단이 되어야 할 것이다. 미학의 연구와 보급 및 운용은 시대의 요구이다. 그러므로 차이위안페이가 미학 방면에서 우리에게 남긴 유산은 매우 소중하며 탐구해야 할 가치가 있다.

11

중국 근대과학의
초석을 다지다

'과학입국'을 부르짖다 | 대학에 연구소를 설립하다 | 근대과학 발전의 토대가 된 중앙연구원 창립 | 최고 인재를 발탁, 과학 근대화에 앞장서다

차이위안페이는 비단 중국 근대교육의 토대를 닦은 인물로 기억될 뿐 아니라, 중국 근대과학 발전사에도 거대한 족적을 남겼다. 그는 중국 과학 분야의 발전을 궤도에 올려놓은 개척자로 평가받는다. '과학입국科學立國'을 제창하며 대학에 처음으로 연구소를 설치했고, 국립 중앙연구원을 창립하여 중국 근대과학 발전의 기반을 구축했다. 특히 중앙연구원에서는 해외에서 활동하고 있던 중국의 석학들을 초빙하여 과학기술 발전을 꾀했다. 차이위안페이 개인의 헌신적인 열정과 젊은 과학인재들의 노력이 어우러져 과학 분야가 비약적으로 발전했고, 장차 중국의 과학사업을 이끌어나갈 무수한 인재들이 배출됐다.

'과학입국'을 부르짖다

오랜 세월 이어져온 봉건제도의 속박 아래 중국 사회는 전통적으로 과학을 경시하는 풍조가 팽배했다. 봉건통치계급은 통치질서를 세우고자, 한편으로는 우민적인 교육정책과 과학기술을 배척하는 과거제도를 시행했고, 다른 한편으로는 중요한 과학기술의 내용과 성과를 독점하며 함부로 취급했다.

예를 들어 역대에 걸쳐 민간에서 천문역법을 배우는 것을 금지했는데, 명대 초에 이르러서는 이러한 행위가 더욱 심해졌다. 봉건사회의 전통적인 의식과 사고방식은 도가·유가 할 것 없이 모두 과학기술을 배격하는 극단적인 오류를 범했다. 과학기술을 '괴상하고 음험한 기술과 재주'로 간주하고, 이러한 사악한 도가 들어오는 것을 불허했다.

심지어 예법禮法의 이론과 실제를 풀이한 유가경전인 《예기》에서는 과학기술을 기괴한 기술과 기이한 도구로 대중을 현혹하여 몰락시키는 주장이라고 폄훼했다. 도가의 비조鼻祖인 노자 또한 "백성들에게 이기利器가 많으면 국가가 더욱 혼미해진다. (…) 사람이 기교가 지나치게 뛰어나면 기이한 현상들이 더욱 창궐하게 된다"고 했다.[1]

물론 유가·도가의 학설들도 자연계를 연구하고 인식하는 것을 공격의 목표로 삼지는 않았다. 그들은 사회발전을 촉진하는 과학기술에 대해서는 오히려 무관심했다. 유가·도가·제자백가 등의 견해는 대대로 이어져 내려와 민국 이후에도 과학을 멸시하는 풍토는 달라지지 않았다. 군벌이 혼전을 벌이는 기간에는 더더욱 과학기술 발전이 지체됐다. 1915년 6월 차이위안페이는 이러한 진부한 관념을 떨쳐버리고 "우리 중화민족을 쇠락에서 구하기 위해서는 반드시 과학을 일으켜야 한다"고 천명했다.[2] 1918년 5월 15일에는 대학원에서 소집한 전국교육회의 석상에서 '과학교육'을 교육방침의 제1조로 정하고, 다음과 같이 요구했다.

한편으로는 심오한 과학기술 연구에 종사하고, 또 다른 한편으로는 일반백성들에게 과학을 확대·보급함으로써 과학적 사고와 방법이 일반사회에 두루 퍼지도록 해야 한다.³

일본의 침략이 날로 도를 더하던 1936년에는 과학구국科學求國을 강조했다.

중국이 쇠미한 가운데서 떨쳐 일어나기 위해서는 과학화를 주창해야 하며 뛰어난 과학적 인재들을 길러내는 것이 급선무이다. 공리공담空理空談을 일삼는 구습을 일소하고 힘을 다해 머리를 맞대고 실제적으로 과학적 토대를 구축해야 중국의 미래가 밝다.⁴

그는 아울러 과학, 교육, 문화발전을 소홀히 하는 정부 당국의 적폐를 비판하며 과학기술이 생존의 문제임을 주장했다.

교육과 문화는 일국을 세우는 근본이며, 더더욱 과학 분야의 연구와 발전은 모든 사업의 기초이다.⁵ 어느 민족이나 국가가 세계에 발붙이고 살기 위해서는, 더욱이 경쟁이 치열한 20세기에 살아남기 위해서는 과학기술에 더 의존할 수밖에 없다.⁶

차이위안페이는 계속해서 과학발전의 중요성에 대해 열변을 토했다.

서구화의 장점은 매사에 과학을 기초로 한 데서 찾을 수 있다. 생활의 개량, 사회의 개조, 심지어 예술 분야의 창작도 과학의 발전에 따라서 진보하는 것이다. 그러므로 우리나라도 신문화를 발전시키려면 특별히 과학의 발전에 관심을 기울여야 한다.[7]

대학에 연구소를 설립하다

차이위안페이는 민국 초기의 교육부장관 재임 시절부터 줄곧 과학발전을 중시하여 〈대학령大學令〉 가운데 대학원 설립을 규정했다. 대학원(현 연구원—옮긴이)은 대학졸업 후 지속적으로 연구할 수 있는 최고의 과정이라 할 수 있었다. 그는 대학원에 각종 연구소를 설립하고, 대학 고학년은 반드시 연구소에서 일정 기간 연구에 종사할 것을 제안했다. 이는 연구과제를 종료한 후에야 졸업이 가능한 독일의 사례를 염두에 둔 조치였다. 그러나 그는 각종 제약에 한계를 느껴 곧 사임했다. 대학 내에 연구소가 필요하다는 그의 주장은 여타 대학에서는 실현되지 못했다.[8]

1917년, 그는 베이징대학교장으로 부임하면서 숙원사업들을 실행에 옮기기로 결심했다. 이듬해 연구소 건립에 착수한 그는 연구소 내규를 다음과 같이 제정했다.

가. 각 연구소의 임무는 다음과 같다.
  1) 학술연구를 진행한다.
  2) 교수법을 연구하고, 초중고 교안을 확정하며, 교과서를 편찬한다.

3) 번역시 어휘 등 각종 이름을 심의하여 통일한다.

4) 서구의 명저를 번역하여 펴낸다.

5) 새로운 서적을 소개한다.

6) 잡지를 발행한다.

나. 본 학기에 개설 예정인 연구소는 다음과 같다.

국문학, 철학, 물리학, 수학, 영문학, 화학, 법률학, 정치학, 경제학

다. 《월간 베이징대학》을 발간하고, 원고는 9개 연구소에서 분담한다.

라. 연구소 교수는 각자 임의로 제목을 선택하여 월 1회 논문을 제출한다.

마. 민국 10년(1921년) 베이징대학 성립 25주년 기념일에 다음 세 분야의 총서를 발간한다.

1) 각 교직원 저작집

2) 교과서

3) 서양 명저 번역 총서

각 연구소의 주임교수는 차이위안페이가 직접 주관하여 선정했다. 예를 들면, 철학과 중국철학은 후스, 심리학은 천다치陳大齊, 윤리학은 장스자오, 국문과는 선인모, 고문은 황칸, 문자학과와 국어과는 첸쉬안퉁, 영문학과는 황전성黃振聲, 중국문학과는 구탕성, 수학과는 친하이秦海, 물리학과는 장다춘張大椿, 화학과는 위퉁쿠이兪同奎, 법률학과는 황유창黃右昌, 헌법학과는 왕충후이, 정치학과는 장야오쩡張耀曾, 경제학과는 마인추 등이다. 기타 각

과 주임교원은 각종 연구회에서 정하기로 했다.[9]

그러나 인물난과 설비조건의 제약으로 인해 예정했던 자연과학연구소, 사회과학연구소, 문학연구소 등은 설립하지 못하고, 단지 국학연구소만 설립했다.[10] 1921년에 세운 국학연구소는 중국 대학 안에 최초로 설립한 연구소였다. 최고 학부인 대학에 연구소를 설립하고자 했던 그의 꿈이 실현된 것이다. 차이위안페이는 1935년에 세 가지 이유를 들어 대학에 연구소를 설치할 필요성을 제기했다

첫째, 지속적으로 교원의 자질을 높이고 더 효율적으로 신지식을 습득할 수 있다.

둘째, 대학졸업 후에도 학문이 진일보할 수 있고, 무엇이든지 외국에 의존하는 습성을 줄일 수 있다.

셋째, 전문분야에 대한 학문적 소양과 연구의지가 있으면 학위취득 위주의 대학생이 아니더라도 연구장소를 제공할 수 있다.

그는 또 지속적으로 깊이 있게 학문을 연구하려면 연구원을 양성해야 한다고 지적했다.

> 대학에 연구원(우리의 대학원에 해당한다—옮긴이)이 없으면 교원들은 학문탐구를 게을리 하기 쉽다. 한두 명의 우수한 교원을 제외하고는 대부분이 무사안일에 빠질 수 있다. (…) 대학졸업생은 유학의 기회를 제외하고는 더 깊이 연구할 기회가 없다. (…) 대학도 연구원이 자립한다면 졸업생 중에 깊이 연구를 하고 싶은 자는 모교에 남거나 다른 학교에 가서 전공분야를 연구할 수 있다.
> 성적이 탁월한 학생이 어떤 문제에 부딪혔을 때 외국의 모모 대학에

단기유학을 하면 문제도 쉽게 해결하고 경비도 비교적 절약할 수 있다. (…) 아직 졸업하지 않은 고학년 학생은 자율적인 연구기회가 없다. 초중등학교는 교육을 설계하고 달턴시스템(미국 메사추세츠 주 달턴 시에서 시도한 학습법으로 미리 제시된 과제를 학생이 자발적으로 공부하게 하는 교육방법—옮긴이) 등을 도입하여 학생들이 자율적으로 실험실습을 하고 있으나, 대학에는 주입식 강의가 여전히 판치고 있으니 이를 도무지 이해할 수 없다. 또한 교과과정이 너무 번잡하여 학생 스스로 절차탁마할 겨를이 없으니 어찌 학생 중심의 자율적인 교육기회가 주어지겠는가?

대학이 이미 연구소를 설치했으므로, 고학년 학생 중 학문에 왕성한 흥미를 가지며, 학위 취득을 염두에 두지 않는 학생은 연구소의 지도교수로 하여금 엄격한 심사를 거쳐 그 연구소 입소 여부를 결정하게 해야 한다. 이것이 진학을 장려하는 첩경이다. 아직 연구원이 설립되지 않았으나 이미 졸업논문을 쓴 자는 연구원이 설립되면 진학이 더욱 용이할 것이다.[11]

그는 연구소의 설치와 관련하여 먼저 학술평등사상에 입각하여 연구원생 선발시 실력을 중시해야지 자격을 따져서는 안 된다고 했다. 예를 들면 전문지식을 기반으로 저작물을 남긴 저작자들과 국내외 대학졸업생들은 본교생과 동등하게 대우해야 한다. 그리고 대학 교원도 연구소 가입이 자유로워야 한다.

둘째, 각 개인의 전문특기에 구애되지 말고 자율적이고 독립적인 연구가 진행돼야 한다. 베이징대의 연구소는 교수지도제를 택하고 있다. 수업시간에 얽매이지 않고 수시로 국내외 학자들을 초빙하여 학생들이 전문강연을 청강하도록 하고, 아울러 그들의 지도를 받게 해야 한다. 연구를 신청한 사람은 단지 저작물만 보내도 심의를 거쳐 합격 여부를 결정하고 연구증서를 발급해야 한다. 연구소에서 연구를 할 수도 있고, 통신학습 방식으로 연구를 진행할 수도 있다. 일정한 곳에 앉아서 연구를 진행하거나 일정한 시간을 정할 필요도 없다. 필요에 따라 기간의 연장 신청도 가능하다. 이러한 연구활동은 졸업학위와는 무관하므로 학위증명서를 줄 필요도 없다.[12]

셋째, 각 대학의 연구소 설치규정에 의거, 지방의 균형발전을 위해 지방대학에도 연구소를 설치해야 한다. 그는 베이징대학 이외에 각 성의 성립省立대학에도 전문연구소를 설치해야 한다고 주장했다. 예를 들면 지질, 생물, 물리, 화학, 경제, 교육 등 각 성에서 필요로 하는 분야를 설치하여 외국인을 지도교수로 둘 수도 있고, 대학졸업자 중에서 시험을 거쳐 연구생을 선발하되 본 성省 사람으로 제한할 필요는 없다. 이들은 연구를 진행하면서 동시에 소속된 성의 생산물을 조사하고 농공업 및 기타 문화사업을 계획한다. 여력이 있으면, 각종 관련 학원學院을 설립해야 한다.[13]

대학에 연구소를 설치하는 목적은 과학적 실험방법으로 고등교육의 질을 높이려는 것이다. 연구원, 졸업생, 학부 고학년생 모두의 편의를 위해 각종 연구소는 많을수록 좋다. 그렇게 되면 대학에서 가르치는 주요과목은 최상의 수준을 유지할 것이고 교원이나 학생들도 실망하지 않을 것이다.[14]

연구원은 오로지 학술연구에 전념하기 위해서 독립성을 유지할 필요가 있다. 연구원의 주요임무는 학술·연구의 발전, 특히 과학

분야를 고도로 발전시키는 데 있다. 이를 위해 연구소는 연구원 중심으로 운영되어야 한다. 외국의 저명한 연구소는 종종 연구원의 이름을 따서 연구소 이름을 짓기도 한다.

연구과목은 다 구비할 필요는 없으며, 사회의 특별한 수요와 특수전문직 연구원의 이해에 맞춰 연구항목을 설정한다. 그를 도와줄 연구보조원 외에 연구생을 두는 문제는 연구원 재량으로 결정한다. 전자는 '대관大觀'에 치우치고 후자는 다소 '소찰小察'에 치우치는 경향이 있으나, 억지로 일치시킬 필요는 없다.[15]

사실 차이위안페이가 베이징대학에 연구소를 설치한 것은 선견지명이 있었기 때문이다. 당시 국립대학은 베이징대학 겨우 한 곳이었으므로, 많은 사람의 눈에는 이곳이 최부 학부로 보였겠지만 실상은 그렇지 않았다. 그는 이러한 사실을 인식하고 저명한 전문가를 연구소 지도교수로 초빙했다. 그리고 학생들이 졸업 후 다시 연구소에 들어와 연구를 계속하도록 했다. 아울러 대학 3, 4학년 학생들도 연구소에 들어와서 깊이 있는 연구를 진행하게 했다. 그리고 연구소에서 늘 학술토론회를 개최했다. 이렇게 하자 학생들은 기본과정 수업 외에 자신이 필요로 하는 학문분야에 관심을 보이게 됐다.[16]

그의 이러한 노력 덕분에 대학이 과학인재 육성의 중요한 기지가 되었다. 그리하여 베이징대학은 마침내 비록 초보적 수준이긴 하지만 고등교육과 과학연구를 결합하게 됐다. 대학 내에서 문을 연 연구소들은 국가 과학인재들을 배출하는 선구자적 역할을 잘 감당했다.

근대과학 발전의 토대가 된 중앙연구원 창립

국가 건립 초기, 국가 최고의 학술·과학연구기구로서 중앙연구원을 설립하고 여기서 활동한 것은 차이위안페이의 일대 공적으로 꼽힌다. 근대의 많은 지식인들이 절치부심하며 해외로 나가서 고생한 것은 다 중국의 부강을 위해서였다. 중앙연구원의 설립은 이전에도 제기된 문제였다. 1924년 겨울 쑨원이 광저우를 떠나 북상할 때 소집한 회의에서도 전국 최고의 학술·연구기구로서 중앙학술원 건립을 제안한 바 있다. 그러나 애석하게도 그가 서거하고 형세가 변화하자 이러한 제안은 무산됐다.

1927년 5월 9일 차이위안페이 등이 주도하여 국민당 중앙정치회의 제90차 회의에서 중앙연구원 주비처籌備處 설립을 의결했다. 차이위안페이와 리스쩡, 장징장 등이 준비위원이 됐다.[17] 그러다가 1927년 10월 1일 대학원이 성립되어 차이위안페이가 원장으로 취임하면서 적극적으로 중앙연구원 건립을 추진했고, 30여 명의 학계 저명인사들을 중앙연구원 주비위원으로 초빙했다.

11월 20일 차이위안페이가 주재한 중앙연구원 주비회의에서 〈중화민국대학원 중앙연구원 조직조례〉가 통과됨으로써 중앙연구원은 명실공히 국가 최고의 학술·과학연구기관으로 확정됐다. 이 회의에서 차이위안페이는 중앙연구원장을 겸임했다. 그의 제안에 따라 1928년 4월 10일 국민당 정부에서 〈국립중앙연구원 조직조례 수정안〉을 공포했으며, 이 수정안에 근거하여 '중화민국 대학원 중앙연구원'에서 '국립 중앙연구원'으로 명칭이 바뀌었다. 그리고 4월 23일 차이위안페이가 원장으로 임명됐다.[18]

그는 과학연구 및 학술발전사업에 전념하고자 국민당 중앙정부에서 맡고 있던 허다한 요직을 사직했다. 그리고 국민당의 정치중심이었던 난징을 떠나 상하이에 정착했다. 그는 이때부터 학술발전과 과학연구사업에 전념하기로 결심하고, 중국의 과학발전을 위해 여생을 바쳤다.

중앙연구원장으로 재직하던 시절의 차이위안페이(1928년).

1928년 6월 9일은 중국 근대과학 사업 발전사에 길이 기억될 기념비적인 날이라 할 수 있다. 차이위안페이는 상하이의 둥야반점東亞飯店에서 중앙연구원 제1차 원무회의를 개최했다. 참석자는 쉬위안모徐淵摩, 딩시린丁西林, 타오멍허, 주커전쯔可楨, 리쓰광, 양돤류楊端六, 왕지퉁, 저우겅성, 쑹우성宋梧生, 저우런周仁 등 각 단위의 책임자였다.

이후 이날을 개원 기념일로 정하고 중앙연구원이 정식으로 사무를 개시했다. 총본부는 난징 청셴가成賢街 57호 법제국 옛터에 자리잡았다. 동시에 상하이에 사무처를 개설했다. 차이위안페이는 연중 이곳에서 업무를 처리했으며, 이후 전쟁이 발발하자 홍콩으로 이주했다.

그러나 중앙연구원은 창립 당시 운영경비가 부족하여 많은 어려움을 겪었으며, 시설 및 근무환경도 열악했다. 제반경비는 애국지사의 기부금 등에 의지했다. 중앙연구원은 설립 후 처음 2년 동안 아홉 개 연구소와 건물 두 동을 지었다. 그중 천문·기상연구소 두 곳과 역사박물관은 난징에, 물리·화학·지질·공정·과학의 다섯 개 연구소는 상하이에, 역사·언어·심리연구소와 역사박물관·천문진열관은 베이핑에 설치했다. 이어 동·식물연구소도 개설했다.

차이위안페이 본인도 연구를 병행했다. 사회과학연구소의 민족조에 속하여 연구원을 겸했다. 이때의 연구성과는 괄목할 만한 것으로, 그는 이 무렵 〈35년래 중국의 신문화三十年來中國之新文化〉, 〈민족학상의 진화론民族學上的進化論〉, 〈사회학과 민족학社會學與民族學〉, 〈중화민족과 중용의 도中華民族與中庸之道〉 등 주옥같은 논문을 발표했다.

각 연구소 연구원들은 원장이자 연구원으로서 솔선수범을 보인 그를 덕망 있는 인물로 존경했다. 연구소들은 독립적 지위를 누리며 연구에 전념한 결과 풍성한 수확을 거두었다. 이전에 단순히 외국의 과학적 성과를 소개하는 차원에서 완전히 벗어나 신국면을 개척했다.

특히 역사·언어·고고학·지질·기상 등의 분야에서 성과가 두드러졌다. 예컨대, 역사·언어연구소의 둥쭤빈董作賓, 리지李濟 등은 1928~1929년에 걸쳐 안양安陽의 한 작은 마을에서 은허를 발굴했다. 이곳에서 은대의 청동기와 갑골문자 등이 발견됐다. 이 시기 은대문물의 발견으로 은대의 역사에 대한 신뢰할 만한 물적 토대가 구축됐다. 갑골문자 등 문자로 기술된 자료의 발견은 중화민족의 역사를 수백 년, 심지어 수천 년 앞당긴 쾌거였다.

'은허의 발굴'은 세계 고고학사상 획기적인 일대 사건이었다. 이는 중국 근대고고학과 고고학 기술의 우수성을 만천하에 알리는 계기가 되었다. 이 무렵 고고학 분야에서 일련의 저명한 인재들이 배출됐다. 기상연구 방면에서도 많은 성과가 나왔다. 차이위안페이의 적극적 지지와 성원 아래 난징에 중국 제일의 즈진산紫金山 천문대가 축조됐다.

이처럼 중앙연구원의 설립은 중국 과학사업의 선구적 역할을 하면서 동시에 제국주의의 문화침략을 막는 적극적인 작용을 했다. 그는 과학기술사업의 발전이 결과적으로 국방을 공고히 하여 제국주의 침략에도 대비할 수 있을 것으로 생각했다. 다음에 인용한 문장에는 그가 생각한 중앙연구원의 책임과 역할이 잘 드러나 있다.

> 중앙연구원은 과학발전이 아직 유치한 단계에 머물러 있는 중국을 강한 이웃 나라들이 호시탐탐 노리는, 시대적으로 긴박한 위기상황 속에서 설립됐다. 본 연구원은 '격물치지格物致知, 이용후생利用厚生'으로 우리나라 문화와 실업의 기초를 세워야 할 중차대한 책임을 지고 있으므로 가일층 노력해야 할 것이다. 국방과학 및 경제과학과 관련된 조사와 연구에 매진하고 이 분야의 발전을 도모함으로써 외국인의 침탈을 막아야 한다. 본 중앙연구원은 비록 국가경제가 어려운 시기에 설립됐지만, 일체의 과업은 조금도 게을리 할 수 없다.[19]

중앙연구원과 차이위안페이는 특히 기상, 지질, 문물 등 주권을 간섭당하는 분야에서 제국주의 국가들의 각종 이권 행사와 문화재 약탈 등을 막는 데 주력했다.

최고 인재를 발탁, 과학 근대화에 앞장서다

차이위안페이가 중국의 과학기술 발전에 가장 이바지한 점은 과학인재를 중시했다는 점이다. 그는 '과학두뇌'를 과감히 발탁하여 적재적소에 배치했다. 그 결과 그가 이끈 중앙연구원은 인재의 보고가 되었다. 그는 민주적 관리를 실천했고, 학술적으로 자유로운 경쟁 분위기를 조성하여 인재를 키우고 합리적으로 활용하는 토대를 마련했다.

그는 '중앙연구원의 자유로운 연구풍토야말로 학술진보의 기초'라는 신념을 가졌다.[20] 연구원의 자유롭고 활기찬 연구 분위기에 이끌려 많은 과학자들이 연구원으로 들어왔다. 해외의 인재들도 소문을 듣고 속속 귀국하여, 중앙연구원은 설립한 지 채 3년이 못 되어 300여 명의 최고급 두뇌들을 거느린 기관으로 성장했다. 이들은 중국 과학계의 1세대로서 과학발전에 지대한 공헌을 했고, 후배 과학자들을 배출하는 산파 구실을 했다.

차이위안페이의 중앙연구원이 성공한 가장 큰 원인은 무엇보다도 인재를 잘 활용한 데 있었다. 당시 지질연구소 연구원으로 일했던 웡원하오의 기억을 떠올려보자.

차이 선생이 주도한 중앙연구원의 운영방법은 독특했다. 먼저 순수한 열정을 가진 학자들을 선별하여 각 연구소의 소장으로 임명했다. 과학지식을 구비하고 리더십이 있는 사람들이 총간사를 맡았다. 과학인재를 초빙하여 연구를 진행했다. 그 자신도 덕망이 매우 높은 학자로서 솔선수범하여 연구에 참여함으로써 사람들을 설복시키는 구심점이 됐다. 그는 단지 대강大綱만을 주관하고 번잡한 잡무에는 간섭하지 않았다. 그리하여 총간사나 각 소장 및 간부들이 소신을 가지고 직권을 잘 행사했다. 모두 일체감을 가지고 연구에 매진한 결과, 각자의 장점과 잠재력을 최대한 발휘할 수 있었다.[21]

차이위안페이는 리쓰광을 지질연구소장에, 웡원하오, 예량푸葉良鋪, 쉬위안모 등을 연구원으로 임명했다. 천문연구소에는 가오루高魯를 소장에(후에 위칭쑹兪青松으로 바뀜), 연구원으로 천쭌구이陳遵嬀, 가오핑쯔高平子, 특약연구원에 장윈張雲, 자오진이趙進義, 장빙란蔣丙然, 장취안저張銓哲 등을 임명했다. 기상연구소장은 주커전, 연구원 후환융胡煥庸, 물리연구소장은 딩시린, 연구원 양자오롄楊肇爌, 옌지츠嚴濟慈 등이 활발하게 연구활동을 했다.

화학연구소장은 저우런, 왕지퉁과 저우싱젠周行健 등이 연구원이었고, 심리연구소장은 탕웨唐鉞, 연구원은 루즈웨이陸志韋였으며, 푸쓰녠傅斯年이 역사언어연구소 소장, 역사분야 주임은 천인커陳寅恪, 류반눙, 쉬중수徐仲舒, 뤄창페이羅常培, 스루궈史祿國 등이 연구를 진행했다.

처음에는 사회과학연구소장을 양돤류가 맡았으나, 후에 차이위안페이가 소장을 겸임했다. 경제 분야에서는 주임에 양싱포楊杏佛, 연구원에 우딩량吳定良, 법제팀장에 왕윈우王雲五, 연구원에 저우경성, 왕스제王世杰, 후창칭胡長青 등이 임명되었고, 사회조 주임에 천한성, 연구원에 왕지창王隙昌, 특약연구원에 타오멍허가 있었다. 차이위안페이는 민족조 주임을 겸직하면서 연구원에 링춘성凌純聲과 독일인 단치히danzig, 자연역사 박물관장에 첸톈

허첸天鶴를, 리쓰광, 리지, 빙즈秉志 등을 고문에 앉혔다. 당시 중국의 빈약하고 낙후한 여건을 감안할 때 이러한 인재들을 초빙하여 연구학술사업을 진행한 것은 대단한 일이라 할 수 있다.

차이위안페이는 베이징대학교장으로 재임할 때도 수많은 저명한 학자들을 초빙했고, 난징에서 중앙연구원장으로 있을 때에도 당대의 기라성 같은 학자와 전문가들이 그의 명망을 듣고 찾아온 바 있다. 그래서 그에게는 다음과 같은 소문이 붙어 다녔다.

> 선생이 북상하면 인재가 북으로 좇아오고, 선생이 남하하면 인재가 남으로 몰려온다.

이러한 정황은 결코 우연이 아니었다. 그는 이처럼 넉넉한 인품과 도량으로 중국의 과학기술 발전에 필요한 인재를 다수 발굴하고 배출해냈다. 다음은 당시 중앙연구원에 재직하며 과학발전에 이바지한 주요 학자들의 면면이다.

○ 가오루高魯(1877~1947)

자는 수칭曙靑, 푸젠성 창러長樂 출신. 벨기에 브뤼셀대학 공학박사. 차이위안페이가 민국 초대 교육부장관 시절 가오루를 중앙관상대장으로 초빙. 명·청 시기에 흠천감欽天監의 외곽 부서로 있었던 중앙관상대는 당시 교육부 소속이었다. 1900년 8개국 연합군의 침입으로 관련 시설과 장비들이 모두 강탈당해서 유명무실한 상태였는데, 이것을 가오루가 개혁했다. 그는 옌푸의 제자인 창푸위안常福元을 천문·역법과장으로, 벨기에 농학박사 출신인 장빙란을 기상과 과장으로, 도쿄대 물리학과 졸업생인 왕잉웨이王應偉를 지자과地磁科 과장으로 임명했다. 이들은 자부심이 강하고 연구의욕이 왕성한 우수 인력들로 당시 외국인이 강탈해간 중국의 기상천문자료를 탈환할 권리를 선포했다. 가오루는 또 기상·천문·물리 방면의 지식을 〈월간 기상月刊氣象〉, 〈관상총보觀象叢報〉 등에 체계적으로 소개했다. 이후 중앙관상대는 1929년 '천문진열관'으로 개칭했다. 차이위안페이는 근대 중국 천문학 분야의 인재들을 초빙하여 이들을 중심으로 중앙연구원에 천문연구소를 건립했다. 1929년 난징에 자금산 천문대가 건립되었다.

○ **주커전**쓰可楨(1890~1974)

저장성 사오싱 출신. 1910년에 경관庚款 장학생으로 선발되어 미국의 일리노이대학 농학원에 입학. 1913년에 졸업 후 하버드대학원에서 기상학을 연구했다. 현대적 과학방법을 이용하여 중국의 강수량과 태풍 문제를 최초로 연구한 학자이다. 그가 쓴 논문이 중국과학사에서 운영하는 〈과학科學〉에 발표되어 국내외의 주목을 받았다. 1918년에 박사학위 취득 후 귀국하여 우창武昌고등사범, 난징고등사범, 난징대학, 난카이대학 등에서 교편을 잡았다. 중국의 고등학교에서 최초로 근대지리학을 강의했다. 차이위안페이는 그를 초빙하여 중앙연구원 건립 주비위원에 임명했다. 주커전은 이어 관상대 건립 상무 주비위원으로 활동했다. 기상연구소장으로 재직한 그는 중국 근대기상 분야의 개척자로 평가된다.

○ **리쓰광**李四光(1889~1971)

중국 근대지질학의 개척자. 후베이성 황강黃岡 출신. 1904년 일본에 유학하여 선박 제조기술을 학습한 후 1910년 귀국. 1913년에 영국으로 건너가 버밍엄대학에서 지질·채광 분야 석사학위를 받았다. 1919년 인도에서 수학했으며, 지도교수의 주선으로 엔지니어가 된 그를 차이위안페이가 초빙하여 베이징대학 지질학 교수로 임명했다. 서무주임과 지질학과 주임을 겸직했다. 차이위안페이가 중앙연구원을 건립할 때 다시 그를 초빙해 건립 추진위원으로 함께 일했다. 중앙연구원 지질연구소 창립. 지질학의 최고 권위자로 이 분야의 발전에 지대한 공헌을 했다.

○ **리지**李濟(1896~1979)

후베이성 중상鍾祥 출신. 1918년에 칭화淸華대 졸업 후 미국 유학길에 올라 하버드대학 인류학과에 입학한 후, 1923년 철학박사 학위 취득. 다음 해 귀국하여 칭화대학원 강사 역임. 리지는 산시성山西省 샤현夏縣 시인춘西陰村 선사시대 유적지를 발굴했는데, 이것이 바로 유명한 '앙소仰韶문화'이다. 이 밖에도 그는 중국의 고고학 발전에 지대한 공헌을 했다. 1928년 12월 중앙연구원 역사·언어연구소에서 은허를 발굴할 고고학팀을 조직했을 때 차이위안페이는 나이 어린 그를 주임으로 임명했다. 후에 리지가 주도한 은허의 발굴 및 고증이 세계 고고학계의 주목을 받았다. 차이위안페이의 예리한 안목이 없었다면 인류학 박사 출신의 리지를 책임자로 임명하지 않았을 테고, 그랬다면 이러한 지대한 업적은 이루기 어려웠을 것이다.

차이위안페이는 이 밖에도 중국 제일의 심리학자 천다치, 왕징시汪敬熙를 발탁했다. 당시 심리학은 19세기 말에 등장한 신학문이었다. 1879년에 라이프치히대학에 세계 제일의 심리실험실이 설립되자, 이 방면에 관심이 있는 각국 학자들이 운집했다. 분트 교수가 개척자였으며, 차이위안페이도 그의 지도 아래 연구와 실험에 종사했다. 1917년 베이징대학교장으로 봉직시 천다치를 적극 후원하여 중국 최초의 심리실험실이 발족됐으며, 이로써 심리학이 뿌리를 내리게 했다.

베이징대학과 중앙연구원에서 지질학 교수로 재직했던 리쓰광.

1928년 차이위안페이가 중앙연구원에 설립한 심리연구소는 생리심리학 방면에서 많은 성과를 거두었다. 왕징시의 《행위의 생리적 분석行爲之生理的分析》은 수년간 실시한 연구실험의 결정체였다. 왕징시는 이 책의 서문에서 차이위안페이가 자신의 학문과정에 지대한 영향을 주었으며, 적극 지지하게 됐다고 밝혔다. 왕징시는 차이위안페이가 직접 선발하여 미국에 보낸 학생이었으며, 나중에도 차이위안페이는 그가 프랑스·독일·영국을 시찰하도록 주선했다.

1924년 차이위안페이는 그를 심리연구소 소장으로 임명했다. 왕징시는 차이위안페이가 과학을 중시하고 혼신의 노력을 기울이는 모습에 감동을 받았다. 그의 업적은 전적으로 차이위안페이의 관심과 영향을 받은 덕분이라 아니할 수 없다. 이로 인해 왕징시는 자신의 학술연구 주제를 네 차례나 바꾸었다. 내분비선, 피부전皮膚電, 뇌전腦電, 배태胚胎행위 등이 그것이다. 그러나 '심리현상을 연구하는 것이 생리의 기초'라고 하는 근본 목적은 20여 년 이상 변하지 않았다. 과학연구와 기초이론을 중시했던 왕징시의 열정은, 학생시절부터 차이위안페이 선생에게서 깊은 영향을 받은 결과였다.[22]

차이위안페이는 자연과학 외에 사회과학에도 관심을 기울였다. 그는 청년학자 천한성, 왕인성王寅生 등을 지원하여 그들이 중국 농촌사회의 실태를 조사하도록 후원했다.

○ **천한성**陳翰笙(1897~2004)

장쑤성 우시無錫 출신으로, 교직에 종사하는 가정에서 출생. 미국과 독일로 조기유학을 떠나 1924년에 박사학위를 취득. 그 당시 차이위안페이도 독일에 체류하고 있었다. 차이위안페이는 천한성을 베이징대학 역사학과 주임으로 초빙했다. 천한성은 리다자오와 위수더于樹德의 소개로 혁명에 참가했다. 1927년에 리다자오, 가오런산高仁山, 장이란張挹蘭 등이 장쭤린張作霖에게 체포되자, 천한성은 소련으로 망명하여 제3국제농민운동연구소에서 일했다. 이 기간에 제3인터내셔널과 중국공산당 사이에 중국 사회의 성격과 혁명 임무를 놓고 격론이 일어났다. 1928년 천한성이 소련에서 상하이로 귀국하자, 차이위안페이는 즉시 그를 초빙하여 갓 건립된 중앙연구원 사회과학연구소 연구원 겸 사회학 조장으로 임명했다. 천한성은 중국의 경제문제를 조사연구했다.

천한성은 농촌경제 연구의 대가로 평가된다. 1929년 7월 천한

성 등 45인의 대형 조사단이 우시無錫에서 농촌사회 실태를 조사했다. 조사단은 3개월여에 걸쳐 1,204가구를 조사·분석한 끝에 다음과 같은 결론을 내렸다. "중국은 반식민지·반봉건사회이며, 중국 농민은 속히 반식민·반봉건의 고통에서 벗어나고자 함. 이를 위해 봉건 토지제도의 개혁이 유일한 대안이며, 오직 혁명만이 해결해줄 수 있음."

천한성 등은 1933년 '중국농촌경제연구회'를 발족시켜 회장으로 당선되었다. 《월간 중국농촌月刊中國農村》 발간. 이 연구회는 중국에서 가장 영향력 있는 마르크스주의 농촌경제 연구단체가 되었다.

천한성은 다음과 같이 회고한 바 있다.

만일 차이위안페이 선생의 보호가 없었다면, 백색테러 앞에서 우리 지하공작원들은 연구를 진행할 수 없었을 것이다.[23]

차이위안페이는 혜안을 가지고 양싱포를 중앙연구원 총간사로 임명했다.

○ **양싱포**楊杏佛(1893~1933)
이름은 취안銓, 장씨성 위산玉山 출신. 동맹회 회원이다. 난징 임시정부 수립 후 쑨원 총통부 비서처에서 일했다. 다음 해에 미국으로 건너가 코넬대학에서 기계공학을 공부하고, 졸업 후 하버드대학에서 공상관리 및 경제학을 연구했다. 그는 과학적 지식과 관리능력을 갖춘 간부였다. 미국 유학기간에 런홍쥔任鴻雋, 빙즈,

양싱포. 차이위안페이가 중앙연구원을 세웠던 때 처음 만나 학교 운영에 큰 힘이 되었다.

저우런, 후밍푸胡明復 등과 중국 최초의 종합과학단체인 '중국과학사中國科學社'를 조직했고, 《과학》을 출간하는 등 중국 과학사업의 개척자 중 한 사람이기도 하다. 대학원 성립시 차이위안페이가 그를 초청하여 교육행정처 주임으로 임명했다. 중앙연구원장 비서장을 겸직했다. 다음 해에, 연구원 비서장 명칭이 총간사로 바뀌며 총간사 임무를 수행하게 됐다. 차이위안페이와 성향이 맞아 그의 수족과 같은 존재로서 든든한 조력자가 되었으며, 중앙연구원의 건립 및 운영 시기에 중책을 맡았다.

10여 년이 지난 후, 차이위안페이는 중앙연구원장 시절을 회고하며 양싱포를 그리워하는 절절한 심정을 이렇게 읊었다.

> 내가 대학원에 있을 때 양 군을 초빙하여 서로 도와가며 일을 했다. 나는 본래 여유 있고 느긋한 성격이나 양 군은 매우 민첩하고 영리했다. 그의 이 같은 장점이 나의 단점을 보완해주었다. 내가 민국 원년 교육부에 있을 때도, 판징성을 초빙하여 함께 협의하며 일했다. 나는 늘 이상에 치우쳐 있었고, 판징성은 실천을 중시하여 마찬가지로 나의 단점을 알고 잘 보필했다.[24]

양싱포가 암살되자 차이위안페이는 마치 수족을 잃은 듯 비통함과 울분을 표했다. 그의 후임이 딩원장丁文江이었다.

○ **딩원장**丁文江(1887~1936)

장쑤성 타이싱泰興 출신. 일본 유학. 1911년 영국 글래스고대학 지질학과 졸업. 중앙연구원 건립시 업무·제도·관리체제 등에 관해 핵심적인 업무를 수행했다. 그는 중앙연구원의 기능에 다음 세 개 방면을 포함시켜야 한다고 건의했다.

첫째, 천문, 기상, 지질 등의 항구적 연구
둘째, 과학적 방법으로 본국의 원료, 산품, 공예를 연구, 각종 실업 문제 해결. 예를 들면 도자기, 면방직, 강철의 실험 등
셋째, 순수과학 연구. 예를 들면 인문, 역사, 고고학 등

당시 전국에는 학술연구단체가 140여 개나 난립해 있었다. 그중 다수는 민간이 운용했고, 그 가운데 자연과학에 속하는 연구단체가 70여 곳으로 서로 중복되어 인적·물적 낭비가 심했다. 딩원장이 차이위안페이에게 상호협력 및 합작을 건의하여 이 건의가 받아들여졌고, 중앙연구원 평의회의 의결을 거쳐 정식사업 계획으로 확정되었다.[25] 딩원장은 걸출한 지질학자로서, 전 국토를 누비며 지질을 고찰, 이 분야의 발전에 지대한 공헌을 했다. 그러나 조사차 탄광 채굴장에 들어갔다가 매탄가스에 질식해 사망했다. 향년 49세였다.

차이위안페이는 다음과 같이 애도했다.

딩원장은 과학 분야 지식에 정통하고, 업무처리 능력이 매우 뛰어났으며, 오늘날 우리 중국에서 보기 드문 소중한 인물이었다.[26]

왕윈우王雲五.

이처럼 근대 중국의 과학발전과 차이위안페이는 떼려야 뗄 수 없는 관계이다. 공산당 고위간부나 후에 대만으로 건너간 학자, 그리고 해외로 간 학자들 가운데 중앙연구원을 거쳐 간 많은 인물들이 이구동성으로 차이위안페이의 업적을 평가했다. 왕윈우의 회고담을 들어보자.

차이위안페이 선생께서 학술연구를 제창함으로써 베이징대학에 학문연구 분위기가 확산되어 이 대학의 학문적 성취가 두드러졌다. 이 외에 그가 중국 학술발전에 이룩한 최대의 업적은 국립 중앙연구원 건립을 발의하고 창립하여 주도한 것이라 할 수 있다.[27]

차이위안페이는 일찍이 명나라 시대의 위대한 과학자 서광계徐光啓(1562~1633)를 과학발전에 공헌한 인물로 평가했다.

서광계는 위대한 과학자이다. 그가 서양문물을 소개한 범위는 매우 광범위하다. 예를 들면 산학·역법·지리·천문·공예·병기 등이며, 그는 이 모든 분야에 걸쳐 번역서를 남겼다. 그의 뒤를 이어 누군가가 인내심을 가지고 꾸준히 이러한 작업을 계속했으며, 명조 말엽부터 청조 말엽에 이르기까지 이백 수십 년이 지났다. 유럽의 과학자가 발명하고 발견한 것들은 이미 오래전에 우리 중국에 전파됐다. 그러나 제조국製造局 성립 이후에 비로소 몇 권의 번역서를 접하게 됐다. (…) 300년 전에 서 문정공(서광계의 시호이다—옮긴이)이 먼저 시작하지 아니했다면, 최근의 번역작업은 불가능했거나 이같이 용이하지 못했을 것이다. 그러므로 문정공이 서구의 과학문물을 번역·소개한 공로를 우리는 추호도 잊어서는 안 될 것이다.[28]

그가 서광계의 공로를 높이 평가한 것처럼, 차이위안페이가 중국 근대과학 발전에 이바지한 공로도 높이 평가받아 마땅하다. 중국 현대과학의 연구와 발전은 차이위안페이가 중앙연구원을 창립한 시점부터 시작됐다고 할 수 있다. 중앙연구원은 중국 과학발전의 토대를 구축했으며, 이러한 면에서 차이위안페이의 공로가 크다.

12

신문화운동의 선구자

신사상·신문화의 길을 개척하다 | 신문화운동의 후견인 | 백화문·한자개혁·보통화 사용의 추진 | 5·4 운동 시기 청년들의 수호자

차이위안페이는 중국 신문화운동을 이끈 선구자 중 한 사람이다. 그러나 이 같은 평가에 대해 이견이 있는 것이 사실이다.

사람에 따라서 신문화운동에 그가 끼친 공로가 대단한 것이 아니라고 폄하하는 이견도 있으며, 어떤 사람은 그가 단지 간접적인 영향력만을 행사했을 뿐 직접 신문화운동에 뛰어들었다는 사실은 부정한다. 혹자는 그가 신문화운동에 어느 정도 공적이 있는 것은 인정하나, 이론이나 사상적인 측면에서의 기여도는 부인한다. 그러면서 그를 신문화운동의 선구자로 평가하는 것은 단호히 부인한다.

그러나 차이위안페이는 한림원의 '철밥통'을 박차고 나와 혁명에 투신하면서부터 줄곧 신문화·신사상의 열렬한 제창자였다. 특히 5·4 신문화운동 중에 그가 남긴 공헌은 지대하며, 역사가 이를 여실히 증명하고 있다.

신사상·신문화의 길을 개척하다

신문화운동은 중국 근대역사상 가장 위대한 '사상해방운동'이라 할 수 있다. 당시《신청년》의 영향력은 최고에 달했다. 이 잡지의 창간인·편집인·주요 집필자들인 천두슈, 리다자오, 후스, 우위吳虞, 루쉰 등은 모두 신문화운동을 주도한 인물들이다. 따라서 사학계에서는 일반적으로《신청년》의 창간을 계기로 신문화운동이 시작되었다고 본다. 이것은 매우 타당한 평가지만, 역사상 어떤 사상이나 문화운동의 출현은 독자적으로 일어나는 것은 아니다. 그 전후의 인과관계 속에서 생성되고 발전한다. 신문화운동 역시 중국 근대 진보사상의 결정체로서 근대의 수많은 진보적 지식인들이 신문화운동에 투신했으며, 차이위안페이도 그중 한 사람이었다.

신해혁명으로 2,000년 넘게 지속된 봉건왕조가 전복되고 최후의 봉건황제까지 축출됐으나, 봉건질서의 뿌리는 워낙 깊고 견고했다. 게다가 위안스카이를 중심으로 하는 반시대적인 복벽復辟세력이 등장하여 정치적으로도 황제 1인 독재체제로 회귀하려는 움직임을 보이는 등 사회 전반에 퇴영적인 분위기가 만연했다. 특히 왜곡된 공자학설을 대표로 하는 봉건윤리·도덕관념이 여전히 인민의 생활과 사상을 엄격히 속박했다. 문화적으로 진부하고 경직된 내용과 형식이 사회적으로 광범위하게 유포되어 문화예술계를 장악했다. 이 모든 것은 진보적인 사상을 확산하는 데 걸림돌이 됐다. 신문화운동은 이러한 봉건잔재의 유독을 일소하고 봉건사상에서 인민을 해방시키고자 시작됐다.

따라서 신문화운동의 창끝은 반동세력의 정신적 지주이자 역대 봉건왕조에 의해 왜곡된 유교와 공자학을 겨누었다. 신문화운동은 두 가지 노선을 설정했다. 첫 번째 노선은 전제정치와 미신을 반대하고, 민주와 과학을 제창하는 것이었다. '사람을 잡아먹는' 낡은 예교와 도덕을 반대하고 인간해방·자유평등을 주장하는 한편, 특히 봉건윤리와 도덕관념에 대해 맹렬한 비판운동을 전개했다. 두 번째 노선은 구문학을 반대하고 신문학을 제창하는 한편, 문언문 사용을 반대하고 백화문 사용을 주장하는 것이었다. 이는 봉건문학과 경화된 문언문에 참으로 엄청난 충격을 가했다.

역사의 새로운 격랑을 헤치며 급진혁명을 꿈꾸는 적지 않은 부르주아 및 소부르주아 지식인들이 신문화운동의 선구자 역할을 자처했으며, 차이위안페이도 그중 한 사람이었다. 그의 사상발전 편력을 들춰보면, 그도 이 두 가지 신문화운동 노선을 자각하고 충실히 실천했음을 쉽사리 발견할 수 있다.

차이위안페이의 사상은 1898년에 이미 변화하기 시작했다. 그는 친구들과 공동으로 '동문학사東文學社'를 설립하고 일어를 학습했으며, 아울러 번역에 종사하면서부터 서양의 학문을 접하게 됐다. 그리고 캉유웨이·량치차오의 유신운동에 공감하며 그해 9월에 관직을 박차고 나와 고향 사오싱으로 돌아와 교편을 잡았다. 그가 사오싱 중시학당 감독으로 있을 때 학교에는 신·구 양파의 교원들이 함께 근무하고 있었다. 신파 교원들은 독실한 진화론 신봉론자들로 존군비민尊君卑民, 남존여비 등의 구사상과 구습속을 반대했다. 당시 차이위안페이는 신파 교원들을 적극 지지하여 구파 교원들의 미움을 샀다. 결국 구파의 편을 든 학교 책임자가 전면에 나서 노골적으로 간섭하자 분연히 사직했다.

이후 1901년(광서 27년) 상하이에 위치한 난양공학 특별반의 총교습으로 부임하여 학생들에게 신사상을 주입했고, 민권을 제창했다. 그러다가 이 학교에서 소동을 일으켜 퇴학한 학생들을 동정하고 지지하여 애국학사와 애국여학을 창설하면서부터 적극적으로 신사상을 전파했다.

1902년 차이위안페이는 《문선文選》을 엮어 상무인서관에서 출판했다. 총 네 권으로 된 이 책은 민주적 성향의 지식인과 사상가의 논문 43편을 수록했다. 이 논문들은 대부분 당시의 혁신사조를 소개한 것들이었다. 차이위안페이가 엮은 《문선》은 5·4 신문화운동 시기의 《신청년》처럼 당대 지식인의 혁신사상을 소개하고 전파하는 데 중요한 역할을 했다. 그는 이어 장타이옌(장빙린), 왕샤오쉬 등과 중국교육회를 조직하여 민권제창, 여권신장, 신교육의 보급 및 반청 혁명의식 고취 등에 힘썼다. 후에 서구에 유학하면서, 특히 프랑스대혁명 사상의 영향을 받아 봉건주의사상에 대한 반대 색채가 더욱 선명해졌다.

그는 교육부장관 재임 시절에 '충군존공忠君尊孔'의 교육종지를 폐지했고, 초등학교 경서강독 수업을 없앴다. 아울러 전국에 공자 제사를 중지하도록 했고, 학제를 개혁하고, 교과과정을 개혁했다. 이처럼 그는 신사상의 발전과 신풍속의 전파를 힘써 추진했다.

당시 어떤 사람은 전제통치질서로 복귀하려는 위안스카이 편에 서서 유교경전을 읽는 '독경讀經'을 제창하고, 공교를 국교로 삼자고 제안했다. 심지어 공맹학설을 종교로 하여 '국교'로 받들자는 주장까지 나왔다. 이에 대해 차이위안페이는 완강히 이의를 표시했다. 그는 '공교', '국교' 등의 설법은 논리적으로도 통하지 않아 성립되기 어렵다고 여겼다. 그는 일체의 지식이나 도덕문제는 과학적으로 증명돼야 한다는 입장에 서 있었다. 종교란 이미 가정假定을 토대로 삼고 있으므로 결코 '일설—說'을 강제로 믿게 할 수는 없는 것이다.¹ 그는 이러한 신념 아래 전제주의로 돌아가려는 복고주의 풍조에 정면으로 반격했다.

후에 '미육으로 종교를 대신하자'는 유명한 제안을 한 것도 전도를 빙자한 제국주의의 침략을 막기 위함이었다. 또한 차이위안페이가 사력을 다해 과학의 중요성을 제창한 것 역시 봉건 전통사상을 반대하기 위해서였는데, 이 점은 매우 의미심장하다 할 것이다.

중국에서는 오래도록 과학을 경시했다. 과학사상이나 과학적 방법의 토대가 형성하지 못한 이유는 봉건전제통치가 사람들의 두뇌를 억압한 결과 때문이라 할 수 있다. 더욱이 명·청조의 군주들에게는 이러한 반과학적 전통사상이 통치에 더 유리할 수밖에 없었다. 그들은 한편으로는 과거제도를 이용하여 인재들을 유혹했고, 다른 한편으로는 '문자옥文字獄'이라는 채찍을 가하여 사상과 언론의 자유를 박탈했다.² 사람들은 독립적 사고를 할 권한조차 없었다. '사상'이라고 해봤자 좁은 봉건주의의 틀 속에 머물 수밖에 없었고, 그 과정에서 총명함과 재기발랄함은 무의식중에 압살당했다. 그래서 차이위안페이는 전한前漢의 동중서董仲舒가 제자백가를 축출하고 유아독존적인 유가儒家의 학술을 주장한 것을 본래부터 비판했었다.³

차이위안페이가 봉건전제에 반대하고 신사조를 지지한 것은 그의 수많은 저서에서도 확인할 수 있다. 예를 들면, 1913년 7월 20일 그와 장빙린(장타이옌)은 공동으로 서명한 뒤 위안스카이의 도

당인 저장 도독 주루이朱瑞의 악랄한 행적을 폭로했다.

> 한 나라의 도독으로서 뇌물을 공공연하게 받아 챙기고 공금을 함부로 사용하며 매관매직을 자행하니 온 국민들이 지켜보고 있다.[4]

1913년 2차 혁명이 발발했을 때, 차이위안페이는 위안스카이 토벌전에 나서기를 권고하는 일련의 문장을 발표했다.

> 위안스카이가 총통이 된 뒤로 의원들에 대한 금전매수와 무력협박을 일삼아 국회가 자유의지를 잃고 무기력하게 된 것은 온 천하 사람이 이미 다 알고 있는 바이다.[5]

야심이 가득했던 위안스카이가 숙원하던 황제의 꿈을 이루지 못한 채 울분을 품고 세상을 하직하자, 부패한 베이양군벌 정부가 한통속이 되어 날뛰었다. 차이위안페이는 1916년 9월 '묵은해를 보내고 새해를 맞이하는 시점에서 두 가지 그림에 대한 감상對于送舊迎新二圖之感想'이라는 글에서, 위안스카이 사후에도 여전히 수구세력이 사라지지 않고 있다고 지적했다.

> 위안스카이는 비록 죽었으나 여전히 수구세력이 그를 따라 사라지지 않았다. 강자를 두려워하고 약자를 억압하며, 공사를 빌미로 사욕을 채우고, 구밀복검口蜜腹劍을 일삼으며, 사치와 탐욕이 극에 이른 관료통치가 아직도 태연히 존재한다.[6]

전 국민을 상대로 한 차이위안페이의 이 같은 호소는 5·4 신문화운동을 알리는 전주곡이었을 뿐만 아니라, 군벌통치를 반대하는 사상적 무기로서 구실을 했다.

신문화운동의 후견인

신문화운동의 대표주자들은 예외없이 차이위안페이의 지지와 보호를 받았다. 차이위안페이는 그들을 베이징대학으로 끌어들여 그곳에 뿌리를 내리도록 적극 관심을 기울였다. 이후 그들은 베이징 문단의 요직을 장악했고, 아무 근심 없이 활동할 수 있게 됐다.

차이위안페이는 베이징대학교장 재직시 천두슈를 문과대학 학장으로 초빙했다. 상하이에 근거를 두고 활동하던 《신청년》 잡지사도 천두슈를 따라 상하이에서 베이징으로 옮겨 왔다. 천두슈 등은 이후 자연스럽게 이곳의 진보적 지식인들과 밀접한 관계를 유지했고, 그 결과 《신청년》에 반봉건, 미신타파, 인간해방 등과 관련된 개혁적인 문장들이 잇달아 발표됐다. 신파 세력들은 《신청년》을 거점으로 삼아 신문화운동을 전개했다.

신문화운동이 고조됨에 따라 《신청년》은 창간 당시 고작 1,000부를 인쇄하던 것에서 1만 6,000여 부로 발간부수가 폭증했다. 1918년 리다자오가 베이징대에서 소년중국학회少年中國學會를 창립했으며, 이듬해에는 《월간 소년중국月刊少年中國》이 창간됐다. 그가 주필로 있는 《매주평론》 등의 창간 또한 차이위안페이의 적극적인 지지와 후원이 없었다면 어려웠을 것이다. 리다자오는 베이징대학 사학과와 정치학과 등에 '유물사관', '사학사상사', '노동자의 국제운동과 사회주의의 장래', '마르크스주의 역사철학', '사회주의 경제조직', '사회주의와 사회운동' 등의 강좌를 연이어 개설하고 강의했다. 이는 중국 대학에 개설된 최초의 마르크스주의 이론 강좌였다. 이 모든 것이 차이위안페이의 지지와 승인이 없었다면 상상도 할 수 없는 일이었다.

당시 신파는 '민주와 과학'의 기치를 높이 들고 봉건주의 문화를 맹렬히 공격했다. 구세력은 아연 긴장하여 '공자연구회'나 〈월간 국교國敎〉 잡지사 주위에 모여 과학과 민주사조에 공개적인 반대를 표했다. 그들은 특히 베이징대학에 불고 있는 신문화·신사조를 비방했고, 신파 세력의 거두인 차이위안페이에게 비판의 칼끝을 겨누었다.

그리고 동성파棟誠派(청나라 중기 이후 주류를 이룬 산문파—옮긴이)의 고문학자인 린친난林琴南이 신문화운동에 반격을 가하기 시작했다. 그는 1919년 3월 18일, 〈공언보公言報〉에 '베이징대학 사조의 근래 변천상황을 봐주시기 바람請看北京大學思潮變遷之近狀'을 발표함과 동시에 차이위안페이에게 공개 항의서한을 보냈다. 린친난은 봉건체제 수호의 전도사를 자청하며, "자네는 공공연히 민국을 선전하나 여전히 청 황실의 거인擧人에 불과하다"며 차이위안페이를 비방했다. 아울러 신문화를 선전하는 베이징대학에 대해서도 "고서를 불태우고 비속한 말로 된 문자(곧 백화문—옮긴이)를 사용하고 있다"고 맹공을 가했다. 천두슈 등에게는 "사람의 머리를 하고서 가축의 울음소리를 낸다"고 저주를 퍼부었다.

또한 상하이 〈신신보新申報〉에 《요몽妖夢》,《형생荊生》 등 문언체 소설을 발표하여 봉건체제 수호자로서 '위대한 장부偉丈夫'라는 인물을 조작해냈는데, 실상 그는 베이양군벌에게 무력사용을 종용하여 천두슈 등 신파 인물을 제거하려는 의도였다.

린친난은 또한 어느 철부지 학생에게, 베이징·상하이 등지의 신문에 천두슈와 첸쉬안퉁 등이 당국에 체포되어 이미 베이징대학에서 축출됐다는 유언비어를 공고하도록 교사教唆했다. 이와 동시에 베이양군벌도 국회의원들을 선동하여 차이위안페이 등을 제거할 목적으로 교육부 탄핵안(실제로는 차이위안페이 탄핵안)을 발의하도록 하고, 무력으로 신문화운동을 진압하려 했다. 이에 베이징대의 진보적 교수·학생들이 여론을 조성하려는 움직임을 보이자 또한 이를 저지하려 했다.

동진東晉 때 진왕秦王 부견苻堅이 패수淝水에서 패한 뒤 '바람소리와 학의 울음소리를 듣고도 놀랐듯風聲鶴唳', 베이징대학 사람들은 불안에 떨었고 온갖 풍설이 난무했다. 본래 논쟁을 좋아하지 않는 차이위안페이도 이때만큼은 참으려 해도 참을 수가 없었다. 그는 베이징대학의 진상에 대해 의견을 제기하여 시시비비를 가리고자 했다. 4월 1일 그는 〈'공언보'와 린친난 군에게 보내는 서한致公言報幷附林琴南君函〉이라는 제목의 글을 발표했다. 이 편지는 비록 신문화운동의 방향과 베이징대학에서 전개하는 봉건사상에 반대하는 사상을 서술했지만, 그다지 힘이 들어가 있지 않았고 문투가 매우 완곡했다. 심지어 수줍어서 어쩔 줄 모르는 것 같은 저자세의 문투가 섞여 있었다. 그러나 편지의 전반적인

차이위안페이의 적극적 후원 속에 루쉰, 후스 등과 함께 신문화운동을 주도했던 리다자오.

의도는 린수林紓(린친난의 본명, 금남은 그의 자이다—옮긴이)를 반박하고 '사상자유의 원칙을 따르고 겸용병포주의를 취할 것'을 공개적으로 천명하는 한편, 이른바 '문화전제文化專制'에 반대하기 위함이었다.

그는 또한 베이징대학교장 명의로 신문지상에 실린 이른바 '베이징대학에서 천두슈, 첸쉬안퉁을 축출했다'는 내용은 황당무계한 괴담이라고 공개적으로 밝혔다. 이러한 조치는 모두 신파 세력에 대한 공개적인 후원이자, 신문화운동에 대한 직접적인 지지였다. 차이위안페이는 아울러 린친난에게 의탁하여 그를 위해 문장을 발표하고, 허위사실을 유포한 베이징대학생 장張 아무개 군에게 그의 인식이 잘못됐음을 충고하는 편지를 띄웠다.

> 린친난 군은 이 같은 소설을 써서 본교의 명예를 훼손하려 했고, 학생은 린친난의 뜻을 헤아려 거짓 내용을 유포했으니 모교를 아끼는 마음이 있는가, 없는가?

아울러 그들이 중상모략한 것을 지적하여, 이렇게 말했다.

> 피해자는 상처가 아물지만, 가해자는 진정으로 덕을 손상失德하게 된다네.[7]

이렇게까지 공손하게 충고했으나, 이 학생은 뉘우칠 줄 모르고 막무가내로 자신의 의견을 고집하며 계속해서 유언비어를 날조하여 학교를 비방하고 다녔다. 차이위안페이는 그를 강제로 퇴학시키는 데 서명할 수밖에 없었다. 그리고 공개적으로 퇴학 공고문을 붙여 실추된 학교의 '정기'를 되살렸다. 이것은 린친난의 음모에 대한 반격이었을 뿐 아니라, 신문화운동에도 생기를 불어넣은 조치였다.

그 시대 그 같은 환경에서 차이위안페이가 '사상의 자유' 등과 같은 참신한 주장을 펼친 것은 참으로 음미할 만한 가치가 있다. 그는 표면적으로 각파의 학설을 모두 동등하게 취급했고, 여러 사상들을 두루 포용하는 것 같았다. 그러면서 불편부당不偏不黨한 '하오하오好好 선생'의 역할과 중재자 역할을 도맡아야 했다. 그러나 사실은 그렇지 않았다.

차이위안페이는 편파적인 성향이 있었다. 예를 들어 류선수劉申叔에게 육조문학을 가르치게 했으나, '황제제'를 제창하는 것은 결코 불허했다. 가오탕성皐湯生을 초빙하여 영시英詩를 담당하게 했으나, 결코 '복벽'을 부르짖는 것은 허용하지 않았다. 린친난을 베이징대학 교수로 초빙하지 않은 것도 이러한 이유 때문이었다. 그의 문장이 조악해서도 아니고, 파벌이 달라서 그런 것은 더더욱 아니었다. 그의 학문적 견해가 시대에 뒤떨어졌기 때문이었다.[8]

그가 제기한 '사상의 자유'란 봉건전제주의에 맞서는 자유의 횃불이었으며, '겸용병포'는 봉건주의 문화 아래 기반을 잃은 신파 인물들을 격려하고 획일적인 봉건교육의 틀을 깨기 위한 것이었다. 즉, 신문화와 사상이 '합법적인 지위'를 쟁취하도록 함으로

써, 신문화를 보호하고 신사상을 전파하려는 충정의 발로였다.[9]

차이위안페이는 사상자유의 깃발 아래 천두슈, 리다자오, 루쉰 등 신파의 인물을 대거 대아大雅의 전당(베이징대학을 가리킨다—옮긴이)으로 끌어들여 신사상·신문화를 전파하게 함으로써, 완고한 봉건주의의 보루였던 베이징대학을 대대적으로 쇄신했다. 그리하여 베이징대학은 중국 최초로 마르크스주의를 학습시키고 전파한 마르크스주의의 요람이요, 5·4 애국운동의 발원지가 됐다.

차이위안페이는 비록 천두슈나 리다자오와 같은 예리함과 용맹한 기세도 없었고, 그들처럼 많은 글을 발표하지도 못했지만, 이들과 같은 전선에서 피와 땀을 흘리며 구세력에 대항했다. 몇 편 안 되지만 차이위안페이가 쓴 글은 매우 예리하며 힘이 들어 있다.

1918년 11월 16일 그는 톈안먼天安門 광장에서 거행된 연합국의 제1차 세계대전 승리를 경축하는 자리에서, "유산만 믿고 으스대는 귀족의 자식, 사리사욕에 눈먼 매국노 같은 관리, 군량軍糧을 가로채는 군관, 물가를 조종하여 폭리를 취하는 악덕 상인, 하는 일 없이 봉급만 축내는 고문관·자문의원, 유권자를 매수하는 의원" 등을 노골적으로 비판했다. 그러면서 노동의 신성한 가치를 충분히 인식하도록 주의를 환기시켰다. 아울러 중국에서 신민주주의 혁명이 막 시작될 무렵 외쳤던 '노공신성勞工神聖'의 구호를 제기했다.[10]

그는 또 1920년 4월 1일자 〈도보導報〉에 '홍수와 맹수洪水與猛獸'라는 유명한 글을 기고했다. 이 글에서 그는 군벌을 '맹수'에, '홍수'를 신사조에 비교하여, "중국의 현재 상황은 홍수와 맹수가 경쟁하는 형국"이라는 촌철살인寸鐵殺人의 경구를 남겼다.[11]

백화문·한자개혁·보통화 사용의 추진

신문화운동을 견인한 또 하나의 주요한 축으로 문학혁명을 지적할 수 있다. 차이위안페이는 퇴영적이며 수구의 길로 복귀하려는 구파 세력을 혐오하고 문학혁명을 적극 옹호하고 지지했다. 〈'공언보'와 린친난 군에게 보내는 서한〉에는 구파 인물에 대한 공개적인 조소가 나온다.

> 금일에도 여전히 공자학설에 매몰되어 지방제도를 봉건체제로 회복하고, 병거兵車로서 잠수함이나 비행기를 대체해야 한다고 주장한다. 러시아인이 황제를 죽이고, 독일인이 황제를 축출했다는 소문이 들린다. 우리도 낡은 공자학설을 배격하고 구파 세력을 몰아내야 한다.[12]

이 같은 주장이 설마 시대를 거스르고, 세상을 거스르는 경거망동한 행동이겠는가? 문학의 내용은 근거가 있고 충실해야 하며, 시대와 형세에 적합해야 한다. 또한 건전하고 참신하며 고결한 사상과 정신을 고취시키는 것이 문학의 사명이라고 그는 주장했다. 당시 새로 발간된 《국민잡지國民雜誌》에서 서문을 요청하자, 차이위안페이는 서문에서 잡지의 사명을 다음의 세 가지로 정리했다.

첫째, 정확성에 입각해야 하며, 사실을 떠나 거짓으로 진실을 호도해서는 안 된다.

둘째, 순수성을 유지해야 하며, 무료하고 터무니없는 잡설을 늘어놓는 것을 지양해야 한다.

셋째, 국가와 세계에 유익해야 하며, 극단적인 국가이기주의나 편협한 민족주의를 제창해서는 안 된다.

그는 또 신문이나 잡지를 만들고 문장을 쓰는 사람들은 활력을 오래도록 보존해야 하고 태만해서는 안 되며, 이러한 태도를 지녀야만 국민의 초심을 환기시킬 수 있다고 강조했다.[13]

차이위안페이는 문학 언어는 백화체를 활용해야 하고, 한자개혁을 추진하며, 표준어(보통화, 당시 '국어'라 칭함)를 사용해야 한다고 주장했다.

일찍이 1904년에 그가 상하이에서 왕지퉁, 왕원중 등과 함께 편찬한 〈경종일보〉는 매일 백화문과 문언문 사설을 한 편씩 실었다. 그러나 당시 문언문보다는 백화문을 주로 사용했다. 백화문은 통속적이어서 이해하기가 쉬웠고, 상식을 전파하기 용이하여서 결코 문언문으로 대체하지 않았다.[14]

그는 또한 중국은 지역이 방대하고 인구가 많아 각 지역 간의 의사소통이 어렵고 한자 사용이 번잡하여, 교육의 보급 및 상호 간 인적 교류에 막대한 지장이 있음을 통감했다. 그래서 교육부 장관 재임시 '독음통일회讀音統一會'를 소집하여 주음자모注音字母를 확정했다. 1916년 10월에는 '국어통일회國語統一會'를 발족하여 이듬해 1월 베이징에서 1차 대회를 개최했다. 여기서 차이위안페이가 회장으로, 우즈후이와 장이린張一麟이 부회장으로 선출됐다.[15] 이들은 각 성에 표준어 사용을 적극 계도했다. 5·4 운동 이전에 《신청년》에서는 이미 문언문을 백화문으로 대체하자는 주장을 밝혔고, 차이위안페이도 젊은 지식인들과 한목소리로 한

자의 개혁과 백화문의 사용을 제창했다.

차이위안페이는 매우 논리적인 사람이었다. 그는 동서고금의 역사적 사실에 비추어, 백화문의 사용은 '시대의 요구이자 대세'라고 했다. 예컨대 유럽에서 16세기에 사용하던 글자는 모두 라틴문자였다. 그러나 종교개혁 이후 마틴 루터가 당시 독일에서 통용되던 국어로 신·구약을 번역했다. 이후 유럽 각국 사람들도 라틴문자를 사용하지 않고 자국의 언어를 사용하게 됐다. 일본도 마찬가지로 메이지유신 초기에 출판한 책은 한문을 많이 사용했으나, 근자에는 거의 언문일치의 경향을 보이고 있다.[16]

차이위안페이는 중국 고대의 역사적 사실을 예로 들어 '백화문이 문언문을 대체해야 한다'는 것은 필연적인 추세라고 했다. 아울러 백화문은 일반서민들에게 친숙하여 이해하기 쉽고, 이야기가 흥미진진하여 귀가 솔깃해진다고 했다.

> 중국의 문언문은 라틴어와 마찬가지로 '고문古文'이므로 우리는 백화문을 사용하지 않으면 안 된다. 우리는 사마천司馬遷을 숭배하는데, 그에게 탄복하지 않을 수 없다. 그는 《사기》를 기술할 적에 《상서尙書》의 기술방법을 답습하지 않았다. 《상서》에 보이는 '흠欽'자를 '경敬'으로 고쳐 썼고, '극克'자는 '능能'으로 고쳤다. 그리고 자신의 문장투로 바꾸어 기술했다. 그가 저술한 《사기》는 당시 사람들이 쉽게 이해하도록 당시에 통용되던 백화를 사용했던 것이다.
> 또 시내암施耐庵의 《수호전水滸傳》이나 조설근曹雪芹의 《홍루몽》은 모두 당나라 소설을 모방했으나 이해하기 쉽게 백화체로 서술되어 있다. 그러나 이 작품들의 가치는 매우 뛰어나다. 현재에 살면서 굳

이 고문을 답습할 필요가 없으며, 마치 도안圖案과도 같은 문장을 쓸 필요가 없다. 일반적으로 서술은 설명을 필요로 하므로 백화체를 사용해야 옳다. 비록 백화체의 조직이 불완전하다 할지라도 결코 이러한 시대의 추세를 거슬러서는 아니 될 것이다.[17]

그는 1919년 '국문의 장래'라는 주제로 강연하면서 백화파와 문언파가 경쟁하면 반드시 백화파가 우세할 것이라고 주장했다. 문언문 대신 백화문을 사용하고, 방언 대신 표준어를 사용해야 한다는 것이 이 강연의 결론이었다.

하지만 백화문 사용이 익숙한 사람이 보기에는 백화문을 사용하는 일이 순조로울 것 같으나, 당시의 사정을 헤아려보면 그렇게 간단한 일이 아니었다. 백화문과 문언문이 경쟁하는 가운데 차이위안페이는 줄곧 백화문의 사용을 지지했다. 그는 다각도로 백화문이 문언문보다 우수하다는 논리를 전개하여, 학교 교과서에서도 백화문을 채택해야 한다고 건의했다. 이 건의는 받아들여져 전국적으로 일제히 실행됐다. 이는 신문화운동 시기에 그가 이룩한 적지 않은 공적이라 할 것이다.

그는 백화문과 보통화를 사용하면 생기는 5대 장점을 다음과 같이 열거했다.

첫째, 백화문은 직접적으로 의사를 전달하므로 시간이 절약된다. 문언문은 옛사람들의 말을 사용하여 의사를 전달하므로 간접적이다. 간접적 전달방식은 쓰는 사람이나 읽는 사람이나 모두 번역의 고충이 따른다. 이 무슨 사서 고생인가?[18]

둘째, 대중에게 편리하다. 종전에 문언문을 배운 사람은 소수였다. 그들의 경우는 보통 사람들과 달라서, 시간을 낭비하는 것을 대수롭지 않게 생각했다. 그러나 현재 국민들은 모두 읽고 쓸 수 있는데, 어찌 온 국민에게 이 문언문을 습득하도록 허다한 시간을 낭비하게 할 수 있는가?[19] 백화를 사용하면 얼마나 편리한지 모른다.

셋째, 국외의 방어와 국내의 통일에 유리하다. 국내의 통일을 예로 들면, 성의 경계지역이나 남북의 경계지역은 모두 방언의 영향을 받아 의사소통이 어렵다.[20] 백화를 사용하면 더 많은 사람들이 공통언어를 갖게 되고, 표준어 사용을 추진하면 상호 간의 이해를 증진시킬 것이다. 그러면 인민의 단결과 국가의 통일을 앞당길 수 있다.

넷째, 과학과 교육발전을 위해 그는 이렇게 주장했다.

종전 사람들은 '국문'을 제외하고는 다른 학과목이 없어서 여섯 살 때부터 스무 살에 이르기까지 읽고 쓴 것이 모두 옛사람들이 사용하던 말이었다. 그래서 배우는 것도 그들과 하등 다를 바가 없었다. 현재는 응용과학 분야가 많이 생겨났으므로, 국문을 배우는 시간을 많이 줄이지 않으면 어느 세월에 따라잡겠는가?[21]

실제로 백화문을 사용하면 장기간 익혀야 하는 고문에 비해 학습시간을 훨씬 줄일 수 있고, 기타 과학 방면도 쉽게 깨우칠 수 있었다.

다섯째, 실용적이다. 고문은 어떤 것은 완전히 형식에 치우쳐 있다. 예컨대, 4언 8운의 시첩시試帖詩는 불통不通의 문장이라고 할 수 있다. 알맹이가 없는 문장을 나열하는 것은 마치 미술의 도안圖案과 같다. 이것은 문자 유희에 불과할 따름이다.

우리의 의사를 표현하고, 과학적 현상을 서술하기 위해서는 당연히 내용이 없는 도안 같은 문장으로는 불가능하다.[22] 오직 백화문만이 풍부한 내용을 정확하게 전달할 수 있어 복잡한 실생활의 요구에 부응할 수 있다.

차이위안페이는 "장래의 응용문은 반드시 백화문을 사용해야 한다"고 단호히 말했다. 그러나 혹자는 부분적으로 미술문은 여전히 문언문을 사용하는 것이 바람직하다고 생각할지 모른다. 백화문이 성행하면 특별히 문언문을 전수하는 사람이 필요할 것이라며, 차이위안페이도 이에 공감을 표했다.[23] 그의 이러한 견해는 당시 신문화운동에 지도적 의의를 지녔다.

그는 문자개혁에도 적극성을 보였다. 근대 중국의 문자개혁은 대략 세 시기로 구분된다. 제1시기는 청말 학자들이 한자개혁과 병음간자를 제창한 시기이다. 탄쓰퉁, 량치차오, 왕빙야오王炳耀, 차이시융蔡錫勇, 선쉐沈學 등이 모두 한자개혁을 제창했다. 이어서 왕자오王昭가 관화자모官話字母(중국어 표음문자―옮긴이)를, 라오나이쉬안勞乃宣이 간자보簡字譜를 개발했다.

제2시기는 민국 원년 이래 주음자모가 사용된 시기이다. 이 시기를 대표하는 인물이 차이위안페이다. 주음자모를 사용하고 교재에 백화문을 사용한 것 등은 모두 어느 정도는 그의 공적 덕분이다.

제3기는 1920년대 이후 라틴문자로 한자를 대신하자는 이른바 '신문자운동'이 제기된 시기로서, 이 운동은 나중에 해방구에서 추진됐다. 1937년 가을에 항전이 개시됐으나, 이 와중에도 차이위안페이는 견고한 신념을 가지고 문자개혁을 추진했다. 그리하여 문화교육계 저명인사 800여 명이 연서하여 〈신문자 추진에 관한 우리의 의견我們對于推行新文字的意見〉을 제기했고, 이를 그가 발표했다.[24]

홍콩에서 '신문자학회新文字學會'가 성립되어 그를 명예이사장으로 추대했다. 그는 라틴문자로서 한자를 대체하자는 신문자운동을 힘을 다해 추진했다.[25] 일찍이 청말민초에 차이위안페이는 라틴문자를 병기하는 것이 일종의 문자개혁 방법이라 생각했다. 그러나 수천 년 동안 통용돼온 한자를 라틴문자로 대체하는 문제는 당연히 말처럼 쉬운 것이 아니었다. 수많은 사람들의 대를 잇는 노력이 뒤따라야 하며, 단기간에 실행되기는 불가능했다. 역사를 회고해보면 차이위안페이가 당시 문자개혁에 얼마나 적극적인 태도를 보이며, 각고의 노력을 기울였는지 짐작할 수 있다.

5·4 운동 시기 청년들의 수호자

중국 근대사상 위대한 의의를 지니는 5·4 운동의 진행과정에서 차이위안페이는 비록 주동자나 영도자는 아니었으나 특수한 역할과 사명을 감당했다. 5·4 운동이 일어났을 당시 그는 베이징대학교장으로 재임하고 있었고, 이는 이 대학이 5·4 운동의 진원지가 된 것과 무관하지 않다.

신문화운동의 발전과 마르크스주의의 전파는 5·4 운동의 사상적 전제였다. 신문화운동의 홍기와 마르크스주의의 전파과정을 보면 전자는 자각에 의한 것이고, 후자는 부지불식간에 조건이 생성된 것이다. 차이위안페이 교장은 자연스레 애국청년들을 지지하고 보호하는 편에 섰다.

1918년 10월에 제1차 세계대전이 독일의 패전으로 막을 내리자, 국내 형세에도 극적인 변화가 일어났다. 1919년 1월 18일에 파리에서 강화회의가 열렸다. 베이징 정부에서는 루정샹陸征祥, 구웨이쥔顧維鈞, 스자오지施肇基 등을 전권대표로 파견했다. 중국은 전승국으로서 당연히 패전국 독일이 이전에 강점한 산둥지역의 특권을 회수해야 했다. 일주일 후 중국 대표들은 회의 석상에서 산둥 문제에 관한 의견서를 제출했다. 아울러 구웨이쥔 등은 전 국민의 압력을 받으면서도 의연하게 파리에서 중일中日 간에 체결한 각 항의 밀약을 공포했다. 이것이 이른바 '21개 조 규정'인데, 이 규정에 따르면 산둥에서 독일이 누리던 모든 특권을 일본에 양도해야 했다. 이 소식을 듣고 모든 중국인의 분노가 극에 달했다.

1918년 11월 11일 독일군의 투항 소식이 전해지며 제1차 세계대전이 종식되자 차이위안페이는 매우 기뻐했다. 15, 16일 양일간에 걸쳐 베이징에서 경축연이 거행되자, 그는 학생들과 몸소 가두행진을 벌이며 연합국의 승리에 환호했다.

그는 순진하게도 정의가 음모를 이기고 공리公理가 강권을 물리쳤다고 믿었다. 파리강화회의에 큰 희망을 걸고 산둥에 대한 중국의 권리도 당연히 회복될 것이며, 더 나아가 위안스카이와 일본이 비밀리에 체결한 매국조약도 자연히 무효가 될 것으로 생각했다.

그러나 파리강화회의는 그 내막을 들여다보니 제국주의 강도들이 자신들의 세력범위를 획정짓는 회의였다. 그들은 위안스카이와 일본이 몰래 체결한 이른바 '21개 조'를 취소하기는커녕 독일의 특권을 일본에 양도하도록 결정했다. 차이위안페이 등을 비롯한 대다수 중국 국민들은 다시 한 번 속은 꼴이 됐다. 중국의 많은 선각자·지식인들은 거족적인 투쟁만이 유일한 해결방법임을 인식하기 시작했다.

1919년 5월 3일, 차이위안페이는 베이양정부 외교위원회 부위원장이며 동향 사람인 왕다셰汪大燮에게 베이양정부가 비밀리에 회의에 참석한 중국대표들에게 굴욕적인 회의규약에 서명하도록 명령했다는 소식을 전해들었다. 이 소식을 들은 차이위안페이는 격분했고, 즉시 베이징대학 학생대표 쉬더헝許德珩에게 이 사실을 알렸다.[26] 학생대표들은 그날 오후에 긴급히 학생구국회를 개최했다. 정부가 굴욕적인 파리강화회의 규약에 서명했다는 소식이 혁명파들에게도 전해졌다. 그들은 그날 저녁 법과강당에서 전체 학생대회를 소집했다.

원래 위안스카이와 일본이 '21개 조'가 담긴 매국조약에 서명한 국치기념일인 5월 7일에 학생집회를 열 계획이었으나, 5월 4일로 앞당겼다. 다음 날, 각 학교 학생 3,000여 명이 대오를 지어 "매국노를 징계하고, 국권을 회복하자!"라는 구호를 외치며 톈안먼에 모여 시위를 벌였다.

그리고 시위대는 방향을 틀어 차오루린曺汝霖(1877~1966, 와세다대학 졸업. 1915년 일본과 밀약을 체결하여 산둥반도 이권을 일본에 양도, 매국노로 지목되었다―옮긴이) 집에 쳐들어가 불을 질렀다. 베이양정부 경찰총감이 진압명령을 하달하여 학생 31명과 시민 한 명이 체포됐다. 그중 베이징대학 학생만 학생대표 쉬더형, 이커이易克嶷 등 20명이었다. 이것이 유명한 5·4 운동이 발발하게 된 배경이다.

5월 4일 당일 저녁, 베이징대학 학생들은 법과대학 강당에 모여 체포된 학생들을 구출하는 문제를 놓고 토론을 벌였다. 강당 안팎으로 사람들이 운집했고, 차이위안페이도 이 소식을 듣고 회의장으로 달려갔다. 그를 보고 학생들은 놀라움과 기쁨이 교차했다. 그는 학생들을 따뜻한 말로 위로하는 한편, 책임을 통감하고 사의를 표명했다. 그러나 반드시 책임을 지고 32명을 석방시킬 테니 학생들에게 다음 날부터 학교로 돌아가서 수업에 복귀하라고 했다. 학생들은 그렇게 하겠다고 약속했다.

차이위안페이는 곧장 최고위급 공직자인 쑨바오치의 집으로 달려갔다. 쑨바오치는 그가 독일 유학시절에 주독駐獨 중국공사를 지낸 인물로, 차이위안페이를 지지하고 많은 도움을 주었다. 쑨바오치는 돤치루이段棋瑞(위안스카이의 심복으로 위안스카이 사후 실권을 행사했다―옮긴이)가 매우 존경하는 인물인지라, 차이위안페이는 그에게 돤치루이 정부와 석방 교섭을 벌여달라고 요청했다. 그러나 쑨바오치는 사태의 심각성을 감지하고 감히 응답하지 못했다.

5월 5일 차이위안페이는 베이징 14개 고교 교장단회의에 초청되어, 그 자리에서 구속된 학생들을 석방시킬 중책을 기꺼이 자임하고 나섰다. 그가 주도하여 고등사범학교, 의학전문학교 등 6개

고교 교장이 총통부에 가서 학생 석방을 탄원했다. 5월 6일, 그는 일반 학생 및 체포된 학생 가족들을 안심시키고자 교장 명의로 포고문을 붙여 체포된 학생들에 대해 전적인 책임을 지겠다는 의사를 표시했다. 그리고 경찰청과 교육부로 달려가 자신이 보증하겠으니 학생들을 석방해달라고 탄원했다.

5월 7일, 국치일이 다가오자 베이양군벌 정부는 분노한 인민대중들의 항의시위를 무마하고자 차이위안페이·왕다셰·왕충후이 등의 보장을 받고 체포된 학생들을 전격 석방했다. 이날 오전 열한 시, 차이위안페이와 전교 학생이 베이징대학 한화위안漢花園 광장에 모여 석방된 20여 명의 학생들을 열렬히 환영했다. 차이위안페이 교장은 눈물을 머금은 채 단상에 올라가 환영의 인사말을 했다.

비록 학생들은 석방됐으나 투쟁이 중단된 것은 결코 아니었다. 베이양군벌 정부는 이 학생들을 법에 따라 기소하여 심판을 받게 하겠다고 목소리를 높였다. 그러면서 이러한 운동이 베이징대학에서 일어난 책임을 차이위안페이와 신파 교직원에게 돌렸다. 이후 베이징대학에 불을 지르겠다느니, 베이징대학 학생들을 죽여야 한다느니, 심지어는 만 원의 현상금을 내걸고 자객을 고용하여 차이위안페이를 암살하려 한다는 흉흉한 소문이 나돌았다.

차이위안페이의 심적 부담감은 극에 달했다. 그는 청년학생들의 애국열정에 감동하여 학생들을 지지하고 베이양군벌 정부에 불만을 드러냈지만, 다른 한편으로는 학생들이 지나치게 과격하게 대응하여 정국이 혼란의 소용돌이로 치닫게 될까 봐 두려워했다. 그는 원칙적으로 학생들이 수업을 거부하고 가두시위를 벌이는 것을 찬동하지 않았다. 5월 4일 당시에도 학생들이 교문을 빠져나갈 때 차이위안페이는 교문에서 학생들을 막아서며, 그와 학생대표들이 정부에 요구사항을 제기하여 문제를 해결하자고 호소했으나 무위에 그친 적이 있었다.[27]

5월 4일 저녁, 차이위안페이는 베이징대학 학생집회에 참석하여 다음 날부터 학생들이 학교로 돌아가서 수업에 참석하도록 설득하여 사태가 확대되는 것을 막으려 했다. 이것은 그가 맡은 대학교장이라는 특수한 신분 때문에 나온 행동이었다. 교장은 학생들을 보호하고 책임을 지는 한편으로, 정부의 견제도 받아야 했다. 그래서 그는 학생들이 좌우 돌아보지 않고 무모하게 행동하도록 방치할 수 없었다. 또한 염량세태炎凉世態를 겪은 연장자로서 비록 국가를 위해 옳은 행동이라 할지라도 비교적 신중한 입장을 취했고, 무엇보다도 학생들이 우선 학업에 전념하기를 희망했다.

그는 5·4 운동 1주년 기념연설을 하면서 이 같은 견해를 명확히 밝힌 바 있다. 〈작년 5월 4일 이후의 회고와 금후의 희망〉이라는 이 연설을 통해 그는 5·4 운동 중에 청년학생들이 두 가지 측면에서 긍정적인 역할을 했다고 인정했다.

첫째, 국민들의 애국행동을 촉발시켰다.

둘째, 학생들도 이 운동이 매우 유익했음을 몸소 체득했다.

그는 계속해서 수업거부운동의 의미에 대해서 열변을 토했다.

학생들이 정치운동에 참가하면 손실이 적지 않고 파업과 철시撤市로 이어져 국가경제에 끼치는 손실이 막대하다. 그중에서도 수업거부로 인한 손실이 무엇보다도 크다. 만약 중학생 이상 50여 만 명이 하루 수업을 거부하면 장래 학술발전에 얼마나 피해가 크겠는가? 만약 열흘, 한 달 동안 계속해서 이 운동을 펼친다면 그 손실을 어떻게 다 헤아리겠는가? 하물며 공부에 나태한 학생들은 수업거부에 대한 핑계거리가 생겼으니 늘 이 '수업거부' 자체를 운동의 목적으로 삼을 것이 뻔하다. 동맹휴학을 하지 않을 때는 몇 명의 공부를 좋아하는 학생을 제외하고는, 보통 학생들은 모두 불안한 심정으로 억지로라도 공부에 임한다. 수업거부 문제가 제기된 이후 모두 다 공부에서 손을 떼니 학술상의 손실은 이루 다 헤아릴 수 없다. 특히 수업거부운동이 군중운동으로까지 확대되어 학생들에게 허영심과 의타심을 일으킬 수 있으니 정신적 피해도 적지 않다. 이러한 이유로 수업거부보다 더 큰 피해는 없는 것이다.

수업거부운동의 효과와 손실을 비교하자면 실제로 손실이 훨씬 더 크다는 입장이다. 즉, 학생의 정치운동은 단지 국민의 주의를 환기시키는 것에 불과하며, 국민의 주의를 환기시키는 것으로 학생들은 책임을 다한 것이다. 그래서 그는 더 이상 학생운동이 확대되어서는 안 된다고 생각했다.

현재 일반 사회에서도 정치문제의 중요성을 다 잘 알고 있으므로, 필요한 시기가 되면 그들도 행동에 나설 것이다. 학생들이 그 책임을 다 질 수는 없는 것이다.

그가 내린 결론은 현재 학생들이 해야 할 가장 요긴한 일은 전심으로 학문탐구에 힘쓰는 것이다.

그는 이렇게 반문했다.

현재 대두되고 있는 모든 정치문제나 사회문제를, 만약에 '학문'이란 존재가 없다면 어떻게 해결하겠는가?

그는 5·4 운동 1주년 기념일을 맞이하여 전도가 양양한 대학생들이 대오각성하여 이전의 수업거부운동이 가져온 효과를 '훈장'으로 여기지 말고, 이전과 같은 무익한 행동을 더 이상 되풀이하지 말 것을 호소했다.

여러분은 어떤 문제이든 간에 '자살행위'와 같은 수업거부운동으로 해결하려 해서는 안 될 것이다. 오직 학문증진과 신체단련 및 도덕수양에 힘써야 할 것이다. 만일 겨를이 있다면 사회에 봉사해야 한다. 평민들을 교육하고 지도할 책임의식을 느껴야 하며, 장차 중국이 안고 있는 난제들을 해결할 준비를 갖춰야 한다. 바로 이것이 내가 오늘 이후 학생 제군들에게 바라는 희망이다.[28]

이로부터 차이위안페이가 당시 학생운동의 두 가지 측면을 고려했음을 엿볼 수 있다. 한 가지는 애국의 열정에서 학생운동을 지지한 것이고, 다른 한 가지는 학생운동이 득보다 실이 많다는 것이다. 당시 베이양군벌이 통치하는 구중국을 철저히 개조하지 않으면 안 된다는 데까지는 생각이 미치지 못한 것으로 보인다.

오늘날 인민이 주인인 신중국에서 학생들에게 오직 학문에만 전념해야 한다고 요구하는 것은 지당한 것이다. 그러나 완고한 통치세력 하의 구중국에서 학생들이 오직 독서에만 매몰되어 저항심도 상실하고, 투쟁심도 품지 않는다면 국가의 발전은 요원해질 것이다.

1919년 5월 9일 새벽 다섯 시 반, 차이위안페이는 사직서를 남기고 수심이 가득한 채 조용히 베이징대학을 떠나 톈진을 거쳐, 기차로 갈아타고 남하하여 항저우에 도착했다. 그는 사직서를 통해 자신의 절절한 심정을 밝혔다.

나는 지쳤다. 자객들이 도처에 득실거린다. 백성 또한 수고로움을 그쳐야 한다. 나도 이제 제발 좀 쉬고 싶다.

그의 사직서는 정식으로 수리됐다. 5월 9일 이후 그는 교무와 각종 집회에서 완전히 손을 뗐다.

차이위안페이는 왜 이 같은 결심을 하고 베이징대학을 떠났을까? 당시 그는 매우 고심했던 것 같다. 학생들이 비록 그의 충고대로 5월 5일 이후 복교하여 수업을 들었으나, 베이양군벌 정부의 무력진압 압력이 거세지자 젊은 학생들의 애국열정이 다시 고조됐고, 혁명의 투지가 더욱 왕성하게 타올랐으니 어찌 다시 동맹휴학 사태가 벌어지지 않겠는가? 군벌정부는 이 기회를 틈타 애국진보 세력에 일대 타격을 가하여 일벌백계하려 했다.

5월 9일 베이양정부는 두 가지 명령을 하달했다.

첫째, 이미 석방된 학생들을 법원에 송치해야 한다.

둘째, 학교에 정풍整風운동을 일으켜야 한다.

돤치루이의 비호 하에 육군차장 쉬수정徐樹錚은 인근 징산景山 위에 포를 설치하라는 명령을 하달했다. 포구는 정확히 베이징대학을 향했다. 그들의 칼날은 번득였고, 살기등등하여 신파를 도륙할 듯한 위협적인 분위기가 감돌았다.

군벌정부는 차이위안페이를 학생들의 배후로 지목하고, 차이위안페이 교장을 강제로 물러나게 하지 않고서는 이 사태의 수습이 불가하다고 여겼다. 당시 차이위안페이는 이와 관련한 확실한 정보를 얻었다. 차이위안페이가 톈진역에서 남행열차에 오를 때 이곳의 벗들이 "왜 이처럼 굳이 사직하려 하는가?"라고 묻자, 그는 "사직은 강압에 의한 것"이라고 답했다. 그가 베이징을 떠나기 하루 전인 8일 오후, 평소부터 우의가 두터웠으며 베이양정부와도 가깝게 지내던 벗이 이렇게 충고했다고 한다.

자네는 무엇 때문에 아직도 베이징을 떠나지 않았는가? 대학에 불을 지르고 교장을 암살한다는 소식을 듣지 못했는가? (…) 지금 당장 떠나지 않으면 학생들에게 큰 해가 닥친다네. 군벌정부는 자네가 떠나면 곧 학생들은 구심점을 잃고 무력해질 거라고 생각하고 있더군. 군벌정부는 자네를 제거하는 것이 제일 큰 목적이라네. 자네가 떠나지 않는다면 저들은 이 사건에 연루된 학생들을 엄중히 다루어 자네를 더욱 고통스럽게 할걸세. 그러니 떠날 수밖에 없는 현실을 직시하게나. 자네가 일찍 떠난다면 군벌정부는 학생들에게 관용을 베풀고 끝까지 추궁하지는 않을 것일세.

그는 이 말이 매우 일리 있다고 여기고 심사숙고 끝에 새벽 일

찍 떠나기로 했으며, 이로써 무고한 학생을 보호하려 한 것이다.[29]

그는 자신이 학교를 떠나게 된 원인에 대해 또 한 차례 얘기한 적이 있다.

> 당시 학생들은 한층 더 격분하여 군벌정부에 저항하려는 생각을 굳혔다. 군벌정부는 어정쩡한 태도를 취하는 한편, 나를 면직시키고 마치창馬其昶을 교장으로 임명할 것이라고 선전했다. (…) 아마도 이로 인해 학생들이 정부에 불만을 품고 시위를 벌일 가능성이 있고, 그러면 내가 학생운동을 배후에서 조종한다는 혐의를 면할 수 없었다. 그래서 사직서를 군벌정부에 제출하고 은밀히 베이징을 떠나게 된 것이며, 그때가 5월 9일이었다.[30]

바로 이러한 이유들 때문에 그는 의연히 베이징대학을 떠나게 됐다. 차이위안페이가 군벌정부의 협박을 받고 학교를 사직했다는 소문이 들리자 여론이 들끓었다. 교직원과 학생들이 모두 그를 만류하고 나섰다. 그런데 이것이 또 하나의 새로운 학생운동의 발단이 됐다. 군벌정부의 예상과 달리 그의 사직으로 인해 베이징대학의 학생운동은 꺾이지 않고 오히려 더욱 거세졌다.

5월 말, 6월 초에 굴욕적인 파리강화조약이 체결됐다는 소식이 들리자, 학생들의 투쟁 움직임은 더욱 활발해졌다. 베이징대학 학생회에서는 '구국12단救國十二團'을 조직하고 열 명 1개 조로 팀을 이뤄 군중 속으로 뛰어들었다. 그들은 도심이나 골목 등을 가리지 않고 다니며 시민과 군인들에게 애국항일운동의 정당성을 선전했다. 구국단에 참가한 사람들은 처음에는 베이징대학 학생들로만 구성된 800여 명에 불과했다. 수많은 학생들이 가두연설을 통해 대중들의 정서를 자극했고, 도처에서 눈물로 호소하는 이들을 보고 시민이 가세하여 온 베이징을 뒤흔들었다.

이러한 장면을 목격하고 더욱 초조해진 군벌정부는 대대적으로 사람들을 체포하기 시작했다. 6월 1일부터 불과 5일 만에 베이징 감옥은 체포된 사람들로 넘쳐났다. 심지어 베이징대학의 2원二院과 3원三院은 임시구치소 구실을 하게 되었다. 이과 건물인 2원에는 139명, 법과 건물인 3원에는 827명이 구금됐다.[31] 군벌정부의 압력은 점점 가혹해지고 애국학생의 시위도 더욱 가열됐다. 애국학생들은 구국을 위해 생명의 희생도 감수할 각오가 돼 있었다.[32]

6월 5일, 군중운동이 새로운 국면에 접어들었다. 상하이, 한커우漢口 등 대도시의 근로자·시민·학생들이 투쟁에 참가했다. 파업·철시·수업거부 등 시위와 운동의 중심이 베이징에서 상하이로, 운동의 주력이 학생에서 노동자로 바뀌었고, 전국 인민의 분노가 극에 달했다. 당황한 군벌정부는 군중의 압박에 굴복하여 6월 10일에 차오루린, 장쭝샹章宗祥, 루쭝위陸宗輿 등 이른바 '3대 매국노'를 파면했다. 6월 28일 파리강화회의에 참석한 대표들도 조약에 서명을 거부했다. 이로써 반봉건·반제국주의 기치 아래 전 국민이 일어나 비타협적인 애국주의 노선[33]을 펼친 5·4 운동은 승리로 막을 내렸다.

차이위안페이가 베이징대학을 떠나 남향길에 오른 후, 학생들은 줄곧 그에게 학교로 돌아와달라고 호소했다. 그가 떠난 지 얼마 되지 않은 5월 18일 혹은 5월 19일경, 상하이에서 학생운동의 연락책을 맡고 있던 베이징대학생 팡하오方豪, 돤시펑段錫朋 그리고 후베이공학湖北工學의 학생 한 명과 푸단復旦대학 학생이자 상하이 학생연맹 총간사이던 주중화朱仲華 등 네 사람이 베이징·톈진·상하이 학생대표단 자격으로 항저우에 머물고 있던 차이위안페이를 찾아와서 복교를 간청했다. 당시 차이위안페이는 동생이자 항저우 중국은행 총리인 차이궈칭蔡國卿 집에 임시로 거처하고 있었다.

학생대표들이 찾아갔을 때 그는 자리를 피했다가 이튿날이 되어서야 만났다. 그와 학생대표들 간의 면담은 두 시간 가까이 진행되었다. 학생들의 호소에도 불구하고 그는 학교로 돌아가기를 완강히 거부하면서 이렇게 말했다.

> 군벌이 진실로 뉘우치는 기미가 추호도 보이지 않으니 나도 베이징으로 돌아가고 싶지 않다.[34]

7월경, 교육부에서 친펀秦汾을 대표로, 교직원대표 탕얼허와 학생대표 등 4인을 보내어 재차 그에게 베이징으로 돌아오도록 촉구했다. 그는 학내문제를 조속히 정상화해야 할 필요성을 통감하고 돌아가기로 마음을 굳혔다.

> 학교를 떠날 때는 결코 돌아오지 않으리라 마음먹었다. 교무를 처리하는 것이 곤란할 뿐 아니라, 실로 교무 이외의 잡무로 인해 늘 나와 상관없는 소용돌이에 휘말려 수고해도 보람 없는 생활의 연속이었다. 그러나 사태가 이 지경에까지 이르렀으며, 학내분규도 여전하고 내가 돌아가지 않으면 사태를 해결할 수 없다고 하니 부득이 학교로

돌아오게 됐다.[35]

그는 복교 조건으로 '교외집회 참석 사절', '학생 행동지침 준수' 두 가지를 내세웠다. 이것은 학교의 질서를 단시간 내에 바로잡고, 베이양정부에게도 그 자신이 학생운동으로 인해 더 이상 '괴롭힘'을 당하고 싶지 않다는 속내를 보여주기 위한 것이었다.

마침내 1919년 9월 12일, 차이위안페이는 학교로 돌아와 교장 직무를 수행했다. 9월 20일 그의 환영식 겸 입학식이 열렸다. 이 자리에서 그는 교직원 및 전교생의 열렬한 환영을 받으며 연설을 했다. 군벌정부 교육부에서도 대표를 파견하여 환영의 뜻을 표했다.

그는 연설을 통해 평의회, 각과 교수회, 행정회의 및 각종 위원회 등을 신속히 조직할 뜻을 밝혔다. 학교 내부조직을 완비함으로써 교장 경질문제가 재발돼도 학생의 학업 및 교무행정이 차질을 빚는 데까지는 이르지 않게 하려는 사전 포석이었다. 그는 교장으로 복직한 후 예전처럼 대학의 개혁에 박차를 가했다.

그가 베이징으로 돌아오자 베이징대학의 교직원·학생들이 크게 고무됐음은 물론, 기타 고등학교 교사·학생들도 그를 열렬히 환영하고 지지했다. 이것은 베이양군벌 당국을 매우 염려스럽게 했다. 당시 사법부의 주선朱深이 비밀회의 석상에서 차이위안페이를 제대로 평가했다.

여러분은 차이위안페이를 일개 백면서생으로 봐선 안 된다. 그는 10만의 날랜 군사와 같다.[36]

차이위안페이는 베이징으로 돌아와서도 변함없이 신파의 지지자요, 5·4 애국운동의 후원자 역할을 잘 감당했다. 국가 최고 학부인 베이징대학의 수장으로서 그의 서릿발 같은 정기는 군벌정부의 간담을 서늘케 했다. 대의와 순수한 열정에서 솟아나오는 역량은 거대한 것이었다. 이러한 일련의 사실들은 차이위안페이가 '신문화운동의 선구자'로 불려도 조금도 손색이 없는 인물임을 잘 웅변해주고 있다.

13

남녀평등의
실현에 힘쓰다

여성을 능욕해온 낡은 전통관념 | 애국여학교의 창립 | 전국 최초의 남녀공학 | 독립적 인격체로서의 여성 | 여성해방에 관한 새로운 견해

차이위안페이는 근대 중국 여성해방운동의 적극적인 창도자였다. 그는 남녀평등을 주장했으며, 여성들이 애국운동에 참여하는 것을 열정적으로 지지했다. 아울러 줄곧 남녀평등사상의 실천에 전력을 기울였다.

중국에서 2,000년 이상 지속된 봉건주의 의식형태에서 가장 농후한 색채를 띤 것은 봉건예교禮敎이며, 예교에서 가장 두드러진 것이 '남녀차별'이었다. 이에 따라 남자가 할 수 있는 일을 여자에게는 금했고, 남자가 향유한 권력을 여성은 누리지 못했다. 구정권 때 남자들은 정권政權·족권族權·신권神權이라는 세 가지 권력의 지배를 받아야 했지만, "여자는 상술한 세 종의 권력 외에 남자의 지배夫權까지 받아야 했다.[1] '삼강오륜三綱五倫', '삼종지덕三從之德' 등과 같은 봉건윤리는 여성들을 사회의 가장 밑바닥 층인 '노예의 신분'에 묶어놓았다. 그래서 마르크스와 엥겔스 Friedrich Engels(1820~1895)도 "여성해방의 정도는 보편적인 의미에서 '해방'의 자연스런 척도"라고 했다.[2]

중국 여성은 낡은 예교의 구속에서 벗어나고자 오랫동안 완강하게 투쟁을 벌여왔다. 자유를 쟁취하려는 여성들의 목숨을 건 투쟁은 각 시기마다 진보적 인사들의 열렬한 지지를 받았다.

19세기 말에 이르러 점차 국내에 서구사상이 유입되면서 여성해방투쟁은 진일보했다. 신해혁명 시기에는 공개적으로 남녀평등이 제창되어 여성들은 '입학의 권리, 벗을 사귈 권리, 자유결혼, 참정권' 등을 제기하고 나섰다. 5·4 운동은 중국 여성해방운동의 신기원을 열었다. 적지 않은 진보적 여성 지식인들이 남성들과 대등하게 혁명투쟁에 나섰다. 그리하여 교육의 평등권과 남녀평등권을 쟁취했을 뿐 아니라, 여성해방과 계급을 사회해방과 연계시키기 시작했다. 차이위안페이는 이 두 시기에 줄곧 남녀평등을 열렬히 지지했다.

여성을 능욕해온 낡은 전통관념

차이위안페이는 청년시절부터 여성에 대한 압박과 능욕을 일삼는 여러 가지 낡은 풍습을 통절痛切하게 증오했고, 여성의 지위와 권리를 존중할 것을 주장했다. 이와 관련하여 유정섭 선생이 쓴 《계사류고》와 《계사존고》 두 권을 높이 받들었으며, 유 선생을 "중국 최초로 고문을 통해 체계적으로 남존여비의 그릇된 사상을 바로잡으려 한 학자"라 극찬했다.

그는 다음과 같이 말했다.

내가 유 선생을 숭배하는 가장 중요한 두 가지 이유는 이렇다. 그중 하나는 인권과 남녀 모두 똑같은 사람임을 인식했다는 점이다. 우리나라 습관 가운데, '남자는 침상에서 자고, 여자는 바닥에서 자며,

남편을 따르고從夫 자식을 따르며從子, 남자는 재취를 금하지 않으며, 과부는 재혼을 치욕으로 여기는 것' 등이 불공평하다. 이처럼 겉으로 드러난 것을 바로잡으려는 사람들은 흔치 않았다. 유 선생은 여러 방면의 낡은 풍속을 바로잡으려 고심했으며, 공평한 판단을 한 것이다.[3]

또 다음과 같이 말했다.

《역경易經》시대로부터 청조에 이르기까지 모두 남존여비의 선입관을 따랐다. 우연히 한두 문인들이 여성들이 불평등한 대우를 받고 있다고 읊조렸으나, 말장난에 불과했다.
유 선생이 지은 《여자는 귀중한 존재로 칭해야 함女子稱謂貴重》, 《희이姬姨》, 《자사의姊如義》, 《여자가 남편의 조문을 반박한 뜻女弔婿駁義》, 《정녀설貞女說》, 《질투가 여성의 악덕이 아님을 논함妬非女人惡德論》, 《여女》 등은 모두 남녀가 동등한 인간임을 입증하고자 한 작품들이다. 여자는 결코 남자보다 열등하지 않고 나약하지 않으며, 남녀는 마땅히 평등해야 한다는 사상을 전파하려 했다.

차이위안페이는 특히 《정녀설》 가운데 기록된 봉건사회 부녀자들의 고단한 운명을 폭로한 민요 및 그에 대한 유 선생의 평가를 극찬했다.

푸젠성 풍습에 딸을 낳으면 반은 내다 버린다. 여자는 자라서는 '열녀'가 되기를 바란다. 남편이 죽으면 이유 없이 따라 죽어야 했다.

곧 독배를 마시거나 대들보에 목을 맸다. 여인들은 살려고 발버둥쳤으나 어찌할 수 없어 단장斷腸의 한을 품은 채 저승길을 택해야 했다. 친족들은 여인의 죽음을 반기며, 족보에 성씨를 올려 정절을 기리고 열녀문을 세운다. 여인이 밤에 귀신이 돼 나타나 '영혼을 돌려달라'며 울부짖는 소리를 듣는다. 오호라! 남자들이여! 진정으로 뉘우쳐야 옳지 않겠는가! 부녀의 정절이 어찌 남자의 영광이 되겠는가?[4]

유정섭은 《정녀설》 가운데 "남자는 마음대로 재취再娶가 가능하나, 여자는 재가再嫁할 수 없다"는 관습을 전적으로 비판했고, 차이위안페이도 이에 깊은 동정을 표했다. 그는 남편 사후 재가 문제는 부녀자 자신의 사정에 따를 것이지, 다른 누구도 간섭할 필요가 없다고 했다. 아울러 유 선생의 "재가해도 부당하게 비난해서는 안 될 것이고, 재가하지 않은 여인들에 대해서도 예의를 갖추는 것이 옳다"[5]라고 한 견해에 몹시 탄복했다.

이 밖에 유정섭은 《가기관기구사家妓官妓舊事》에서는 부녀들을 노리개로 취급하는 데 분노를 드러내었고, 《질투가 여성의 악덕이 아님을 논함》에서는 일부다처의 악습을 비판했다. 차이위안페이는 "정당한 부부관계는 보호돼야 한다"는 유정섭의 주장을 "지당한 말씀"으로 여겼고, "오히려 지금 생각해도 표창할 필요를 느낀다"고 했다.[6]

차이위안페이는 정주程朱(송나라 유학자 정호·정이 형제와 주희―옮긴이) 이학理學 가운데 "굶주리는 것은 작은 일이요, 정조를 잃는 것이 큰 일餓死事小 失節事大"이라고 한 낡은 도덕관념도 단호히 비판했다.

이것은 봉건 전통관념을 내세워 압제를 가한 것이며, 단지 남자들에게 '3처 4첩'을 허용한 것에 불과하다. 여자가 출가하면 남편을 따라야 하며, 각별히 정조와 절개를 지키도록 강요하는 봉건예교에 다름 아니다. 한유韓愈가 제창한 바 '신臣의 죄는 마땅히 주살해야 하며, 천왕天王은 거룩하고 현명하다' 등과 같은 절대군주에 대한 맹목적이고 우둔한 '충성관념'의 전철을 밟는 것이며, 완전히 여권을 유린하는 황당무계한 논리이다.[7]

실제로 봉건사회의 혼인제도는 낡은 법률의 직접적인 간섭을 받을 뿐 아니라, 삼종지도와 삼강오륜으로 대표되는 봉건예교에 철저히 구속돼 있었다. 삼강오륜 등의 덕목은 낡은 계급관계와 구 사회제도의 산물로서 남녀불평등을 단적으로 표현한 것이라 할 수 있다.

차이위안페이가 "여성 각자가 정조와 절개를 지켜야 한다"는 요구와 우직한 '충'사상을 연계시키려는 시도를 비판한 것은 의미심장한 것으로서, 곧 봉건제도를 겨냥한 비판이라 볼 수 있다. 그는 여성을 홀대하는 봉건사상을 신랄하게 비판했을 뿐 아니라, 남녀는 마땅히 평등관계에 놓여야 함을 적극적으로 제기했다.

부부는 대등해야 한다. 비록 성性의 구별이나 학식의 높고 낮음이 있을지 몰라도, 인격은 동등한 것이므로 부부가 합심하여 일을 처리하는 것이 중요하다. 단지 하는 일의 다름이 있을 뿐이다. 예컨대,

한 회사의 총판總辦과 보조자에 비유하자면, 남자는 총판을 감당하고, 여자에게는 보조업무를 맡겨 그를 돕게 하는 것이 옳다. 여자가 총판을 감당할 수 있다면 남자를 보조자로 임명하여 돕게 하는 것이 옳다.[8]

그는 남녀평등사상에서 출발하여 부부간의 순결한 애정을 제창했고, 첩을 들이고 기방에 출입하며 간통하는 것 등은 모두 애정이라고 할 수 없고 단지 '음욕'에 불과하다고 여겼다.
그는 《애정과 음욕愛情與淫慾》가운데서 이 같은 관점을 상세히 밝혔다.

부부제도라는 것이 생기면서부터 애정이 곧 정결하게 됐다. 이러한 윤리적 사랑으로써 '생리적 사랑'을 제한해야만이 비로소 순결한 애정이 싹튼다. 순결한 애정이 어찌 반드시 부부에게만 적용되겠는가? (…) 사랑을 베풀었으면 반드시 사랑을 받게 될 것이다. 건강관리에 유념하고 마음을 편안히 다스려야 한다. 품격을 도야하고, 명성과 명예에 집착하지 말고 향기를 풍기며, 미래의 행복을 준비해야 할 것이다. (…) '육체적 사랑'에 탐닉하여, 사랑하도록 운명 지어진 아내를 돌보지 않는 것은 곧 '음욕'이 발동한 것이라 할 수 있다. 음욕이란, "하나는 첩을 들이고, 둘은 기방에 출입하고, 셋은 간음하는 것이다."[9]

차이위안페이는 이론적으로도 이렇게 말했고, 실제로도 이같이 행동했다. 청말, 그가 사오싱의 중시학당 감독으로 있을 때 그의 부인 왕자오가 병사하자 중매쟁이의 발길이 끊이지 않았다. 그러자 그가 이들에게 다음과 같은 재혼 조건을 내세웠다.

첫째, 전족을 금할 것
둘째, 글자를 깨치게 할 것
셋째, 남자는 첩을 들이지 않을 것
넷째, 남편 사후 개가할 것
다섯째, 부부가 서로 맞지 않으면 즉시 이혼할 것

결과적으로 자격에 맞는 사람은 한 명도 없었다. 그리고 뒤의 두 조항에 기겁한 중매쟁이가 두 번 다시 그의 대문에 발을 들이지 않았다.[10] 당시에는 남자만이 처를 버리거나 이혼할 수 있었고, 여자는 평생 한 남자만을 섬겨야 했고, 남편이 죽은 후에는 말할 것도 없이 과부로 일생을 보내야 했다. 심지어 결혼 전에 약혼자가 죽어도 '과부 아닌 과부'로 수절해야 했다.

만일 부부가 살다가 서로 맘이 맞지 않으면 여자 측에서도 이혼을 제기할 수 있다고 한 것 등은 당시 상황에 비추어 볼 때 매우 용기가 필요한 발언이었다고 할 수 있다.

애국여학교의 창립

차이위안페이는 남녀불평등이 개인의 문제가 아니라고 여겼다. 그것은 여성들이 태생적으로 어리석어서 그런 것이 아니며, 봉건제도와 낡은 윤리가 빚어낸 결과물이었다. 이에 따르면 아녀자들은 '무재주가 곧 미덕無才便是德'이었고, 밑바닥에 깔린 돌쯤으로 여겨도 될 존재였다. 이러한 편견을 타파하고 남녀평등을 창도하려면 먼저 부녀자들의 지식수준을 높여야 했다.

1902년 중국교육회를 설립한 후, 그는 누구보다도 먼저 여학교 창립에 열심을 보였다. 이 여학교가 바로 '애국여학'이다. 이 학교의 운영종지宗旨 중 핵심은 혁명과 국가건설에 동참할 신여성을 배양하는 것으로, 이에 따라 여자들도 남자들과 마찬가지로 구국의 책임을 어깨에 지게 했다. 그는 후에 다음과 같이 회고했다.

본 애국여학교를 처음 운영할 때가 청조 말엽이라, 학교는 혁명적 성격을 띠었다. 대개 당시의 우국지사들은 청조가 어진 정치를 펴지 못해, 국세는 날로 위축되어 마치 중병에 걸린 사람처럼 어떤 약으로도 치료할 수 없다는 사실을 깨달았다. 그들은 이를 거울삼아 좋은 처방책을 찾아야 했는데, 그것은 곧 백성들이 떨쳐 일어나 혁명에 몸을 던지는 것이었다. 상하이의 혁명단체들은 이름을 '중국교육회'라 했다. 남녀 가릴 것 없이 모두 혁명을 제창해야 하며, 혁명정신의 원천은 교육에서 찾아야 한다. 이를 위해 여학교로는 애국여학이 있었고, 남학교로는 애국학사가 있었다.[11]

애국여학교는 개교 무렵에 학생 수가 그리 많지 않았으나, 후에 애국학사 성립 후 그 가족 가운데 부녀들이 모두 애국여학에 입학하여 학생 수가 급증했다. 당시 애국여학교의 운영방침은 다음과 같았다.

몰역사적인 삼종지덕의 윤리를 반대하고, 현모양처주의를 취하지 않으며, 러시아 허무당의 여성과 같은 혁명의식이 있는 여성들을 적극 육성해야 한다.[12]

여기서 이른바 '허무당虛無黨'은 러시아 10월혁명 전 각 혁명파를 총칭한 것이다. 주로 이른 시기에 혁명사상을 구비한 당파를 말한다. 아울러 차르 황제 전복을 주장하는 러시아 국수주의자들을 지칭하기도 한다. 당시 차이위안페이는 여학생들이 '반청조, 배척 만주족反淸排滿'을 실현하고, 중국 봉건제도를 전복시키며, 자기희생적인 혁명민주주의자들이 되기를 갈망했다.

애국여학의 학습목표는 명확했다. 당시 교과과정에는 문학, 사학, 수리과목 외에 군사훈련 과정이 포함돼 있었으며, 학교에서는 이들이 사력을 다해 군사훈련에 매진하도록 독려했다. 그리고 혁명인재를 배출하기 위해 정기적으로 우수한 학생들을 대상으로 '프랑스혁명사', '러시아 허무당사'를 가르쳤다. 아울러 중관광鍾觀光 선생과 상하이 과학관 동지들이 이과와 화학을 가르쳤기 때문에 학생들은 이수해야 할 학점이 매우 많았다. 화학 등을 가르친 까닭은 폭탄제조 준비 훈련을 철저하게 하기 위해서였다. 학교에서는 나이가 비교적 많고 심지가 굳은 저우누타오周怒濤 등과 같은 사람들을 동맹회에 가입시켜 비밀혁명소조에 참가토록 했다.

왜 당시 여학교에서는 이·화학 분야 이수 학점을 특별이 많이 배정하고, 여학생들에게 폭탄제조법을 가르쳤을까? 아마도 러시아 국수주의자들이 차르체제를 붕괴하고자 사용한 투쟁방식을 본받은 것이 아닌가 생각된다.

차이위안페이는 중국의 혁명노선 방식을 두 가지로 설정했다. 하나는 폭동이고, 다른 하나는 테러였다. 그리고 여성들은 테러 방식을 택하는 것이 적당하다고 여겼다.[13] 오늘날 돌이켜보면 테러나 비밀음모 방식으로 혁명을 진행하는 것은 취할 바가 못 된다. 그러한 방식으로는 강고한 봉건 청조를 전복할 수 없었다. 그러나 차이위안페이는 애국여학의 여학생들이 반봉건혁명 인재로서의 역할을 잘 감당할 것이라고 굳게 믿었다. 이것은 이 학교의 설립목표와 부합하는 바로서, 실제로도 이 믿음에서 크게 벗어나지 않았다. 당시 애국여학과 애국학사는 적지 않은 혁명인재들을 배출했다. 어떤 학생은 나중에 신해혁명의 영웅이 되기도 했다.

차이위안페이가 말한 대로 "본교 학생들이 '난징의 역南京之役'에 많이 종사했는데, 이것은 교육의 효과가 아니라고 말할 수 없다."[14] 그가 말한 '난징의 역'이란 곧 신해혁명 당시 진링金陵(난징의 옛 이름)을 공격하여 극복한 일을 말하며, 당시 여자 북벌대가 후방 근무지원부대로 전투에 참가했다.

애국여학은 학교설립 붐을 일으켜, 그 영향을 받아 적지 않은 곳에 학교가 세워졌다. 예를 들면 창수, 우장吳江, 자싱嘉興 등지에 학사와 여학이 세워졌다. '이곳에서 노래하면, 저곳에서 화답하는' 식으로 한때 학교설립이 성행했다.[15] 그중에서도 장쑤성 우장의 밍화明華여학교는 매우 독특한 학교였다. 비록 차이위안페이가 여학교를 처음 세운 것은 아니며, 애국여학도 중국 최초의 여학교는 아니었으나, '애국을 제창하고 혁명을 선전하는' 데 애국여학은 명실공히 중국 여학교의 효시嚆矢라고 할 수 있다. 그리고 중국 근대 최초의 '혁명 여학교'로서 중국 여성운동사의 찬란한 한 페이지를 장식했다.

전국 최초의 남녀공학

차이위안페이는 여학교를 설립·운영하는 데 머물지 않고, 더 나아가 각 학교에서도 여학생을 모집해야 한다고 주장했다. 그리고 이전까지는 사실상 금지되어 있던 남녀공학을 제창했다. 이것은 5·4 신문화운동이 지대한 영향력을 발휘한 결과로서, 중국 근대교육사상 진일보한, 거의 대서특필할 일대 사건이었다. 차이위안페이는 베이징대학에도 '여학생 입학 금지'라는 틀을 깨고 여학생을 받아들였다. 당연히 세인의 이목이 집중되지 않을 수 없었다.

당시 중국에서는 오랜 세월 동안 지켜 내려온 "남녀가 서로 가까이 하지 않는다男女授受不親"라는 봉건예교에 묶여 남녀공학은 불허했고, 남녀 학생이 같은 반에서 공부하는 것은 더더욱 불가능했다. 남자 교사가 여학생을 대면하여 가르치는 것조차 허락되지 않았다.

1911년 신해혁명 후, 후난성은 전국에서 비교적 여러 면에서 앞선 지구地區였다. 이 성의 저우난周南여학교는 당시로서는 보기 드물게 민주적 색채를 띠었으나, 이 학교에서도 남자 교사와 여학생의 직접적인 접촉은 불허했다. 남자 교사가 여학생을 가르칠 때는 발을 드리우고垂簾 강의하는 방식을 취했다. 강단에 '발'

로 장막을 쳐 서로 거리를 둔 채 수업이 진행됐다. 학생들은 단지 선생의 음성만을 들을 수 있었다.

민국 원년에 차이위안페이가 임시정부 교육부장관으로 있으면서 학제를 개정한 후에야 비로소 초등소학(초등학교 저학년 생)을 대상으로 남녀공학이 시작됐다. 고등소학과 중학과정 및 대학은 5·4 운동 시기까지도 여전히 남녀공학이 실현되지 않았고, 여학교의 수 또한 매우 적었다. 이로 인해 수많은 부녀자들이 입학 기회를 박탈당했다.

베이징으로 말하자면, 5·4 운동 시기에도 '남녀칠세부동석男女七歲不同席'이라는 낡은 규율이 엄격하게 지켜지고 있었다. 1919년 5·4 운동이 일어났을 때 베이징대학은 부분적으로 남학생들을 중심으로 혁명역량을 확대하기 시작했다. 이들은 베이징 여자사범대학을 방문하여 여학생들과 함께 전투 참가를 모의했다. 이 당시 여사대의 규정에 의하면 남녀 학생들이 직접 접촉할 수 없었으나, 형세가 매우 긴박하게 되자 어쩔 수 없이 각 파의 남녀 대표들이 만나도록 허락했다. 단, 가까운 거리에서 직접 접촉하여 대화하는 것은 불허했다. 남녀 학생들을 강당의 양편에 앉게 한 뒤, 중간에 여학감이 나서서 대신 말을 전했다. 이처럼 봉건예교의 뿌리는 너무나 깊었다. 그러므로 차이위안페이가 베이징대학에 부임하여 최초로 '금녀의 성역'을 허무는 선례를 남긴 것은 매우 큰 용기를 필요로 하는 일이었다.

그가 대학교장으로 있을 때인 1920년 이 대학 학생인 왕쿤룬王崑崙에게 왕란王蘭이라는 여동생이 있었다. 그녀는 베이징대학에 진학하여 공부하고 싶어했다. 왕쿤룬은 차이위안페이를 찾아가 간청했다.

당시의 완고한 사회 분위기를 보여주는 일화가 있다. 한번은 톈진에 사는 어느 여학생이 베이징대학에 사람을 찾으러 갔다. 이 여학생을 본 일부 사람들이 베이징대학에 여학생이 다니는 것으로 착각했고, 이 이야기는 삽시간에 밖에까지 퍼졌다. 어떤 사람이 이러한 소문을 듣고서 "남녀가 섞여 있으면 미풍양속을 해치기 쉽다"며 헐뜯었다. 그래서 왕쿤룬은 혹시나 하는 심정으로 차이위안페이를 찾아갔던 것이다. 그런데 뜻밖에도 차이위안페이가 여학생의 입학을 적극 지지하고 나섰다.

그는 흔쾌히 왕란의 입학을 받아들였다. 이렇게 해서 왕란은 베이징대학 최초의 여학생이 됐다. 뒤이어 두 명의 여학생이 또 입학하여 남녀공학이라고 하는 새로운 풍속도를 접하게 됐다.[16] 이 사건은 봉건주의의 말초신경을 건드린 셈이어서, 대학은 물론 온 베이징시를 진동시켰다.

이후 학생을 모집할 때는 여학생도 남학생과 마찬가지로 시험을 치르게 됐다.[17] 이것은 중국 고등교육사상 최초의 일로 그 파급효과는 엄청났다. 도처에서 이를 모방하여 남녀공학과 교육평등을 부르짖는 새로운 기풍이 조성됐다.[18]

그가 이처럼 파격적으로 대학에 여학생을 받아들인 근본 지도이념은 곧 남녀평등이었다.

나는 본래 남녀평등을 주장했다. 민국 9년(1920년)에 어느 여학생이 입학을 요청하여 이미 시험을 치른 적이 있으며, 이 여학생을 청강생으로 받아들였다. 여름방학에 치르는 선발고사는 정식으로 여학생을 선발하는 시험이었다. 어떤 사람은 나에게 물었다. '여학생을 받아들이는 것은 새로운 법인데, 왜 먼저 교육부의 비준을 받지 않는가?' 나는 이렇게 답했다. '교육부의 대학령에는 남학생만을 선발하라는 규정이 없다. 종전에 여학생들이 입학을 요구하지 않아서 여학생이 없었던 것이다. 현재 여학생이 입학을 요구하므로 수학능력이 된다면 대학은 마다할 이유가 없다.'[19]

차이위안페이의 결정은 곧 남녀공학의 물꼬를 터서 후에 다른 대학들도 모두 여학생을 받아들이게 됐다. 차이위안페이는 남녀 분교分校 주장에 분명히 반대했다. 그는 "나의 본뜻은 남학교, 여학교 구별이 불필요하다는 것이다"라고 함으로써, 남녀공학을 지지하는 입장을 명확히 했다.

1920년 10월에 옌징燕京대학 남녀공학 연합환영회 자리에서 그가 행한 연설 내용을 들어보자.

나는 오늘 쓰투司徒(복성複姓이다―옮긴이) 교장의 초청을 받아 남녀공학을 환영하는 연합환영회에 참석하게 됐습니다. 이 환영회는 남녀공학을 실현하기 위한 준비단계로 알고 있습니다. (…) 진행 식순을 보니 나를 베이징남자학교의 대표 자격으로 초청한 것 같습니다. 나는 남자학교의 대표가 아닙니다. 몇 마디 우스갯소리를 하고자 합니다. 나는 남녀공학 교장으로 아직 인정을 받지 못한 것 같습니다. 왜 그럴까요? 내가 몇몇 학교와 관계를 맺고 있는데, 그 학교들은 모두 남학생만을 받아들이는 학교가 아니기 때문입니다. 불어 전수관을 예로 들면 이 전수관의 관장은 내 명의로 돼 있습니다. 전수관에는 여학생이 두 명이나 있습니다. 쿵더孔德(오귀스트 콩트Auguste Comte의 이름을 본떠 지음. 현 베이징 27중학이다―옮긴이)학교도 내가 교장 직함을 가지고 있습니다. 이 학교에는 100여 명의 학생이 공부하고 있으며, 여학생이 남학생보다 더 많습니다. 내가 몸담고 있는 베이징대학에도 현재 여학생이 아홉 명이나 있습니다. 이 학교들을 남자학교라고 부를 수 있습니까?[20]

5·4 운동 이전에 광둥 링난嶺南대학(미국의 선교사가 설립)도 일찍이 남녀공학을 실시한 바 있었다. 그러나 이 학교는 화난華南의 한 모퉁이에 속한 것일 뿐이었다. 규모도 매우 작았고, 교회가 세운 학교라 다른 지역에 거의 영향을 미치지 않았다. 그러므로 진정한 의미에서 남녀공학을 실천에 옮긴 선구자는 차이위안페이였다고 평가할 수 있다.[21]

그가 베이징대학에 여학생을 받아들이기로 한 결정이 미친 파급효과는 광범위했다. 남녀공학 도입의 의의를 몇 가지로 정리해 보자.

첫째, 남녀공학은 교육 영역에서 남녀평등을 실현하려는 시도로서, 남녀평등이라는 사회적인 목표에 일종의 현실적인 가능성을 제공했다. 만일 남녀공학의 실현 없이 단지 여학교만을 계속 설립했다면 진정한 '남녀 교육평등'의 실현은 공염불에 그쳤을 것이다. 당시 중국은 가난했기 때문에 이미 설립된 남자학교 안에 여자학교를 설립해야 했는데, 몇몇 대도시나 광대한 지구에는 남학교 이외에 별도로 여학교를 세우는 것이 현실적으로 불가능했다. 따라서 만일 기어코 남녀분교를 추진했다면, 절대다수의 여자들이 교육받을 기회가 박탈되고 말았을 것이다. 그래서 남녀공학은 남녀평등의 구호 아래 착실하게 그 기초를 다지는 사업이었다. 차이위안페이 선생이 영도한 이 일종의 사상혁명으로 말미암아 엄청난 수의 여성들이 실질적인 교육혜택을 누리게 됐다.[22]

둘째, 남녀공학의 실현은 남존여비의 낡은 문화를 변화시켜 사람들의 사상해방을 촉진시켰다. 당시 수구적인 사람들만 남녀공학의 추진을 반대한 것이 아니었다. 평소 여성해방을 주장하던 사람들도 이 제도의 시행을 두고 '중국의 앞날'을 걱정했다. 그만큼 중국은 남녀차별이 가장 엄격하게 통용되던 사회였다.

그러나 남녀공학제도는 별 문제 없이 점차 전국적으로 확대·시행되어, 1920년대 이후에는 대학뿐 아니라 소학 및 중학에서도 대부분 채택되었다. 갈수록 많은 부녀자들이 교육을 받게 되면서, 반대여론도 점차 수그러들고 남녀공학이 보편화되었다.

셋째, 남녀공학 실시는 일정한 국제적 영향력을 발휘했다. 유럽에서도 제1차 세계대전 이전에 보편적으로 남녀공학을 실시한 나라는 북유럽의 몇몇 선진국가들뿐이었다. 세계적으로도 남녀공학 문제는 바람직하지만 실천하기 어려운 문제였던 것이다. 중국의 남녀공학 추진은 특히 당시 남존여비 사상에 젖어 있던 동방 국가에 깊은 영향을 미쳤다. 당시 일본의 한 여성 교육가가 중국에 와서 남녀공학의 추진 실태를 소개받고 몹시 감동하여, 귀국할 즈음에 눈물을 흘리며 안내하던 사람들에게 다음과 같이 말했다고 한다.

일본에는 이처럼 남녀공학을 제창하는 현명한 사람이 없어 나 같은

사람을 상심하게 한다.²³

차이위안페이가 베이징대학을 중심으로 남녀공학을 실천한 선례가 미친 영향은 이처럼 광대하고 깊었다.

독립적 인격체로서의 여성

차이위안페이가 제창한 남녀평등은 단지 형식적인 구호에 그치지 않았다. 그는 실질적으로 여자도 독립적인 완전한 인격체로 길러내야 한다고 강조했다. 이것은 그가 내세운 남녀평등사상의 중요한 부분이다.

> 국민이 완전한 인격을 갖추지 않고 국가가 강성하기를 바라는 것은 될 수도 없거니와, 오히려 쇠망의 근심이 있을 뿐이다. 완전한 인격을 갖추는 문제는 남녀 모두에게 공통된 것이다.²⁴

그에 의하면, '완전한 인격'을 갖춘 여자란 지덕체가 조화롭게 발달한 여자이다.

> 완전한 인격을 기르기 위해서는 체육이 으뜸이다. 구습舊習에 따르면 여자는 전족을 하고 문밖을 마음대로 나다니지 못했다. 종일 고요한 곳에서 생활하며 지내다 보니 습관이 굳어져 성정性情이 저절로 나약하게 됐다. 범사에 남자에게 의지하지 않으면 안 되게 됐다.

만일 의지할 남자가 없다면 비록 작은 일이 생겨도 어찌할 바를 모르고 발만 동동 구를 것이다. 만약 전쟁이 발발하여 적군이 아직 이르지 않았는데도 두려워 떨다 이곳저곳에서 모두 다 자살해버린다면 누가 저항을 하겠는가? 다음은 지육知育이다. 지육은 정신적 측면에 속한다. 정신은 사용하면 사용할수록 발달한다. 대개 사람의 생각은 매우 치밀하다. 정신이 치밀해야 일을 잘 처리할 수 있다. 과학에 의지하면 생각은 더욱 치밀해질 수 있다. 체육, 지육 외에 덕육德育을 더욱 중시해야 한다. 지금 여자의 고상한 품행을 기르고자 한다면, 의타심을 버리고 자립성을 기르지 않으면 안 된다. 이른바 '자립'이란 오만하지 않고 자부심을 가지며, 타인을 경시하지 않는 것이다. 이렇게 하려면 곧 일정한 직업을 가짐으로써 스스로 생계를 꾸려나가야 한다. 여자들이 타인에게 기대지 않고 스스로 생계를 꾸리려면, 몸을 단장할 겨를도 없으며 허영을 부릴 틈도 없다. 자립심을 갖추고 나면 가정만을 지키는 것에서 벗어나 사회가 돌아가는 정황도 잘 알게 될 것이다.[25]

차이위안페이는 여자가 독립적 인격체로 존재하려면 형세의 발전에 따라 몇 가지 점에 착안할 필요가 있다고 했다. 반청혁명 단계에서는 여학생의 혁명정신 배양을 중시하여, 개설된 교과과정도 주로 혁명을 뒷받침하는 내용들이었다. 동시에 일반 문화과文化課를 중시했다.

청 정부가 아직 전복되지 않았으므로, 스스로 혁명정신을 가다듬어야 한다. 이와 동시에 일반문화 과정도 열심히 공부하여 소양을 갖취야 한다. 이것은 마치 집에 환자가 있으면 의사를 찾아가는 것처럼 일상적인 가사도 예전처럼 돌아보지 않을 수 없다.

민국 성립 후 그와 동맹회 지도자들은, 청조가 이미 전복됐으므로 여성교육의 목표와 중점도 당연히 변화해야 한다고 생각했다. 그는 이전에는 부녀들이 가정이라는 틀 속에 완전히 처박혀 있는 것에 반대했다. 가정을 지키고 대문 밖에는 한 발짝도 나가지 않으니 사회 돌아가는 것을 알지 못하고, 세계현상에 대해서는 더더욱 무지했다. 고부간, 동서간에 벌어지는 가정사만 접할 뿐이었다.[26] 차이위안페이는 이후 여성을 완전한 독립적 인격체로 배양하는 데 어느 정도는 가사를 잘 돌보는 것도 중요하다는 쪽으로 생각이 바뀌었다.

그는 여자들이 학교에 들어간 후에도 고유의 '근면'이라고 하는 미덕을 버려서는 안 되며, 신지식을 학습하면 당연히 집안일을 돌보는 데도 유리하다고 보았다. 학교에서 공부한다고 해서 가정의 모든 미덕을 다 버리라는 것은 아니다.

여자들이 학교에서 공부하게 된 후 집안일을 등한시하는 것, 이것 또한 병폐이다. 여자가 덕을 기르는 데 유익한 가정의 옛 습관을 잃지 말고 잘 보존해야 한다. 여기에다 학교에서 배운 유익한 신지식을 활용하여 가정사를 돌보아야 한다. 그리고 교육을 받지 않은 여성들과 비교할 때 질서정연한 느낌이 있어야 할 것이다.

아울러 집안일과 신지식의 관계를 설명했다.

재봉에 비유하면, 옛날에는 척尺과 촌寸에 의지하여 재단하는 것이 고작이었는데, 만약 여기에 산술학算術學적 지식을 더하면 더욱 정교하게 재단할 수 있다. 요리를 예로 들면 옛적에도 요리 분야에 기본적인 지식이 있었는데, 여기에 화학지식을 더한다면 반드시 위생에 적합할 것이다. 기타 모든 사물을 처리하는 이치가 이와 같지 않음이 없다. 이를 위해 여자는 배워야 하며, 이는 가정을 돌보는 데 도움이 되기 위해서이다. 한갓 독서만 알고 가사를 방치해서는 안 된다.[27]

그는 줄곧 남녀평등을 주장하며, 여자도 당연히 인신人身의 자유를 쟁취할 권리를 가져야 한다고 했다. 단, 자유와 방종을 혼동해서는 안 된다고 했다. 그가 말하는 자유란 무리한 속박에서 벗어나는 것이었다. 만약 여자가 배움을 구실로 사치와 방종을 일삼는다면 학부형들은 당연히 딸들을 입학시키려 하지 않을 것이며, 여자의 덕을 배양하는 장소로서 여학교의 기능을 불신할 것이다. 오히려 덕을 손상하는 곳으로 여학교를 매도할 것이며, 이렇게 되면 여자가 배운다는 것이 행복한 일만은 아닐 것이다.[28]

당시 그가 여학생은 학업과 가사를 겸해야 한다고 강조한 것은, 여학생들을 전통적인 현모양처가 아닌 시대가 요구하는 새로운 현모양처로 길러내기 위함이었다. 이러한 현모양처는 결코 가정이라고 하는 조그만 울타리만 고수하지 않으며 원대한 포부를 지니고 국가의 일에 관심을 갖는 여성이다. 여성도 마땅히 사회에 커다란 공헌을 할 수 있다는 전제와 일맥상통하는 얘기이다.

이처럼 그는 여자도 응당 국사나 가정사 양쪽에서 일정한 책임을 담당해야 한다고 생각했다. 그래서 민국 건립 후 여성의 정치 참여를 적극 주장했던 것이다. 일찍이 72개 사회단체 대표들이 당시 뤼위안홍 총통에게 여성의 참정문제를 제기했을 때, 뤼 총통이 이에 대해서 그릇된 견해를 보이자 차이위안페이는 이렇게 반박했다.

> 단지 여성의 정치참여가 옳은지 아닌지를 물어야지, 그들의 정도가 충분한지 부족한지를 물어서는 안 된다. 정치참여에 대한 인식 정도가 부족하다면 교육으로 부족한 부분을 보충할 수 있다. 일시적인 여성의 수준 차 때문에 그들의 정치참여를 거부한다면, 이것은 인도주의를 저버리고 세계사의 조류를 막으며, 여성의 권리를 박탈하는 것이다.[29]

여성해방에 관한 새로운 견해

차이위안페이는 총체적인 사회문제를 해결하는 관건이 여성문제의 해결에 있다고 주장했다. 사회개조를 통해 남녀평등사상을 실현하려고 한 그는, 구중국 여성들의 교육받을 권리와 참정권이 주로 경제제도와 관계있는 문제라고 생각했다.

> 만일 경제제도가 대대적으로 바뀐다면 전 세계는 하나의 상조단체가 되고 전 세계인은 노동자가 아닌 자가 하나도 없을 것이다. 그렇게 되면 노동시간은 어느 정도 줄어들고, 배움의 기회도 모두 평등

할 것이니 이것이 어찌 현 세계에서 풀어야 할 가장 어려운 숙제가 아니겠는가?

그는 이러한 견해를 여러 차례 피력한 바 있다. 5·4 운동 이후 광시성의 리차오李超라는 여학생이 돈 한 푼 없이 의사를 찾다가 베이징에서 병사했다. 차이위안페이는 리차오의 추도식을 주관하는 자리에서 남녀불평등 문제를 극복하기 위한 귀중한 제안을 했다.

> 리차오 여학생과 동일한 경우를 당한 사람이 얼마나 많은지 나는 알지 못한다. 이 같은 비참한 사건은 비단 여자뿐 아니라 남자의 경우에도 비일비재하다. 이미 남녀 쌍방이 동일한 문제에 직면했으니 총체적인 해결방법을 생각해내지 않으면 안 된다. (…) 빈부의 격차와 재산권의 특별점유제도를 바꾼다면 '각자가 능력에 따라 일하고 필요에 따라 분배받는各盡所能, 各取所需' 원칙을 실행할 수 있다. 리차오와 같은 여학생들이 배우고자 하면 곧 배울 수 있는데 또 무슨 장애가 있겠는가?[30]

즉 사회·경제문제 해결에 착수하여, 각자가 능력에 따라 일하고 필요에 따라 분배받는 새로운 사회를 건설하자고 한 것이다. 그러면서 그는 폭력을 사용하여 봉건전제제도를 전복시킬 것을 제창했다. 이것은 여성해방 문제에 대한 일체의 개량주의적 견해를 넘어선 것이었다. 비록 차이위안페이의 제안은 일종의 구상 차원에 머물렀지만, 사회·경제제도의 개조와 여성문제의 해결을 연계시킨 그의 구상은 매우 명철한 것이었다.

그는 리차오와 같은 학생이 다시 생기지 않으려면 교육제도의 개혁에 착수하고, 의무교육을 실시해야 한다는 다소 퇴보한 구상을 내놓았다.

> 소학부터 대학까지 모두 의무교육을 실시해야 한다. 그리고 재력이 있는 사람은 돈을 기부하여 가난한 학생을 도와야 한다. 혹은 ○○학회 등을 조직, 돈을 모금하여 소수의 빈궁한 학생들을 도울 수 있다. 베이징대학에서 '성미학회成美學會'를 설립하여 모금운동을 벌인다면 비록 액수는 많지 않더라도 일부 고학생들을 도울 수 있다. 만약 각 학교들이 모두 이 같은 조직을 만들어서 학생들이 리차오 학생처럼 갑자기 난관에 부딪혔을 때 자연스레 구제해주면 무슨 어려움이 있겠는가? (…) 당연히 해결방법을 모색해야 하고, 더 이상 리차오와 같은 수많은 여학생들이 비참한 경우를 당하는 모습을 목격해서는 안 되며, 다시는 이 같은 추도회가 열려서도 안 된다는 것을 우리는 깨달아야 한다.[31]

그러나 당시의 잔혹한 현실 앞에서 한두 걸음 물러선 그의 이 같은 견해는, 여성해방 문제를 근본적으로 해결하기에는 역부족이었다.[32]

미몽에서 깨어나 민권투쟁의 길로

14

북벌을 지지하다 | 장제스에게 이용을 당하다 | 다시 혁명의 편에 서다

🔖 북벌을 지지하다

1923년 7월, 차이위안페이는 베이양정부와 한 부류가 돼 이른바 '더러운 물'에 오염되는 것을 방지하고자 '불합작' 선언을 하고 유럽 시찰길에 올랐다. 그러자 베이징대학 평의회와 학생회, 전체 교직원회 및 베이징 9개 국립학교 교무 토론회에서 만장일치로 그의 사임을 만류하기로 결정했다. 그리고 정부에 차이위안페이의 사임을 만류토록 건의했다. 결국 사표가 수리되지 않아 베이징대학교장 직함을 계속 유지하게 됐다.

1926년 초, 그는 베이양정부 교육부에서 귀국을 재촉하는 전보를 받고 2월 3일 상하이로 돌아왔다. 이때 정국은 날로 악화되고, 남북 간의 의사소통은 경색되어 있었다. 그는 다시 '북행'할 뜻이 없었다. 그래서 4월에 베이징대학 평의회와 대리교장 장멍린에게 답신을 보내 당분간 '베이징행'이 어렵다고 설명했다.[1]

1926년 5월 1일, 광둥의 국민혁명군 선발대가 부분적으로 북벌을 개시했다. 7월 9일, 국민혁명군이 광저우에서 정식으로 북벌을 선언했다. 장쑤·저장 일대는 여전히 직계군벌(민국 초기 차오쿤, 펑궈장을 우두머리로 하는 베이양군벌의 일파—옮긴이) 쑨촨팡孫

傳芳이 장악하고 있었다. 국민혁명군의 북벌에 호응하고자 장쑤·저장의 정계인사들과 사회 유명인사들인 추푸청褚輔成, 선쥔루沈鈞儒, 쉬스잉許世英, 황옌페이 등이 상하이에서 장쑤·저장·안후이 3성연합회를 조직하여 3개 성의 자치운동을 책동했다. 차이위안페이도 이 조직에 깊숙이 몸담고 운동을 적극 추진했다. 그는 연성자치聯省自治만이 각 성 민중의 적극성을 발휘할 것이라 인식하고, '3성연합 자치론'에 적극 찬동했다.[2] 또 군벌에 대한 단순한 '불합작不合作' 태도 표명에서 한 발 더 나아가 적극적인 반대투쟁을 전개했다.

같은 해 10월 10일, 북벌군이 우창武昌을 점령하고 나서 형세가 급진전했다. 10월 17일 저장성장 샤차오夏超는 광주 국민혁명군 총본부로 전문電文을 보내 제18군 사령관으로 취임함을 알리는 한편, 저장성 독립을 선포했다. 그러나 곧 쑨촨팡에게 진압당했다. 11월 초 쑨촨팡은 장시에서 국민혁명군에 격파되었다. 그는 변장하고 몰래 톈진으로 도주하여 장쭤린에게 구원을 요청했다.

11월 14일, 장쑤·저장·안후이 3성연합회가 상하이에서 창립대회를 갖고, 민주주의의 신속한 실현을 목적으로 인민의 직접책임을 명시한 장정을 만들기로 합의했다. 차이위안페이는 일찍이 장쑤·저장·안후이 3성연합회 신문기자 초청 회견에서 베이양군벌의 태도를 맹렬히 비난했다.

장쑤·저장·안후이 3성의 군벌은 원래 총사령관 쑨촨팡이었으나 그는 이미 멀리 달아나고 없다. 인민의 공적인 재산을 개인들이 사유물로 여겨 임의로 이전투구를 벌이고, 또 여타 군벌들에게 갖다 바침으로써 군벌들의 사유재산이 됐다. 이로 인해 저장·상하이 일대에서 소요가 일어나자, 최근에 수도권 일대를 유린하던 노군魯軍('노'는 산둥의 다른 이름―옮긴이)이 태연히 쑨촨팡의 예물을 접수하면서 남하하여 육군은 이미 난징에 이르렀으며, 함대는 곧장 우쑹커우吳淞口(쑹강과 양쯔강이 합류하는 지점―옮긴이)로 진격하고 있다. 대참화가 목전에서 펼쳐지니 참으려 해도 누군들 더 이상 참을 수 있겠는가?[3]

11월 30일, 차이위안페이는 3성연합회 전체회의를 주관하는 자리에 기자들을 초청하여 3성의 자치를 거듭 호소했다.

현재 3성은 위급하여 신속히 자치를 실현하지 않으면 구할 방법이 없다. 자치를 실행하려면 반드시 군벌독재를 전복시켜야 한다. 3성을 유린하는 쑨촨팡과 봉직로奉直魯(펑톈·베이양·산둥 군벌의 총칭―옮긴이) 군벌에 굳세게 저항해야 한다. 3성의 자치가 이루어질 때까지 투쟁해야 한다.[4]

12월 19일, 항저우 각계 연합회에서 저장성 자치를 선포하고, 〈저장성 정부 조직대강〉을 통과시켰다. 차이위안페이, 추푸청, 장쭌구이蔣尊簋, 천이陳儀, 저우펑치周風岐 등 9인이 저장성 위원으로 추대됐는데, 이 중 두 사람은 공산당원이었다.

12월 28일, 〈신보申報〉에 쑨촨팡을 문책해야 한다는 내용의 '장쑤·저장·안후이 3성연합회 광고'가 실렸다. 이어서 30일자 〈신보〉는 쑨촨팡이 29일 "차이위안페이, 선쥔루, 추푸청, 둥캉董康 등

열 명의 3성 자치연합회 지도자들에 대한 체포령을 내렸다"고 폭로했다.[5] 쑨촨팡은 또 31일자 〈신보〉에 연합회 "회원을 체포하여 때려 죽여도 무방하다格殺勿論"는 광고를 실었다.[6]

차이위안페이는 저장성 정무위원으로 추대됐다. 당시 항저우는 쑨촨팡의 통치를 받았고, 닝보는 비록 정식으로 수복되지 않았으나 쑨촨팡의 군대 역시 주둔하지 않았다. 그래서 저장성 정무회의를 닝보에서 개최하고자 차이위안페이와 마쉬룬, 장사오모蔣紹謨, 리나이지勵乃驥, 다이잉관戴應觀 등은 그곳에 가서 하루 저녁을 보냈다. 그런데 쑨촨팡이 밀파한 부대가 닝보로 내려온다는 소식을 접하고 위원들은 잠시 도피하지 않으면 안 됐다.[7] 차이위안페이와 마쉬룬 등은 배를 타고 샹산象山, 린하이臨海를 거쳐 푸저우福州에 도착했다.[8]

피신 당시 차이위안페이는 일기에 이렇게 적었다. "1월 11일, 책을 번역했다. (…) 12일, 책을 번역했다. (…) 13일, 1,200자를 번역했다. (…) 15일, 2,000자를 번역했다." 번역으로 시간을 때우는 고단함이 묻어 있다. 린하이에서 푸저우로 향하는 범선에서 그와 마쉬룬 두 사람은 누워서 엎치락뒤치락하면서 시를 지었다.[9]

푸저우에 온 이듬해 1월 21일, 차이위안페이는 북벌군 동로 지휘관 허잉친何應欽이 인솔하는 부대가 푸젠성을 탈환했다는 소식을 접했다. 1월 23일, 그는 허잉친의 초청에 응해 정치부에서 강연한 후 샤먼廈門을 유람했다. 2월 3일에는 구랑위鼓浪嶼에서 강연을 했다. 뒤이어 2월 9일에는 샤먼의 여러 단체의 초청을 받아 강연했고, 10일에는 샤먼청년회에서 역시 강연을 했다. 2월 15일에도 장저우漳州 예배당에서 강연을 계속했다.[10] 이후 원저우, 닝보, 사오싱을 거쳐 2월 26일에 항저우로 돌아와 칭녠리靑年里에 있는 사촌동생 차이위안캉 집에 머물렀다.[11]

2월 27일 북벌군이 항저우를 점령하자, 그는 이곳에서 안정을 되찾고 저장성 정국을 안정시키는 공작에 투입됐다. 3월 1일 저장성 임시정치회의가 항저우에서 개최됐다. 여기에서 북벌군 총사령관 장제스가 추푸청, 마쉬룬, 차이위안페이, 차런웨이査人偉, 웨이중魏炯, 선쥔루, 주사오칭朱少卿, 한젠칭韓鑑靑, 롼쉰보阮荀伯, 판쑹푸范崧甫, 왕팅양王廷揚, 장런제張人杰 등을 정무위원으로 임명했다.

이때 추푸청은 민정을, 차런웨이는 건설을, 주사오칭은 교육을, 롼쉰보는 사법을 담당하고, 차이위안페이는 장런제를 대신하여 주석 직을 맡았다.[12] 비록 매우 짧은 기간 동안이었지만, 저장의 정무회의 주석 직을 맡으면서 차이위안페이는 저장성 '정무 혁신 계획'을 기초했다. 그러나 베이양군벌이 아직 해체되지 않아 저장의 정국은 불안했으며, 신군벌의 위세는 날로 거세졌다. 저장성의 정무를 혁신하려는 밑그림을 만드는 것도 별 소용이 없어졌다. 그는 자신의 의도와 달리 정치의 소용돌이에 말려들었다. 그리하여 군벌을 반대하는 노선에서 신군벌에 '빌붙는' 기로에 서게 됐다.

장제스에게 이용을 당하다

차이위안페이는 자신도 모르는 사이에 반공의 늪에 빠져들었다. 물론 당시 환경의 영향도 있었지만, 본인의 사상적 한계와 약점이 드러나며 이로 인해 중대한 오류를 범하고 말았다.

1차 국공합작이 실현되면서 혁명의 기운이 고조됐고, 채 반년이 안 되어 북벌군이 강남지역의 절반을 점령했다. 이와 동시에 국민당 우파 세력도 암암리에 집결하여 확장 일로로 치달았다. 특히 1925년 3월 쑨원이 서거하자, 국민당 내부에서 국공합작에 대한 모순이 날로 격화되어 충돌했다. 5월, 국민당 3중전회中全會에서 다이지타오戴季陶가 기초한 〈총리위촉 수용선언接受總理委囑的宣言〉은 소위 '순수한 삼민주의'가 국민당의 최고 중심사상과 원칙이 돼야 한다고 천명했다.

이 해 7월 샤오산肖山 야첸衙前에서 거행된 '국민당 저장 임시 집행위 전체회의'에서, 다이지타오는 다시 한 번 공개적으로 '공산주의는 중국 국정에 부적합'하다고 공개적으로 목소리를 높이며 '순수 국민당 중심운동'을 고취했다.[13]

뒤이어 시산西山 벽운사碧雲寺 회의 이후, '시산회의파'는 1926년 3월 29일 상하이에서 '국민당 제2차 전국 대표대회'를 소집했다. 여기에서 국민당이 갈라져 나와 쑨원의 삼민주의를 전면적으로 뜯어 고쳐 새롭게 해석했다. 이리하여 명목이 번다한 반공조직이 출현하고, 일시에 반공의 목소리가 커지게 됐다. '시산회의파'의 불법 분열행동은 비록 국민당 좌파와 진보진영의 제재를 받아 조금은 누그러진 듯했으나, 곧 북벌의 최고지도자인 장제스를 대표로 세력 기반을 다졌다. 이러한 기회를 틈타 국민당 중앙이 한커우로 천도하려는 결정을 거부하고 난창을 중심으로 파벌을 형성했다. 이들은 장시성 난창, 주장, 안후이성 안칭 등지에서 일련의 반공사건을 일으키며, 공공연하게 공산당 및 진보진영과 마찰을 빚었다.

1927년 3월 21일, 공산당 쪽 인물인 저우언라이, 뤄이눙羅亦農, 자오스옌, 왕서우화汪壽華 등의 영도 아래 상하이의 80만 노동자가 총파업을 일으켰다. 연이어 제3차 무장봉기가 발발하여 상하이 주재 베이양군벌 진영으로 진격했다. 이때 상하이 근교 룽화龍華에 주둔하던 북벌군 동로군 총사령관 바이충시白崇禧는 장제스의 밀명을 받고 병력을 움직이지 않았다. 그는 군벌의 힘을 이용하여 노동자의 역량을 약화시키려 했다.

상하이 노동자들은 이틀에 걸친 혈전 끝에 2월 12일 상하이를 점령하고 이곳에 임시정부를 세웠다. 3월 26일에 장제스가 상하이에 도착했다. 차이위안페이는 장제스 일파의 초대를 받아 그 전인 3월 24일 장런제(장징장張靜江), 마쉬룬, 사오위안충邵元冲, 장멍린 등과 상하이에 도착했다. 당시 파괴됐던 상하이-항저우 간 철로가 막 개통된 탓에 객차가 한 량밖에 없었으며, 객실에는 의자도 몇 개 없었다. 차이위안페이 일행은 상하이에 도착하여 바이충시의 사령부에서 하룻밤을 보내고 장제스가 상하이에 도착한 후에 장제스의 임시 거처로 옮겼다. 당시 임시 거처에는 우즈후이, 리스쩡李石曾 등이 동행했다. 이렇게 하여 국민당의 4대 원로인 차이위안페이, 장런제, 우즈후이, 리스쩡이 모두 장제스의 상객上客이 되었다. 이 네 사람은 단독으로 한 개 숙소에 거주했다.[14]

당시 당의 모든 자본과 권력은 당의 영도자인 장제스에게 집중됐다. 그는 4원로들과 긴밀히 협의는 했으나 속임수와 비밀이 많

국민당 4대 원로. 왼쪽부터 리스쩡, 차이위안페이. 우즈후이, 장징장.

았다. 국민당 선전부장인 사오위안충은 장제스의 지휘 하에 일련의 '당 정풍淸黨' 회의를 준비했다. 3월 28일 상하이에서 국민당 중앙감찰위원회 상무회의가 열렸다. 제1차 당 정풍회의에서 차이위안페이가 주석으로 추대됐다. 그런데 차이위안페이가 주재하는 회의에서 우즈후이가 공산당을 탄핵하는 결의안을 제기했다. 그는 심지어 공산당파 사람들을 국민당 당적에서 제적시켜야 한다고 주장했다.[15] 이 제안이 바로 통과되면서 우즈후이가 기초한 문건은 감찰위원회로 송부됐다. 우즈후이, 리스쩡 등이 제기한 이른바 '반공음모'는 '호당구국운동護黨救國運動'이 되었다.

4월 2일 국민당감찰위원회 전체회의가 열렸으나, 총 20인 중 과반수가 안 되는 여덟 명만이 참석했다. 그들은 우즈후이, 리스쩡, 장징장(본명 런제人傑), 구잉펀古應芬, 천궈푸陳果夫, 리쭝런李宗仁, 황사오숑黃紹雄, 차이위안페이 등이었다. 역시 차이위안페이가 주재한 이 회의에서 우즈후이가 기초한 공산당 탄핵안이 정식으로 통과됐다. 이 문건은 이렇게 기술돼 있었다.

> 국민당이 망하지 않으려면 비상한 조치를 취해 당면한 큰 화근을 없애야 한다. 이것이 곧 당의 정풍운동이다. 각지의 불순한 공산분자들은 치안기관에서 별도로 관장해야 한다.[16]

이 회의는 8인이 거주한 곳, 그것도 마쉬룬과 사오위안충의 침실 옆에서 진행됐다. 당시 마쉬룬과 사오위안충이 회의에 앞서 그곳에 들어가서 한번 훑어보니, 회의 탁자에 유인물이 있었는데 마치 학교에서 가르치는 강의안 같았다. 사오위안충은 그것은 집어 들어 대강 보고 나서 말했다.

> 이것은 아마도 내가 사령부로 보낸 것 같은데, 윗면에 몇 글자 적어 놓은 것이 이미 잘려 나갔군.[17]

이렇게 해서 당 정풍운동이 결정되어 공산당에 대한 대대적인 탄압이 시작되었다. 4월 8일 국민당 상하이 임시정부위원회에서 열린 제1차 위원회의에서, 상하이 노동자들이 3차 무장봉기 중에 조직한 상하이 인민정권을 붕괴시키기로 결정했다. 그리고 4월 12일 마침내 상하이에서 반혁명적인 대학살이 자행됐다. 중국 근대사에서는 이 사건을 '4·12 반공쿠데타'라고 한다. 이때 노동자·학생·공산주의자는 물론이고, 부녀자와 어린아이들까지 무참히 살해됐다. 다음은 당시 상무인서관에서 일하던 후위胡愈가 직접 목격한 바이다.

13일 보산로寶山路 쌘더리三德里 부근에서 대학살이 벌어졌다. 나는 매우 분노하여 한 통의 항의서한을 국민당 중앙위원 중 문화계 저명인사인 차이위안페이, 리스쩡, 우즈후이 등에게 보냈다. (당시 함께 서명한 사람은 정전뒤鄭振鐸, 펑츠싱馮次行, 장시천章錫琛, 저우위퉁周予同, 우줴눙吳覺農, 리스천李石岑 등이었다.)[18]

그러나 애석하게도 이 편지는 리스쩡의 서류뭉치 가운데 놓여 있다가 해방 후에 발견됐다. 4월 13일 국민당 중앙감찰위원회가 열려서 우한武漢정부를 부인하는 안을 채택하고, 국민정부의 난징 천도와 '반혁명분자'를 수배하는 안을 의결했다. 4월 27일 차이위안페이는 난징에서 열린 중앙정치회의에 참가했다. 국민정부는 4월 18일에 난징에서 업무를 개시한 상태였다.

차이위안페이는 난징 국민정부의 국민당 중앙위 대표로서 도장國印을 인계했고, 후한민胡漢民은 국민정부를 대표하여 도장을 접수했다. 차이위안페이는 연설을 통해 "우한 국민정부는 공산당의 방해공작을 뿌리치지 못할 뿐 아니라 소련이 조종하는 '괴뢰정부'"라고 질책하며, "이 정부는 소멸되어야 할 것"이라고 했다.[19]

이때 차이위안페이의 사상적 입장은 이미 완전히 반공으로 기울어 있었다. 그래서 반공노선 아래 살기등등한 주장을 폈다. 그러나 그는 선딩이沈定一 등과 함께 공산당원을 죽여서는 안 되며 감화시켜야 한다고 주장했다. 5월 5일 국민당 중앙위 상무회의 및 각 부 부장 연석회의에서 당 쇄신 원칙 6개 조가 통과됐다. 아울러 '중앙청당위中央淸黨委'가 설립되어 덩쩌루鄧澤如를 주임위원으로 추대했으나, 차이위안페이는 이 위원회에 참가하지 않았다.

10월 8일 국민당 중앙위 상무위원회의의 의결을 거쳐 정부 주석, 위원, 5원五院 원장 등의 인선이 이루어졌다. 차이위안페이는 감찰원장으로 선출되어 난징 국민정부의 주요 성원으로 활동했다. 차이위안페이가 당 정풍운동 과정에서 보인 왜곡된 노선은 그가 남긴 중대한 정치상의 착오로서 변명의 여지가 없다. 차이위안페이는 왜 일관되게 혁명파의 진보진영에서 활동하다가, 역사의 전환점에서 퇴보하여 1927년 '반공쿠데타'의 역류에 휩쓸렸을까?

객관적으로 볼 때, 그가 자각했든 그렇지 않든지 간에 차이위안페이는 함정에 걸려든 꼴이 됐다. 서구의 안정되고 평안한 환경에 머물다 귀국하여 대혁명의 거센 물결을 만났고, 이어서 국민당의 반공 격랑에 휩쓸려 사상적으로 준비가 안 된 상태에서 방향감각을 상실하여 오류를 범했다고 볼 수 있다.

또 다른 원인은 그 주위의 친한 친구들에게서 찾을 수 있다. 그가 가까이 지낸 우즈후이, 리스쩡, 장런제 등은 열렬한 반공주의자들이었다. 그 밖에 장제스에 대한 차이위안페이의 신뢰를 들 수 있다. 장제스는 원래 쑨원의 추종자로서 북벌 때 군권을 장악하고 국민당의 정통 직계임을 자처했는데, 그런 그를 차이위안페이도 몹시 신임한 것 같다. 차이위안페이는 쑹메이링宋美齡(저장성의 재벌인 송씨 가의 세 자매 중 막내—옮긴이)과 장제스의 이른바 '세기의 결혼'의 주례를 맡기도 했다. 이러한 것 등이 그가 미로에서 헤매게 된 직접적인 원인이나, 결정적인 원인은 차이위안페

이 본인에게서 찾아야 할 것이다.[20]

그의 사상적인 약점은 유가사상과 중용의 도에 함몰되어 있었다는 것이다. 그는 어려서부터 중국의 봉건문화와 전통에 젖어 있었다. 비록 서구 사회에서 많은 것을 보고 배우고 서구의 선진 민주사상을 수용했으나, 봉건문화나 유교정신을 완전히 청산하지는 못했다. 오히려 유교학술을 자본주의사상에 억지로 끌어다 붙여 유가사상과 서방 진보사상의 접점을 찾으려 했다. 특히 공자의 '중용'을 '완전무결하며 지고지순의 미덕'으로 선양宣揚했다.

> 중용의 덕이란 지극한 것이다. 이 중용의 덕에 능한 사람이 드문 지가 오래됐다中庸之爲德也, 其至也乎, 民鮮久矣.[21]

그는 이처럼 중용의 도를 극찬했으며, 특히 중용의 '절충주의折衷主義'에 주목했다.

> 본래 도道로써 지사志士들을 격려하며, 먼저 일정한 산업을 제정하고 나서 백성을 가르친다. 이것은 동기론과 공리론을 절충한 것이다. 예로써 사치를 절제하고 음악으로 풍속을 바꾼다. 이것은 문질文質(우아함과 질박함—옮긴이)을 절충한 것이다. 자식은 부모를 숨겨주고, 관리는 법을 어기지 않는다. 이것은 공덕과 사덕을 절충한 것이다. 인민의 도덕은 정부의 법령을 따르고, 정부의 향배는 민심에 표준을 둔다. 이것은 정부와 인민 간의 절충이다. 제사를 공경하되 신선과 요괴를 말하지 않는 것은 사람과 귀신 간의 절충이다. 이른바 절충주의라는 것은 과단성이 결여되어 근세 학자들의 공격을 면

하기 어렵다. 그러나 우리 민족은 요순 이래로 2,000년 동안을 진화해왔으며, 주의 말기에 이르러 '응집력'이 보편적인 관념으로 자리 잡았다. 이런 학설은 비록 진나라에 의해 조금 좌절을 맛보았지만, 한대 이후 마침내 우리 민족의 전통 윤리사상을 잇는 으뜸이 됐다.[22]

유학의 전통 가운데 차이위안페이가 숭상한 중용의 도는, 그가 시종 조화와 절충의 사상을 편 인식의 근원이 됐다.

중화민족은 중화성을 풍부하게 지녔고, 이것이 곧 유가가 주장한 중용의 도이다. 쑨중산中山('중산'은 쑨원의 호이다―옮긴이)도 우리나라 고유의 중화中和적 민족성과 역사적 사실로 나타난 중화성에 큰 영향을 받았다. 따라서 그의 삼민주의도 중화성과 맥이 닿아 있다. 기타 각종 주의라는 것이 중용의 도와 부합되지 않으면 중국에 부적합한 것이다. 삼민주의는 공산당과 너무 다르며, 국가주의파와는 더더욱 다르다.[23]

이러한 견해는 실질적으로 쑨원의 '연聯러시아, 연聯공산당, 부조농공扶助農工'이라고 하는 신삼민주의의 진보성과도 상치된다. 이것은 조화와 절충주의로써 혁명성을 대체하려는 기도이다. 이론과 사상 면에서의 착오는 곧 정치실천상의 착오로 이어진다. 차이위안페이의 경우에도 정치실천의 기반이 취약하여 동요했고, 반제 반봉건 노선 타파에 철저할 수 없었다. 그리하여 철저한 반공주의자 다이지타오와 약속이나 한 듯이 의견이 일치한 것이다. 다이지타오는 일찍이 삼민주의에 대해서 다음과 같은 생각을 가졌다.

쑨중산의 사상은 중국에서 2,000년 동안 내려온 유가의 정통사상이다. 곧 요순을 거쳐 공자와 맹자의 인의도덕 사상을 계승한 것이다. 그의 삼민주의 또한 중국 고유의 윤리철학과 정치철학을 기초로 했으며, 중용의 도에 연원한 중국의 정통사상인 것이다.[24]

그는 이렇게 삼민주의를 해석해야만 '순수한 삼민주의'라고 보았다. 명백히 그도 쑨원의 혁명사상을 제거해버리고, 삼민주의를 중국 봉건사상의 한 틀로 본 것이다. 다이지타오는 이러한 논리로 출발하여 쑨원이 주장한 연러시아·연공산주의·부조농공의 3대 정책을 반대했다. 국공합작에는 더욱 반대하여 "순수한 삼민주의는 반공을 목적으로 하지 않으면 안 된다"고 요란하게 주장했다. 이후 실제로 국·공 간에 충돌이 불가피해지자, 다이지타오는 공산당이 결국 국민당을 축출할 것이므로 공산주의에 대한 신앙을 버려야 한다고 주장했다. 그는 국민당을 유일한 구국정당으로 여겼다.[25] 차이위안페이는 또 "인애仁愛가 혁명도덕의 기초가 돼야 한다"는 의견을 제기했다.[26]

차이위안페이는 마르크스주의의 계급 관점에 반대했고, 마르크스주의는 각 계급이 혁명을 위해 연합한 국민혁명을 설명할 수 없다고 생각했다. 유물사관으로는 최고의 원칙을 만들 수 없다는 입장이었다. 그래서 유물사관을 쟁취하고, 국민혁명을 타파하는 것은 혁명가로서 절대 취할 방도가 아니라고 했다.[27] 그 자신도 이러한 생각이 '순수 삼민주의적 다이지타오주의'라고 생각했다.

그런데 '순수 삼민주의적 다이지타오주의'라는 것은 사상적으로 쑨원의 혁명학설을 반대했고, 조직적으로 국·공합작에 반대했을 뿐 아니라, 정치적으로도 반제·반봉건 혁명투쟁을 파괴했다. 그래서 순수 삼민주의적 다이지타오주의는 '반공청당反共淸黨이론'의 기초가 됐다. 당연히 차이위안페이와 다이지타오 사상은 총체적으로는 구별되나, 당시 사상적으로는 공감하는 바가 있었다. 따라서 차이위안페이는 불가피하게 정치상의 굽은 길로 접어들 수밖에 없었으니, 결코 우연히 그렇게 된 일이 아니다.

차이위안페이의 이러한 정치상의 곡절이나 퇴보는 그 사상의 근원적 한계이자 출신성분상의 한계라 할 것이다. 그는 비록 혁명이나 진보를 외쳤지만 자산계급 혁명가로서의 양면성을 동시에 지녔다. 반동세력인 국민당의 존재와 실체를 인정하고 이들과 타협했고, 봉건주의·제국주의와 철저하게 결별하지 못했다. 그는 반동파에 대해 어느 정도 환상을 품었다. 특히 민중들이 노농운동에 대해 깨닫기 시작하면서 그들의 역량이 날로 강화되자, 차이위안페이는 두려움을 느끼고 무의식중에 국민당 반동세력에 의지했다. 이러한 정황을 마오쩌둥이 적절히 분석했다.

> 대규모 적과 당면해서는 적들을 반대하기 위해 노동자·농민과 연합해야 했고, 노동자·농민이 이를 깨닫자 그들은 다시 적들과 연합하여 노동자·농민을 반대했다.[28]

실제로 대혁명운동이 기세등등하게 불타오르자, 광둥·저장·후베이·장시성 등의 노동자, 농민, 인민대중들이 전과는 다르게 크게 각성하기 시작했다. 더욱이 상하이 노동자 계층은 중국공산당의 영도 아래 창칼을 들고 봉건군벌 등과 투쟁을 벌였다. 그러면서 대중의 시위는 점차 과격한 양상을 띠었고, 차이위안페이는 이 같은 파괴행위를 일탈행위로 보고 용납하지 못했다. 결국, 그는 자산계급의 연약성·타협성·우유부단함 등으로 인해 반공청당反共淸黨 일변도로 기울게 된 것이다.

그의 제자 류야쯔柳亞子는 〈기념 차이제민 선생記念蔡孑民先生〉('차이제민'은 차이위안페이의 호임—옮긴이)에서 이렇게 회고했다.

> 차이위안페이 선생은 일생 동안 화평하고 돈후敦厚하며, 온화하고 부드럽기가 봄바람 같았다. 그러나 민국 16년 상반기에 돌연 노기가 발동해 '청당운동'에 참가했다. 차이위안페이 선생이 포함된 중앙감찰위원회 명의로 발표된 수배명단 한 장은 엄청난 위력을 발휘했으며, 이로 인해 나 자신도 적지 않은 영향을 받았다.[29]

그의 이러한 분노와 울화증은 노동자·농민·대중운동에 대한 인식이 철저하지 못한 데서 연유했다고 볼 수 있다. 당시의 혼란은 결코 공산당의 좌익 착오노선과 대중들의 과격행위가 야기한 것이 아니었다. 차이위안페이는 자신의 착오와 허물을 들으면 기꺼이 받아들였으며 정확한 태도를 견지하려고 애썼다. 그는 다만 객관적인 정세로 눈을 돌리지 못한 것이다.

후에 그는 반공과 숙당肅黨(정당 내부의 잘못을 바로잡고 기강을 바로 세우는 일—옮긴이)의 격랑에 휩쓸려 인민을 저버리고 공산당을 반대한 길로 나선 데 대해 자신을 용서하지 않았으며, 다른 사람이 주제넘게 나서서 자신을 변호해주는 것도 원치 않았다. 1934년 1월 10일과 11일 홍콩 〈평민일보平民日報〉에 연재한 〈요해몽회당필기선록遼海夢回堂筆記選錄(꿈에 아득한 바다에서 노닐다 돌아와 쓴 글들을 모은 기록—옮긴이)〉이란 글에서, 그는 당시를 이렇게 회고했다.

> 나는 한편으로는 우즈후이·리스쩡 등과의 인간적인 정분에 마음이 흔들렸으며, 또 다른 한편으로는 공산당에 완충 역할을 해주려고 했다. 따라서 곧 탄핵서에 명단을 올려 잠시 공산분자들을 감금해두고자 했다. 그러나 '병권을 잡은 자'가 임의로 살육을 자행하도록 방치할 의도는 추호도 없었다. (…) 나의 경우는 용서해주자는 말이 많고 우즈후이는 책망의 소리가 높은데, 누가 그런 말을 지어냈는지 모르겠다.[30]

이 문장은 차이위안페이가 매우 솔직한 사람임을 엿보게 해준다. 그는 숙당 과정에서 "각지 공산주의자들을 일시 구속은 하되 함부로 죽여서는 안 된다"는 입장을 분명히 했다. 그리고 피비린내 나는 살육이 자행될 때 유망한 청년 몇 명을 구출해냈다.

일찍이 타오청장의 비서였던 자오한칭趙漢卿이 징헝이의 지령을 받아 난징의 푸쯔묘夫子廟로 파견됐다. 그는 이곳에서 숙당을 반대하는 전단을 뿌리다 난징 당국의 첸다쥔錢大鈞 부하들에게 붙잡혀 압송됐다. 당시 사오싱에 있던 주중화, 좡원루이莊文瑞 등이 그를 구출하고자 난징으로 차이위안페이, 사오리쯔邵力子 등을 찾아나섰다. 이때 차이위안페이 등이 전면에 나서 적극 노력

한 덕분에 자오한칭은 보석으로 풀려났다.[31]

또 다른 사례도 있다. 스량史良이라는 여성이 1927년 정법대학 졸업 후 행정기관에 배치되어 그곳에서 일하던 중 상사에게 말대꾸를 하다 '사상문제'라는 죄명을 뒤집어쓰고 체포됐다. 이때도 차이위안페이는 적극적으로 교섭을 벌여 그녀가 석방되도록 도와주었다.[32]

그러나 그렇다고 해도 그가 공개적으로 당 정풍운동을 지지하고 옹호한 데에는 변명의 여지가 없다. 비록 그가 공산당원들을 대하는 태도는 우즈후이와 많이 달랐지만 그렇다고 책임이 덜어지지는 않는다. 차이위안페이가 말한 바 "나의 경우는 용서해주자는 말이 많았다於我多恕詞"는 말의 본래 의미는 아마도 여기에 있지 않은가 싶다.

"착오를 인식하는 것은 착오를 고치는 길잡이를 한다"는 속담이 있다. 당시 민족의 위기가 심화됨에 따라 인민의 항일정서도 날로 고조됐다. 차이위안페이도 마침내 시행착오를 겪으면서 크게 각성했고, 다시 새롭게 혁명의 길로 나아갔다. 일관되게 꿈꿔오던 민족독립과 인민의 행복을 위한 진보노선을 되찾고 이에 헌신했다. 요컨대, 이 시기에 국민당 편에 서서 공산주의자 탄압 물결에 휩쓸린 것은 일생을 혁명에 바친 그의 삶을 되돌아볼 때 옥의 티라고 할 것이다.

다시 혁명의 편에 서다

1931년 9월 13일, 일본은 선양沈陽(당시 펑톈) 방면으로 군사침략을 감행했다. 그들은 궁극적으로 동북3성을 점령하여 광활한 만주대륙을 식민지로 삼으려 했다. 국가적 위기상황을 맞아 중국공산당은 내전을 중지하고 공동으로 항일투쟁에 나서자고 호소했다. 장제스는 겉으로는 이에 동조하는 척하면서, 속으로는 특무조직을 가동하여 항일애국지사들에게 온갖 박해를 가했다.

수많은 혁명지사와 애국청년들이 침략자 일본의 포화에 죽고, 국내 반동파의 무자비한 칼날에 억울하게 쓰러졌다. "오인하여 천 명을 죽일지라도 단 한 명의 수배자도 놓칠 수 없다"는 황당무계한 구호와 함께 백색테러가 난무했다. 이른바 '애국유죄愛國有罪'라는 말이 유행한 것처럼, 억울하게 옥에 갇힌 사람이 가득했다. 나라를 팔아먹은 자들은 오히려 상을 받고 득의양양하며, '매국노가 출세하고 축하를 받는' 비정상적인 형국이 전개됐다.

이에 국민의 원성이 자자했다. 특히 중국 제일의 도시 상하이에는 먹구름이 짙게 드리워졌다. 백색테러는 수시로 이곳의 애국시민들을 위협했다. 이처럼 나라가 공전의 위기상황에 이르자, 차이위안페이도 구국의 책임을 통감했다. 그는 중국공산당의 진정한 항일의지와 열정에 감동하는 한편, 장제스 국민당의 반시대적이고 퇴행적인 '반공 역류'를 예의 주시했다.

국민당의 원로이자 중앙감찰위원, 중앙연구원장이던 그는 국민당 내의 자신의 명망을 활용하여 체포·압송된 공산주의자·애국지사들의 구출에 나섰다. 그의 관대하고 후덕한 정신과 민주자유사상은 새롭게 발현됐다. 반反 장제스와 항일을 외치는 공산주의자 및 청년들은, 국민당이 멸시한 민족의 쓰레기가 아닌 진정한 구국의 엘리트들이라는 사실을 차이위안페이도 깊이 인식하게 됐다.

이때 마침 연러시아·연공산주의·부조농공의 3대 정책을 고수하던 쑹칭링宋慶齡(저장성 재벌 송씨 가의 둘째 딸로 쑨원의 부인―옮긴이)이 상하이로 돌아와 강경투쟁을 계속하며 장제스의 독재에 반대하고 나섰다. 그녀는 귀국하자마자 박해받던 애국혁명지사들을 구출하고자 차이위안페이 등과 조직적으로 투쟁을 전개했다. 더 나아가 차이위안페이와 쑹칭링은 1932년 '중국민권보장동맹中國民權保障同盟'을 발기하기로 합의하고, 그해 12월 17일에 쑹칭링·차이위안페이·양싱포·리자오환黎照寰·린위탕林語堂 등 5인의 주비위원이 창립선언을 했다.

12월 30일, 상하이 화안빌딩華安大樓에서 열린 기자회견에서 차이위안페이와 양싱포가 동맹의 대표로서 중국민권보장동맹의 성립을 정식으로 선포했다.[33] 쑹칭링, 차이위안페이, 양싱포, 린위탕, 이뤄성伊羅生, 쩌우타오펀鄒韜奮, 후위즈 등 7인이 임시중앙집행위를 조직했다. 쑹칭링이 이 위원회의 주석 자리에 올랐고, 차이위안페이는 부주석, 양싱포가 총간사를 맡았다. 차이위안페이는 기자회견장에서 '민권보장, 독재반대'를 골자로 담화를 발표했다.[34]

다음 해 1월 17일, 중국민권보장동맹 상하이분회가 발족되어 차이위안페이가 회의를 주재했다. 이 회의에서 쑹칭링, 차이위안페이, 양싱포, 린위탕, 이뤄성, 쩌우타오펀, 후위즈, 천빈허陳彬

1933년 2월 17일 영국 작가 버나드 쇼(뒷줄 왼쪽)의 중국 방문을 기념하기 위해 쑹칭링(뒷줄 왼쪽에서 두 번째)의 집에 모인 사람들. 왼쪽부터 아그네스 스메들리, 차이위안페이, 린위탕, 루쉰.

和, 루쉰 등 9인의 집행위원이 탄생했으며, 상하이분회의 동맹회원은 40여 명에 이르렀다. 1월 30일 중국민권보장동맹 베이징분회가 조직됐고, 동맹회에 41인이 가입했다.

중국민권보장동맹의 임무는 첫째, 정치범 석방과 강제구류 반대, 혹형제도 철폐, 둘째, 정치범의 법적 변호권리 인정, 셋째, 언론·출판·집회·결사자유 등 공민권의 쟁취였다.[35]

동맹회는 국제적인 지지를 받았다. 아인슈타인, 존 듀이John Dewey(1859~1952), 버트런드 러셀Bertrand Russell(1872~1970), 로망 롤랑Romain Rolland(1866~1944) 등 세계적인 인물들과 연계하여 활동을 벌였다. 당시 국제적으로 이름 높은 미국의 여성 작가 아그네스 스메들리Agnes Smedley(1890~1950) 등도 동맹회의 일원이 됐다. 물론 중국민권보장동맹은 국내에서 더 큰 주목

14. 미몽에서 깨어나 민권투쟁의 길로 ——— 445

과 지지를 받았다. 쩌우타오펀의 회고를 인용해보자.

> 차이위안페이는 국민당의 존경받는 원로로서, 국가와 민족의 동량이 될 청년 및 인재들을 보호하기 위해 안간힘을 기울였다. 쑹칭링은 국제적 명망이 높았고, 쑹칭링과 차이위안페이는 동맹의 역량을 늘리기 위해 국제적 선전활동이 매우 중요함을 인식했다.[36]

차이위안페이와 쑹칭링 등은 동맹회 건립 이후 민주자유 쟁취, 반동파의 암흑통치 반대 등의 구호를 내걸고 대대적인 선전활동을 전개했다. 동시에 구금된 공산주의자·애국지사 등의 구출에 적극 나섰다. 그들은 쉬더헝, 허우와이루侯外廬, 마저민馬哲民 등 애국교수·학생의 구출활동에 진력했다. 베이징대학 교수 쉬더헝과 허우와이루 등 애국지식인은 장제스의 항일인민 탄압에 반대하여 무저항주의로 맞서다 국민당 특무에 체포됐다. 이때 막 설립된 중국민권보장동맹의 주비위원들은 이날 선언문을 발표했다. 차이위안페이는 주비위원 명의로 장제스에게 전보를 쳐서 베이핑北平에서 항일구국운동을 전개하는 진보적인 교수 쉬더헝, 허우와이루, 마저민 등 교수·학생들을 체포한 것에 항의하고, 즉각 석방을 요구했다. 그는 또 허우와이루의 부인인 라오쥔잔勞君展에게 전보를 쳐 위로의 마음을 표했다. 아울러 동맹회 총간사 양싱포를 베이핑에 파견하여 교섭을 벌이게 하는 등 절치부심한 결과, 마침내 쉬더헝과 허우와이루 등을 감옥에서 구출했다.[37]

동맹회는 이 밖에 불법으로 총살된 류위성劉煜生 사건에 대해서도 강력히 항의했다. 류위성은 전장〈강성일보江聲日報〉의 주필 겸

사장으로서 〈시대는 시대가 아니다時代不是時代〉, 〈단오절〉, 〈우리의 희망〉 등의 글을 발표하여 노동자·농민과 일반대중의 호응을 불러일으켰다. 그는 결국 공산주의를 선전했다는 죄목으로 1933년 1월 21일 새벽에 총살되었다.

차이위안페이는 즉각 쑹칭링 등과 동맹회 집행위원회의를 소집하고, 2월 1일 오후 세 시에 화안빌딩 8층에서 회의를 열어 이 문제를 논의했다. 아울러 외신기자 등 언론 관계자들을 불러 중문과 영문으로 각각 선언문을 작성하여 발표했다. 선언문에는 민권유린·암흑통치 등을 강력하게 항의하는 내용이 포함됐다. 국민당 정부는 이러한 사실이 공개적으로 폭로되는 것이 두려워 이 문건을 발표하지 못하도록 백방으로 방해공작을 벌였다. 그러나 동맹회가 국내외에 정의를 부르짖으며 호소하는 데는 어찌할 방도가 없었다.[38]

동맹회는 이어 뤄덩셴羅登賢, 천경陳賡, 랴오청즈廖承志 등 5인의 구출에 나섰다. 1933년 3월 하순, 홍군紅軍장군 천경은 전투에서 중상을 입고 상하이병원에서 치료 중이었다. 반란자로 지목되어 수배 중이던 그는 체포되어 부인 천陳 여사와 함께 혹독한 감금생활을 했다. 같은 달 중국 총공회總工會 상하이집행국 서기 뤄덩셴, 비서 위원화余文化, 중국 해원공회당단海員工會黨團 서기 랴오청즈도 반란자로 밀고당하여 상하이 조계지 내에서 체포됐다. 이들은 공산당이라는 죄목으로 조계지에서 국민당 감옥으로 이송돼 고초를 겪었다. 차이위안페이와 쑹칭링 등은 이 소식을 듣고 변호사 우카이성吳凱聲과 상의한 후 법정변론에 나섰다. 그리고 3월 31일, 동맹회 명의로 선언문을 발표했다.

이 국난기간에 외부의 침략을 막고자 하니 국민들은 반드시 제국주의를 반대하는 신념과 자유를 가져야 한다. 그러나 이러한 일에 힘쓰는 자들에 대해 적절히 대처하지 못하고 도리어 이들이 더욱 압박을 당해 원기를 손상하게 됐다. 우리 민족은 속히 자각하여 분연히 일어나 힘써 투쟁하여 뤄덩셴, 랴오청즈, 위원화 등 모든 '정치범' 석방을 요구하는 것이 제일의 목표이다.[39]

아울러 쑹칭링은 〈중국인민에게 고함告中國人民〉이라는 글을 발표하여 대중들에게 체포된 혁명가의 구출에 동참해달라고 호소했다. 그리고 혁명가들의 체포·구금사건은 "중국 정부와 제국주의 무리들이 서로 결탁하여 반제·항일전선에 나선 중국 인민을 억압하는 명백한 증거가 됐다"고 지적했다.[40]

동맹회에 이어, 4월 4일에는 '정치범구출위원회'를 조직하기로 결정했다. 위원은 차이위안페이, 쑹칭링, 양싱포, 선쥔루, 우카이성, 왕짜오스王造時, 천빈허 등 7인으로 구성됐다. 당시 상하이에서 법관 직에 있던 위화郁華도 정의를 주장하며 항일운동에 참가한 애국청년들을 다각도로 비호했다. 국내외의 진보적인 여론의 공세 아래, 감옥 안팎에서도 치열하게 투쟁이 전개됐다. 이러한 여론의 압박에 떠밀려 상황이 불리해지자, 당국은 결국 랴오청즈를 석방했다.

이어 쑹칭링과 차이위안페이 등은 천경 장군을 석방시키고자 파란곡절을 겪으며 격렬한 투쟁을 전개했다. 쑹칭링은 난징의 감옥에 가서 천경 부부를 면회하고, 이 부부의 처참한 수감생활을 직접 눈으로 확인했다. 채찍에 맞아 두 부부의 온 몸은 혈흔으로 가득했다. 분노한 쑹칭링은 곧바로 장제스를 찾아가 항의했다. 그러자 장제스는 새파랗게 질린 표정으로 길길이 날뛰며, '천경놈'을 반드시 죽여야 한다고 격노했다. 이에 쑹칭링은 태연하면서도 강한 어조로 그의 코앞에 대고 삿대질을 하면서 말했다.

> 천경은 황푸黃埔군관학교 출신으로 동강東江전투에서 줄곧 당신을 도우며 생사고락을 함께한 사람이오. 당신이 전쟁에서 패주할 때 그가 당신의 생명을 구해주었소. 만약에 천경이 없었다면 당신은 오늘까지 살아 있지도 못했을 것이요. 도대체 지금 그를 죽이려 하니 이 무슨 배은망덕한 짓이요. 당신이 눈만 뜨면 입에 올리는 그 '예의와 염치'는 도대체 어디로 갔소?

장제스는 자신의 잘못을 일일이 열거하며 책망하는 소리에 얼굴이 붉어졌고 말문이 막혔다. 결국 쑹칭링은 천경 장군 부부를 데리고 감옥을 나왔다. 이처럼 동맹회의 투쟁과정은 매우 험난했다. 반동파는 여론을 돌아보지 않고 오히려 강하게 밀어붙였다. 그 결과 얼마나 많은 혁명지사들이 억울하게 살해당했는지 모른다.

공산주의자 뤄덩셴은 28세의 꽃다운 나이에 살해됐다. 그는 광둥성 순더順德 사람으로 노동자 출신의 걸출한 혁명가였다. 중공 6대 중앙위원이며, 정치국 위원을 역임했다. 광둥·홍콩대파업을 조직하고 이끌었으며, 그 과정에서 탁월한 리더십을 보여주었다. 옥중에서도 불요불굴不撓不屈의 투쟁을 벌였다. 동맹회에서는 사력을 다해 그를 구출하고자 노력했으나, 당국은 악랄한 수단을 택했다. 1933년 8월 29일, 난징 위화타이雨花臺에서 영웅적 최후를 맞이했다. 그는 처형되기 직전에 격앙된 소리로 외쳤다.

> 내 한 몸 죽는 것은 아깝지 않으나, 전국 인민의 해방을 못 보고 죽는 것이 천추의 한으로 남을 뿐이다![41]

동맹회는 역시 억류돼 있는 딩링丁玲, 펑쯔녠潘梓年에 대해서도 항의하며 구출운동을 전개했다. 딩링과 펑쯔녠은 1933년 5월 역도逆徒로 낙인 찍혀 수배자 명단에 올라, 밀고를 받고 집을 덮친 국민당 특무에 체포됐다. 차이위안페이는 이 소식을 듣고 즉시 양싱포, 후위즈, 쩌우타오펀 등과 상의한 후 상하이 문예계 저명인사 38인과 연합하여 정부 당국에 전문을 보내 이들의 석방을 요구했다. 그리고 1933년 5월 24일자 〈신보〉에 정부 당국에 보낸 전보 전문全文을 게재했다.

> 딩링과 펑쯔녠 두 사람은 문예계에서 주목받는 저명한 작가들로 우리나라 문화사업 발전에 공로가 적지 않다. (…) 이들의 즉각적인 석방을 촉구한다.

차이위안페이와 쑹칭링 등은 영문잡지인 《중국논단中國論壇》과 일본잡지인 《가이조改造》 등에 국민당 특무의 비열하고도 야만적인 행위를 폭로했다. 아울러 '딩링·펑쯔녠 보장위원회丁潘保障委員會'를 조직하여 두 사람의 분투정신과 공로를 공개적으로 대중들에게 알렸다. 그러면서 노동자, 학생 및 지식인들을 탄압하는 남의당藍衣黨(1931년 창설된 국민당의 특수임무조직—옮긴이)을 타

도하기 위해 맹렬히 진격하자고 호소했다.[42]

○ **잉슈런**應修人(1900~1933)

저항운동을 하다 살해된 청년작가 잉슈런은 저장성 츠시慈溪 출신이다. 1921년 상하이 통신通訊도서관을 창설하고, 1922년 판모화潘謨華와 함께 시집《봄의 노래집春的歌集》을 출판했다. 1925년 중국공산당에 입당하고 1927년 소련에서 공부를 마친 후, 1930년 고국으로 돌아와 상하이에서 당의 비밀업무를 맡았다.

그는 일찍이 중공 중앙군사위원회, 중공 중앙조직부, 중공 장쑤성위원회 등 여러 기관에서 활동했으며, 중국좌익작가연맹에도 참가했다. 또한 1933년 중공 장쑤성위원회의 선전부 부장을 역임했다. 같은 해 5월 14일, 그는 비밀공작 업무수행차 상하이 쿤산화원崑山花園 7동 4층으로 향했다. 그가 도착했을 때 이미 그곳에 국민당 특수공작원이 매복하고 있었으나, 그는 이 사실을 눈치채지 못했다. 그러다가 2층에 도착했을 때 의심이 가는 점이 있어 돌아가려 했지만 특수공작원이 그를 추적했다. 그는 3층으로 뛰어 올라갔지만, 공작원들이 뒤쫓아와 강압적으로 몸수색을 벌였다.

당시 잉슈런은 '영미 연초 제조창의 파업 노동자를 지지한다!'라고 쓴 친필원고와 업무 중 사용하는 비밀공작 암호가 적힌 쪽지를 휴대하고 있었다. 그는 몸수색에 격렬하게 반항했으나, 공작원들은 저항하는 그를 도로 쪽으로 난 창문 밖으로 내던졌다. 그는 우측 이마가 깨지고 내장이 튀어나온 채로 그 자리에서 장렬하게 숨졌다. 특수공작원들은 그의 시체를 수습하여 감찰실(중화인민공화국 성립 이전 외국 조계의 경찰서)로 보냈다. 이 소식을 접한 각계 인사들과 중국민권보장동맹, 문학계, 그 밖의 진보단체들이 벌떼처럼 들고 일어나 잔인하게 젊은 인재를 살해한 국민당 반동세력의 만행을 규탄했다.[43]

차이위안페이는 공산당 요원이든 무당파無黨派 인물이든 가리지 않고 원통한 일을 겪거나 박해를 받으면, 불의에 굴하지 않고 이들을 도왔으며 정의를 좇아 행동했다. 국가와 민족이 처한 절체절명의 위기상황 속에서 강한 책임감을 느꼈기 때문이다. 사람들은 자기를 돌보지 않는 차이위안페이의 이러한 행동에 깊이 감동했고 찬사를 보냈다.

중국민권보장동맹의 영향력이 점점 커지고 세간에 명성이 점차 높아지자, 민권보장동맹에 대한 반동파의 증오도 날이 갈수록 커져갔다. 반동파는 민권보장동맹을 원수 대하듯 바라보며 하루속히 무너뜨릴 기회를 엿보고 있었다. 그러한 움직임은 쑹칭링과 차이위안페이를 비방하는 유언비어를 퍼뜨려 명예를 훼손하는 일로 이어졌다. 이어서 국민당 당국은 난징과 베이핑시에 있는 국민당 지부에 지령을 내려, 신문지상에 공개적으로 이들에 대한 경고성 기사를 게재하도록 했다. 난징시 국민당 지부에서는 이 황당하고 터무니없는 요구를 받아들여 신문에 다음과 같이 결의문을 공고했다.

차이위안페이와 쑹칭링 등은 제멋대로 민권보장동맹을 조직하여 '반혁명분자 및 공산당 주요 지명수배범들의 안전을 보장한다'는 선언을 했다. 이것은 참으로 본 당의 위신을 실추시킨 해당행위이며 중앙위원회 위원의 직권을 넘어선 행동이다. 이에 중앙정부는 본 단체의 해산을 요구하며 차이위안페이, 쑹칭링 등에게 엄중히 경고하는 바이다.[44]

이러한 압박에도 불구하고 민권보장동맹의 활동은 위축되지 않았다. 국민당은 재차 불량배를 동원하여 차이위안페이, 쑹칭링, 양취안楊銓(양싱포의 본명—옮긴이), 루쉰 등에게 편지를 보내 "당장 민권보장동맹에서 손을 떼지 않으면 극단적인 방법도 불사할 것"이라고 협박했다.[45] 그러나 이후 국내외에서 차이위안페이, 쑹칭링, 루쉰 등의 명성이 높아지자 장제스는 다소 주춤할 수밖에 없었으며, 국민당 특무대원들이 경솔하게 그들을 해치도록 방임하지 못했다. 장제스는 어쩔 수 없이 계획을 수정해 동맹의 총간사인 양취안을 설득하기로 결정했다. 그래서 1933년 1월 양취안에게 보조금 명목으로 5,000프랑을 연속해서 세 차례나 보냈지만, 그는 이 돈을 전부 돌려보냈다. 국민당은 결국 악랄한 수단을 사용하여 끝내 양취안을 암살했다.[46] 이 테러는 차이위안페이에게 반동파가 인민과 모든 혁명가를 적대시하며, 많은 애국자들을 증오한다는 사실을 거듭 확인시켜주었다.

9·18 사건 후 그는 장제스의 반혁명정책을 격렬히 반대했고, 민권보장동맹이 성립되자 총간사로서 억류된 동료들을 구출하고자 사력을 다했다. 그러다가 1933년 6월 18일, 국민당 공작원에게 가슴과 허리에 실탄 한 발씩을 맞고 그 자리에서 숨을 거두었다. 그때 그의 나이 겨우 40세였다. 그의 죽음으로 국민당 반동파들은 눈엣가시 같던 그를 제거했을 뿐 아니라, 민권보장동맹의

영도자들에게 '겁을 주는' 일석이조의 효과를 거두었다. 그러나 동맹의 구성원들은 이에 굴복하지 않고 즉시 이 사건의 진상을 대내외 언론에 폭로했다.

> 양취안의 죽음은 상하이의 미친개들이 실성해서 저지른 테러이다. 이런 인간쓰레기들이야말로 주인이 풀어놓자마자 우리를 뛰쳐나와 마구 물어뜯는 '짐승 같은 놈들'이다. 정의와 자유를 옹호하고 인류의 품위를 지키려는 사람들은 모두 즉시 일어나 '양취안 테러사건'을 규탄하고, 우리와 함께 전면적인 투쟁에 나설 것을 간곡히 호소한다.[47]

양취안의 죽음에 차이위안페이는 참을 수 없는 비통함을 느꼈다. 그는 인생의 동반자요, 나이를 초월한 막역한 친구를 잃었다. 차이위안페이는 비보를 접하고 즉시 병원으로 달려가 오랫동안 양취안이 잠든 영안실에 머물렀다. 그는 밀려오는 슬픔과 차오르는 분노를 주체하지 못해 차라리 죽고 싶은 심정뿐이었다.

6월 20일 오후 두 시, 만국萬國 장례식장에서 양취안의 시신을 염殮하여 입관했다. 이날은 하늘빛도 음침하고 장대 같은 비가 쏟아졌다. 이날 국민당 공작원들 사이에 쑹칭링, 차이위안페이, 루쉰 등을 가해하려는 음산한 공기가 감돌았다. 이들은 망령되게 입관의식을 저지하려고 했다. 그러나 정의로운 일은 위협만으로 저지할 수 없고, 억압하는 것만으로 무너뜨릴 수 없다. 양취안의 마지막 가는 길을 지켜보러 많은 인파가 몰려들었다. 쑹칭링, 루쉰 등이 참석한 자리에서 차이위안페이는 조사弔辭를 낭독했다.

선생은 용감하게 임무를 수행했고 동지들을 위해 봉사하다 비명에 갔습니다. 동지들이 이 자리에 모여 비통한 마음으로 애도하는 바이오. 누군들 죽지 않으리요! 다행히도 선생이 못다 한 일과 선생의 정신은 우리 모두가 영원히 간직하고 있소. 나도 늙었다오. 선생의 뒤를 따라갈지 어찌 알겠소? 여기 모인 동지들이 선생의 정신과 못다 한 혁명사업을 이어받아 계속해서 투쟁에 나설 것입니다. 아울러 후배 청년들에게도 선생의 고귀한 희생정신을 잘 새기고 받들도록 하는 것만이 선생을 위로하는 유일한 길이라 생각합니다.[48]

차이위안페이는 조사를 낭독하다가 슬픔에 겨워 여러 차례 읽기를 중단하고 흐느껴 울기를 반복했다. 그날 저녁 루쉰은 펑쉐펑馮雪峰에게 이렇게 말했다.

오늘 저녁에 보니 차이위안페이 선생이 너무나 비통해하셨네. (…) 양취안을 살해한 의도는 쑨중산 선생의 부인과 차이위안페이 선생에게 경고하기 위함이네. 그러나 두 분은 조금도 동요하지 않고 여전히 견결한 태도를 보이셨네.

양취안 피살사건 이후 백색테러가 극에 달했으며, 이후 민권보장동맹의 활동도 점차 위축됐다. 이 사건을 계기로 차이위안페이는 다시금 난징정부의 진면목을 꿰뚫게 됐다. 그는 "이후로 다시는 난징 땅에 발을 들여놓지 않겠다"고 다짐했다.[49] 이 사건 이후로 그는 더더욱 의연하게 혁명가들의 구출을 위해 투쟁을 계속했다. 민권보장동맹은 비록 반년 정도밖에 활동하지 않았지만, 국민당의 반동통치 행태를 적나라하게 폭로했다. 신민주주의혁명 과정 중에 파시스트 독재를 반대하는 투쟁은 매우 독특한 공헌을 했다. 나중에 덩샤오핑은 쑹칭링 여사에 대한 조사를 낭독하는 자리에서 민권보장동맹을 이렇게 평가했다.

> 30년대 쑹칭링 여사는 상하이에서 혁명활동에 전념했고, 위대한 루쉰과 두터운 우정을 맺었다. 아울러 루쉰, 차이위안페이, 양싱포 등이 중국민권보장동맹을 조직했다. 동 조직은 국민당 반동파와 첨예하게 대립했으며, 많은 중국공산당 당원과 애국민주열사들을 보호하고 구출함으로써 혁명을 성공적으로 이끄는 데 독특하면서도 지대한 공헌을 했다.[50]

차이위안페이가 수난을 겪는 혁명가들을 구출한 것은 비단 이 시기에 그치지 않았다.

그가 솔선하여 이러한 행동에 나선 것은 전 생애에 걸쳐 인재를 사랑하고 아끼는 그의 정신과 무관하지 않다. 그는 언제나 인재를 국가와 민족중흥을 위한 희망으로 여겼다. 1925년 1월 그가 저술한 《황방유혈감언黃龐流血感言》을 보면 그가 인재를 얼마나 소중하게 여겼는지 알 수 있다. 황아이黃愛와 팡런취안龐人銓은 대혁명 시기 호남의 노동운동을 이끈 영수였으나, 호남군벌 자오헝티趙恒惕에게 체포돼 살해되었다. 차이위안페이는 이 소식을 듣고 격분했다.

두 분 선생은 마침내 노동운동을 하다 죽음을 맞았다. 이 분들은 억울하게 희생된 것이다. 우리 살아남은 자들은 두 분의 죽음이 헛되지 않도록, 가장 직접적인 두 가지 책임의식을 가져야 한다. 첫째는 돌아가신 두 분이 못다 한 사명을 완수하는 것이고, 둘째는 이 분들을 대신해서 복수하는 것이다. 노동자회勞工會에서는 두 분의 고귀한 희생정신을 이어받아 그분들을 죽인 자들에게 사력을 다해 복수하여, 두 번 다시 그런 행동을 저지르지 못하도록 해야 할 것이다. 또한 '원한에는 상대가 있고 빚에는 빚쟁이가 있다冤有頭, 債有主'는 속담처럼, 우군과 적군의 구별을 분명히 하여 "빚진 것은 반드시 돌려줘야 한다"는 신념을 가져야 한다. 이번 사건의 직접적인 가해자는 군벌 자오헝티니 반드시 그를 죽여 두 분들의 희생의 대가를 치러야 할 것이다.[51]

차이위안페이가 애국열사와 혁명가들을 보호하고 구출해낸 사례는 이 밖에도 부지기수이다. 마오쩌둥의 첫 번째 부인인 공산당원 양카이후이楊開慧가 붙잡혔을 때도 차이위안페이는 가만히 있지 않았다. 1930년 10월 후난성 창사에서 양카이후이가 군벌 허젠何鍵에게 붙잡혔다는 소식을 듣자마자, 몇몇 저명인사들과 공동으로 서명한 전문을 허젠에게 보내 양카이후이의 석방을 촉구했다. 그러나 혁명세력과 극도로 대립각을 세웠던 허젠은 전문을 접수한 후 극악무도한 짓을 저질렀다. 그 자리에서 즉결처분을 결정하고 양카이후이를 바로 총살한 것이다. 그러고 나서 전보가 늦게 도착했다고 변명을 늘어놓았다.[52]

또 1930년 11월 4일에는 뤄룽지羅隆基가 상하이에서 국민당에 체포됐으나, 차이위안페이와 장서우융張壽鏞 등이 적극 노력한 덕분에 보석으로 풀려났다.[53] 1931년 2월에는 상하이에서 붙잡힌 후예핀胡也頻을 구출할 대책을 강구했다. 일찍이 후스가 쓴 편지 가운데 이 사건을 떠올린 것이 있다.

> 차이위안페이 선생이 내 친구 후예핀의 구출을 자처하고 나선 것은 정말 고마운 일이었지만, 그는 이미 총살되었다.[54]

1932년 10월 15일 천두슈가 상하이 감옥에 감금됐을 때도 차이위안페이와 쑹칭링 등이 공동으로 서명하여 국민당 중앙에 '즉각적인 석방을 촉구하는' 긴급전문을 띄웠고, 그 덕분에 천두슈는 생명을 지킬 수 있었다.[55] 1934년 공산당 요원 리모눙李黙農의 구출에도 차이위안페이의 활약이 있었다. 같은 해 3월, 리모눙의 장모 허샹닝何香凝이 차이위안페이에게 편지를 보냈다.

> 선생께서 애써주신 덕분에 내 사위 리모눙이 풀려나게 됐습니다. 꿈인지 생시인지 기뻐서 몸 둘 바를 모르겠습니다. 나뿐 아니라 남편 중카이(암살당한 국민당 좌파 영수인 랴오중카이廖仲凱를 가리킨다—옮긴이)의 혼령도 구천에서 감격할 것입니다.[56]

한편 저장성 최초의 공산당원인 쉬메이쿤徐梅昆도 1927년 7월 상하이에서 닝보까지 화약을 운반하고 항저우로 돌아오는 길에 샤오산을 지나다 붙잡혔다. 그는 뤄겅모駱耕漠와 함께 항저우 육군감옥에서 8년여를 썩었다. 그러다가 1935년 겨울, 차이위안페이의 관심과 노력 덕분에 마침내 자유의 몸이 되었다.[57]

이외에도 그와 쑹칭링 등은 국제공산주의자로서 중국 내 세력 기반 구축을 위해 밀파된 뉴란牛蘭 부부와 저명한 역사학자인 판원란范文瀾 등 이루 다 헤아릴 수 없을 정도로 많은 사람들을 구해냈다.

차이위안페이의 이 같은 구출운동은 결코 사적인 감정에서 나온 것이 아니다. 그가 애국청년들을 아끼고 사랑했으며, 민족의 원기元氣를 보존하려 했기 때문이다. 그의 이러한 정신은 매우 고귀한 것으로서 사람들의 존경심을 불러일으켰다. 당시 사람들은 그를 이렇게 평가했다.

> 차이위안페이 선생은 우리 민족의 기초를 세우는 데 기여할 우수한 청년인재 및 수많은 애국지사들을 보호하기 위해 모든 힘을 다 쏟아 부었다.[58]

15

정치사상

구국을 위해 혁명의 길로 나서다 | 민주공화정 건립을 주장하다 |
평등으로 민주의 준칙을 삼다 | 각종 사회주의의 포용과 접목

차이위안페이는 급진적인 부르주아 민주주의자였다. 그는 다양한 사상과 사조의 영향을 받은 혁명가로서 중국의 구민주주의혁명부터 신민주주의혁명에 이르는 과정에서 매우 중요한 역할을 했다.

19세기 말부터 20세기 초까지 중국은 동서양의 각종 사상이 뒤섞이며 발전하는 대변혁의 시기를 보냈다. 이 같은 격변기에 각종 사상의 영향을 받아 차이위안페이의 정치사상 또한 매우 복잡한 양상을 띠게 됐다. 그는 서양의 민주주의에 깊은 영향을 받았으며 유가의 민본주의와 대동大同사상, 러시아 표트르 크로포트킨Pyotr Kropotkin(1842~1921)의 무정부주의 및 호조론互助論 등에도 어느 정도 영향을 받았다.

세계가 프롤레타리아 혁명을 추진할 때 차이위안페이도 마르크스를 추존했고 노동운동에 공감하여 사회주의를 연구하기 시작했다. 그는 과거에 급제한 진사 출신으로서 청조의 한림원 관리로 출발하여 국민당의 원로로 융숭한 대접을 받았고, 후에는 공산당의 벗이 됐다. 그의 파란만장한 인생역정에서 이처럼 독특한 사상적 편력을 엿볼 수 있다.

그의 정치행보는 부침浮沈을 겪었다. 앞서 말한 각종 사상은 때로는 강렬하게, 때로는 스치듯 지나며 그와 밀접한 관계를 맺었다. 그의 정치사상은 겸수병축兼收幷蓄(모든 사상을 두루 포용하고 받아들임—옮긴이)의 특색을 지니고 있으나, 그중에서도 주도적인 작용을 한 것은 부르주아 민주주의였다.

구국을 위해 혁명의 길로 나서다

그는 당시 수많은 부르주아 및 소부르주아 지식층과 마찬가지로 구국혁명의 길에 투신했다. 청조는 외견상 강대한 대제국이었으나 청일전쟁에서 소국 일본에 대패했다. 무적이라 자랑하던 베이양함대가 궤멸당한 이 전쟁의 패배는, 양무洋務정책의 파산을 선고하는 것이기도 했다. 사람들은 각성하기 시작했고, 이른바 '오랑캐의 기술을 배우자'고 목소리를 높였다. 그러나 그것은 구호에 그쳤을 뿐 실질적인 정치개혁은 없었고 망국에 처한 중국을 구하려는 청사진도 부족했다.

이리하여 캉유웨이와 량치차오를 중심으로 변법유신운동이 일어나게 됐다. 당시 조정의 선비들은 앞다투어 '서학西學'을 배우자고 역설했다. 한림원 관리로 봉직했던 차이위안페이도 당시 서양에서 들여온 번역서적을 섭렵했다. 그리고 강성한 서방 국가와 중국을 비교하며 중화의 부흥을 위한 출로를 모색하기 시작했다.

1900년 이전 그의 사상은 봉건 황제체제의 구각舊殼에서 벗어나지 못했다. 1900년 의화단운동이 외세에 의해 처참하게 진압당하고 매국적인 신축조약이 체결됐다. 한마디로 청 정부는 '생선이 내장부터 썩어 문드러지니魚爛於內' 치료할 약이 없는 형국이었다. 이 무렵부터 중국의 부르주아 및 소부르주아층의 급진주의자들은 개량주의 노선에서 떨어져 나왔다. 차이위안페이도 이러한 변법유신운동의 영향을 받아 혁명을 제창하게 됐다. 이 기간에 그는 상하이에서 부르주아 민주혁명의 실천을 위해 인재배양에 힘썼다. 아울러〈소보〉,〈아사경문〉,〈경종〉같은 매체를 통해 직간접적으로 혁명의식을 고취시켰다. 1903년 4월에 쓴〈석 구만〉에는 봉건 청조를 전복시키려는 의도가 다분히 내포되어 있었다.

그는 '반청'은 결코 종족 간의 투쟁이 아니며, 진보의 정도 차가 있을 뿐 귀천의 차이는 없다고 여겼다. 또한 반청의 창끝은 '세습군주'와, 다수가 생산한 것을 '무위도식하며 누리는 계층'을 겨냥해야 한다고 생각했다.[1] 이러한 인식은 이른바 '만주족이 없으면 원수도 없고 한족이 없으면 친족도 없다'는 종족 간의 편견에 반한 논리로서, 당시에 유행한 반만주족 구호를 불식하고 부르주아 민주혁명에 지위를 부여한 것이었다.

그가 창립한 중국교육회, 애국여학교, 애국학사 등은 모두 외관상 교육기관이었으나 혁명적 성격이 농후했다. 애국여학교에서는 여권신장을 부르짖었고, 아울러 서구의 계몽사상과 러시아의 국수주의를 소개하는 정치학 과목을 개설했다. 군사학·이학·화학 과목을 중시했으며, 수업시간에 배운 지식을 응용하여 폭탄제조법을 가르쳤다. 이것은 '폭동과 암살의 씨앗'을 뿌렸다고 할 수 있다.

차이위안페이는 당시 러시아 국수주의자들을 본받아 테러활동에 깊은 관심과 열정을 기울였다. 물론 직접 테러활동을 펼치지는 않았지만 이는 그가 개량주의에서 '혁명'으로 급변했음을 보여주는 충분한 증거라고 할 수 있다.

차이위안페이는 1904년 겨울 광복회를 직접 조직하여 이끌었고, 나중에는 동맹회에 가입하여 적극적으로 활동했다. 제자인 황옌페이가 동맹회에 가입하자, 그는 비장하게 다음과 같이 말했다.

> 우리나라의 전도는 매우 위태하다. 밖에서는 열강이 호시탐탐 노리고 있고 안으로는 생선이 썩어 문드러지듯 처참한 지경이다. 나라를 구하는 길은 혁명 외에는 달리 방도가 없다.²

이 말은 그가 혁명에 뜻을 세우고 종사하고자 '가마를 부숴버리고 타고 온 배를 뒤집어 가라앉히는破釜沈舟' 비장한 결심을 했음을 보여준다.

민주공화정 건립을 주장하다

정체政體란 국가의 정권을 구성하는 일종의 형식이다. 부르주아 공화정체는 부르주아 계층이 실행하고 통치하기에 가장 이상적인 정치형태이다. 차이위안페이는 당시 중국에 이러한 정치체제를 건립할 것을 극력 주장했다. 그는 1904년에 쓴 '신년의 꿈新年夢'에서 이미 이러한 소망을 드러냈다. 이 글은 표면상으로는 공상적 성격이 농후하여, 차이위안페이가 남긴 공상적 사회주의의 대표작으로 인식됐다. '일민一民'이란 사람이 꿈속에서 경험한 이야기로 구성된 이 글에서, 청조의 매국적 추파秋波를 드러내고 중국에 미국식 민주공화국을 세우고자 하는 바람을 담았다.

이 글의 주인공 일민은 자유와 평등을 무엇보다도 사랑하며, 미국·프랑스·독일 등지를 두루 여행했다. 특히 그는 학문 분야에서는 독일이 세계 최고 수준에 이르렀음을 인식한다. 이 작품에는 서구 민주정치체제에서 자양분을 흡수하려는 강한 열망이 반영되어 있다. 또한 청조 같은 봉건 전제국가를 완전히 폐지하고 이상적인 다른 국가를 세워야 한다고 주장했다.[3]

그는 국가를 점포에 비유하면서 청 정부를 '회계장부를 조작하는 사람'에 빗대어 풍자했다. 그리고 이 사람의 형상을 "소·말을 끄는 밧줄", "소·양을 도살하는 칼"로 묘사했다. 이것은 서구 제국주의 열강의 주구이자 국민을 수탈하는 독재정부로서 청의 모습을 투영한 것이다. 그는 이렇듯 회계장부를 조작하는 '사기꾼'을 축출하고 신중국을 건설하자고 호소했다. 신중국의 권력은 의회가 장악하고, 의원들은 각지에서 공개적으로 선출되며, 국가의 법률은 의원들이 제정한다. 모든 것이 '공화'와 '평등'과 관계되므로 더더욱 인심을 얻게 된다. 국민은 순수한 애국심을 지니게 되고, 어떠한 침략자의 침략 의도도 배격할 수 있다.

이러한 이상적인 '왕국'은 당시 상황에서 볼 때는 공상에 불과했으나, 차이위안페이는 중국에 민주공화제가 정착되기를 갈망했다. 그는 이러한 이상적인 민주공화제를 자신이 주도한 애국학사에서 실험에 옮겼다. 그는 전체 학생을 약간의 연聯으로 나누고, 각 연을 20~30인으로 구성하여 학생이 자유롭게 가입하도록 했다.

애국학사의 방침과 대강은 각 학련學聯회의에서 결의하여 주관자가 집행했다. 당시의 학련은 마치 하나의 작은 의회 같았다. 애국학사는 실제로 민주공화제의 축소판이었고, 그래서 학생들도 애국학사를 '공화학교'라 칭했다.

신해혁명 성공 후, 당시의 혁명파들은 정부 건립에 두 가지 방안을 내놓았다. 하나는 총통제이고 다른 하나는 의회중심제였다. 차이위안페이는 의회중심제를 적극 주장했다. 그가 총통제를 반대하고 의회중심제를 주장한 이유는, 민국 초기의 임시정부가 '혼합내각'의 성격을 띠고 있다고 이해했기 때문이다. 이것은 '이질적인 사람들의 집합체'로서 결코 만장일치의 효과를 기대할 수 없으므로, 순수한 동맹회 같은 내각을 구성하자고 주장한 것이다.

한편 당시 위안스카이 총통은 자신이 허수아비로 존재하는 것을 달갑게 여기지 않았다. 그는 내각을 막부幕府쯤으로 여겼고, 총리를 막료장幕僚長 정도로 간주했다. 차이위안페이는 이들 밑에서 단순히 밥이나 축내는 식객 같은 내각 구성원이 되기는 싫었다. 그는 이상과 현실의 괴리를 느끼고 여러 차례 사직하고자 했다.

차이위안페이는 의회중심제 채택이 가장 중요한 목표임을 인식했고, 총통의 외피를 입은 봉건전제의 부활을 염려했다. 따라서 내각에서 총통의 권한을 제한하여, 법치로서 인치人治를 대신해야 한다고 생각했다.

1912년 차이위안페이는 〈비상회의를 논함論非常會議〉, 〈성견成見〉 등에서 총통제 주장을 완강히 반대했다. 이는 곧 위안스카이의 독재 음모를 간파한 것이다. 1916년 6월 6일, 전 인민의 뜻을 저버리고 온 국민을 분노하게 했던 위안스카이가 죄 많은 일생을 마감했다. 차이위안페이는 〈묵은해를 보내고 새해를 맞이하는 시점에서 두 가지 그림에 대한 감상送舊迎新二圖之感想〉이라는 문장에서 자신의 견해를 명확히 했다. 그는 반봉건·반식민지 중국 사회에서 '황제 만세萬歲사상'이 가장 뿌리가 깊다고 탄식했다.

> 비록 민국에 약법이 있고, 의회중심제가 존재한다고 하지만 우리는 피부로 느끼지 못하고 있다. 통일과 집권을 호언장담하고, 힘 있는 정부가 존재한다고 떠드는 말만 무성하다. 결국 또 한 번 야심가(위안스카이―옮긴이)에게 이용을 당한 꼴이 됐다. 총통제를 '연출'하는 것은 결국 '황제제'로 복귀하려는 것이다.[4]

이러한 폐단을 막으려면 총통과 입법기구가 제 역할을 하는 것이 관건이다. 민주주의 원칙에 의하면 총통은 객체일 뿐이고, 주체는 입법기구이다. 이것은 곧 총통은 의회에 책임을 지며, 의회를 능가할 수 없다는 것이다. 그렇지 않으면 '짐이 곧 국가'인 상황이 초래되기 때문이다. 차이위안페이가 당시 책임내각제를 극력 주장한 것도 이를 막기 위해서였다.

차이위안페이는 서구 부르주아 민주혁명 가운데 사상적으로 수용할 만한 좋은 내용을 잘 흡수했으나, 중국 민족 특유의 부르주아계급의 연약성을 탈피하지는 못했다. 이것이 그가 민주정치의 실현을 갈망하는 과정에서 줄곧 타협과 개량의 태도를 보인 이유이다. 1912년 그가 다른 사람들과 '사회개량회社會改良會'를 발기한 것도, 중국 사회가 반드시 개량사회를 거치기를 희망했기 때문이다. 그는 사람들의 뇌리 가운데 박혀 있는 봉건사상, 우매함, 낙후한 인식 등을 제거하고 민주정치질서를 건립하는 데 장애가 되는 요소들을 일소하려고 했다. 〈사회개량회 선언社會改良會宣言〉의 내용을 보자.

> 수천 년간 내려온 군주권, 신권神權의 영향력이 지금도 여전히 맹위를 떨치고 있다. 군주제와 공화정은 저촉되는 바가 상당히 많다. 이른바 민주공화국 국민의 수준은 일정한 정도의 급수가 필요하지 않다. 공화사상의 요체는 공덕을 숭상하고 인권을 존중하며, 평등을 얘기하고 자유롭게 의사표현을 한다는 것이다. 평등사상을 말하고 자유롭게 의사표현을 한다는 것은 곧, 인도주의로써 군권의 전횡을 막고 과학지식으로써 신권의 맹신을 제거하는 것을 말한다. 즉, '빈부귀천' 모두가 평등하여 법률로 미치지 않는 바가 없으며, 권력을 남용할 수 없다.[5]

이 선언은 도덕적 관점에서 보면 취할 만한 점이 있으나, 정치적 관점에서는 도리어 중국 부르주아 계층의 취약성을 반영한다. 차이위안페이 등은 개량의 단계를 거쳐 안정적 민주공화질서를 세우는 것을 소망했다. 그러나 봉건 적폐의 뿌리가 깊은 중국에서 그를 기다린 것은 민주공화국이라는 낙원이 아니라, 황제가 되려는 위안스카이의 야욕과 이어진 군벌의 혼전이었다. 차이위안페이는 이러한 개량적 환상을 5·4 운동 시기까지도 버리지 못했다.

1919년에 발생한 5·4 운동은 구민주주의 혁명에서 신민주주의 혁명으로 변해가는 과정이었다. 1921년 7월 중국공산당이 탄생함으로써 중국의 혁명은 새로운 무산계급 정당이 영도하게 됐다. 적지 않은 혁명민주주의자들은 역사가 진전함에 따라 마르크스주의자로 변했다. 차이위안페이는 제국주의의 침략과 군벌의 암흑통치에 반대하고 맑은 정치와 사회진보를 추구했으나, 여전히 부르주아 민주주의에 머물러 있었으며, 여전히 평화적 정치개량에 기대고 있었다.

1922년 전후, 일찍이 직계군벌 우페이푸吳佩孚는 민주공화정을 반대하지 않는 이른바 '개명開明 군벌'이었다. 그는 쑨원에게 북벌의 중지를 요구하며 남북의 화의와 통일된 민주정부 건립을 제안했다. 그는 이후 후스가 기초한 〈우리의 정치주장我們的政治主張〉이라는 글을 읽고 이에 영향을 받아 '개량주의 선언' 대회 등에 참가했다.

이 선언에서 그들은 "최소한의 정치목표는 좋은 정부를 세우는 것"이라고 했다. 이른바 '좋은 정부'란 정치기관을 충분히 활용하여 사회 전체의 복리를 도모하고, 개인의 자유를 허용하며 개성의 발전을 도모하는 것을 말한다. 다음으로 정치개혁의 3항 기본원칙을 제기했다. 3항 기본원칙이란 '입헌정부, 공개적 정부, 계획된 정치'를 가리킨다. 끝으로 남북화의, 병력 감축裁兵, 공무원 감축, 선거제도 개정, 재정 공개 등 구체적인 정치개혁 조치를 제기했다.[6]

이 선언은 명백히 개량적 색채를 띠었다. 차이위안페이의 소망이 어떠하든 간에, 실제로는 평화의 방식을 채택하되 단지 진부한 군벌통치의 껍데기에 입헌정치 정신이 담긴 주사를 놓았을 뿐이었다. 이것은 현실적으로 '형식만 바꾸고 내용은 바꾸지 않은 換湯不換藥' 우스갯소리에 불과했다.

차이위안페이의 개량주의 사상은 '공맹'과 중용의 도에 근거하여 민족 부르주아계급의 결정적인 취약점을 제거하고자 했다. 그는 일찍이 절충적 관점에서 쑨원 선생의 삼민주의를 해석했다. 쑨원의 삼민주의와 5권五權헌법이 모두 중화성中和性을 갖추고 있으며, 중용의 도에 근거하여 중화성을 갖춘 삼민주의만이 중국의 국정에 적용될 수 있다고 했다. 그는 쑨원 선생의 학술 가운데 불철저한 부분, 즉 중용의 영향을 받은 부분을 근거로 삼았으며, 자산계급의 이익과 입장에서 출발하여 절충과 조화를 취했다. 그 결과, 결국 군벌세력에게 이용만 당하고 말았다.

평등으로 민주의 준칙을 삼다

차이위안페이는 비록 구학문과 중용의 학설에 많은 영향을 받았으나, 서구 민주주의 정치에서 한층 더 많은 영양분을 흡수했으며, 자유·평등·박애의 관점을 더 높이 받들었다. 이러한 관념은 여성해방·학술·교육·정치 등 모든 영역에 깊은 영향을 미쳤으며, 자유와 평등을 쟁취하는 것이 그의 정치활동에서 주도적인 사상이 됐다. 반反 청조, 반 위안스카이, 뒤이어 반 장제스도 이와 같은 맥락에서 이해해야 한다.

1927년 장제스는 혁명을 노골적으로 배반하고 파시스트 독재 통치를 자행했다. 중국 민중은 최소한의 민권도 보장받지 못했다. 잡지와 신문은 발간이 금지되었고, 집회결사의 자유도 봉쇄됐다.[7] 혁명가들은 잔혹하게 탄압되었으며, 인민의 원성은 극에 달했다. 신군벌인 장제스의 독재정치는 도를 더했다. 차이위안페이도 처음에는 장제스 편에 서서 당 정풍운동淸黨에 부화뇌동했으나, 나중에는 그에 대해 반기를 들고 적극적으로 투쟁했다.

그와 쑹칭링 등은 상하이에서 중국민권보장동맹을 발기하여 활동했다. 이것은 장제스의 독재를 폭로하고 부정한 것으로, 그와 공개적으로 결별을 선언한 중요한 지표가 됐다. 민권보장동맹은 부패한 정치·사회환경 개조를 목적으로 성립됐다. 동맹회는 선언에서 다음과 같이 제기했다.

> 중국 민중이 혁명의 과정에서 엄청난 희생을 치른 것은 민권을 쟁취하기 위해서였으나, 아직까지 실현되지 못했다. 참으로 애통한 일이 아닐 수 없다. 여론을 조작하고 불법체포와 살육을 다룬 기사는 요즘 신문에서 다반사가 됐다. 심지어 최소한의 인권조차 박탈당했다. 민권보장동맹회의 발기자는 이러한 상황을 익히 알고 실효적인 개혁을 하려 했으나 뜻을 이루지 못했다. 오직 이러한 상황을 일으키는 환경을 개조하기 위해 노력하는 길밖에 달리 방도가 없다.[8]

차이위안페이는 민권보장동맹회 설립의 필요성을 논리적으로 지적했다. 먼저 그는 18세기 사상가 장 자크 루소Jean Jaques Rousseau(1712~1778)의 천부인권설을 근거로, 인간권리의 평등은 영원불변의 진리라고 했다. 그는 동맹회 발기회 석상에서 다음과 같이 강연했다.

우리가 바라는 바는 인권보장이다. 우리가 추구하는 바의 대상은 곧 인간이다. 사람은 누구나 보편적으로 인권을 보장받아야 한다. 그러므로 당파, 국적, 죄의 유무를 초월하여 단지 사람이기만 하면 그의 인권을 유린해서는 안 되는 것이다.[9]

차이위안페이가 주장한 바는 정치적 당파를 초월한 보편적인 인권이었으나, 당시에 혁명가나 노동자는 인권을 보장받지 못했다. 그가 제기한 인권보장은 당파나 죄의 유무 등의 선입관을 초월한 것으로 매우 탁월한 견해였다.

차이위안페이는 〈민권보장의 과거와 현재民權保障之過去與現在〉라는 글을 통해, 당시 특별한 역사적 상황 아래서 민권보장의 필요성을 현실적으로 논증하려고 했다. 민권침해는 민심을 등지게 하며, 결코 '살육'으로 민심을 되돌릴 수는 없다. 이는 그가 민주주의 입장을 견지하고 있음을 명백히 반영한 것이다.

그는 자유와 평등을 제창했으며, 이런 그를 어떤 이들은 자유주의자라 칭했다. 그러나 사실 그는 결코 절대적 자유를 주장하지는 않았다. 그는 서구 자유민주주의 사상을 막 받아들이기 시작할 무렵에는 인권과 자유는 제한적이어야 한다고 여겼다. 1899년 1월 28일 그는 옌푸가 번역한 헉슬리Aldous Huxley의 《천연론天演論》(원제는 '진화와 윤리학Evolution and Ethics') 두 권을 읽고 감동을 받아 "개인의 자유란 타인의 자유로써 한계를 삼아야 한다"고 생각했다.[10] 권리와 의무의 관계에 대해서도 이렇게 지적했다.

무릇 모든 권리에는 반드시 상응하는 의무가 수반돼야 하며, 역시 의무에도 반드시 상응하는 권리가 뒤따라야 한다. 양자는 서로 인과 관계에 있으므로 어느 한쪽에 치우치거나 어느 한쪽을 없앨 수는 없다.[11]

동시에 인간은 상호 간에 다른 사람의 인권을 침해할 수 없다. 모든 이가 나의 권리를 침해당하려 하지 않기 때문에 나 역시 타인의 권리를 결코 침해할 수 없다.[12] 당연히 차이위안페이의 자유·평등·인권에 대한 가치관은 부르주아계급의 이익의 한계를 초월할 수 없었다. 그는 노동대중에게 동정적이었고 극심한 빈부차를 반대했지만 사유제를 철회하지 않았으며, 단지 합리적이고 공평하게 노사 양자의 관계를 해결해야 한다고 주장했다.

고용주는 피고용인의 임금을 점차 넉넉하게 지불해야 하고, 아울러 피고용인을 아끼고 보호해야 하며 일체 착취할 수 없다는 견해를 가졌다. 피고용인도 고용주에게 지나치게 많은 것을 요구할 수 없으며, 너무 많은 것을 요구하거나 심지어 노조 등을 결성하여 다수의 힘으로 고용주를 협박하는 것 등은 잘못된 것이라 여겼다. 이러한 논리는 개량적인 방식으로, 노동자의 지위를 개선함으로써 자산계급 유지를 위한 생산관계를 영구히 지속하려는 것이다.

각종 사회주의의 포용과 접목

20세기 초 세계 부르주아혁명의 홍수는 일찌감치 사라졌다. 자본주의에서 제국주의로 나아가는 과도기에 생산력이 비약적으로 발전했고, 그 배후에 인민대중의 고단한 삶이 자리 잡고 있었다. 혁명이 발발한 시기에 자산계급이 묘사한 아름답고 오묘한 사회의 청사진은 이미 수억 인민에게 그 매력을 잃은 상태였다. 인민들은 과거 자본주의 계급혁명을 추종하는 쪽에서 자본주의 제도를 비판하고 반대하는 쪽으로 변했다. 그리고 사회주의 이론이 점점 더 전 세계 혁명 인민의 관심을 끌게 됐다.

당시 중국의 일부 명석한 자산계급 사상가들은, 중국이 당면한 주요 임무는 외세의 침략을 극복하고 민족독립을 실현하는 것이라고 생각했다. 그들은 대내적으로는 봉건질서를 전복시키고 민주정치체제를 세우려 했다. 그런데 구미 각국이 앞서 걸어갔던 길로 방향을 잡으면서 서방 자본주의의 발전이 초래한 폐해를 발견하게 됐다. 그들은 이러한 자본주의 발전에 따른 양극의 분화라는 모순을 피하려고, 자산계급 민주주의의 발전을 선전하고 받아들이는 동시에 각종 사회주의를 연구하기 시작했다.

외국의 거대자본과 봉건 관료자본의 틈바구니에서 어렵게 성장한 중국의 민족자본은, 거대자본에 많은 수모를 당하고 줄곧 자본주의의 균등발전을 희망했다. 그래서 사회주의 학설 중 자본주의가 안고 있는 '경쟁'의 모순과 폐해를 폭로하는 이론 중 하나인 '재산공유론'이 대안으로 떠올랐다. 이러한 주장은 어느 정도 매력과 흡인력이 있었다. 차이위안페이가 이러한 특정한 역사적 배경에서 특유의 민감성을 발휘해 각종 사회주의 사상을 주의 깊게 살피고 연구한 것은·이해할 만한 일이다.

○ 무정부주의 사조의 영향을 받다

무정부주의는 과격한 면모를 가진 소부르주아계급의 정치사조이다. 이 사조는 국가권력을 부정하며, 무산계급이 조직하고 영도하는 혁명투쟁을 반대한다. 수많은 무정부주의자들이 사회주의·공산주의 타도의 기치 아래 자신들의 정치주장을 선전했다. 중국에는 20세기 초에 무정부주의가 전파됐다.

차이위안페이는 1904년 〈경종일보〉 주필로 있을 때 이 사상을 소개했다. 그는 신문에 게재한 '러시아 허무당 원류 고찰俄國虛無黨源流考'이란 글에서 "러시아 허무당의 수반인 미하일 바쿠닌 Mikhail Bakunin(1814~1876)은 원대한 사상과 강고한 의지, 불굴의 기력을 가진 사람으로서 탄복하지 않을 수 없는 인물"이라고 극찬한 바 있다.[13]

차이위안페이가 체계적으로 무정부주의 사상을 받아들이기 시작한 것은 1907년이다. 당시 그는 베를린에 유학 중이었다. 그는 이때 우즈후이, 리스쩡, 장런제 등을 알게 되었고, 그들의 영향으로 무정부주의 조직인 '세계사世界史'에 참여했다. 그러면서 러시아 무정부주의 사상의 대가인 크로포트킨을 더욱 신봉하게 됐다. 후에 베이징대학교장으로 재직하는 동안 차이위안페이는 크로포트킨의 학설을 선전하고 실천하는 청년조직인 '실사實社'를 적극 지지했다.

그가 무정부주의 사상의 영향을 받았다는 사실은 주로 두 가지 측면에서 나타난다.

첫째, 혁명정권을 경시했다. 신해혁명 성공 후 그는 줄곧 당시 정국이 불안정한 탓을 사회풍기 문제로 돌려 실업과 교육을 중시해야 한다고 주장하면서, 국민을 계몽하고 사회를 개량하여 민주 정치를 실현하려 했다. 이것은 그의 서생 기질 때문이기도 했지만, 무정부주의의 영향을 받아 정권을 경시하는 경향이 있었기 때문이다. 예를 들면 1912년 그가 발기하여 조직한 '진덕회'의 규약 중 '관리가 되지 않는다不作官吏', '의원이 되지 않는다不作議員'와 같은 입회조건이 있었다. 이에 대해 우위장은 일찍이 다음과 같이 평가했다.

> 무정부주의자들은 '관리가 되지 않고, 의원이 되지 않고, 도박하지 않고, 기방 출입을 금하고, 아편을 피우지 않고, 첩을 들이지 않는' 등 세속을 초탈한 듯한 육불회六不會 발기를 주장했다. 이 같은 주장은, 혁명세력의 중견 간부나 순수한 청년들을 정치적 환경에서 벗어나게 함으로써, 일체의 혁명적 근본문제가 정권의 문제임을 깨닫지 못하게 하는 오류를 범했다.[14]

한 가지 예를 더 들면, 1917년 쑨원이 '호법護法운동'을 전개하여 무력으로 베이양정부를 전복하려 할 때 차이위안페이는 도리어 "이러한 거사는 타당하지 않다"고 생각했다. 그는 "건물은 당연히 기초를 잘 닦아야 하며, 그 기초란 실업實業과 교육을 중시하는 것"이라는 점진적 논리를 폈다.

> 실업 및 교육의 두 방면은 확실히 효과가 있다. 사회의 신뢰를 넓히고 민치民治의 기초를 세우는 것은, 의원 몇 명을 늘려 국회에서 몇 석을 더 차지하는 것보다 훨씬 더 성과가 크다.[15]

교육과 실업을 중시하는 것은 민주정권을 세우는 데 필수적인 요소이다. 그러나 군벌이 날뛰는 상황에서 실업과 교육을 선전하고 사회의 신뢰를 높이자는 것은 천진난만한 발상이며, 혁명정권을 상당히 경시하는 태도였다.

둘째, 차이위안페이는 크로포트킨의 '호조론互助論'을 이상사회를 건설하는 좋은 처방으로 생각했다. 크로포트킨은 정치와 경제 양 측면에서 무정부주의적 관점을 논했으며, 생물학에서 자기 사상의 과학적 근거를 찾으려 했다. 그는 1890~1894년 무렵에 '호조'가 "인류사회의 발전을 이끈다"는 관점의 저작을 펴냈다. 크로포트킨은 호조야말로 인류를 포함하여 모든 생물이 생존하고 부단히 진화하는 주요 요인이라고 했으며, 아울러 이 이론이 다윈Charles Darwin의 적자생존설을 보충한다고 여겼다.[16]

크로포트킨은 이 이론을 통해 호조의 당위성을 증명하고자 했다. 인류는 호조의 본능을 가지고 있으므로, 국가의 지배도 없고 어떠한 권력의 지배도 없는 완전한 사회를 실현할 수 있다고 본 것이다. 게다가 이런 사회가 국가 또는 권력이 지배하는 사회보다 훨씬 완전하며 이상과 생명력이 풍부하다고 생각했다. 그는 또 호조로써 모든 강제적 권력을 이길 수 있으며, 유토피아를 건설할 수 있다고 여겼다. 차이위안페이는 크로포트킨의 이러한 관점에 많은 영향을 받았다. 1918년 제1차 세계대전이 끝난 후 차이위안페이는 당시 중국의 보편적 지식인들과 마찬가지로, 이 전쟁을 '정의가 철권통치'를 이긴 역사적 사건으로 생각했다.

아울러 중국도 열강의 틈바구니에서 겪었던 고초에서 벗어나 곧 부흥할 것으로 믿었다. 차이위안페이는 윌슨Thomas Woodrow

Wilson의 민족자결주의와 크로포트킨의 호조론에 심취해《대전과 철학大戰與哲學》,《암흑과 광명의 소장黑暗與光明的消長》등을 저술했다. 이 작품들은 제1차 세계대전 후 형성된 낙관적 분위기에서 씌어진 것으로서, 그는 '공리公理가 강권을 이긴다', '호조가 강권을 이긴다'는 필연성에 동조한 것으로 보인다.

진화론의 관점이나 제1차 세계대전의 종식은 '호조가 강권을 이긴다'는 논리를 더욱 굳게 만들어준 듯하다. 그는 이 전쟁을 예로 들면서 말했다.

> 독일이 채택한 것은 니체의 강권주의 정책이었고, 러시아가 채택한 것은 톨스토이의 무저항주의였으며, 연합국이 채택한 것은 크로포트킨의 호조주의였다.[17] 현재 톨스토이를 오용한 러시아는 실패한 국가가 됐고, 니체의 강권주의를 채택한 독일도 실패했다. 최후에 승리한 연합국이 채택한 것은 약한 여러 국가가 힘을 합해 강권에 저항하는 호조주의였다. 연합국의 승리는 바로 호조주의의 우월성을 입증하는 결정적 증거가 됐다.[18]

그는 암흑의 철권통치는 필연적으로 소멸하고 광명의 호조론이 반드시 흥기할 것이라고 설명했다. 그러나 제1차 세계대전 후 중국의 모습은 차이위안페이가 바라던 바처럼 암흑과 강권통치가 사라진 지상낙원이 결코 아니었다. 당시 베이양정부는 여전히 제국주의 열강의 강권통치 아래 놓여 있었다. 또한 당시 중국 사회는 여전히 빈곤과 낙후를 면치 못했으며, 중국 인민의 생활은 도탄에 빠져 있었다.

차이위안페이는 "호조론이 강권통치를 물리쳤다"는 것을 선전하고, 호조론이 반봉건·반식민지 상태에 처한 구중국을 개조시켜서 행복의 세계로 나아가는 교량적 역할을 하기를 바랐다. 크로포트킨의 호조론의 핵심은 호조 자유연합 방식으로, 이른바 공산共産과 평등으로 사회의 기초를 건립하는 것이다. 이러한 사회에는 국가도 없고, 정부도 없으며, 어떠한 지배권력도 없다. 모든 공사公社의 성원은 절대적으로 평등하며, 모든 사무를 공동으로 결정한다. 혁명이 성공한 이후에는 모든 생산재를 사회 전체의 소유로 귀속시키며 즉각 필요에 따라 분배한다.[19]

그러나 이러한 '공산주의 사회'는 소부르주아계급의 환상이며 실현 불가능한 것이었다. 그런데 차이위안페이는 이를 신봉했을 뿐 아니라 일찍이 이 이론에 근거하여 당시 사회를 개조하려고 했다. 그는 매우 열정적으로 교내 청년학생이 1919년에 조직한 '공학호조단工學互助團' 활동을 지지했고, 아울러 〈공학호조단의 대희망工學互助團的大希望〉, 〈국외 근공검학회와 국내 공학호조단 國外勤工儉學會與國內工學互助團〉이란 두 편의 글을 썼다. 그리고 공학호조단이 평민교육을 실천하고, 행복한 피안의 세계에 도달하는 교량적 역할을 할 것이라고 생각했다. 예컨대 전국 각지에 공학호조단과 같은 작은 단체가 가득하다면, 청년들이 자신의 학업문제를 해결할 뿐 아니라, 전국은 물론 세계의 수많은 난제難題들을 모두 해결할 수 있을 것으로 보았다.[20]

달리 말하면 우리는 모두 행복한 피안의 세계에 도달할 수 있다. 이 행복한 세계에서 각 개인은 자신의 능력을 펼칠 수 있고, 필요한 바의 공리와 원칙을 취할 수 있다. 능력을 다 펼칠 수 있다는 것은 이른바 '공工'의 범주이다. 정신노동을 하든지 육체노동을 하든지 인류의 생존이나 문화발전에 유익한 것은 모두 옳다. 추구하는 욕구는 두 종류이다. 하나는 의식주 등과 같은 물질적 욕구이며, 다른 하나는 학술활동과 같은 정신적 욕구이다.[21]

이 두 가지 욕구를 실현하려면 평화적인 경제혁명을 채택해야 하며,[22] 공학호조단의 대연합을 거쳐야 이상적인 신사회를 창조할 수 있다는 말이다. 이것은 매우 상상력이 풍부한, 그야말로 소박한 바람일 뿐이다.[23]

무정부주의는 당시 지식청년 사이에서 유행했다. 이들은 무정부주의로써 마르크스의 과학적 사회주의에 대항하려 했고, 때로는 혁명의 열정을 품고 무정부주의 가운데서 혁명의 답안을 찾으려 했다. 차이위안페이는 후자의 부류에 속했다.

그러나 이 두 가지의 인식은 뒤섞여 있어서 어느 한 가지만 가지고 함부로 비판하는 것은 옳지 못하며, 차이위안페이와 같은 사람을 가혹하게 평가하는 것은 더더욱 잘못이다. 하나의 사상을 받아들일 때 진리를 탐구하는 가운데 곡절과 착오를 겪을 수 있다는 것을 인정해야 한다. 크로포트킨의 무정부주의 공산사조의 영향을 받았다고 하지만, 사상체계의 본질을 말하면 차이위안페이는 부르주아 민주주의자라고 할 수 있다. 그는 빈부의 현격한 차이를 반대했으나, 결코 생산재의 공유에 찬성하지 않았으며 단지 토지 국유화를 주장했을 뿐이다.

그가 이른바 '각자가 능력에 따라 일하고 필요한 만큼 취한다'고 한 것은 무정부주의와 다르며, 과학적 사회주의와도 다른 것이었다. 그는 단지 사람마다 평등하게 노동에 참가하고 합리적으로 보수를 얻으며 평등하게 교육받을 권리가 있다는 것으로 한정했다.

그가 호조와 박애를 주장한 것은 제국주의 열강의 강권정치와 봉건군벌의 부패하고 반민주적인 반동통치를 겨냥한 것이며, 부르주아 민주주의의 범위를 벗어난 것은 아니었다. 무정부주의 이론 중 '혁명'의 진정한 의미에 대한 이해는 결여되었던 것으로 보인다. 즉, 그는 계급투쟁이 실질적으로 사회주의를 실현하는 창조 역량임을 이해하지 못했고, 프롤레타리아 독재이론을 부정했다.

○ 마르크스와 과학적 사회주의 지지

차이위안페이는 마르크스주의자는 아니었으며, 마르크스의 과학적 사회주의를 진리요 신앙으로 여기지도 않았다. 그러나 마르크스에게 시종 존경의 태도를 보였으며, 그의 학설에 대해서도 매우 뛰어난 견해라 평가했다. 그의 이러한 태도는 다음 몇 가지로 정리할 수 있다.

첫째, 마르크스주의의 전파를 지지했고 아울러 이 사상에 진심으로 경의를 표했다. 그는 일찍이 베이징대학교장 재임시 덩중샤鄧中夏, 천두슈, 리다자오 등이 조직한 '마르크스주의학설연구회'를 적극 지지했다. 그리고 베이징대학을 중국 내 마르크스주의 전파의 요람이 되게 했다. 1933년 그는 장제스가 추진하던 문화전제주의에 맞서 천왕다오陳望道, 황옌페이, 타오싱즈陶行知, 장나이치章乃器 등 100여 명과 발기하여 '마르크스 서거 50주년 기념행사'를 거행했다. 아울러 〈신보申報〉에 '연기緣起'를 발표하고 기념집을 발간했다.

당시 중국의 하늘에는 암울한 기운이 감돌았고, 동북 3성의 광활한 대지는 일본 제국주의의 말발굽 아래 놓여 있었다. 인민의 애국은 유죄요, 중화민족은 겨우 남아 있는 생기조차 쇠진해가는 상황에서 이러한 기념회를 발기한 것은 매우 용기 있는 행동이었다. 마르크스주의는 중국 혁명에 적극적인 작용을 했고, 중국 청년들에게도 지대한 영향을 미쳤다.

'연기'에서, 차이위안페이는 마르크스 및 그의 학설을 충분히 수긍했다. 그는 이 글에서 다음과 같이 피력했다.

이 짧은 50년 동안, 마르크스 학설이 세계에 미친 영향은 지대하다. 50년 동안 그에 대한 세인들의 감정은 애증이 교차했다. 그를 헐뜯기도 하고 기리기도 했으나, 그가 위대한 사상가이며 과학적 사회주의의 비조鼻祖라는 사실은 누구도 부인할 수 없을 것이다.[24]

이처럼 그는 마르크스 및 그의 학설에 진심으로 경의와 공감을 표시했다.

둘째, 마르크스주의의 자유로운 연구를 제창했다. 그는 신·구 군벌이 소위 문화적 공세를 통해 마르크스주의 선전을 금지하는 반동정책에 맞서, 줄곧 학술계에서 마르크스주의를 자유롭게 연구해야 한다고 주장했다. 베이징대학에 몸담고 있을 때뿐 아니라 이후에도 이러한 관점을 견지했다. 그는 '연기'에서 이러한 견해를 재차 명확히 했다.

최근에 중국은 공산당을 적으로 간주하여 마르크스 사상과 학설을 말하고 연구하면 유죄라고 하는데, 이러한 생각은 타파되어야 한다. 순수 학술연구의 입장에서 보면, 마르크스 서거 50주년을 기념하는 것은 근대의 위대한 사상가에 대한 진심 어린 경의의 표현이다. 동시에 연구의 자유, 사상의 자유를 창도하려는 것이며, 최근 중국 학술계에 불거져 나온 '사상의 의화단'이라는 보루를 타파하려는 것이다.

그가 이른바 '사상의 의화단'이란 표현을 제기한 진의는 명쾌하다. 곧 봉건 몽매주의와 전제정책을 타파하고 과학연구를 제창하려는 것이었다.

셋째, "오직 노동자만이 미래가 있다"는 신념 하에 '노공신성勞工神聖'을 제기했다. 그는 사회생활을 하는 사람을 세 가지로 구별했다. 첫째 부류는 노동력에 비해 보수는 적고, 둘째 부류는 노동력과 보수가 일치하며, 셋째 부류는 노동력에 비해 보수를 많이 받는 사람이다. 이 중 가장 존경을 받아야 할 대상은 첫 번째 부류의 사람들, 즉 노동자라는 것이다. 차이위안페이는 1918년 5월 1일 노동절에 쓴 '노공신성勞工神聖'이라는 글에서 노동자의 나아갈 길과 소임을 충분히 긍정했다.

우리는 모두 노동자이다. 우리는 스스로 자신의 가치를 인식해야 한다. 노동자는 신성하다. 우리는 유산을 많이 가진 부잣집 아이들을 부러워하지 말아야 한다. 사욕을 취하는 매국관리를 부러워하지 말아야 한다. 물가를 조종하는 장사치를 부러워하지 말아야 한다. 유권자를 매수하는 의원을 부러워하지 말아야 한다. 군량미를 갈취하는 군관을 부러워하지 말아야 한다. 그들은 비록 사치스럽지만 양심적으로는 평안을 누리는 우리와 비할 수 없다. 우리는 우리 자신의 가치를 인정해야 한다. 노동은 신성한 것이다. (…) 금후의 세계는 모두 노동자의 세계이다.[25]

그는 비록 체계적으로 사회 각 계급을 분석하지 못했고, 생산계급과 계급 압박의 근원을 인식하지는 못했지만, 그가 제창한 '노동신성'이란 구호가 명백히 노동자의 입장에서 그들에게 공감을 표하고 그들을 대변하려 했다는 사실은 분명하다.

넷째, 차이위안페이는 사회주의 학설이 대두된 연원을 자본가와 노동자의 대립에서 찾았다.

비근한 예를 들면, 빈부의 격차 때문에 노동자와 자본가의 갈등이 시작됐다. 소수 자본가가 대다수 노동자를 부림으로써 산업을 일으킨다. 결국 노동자는 추위와 굶주림을 면할 수 없으며 불평등 구조가 참으로 심하다. 이리하여 사회주의가 발생하게 됐다.[26]

그러나 마르크스의 과학적 사회주의에 대한 차이위안페이의 인식은 매우 모호한 느낌을 준다. 먼저 그는 과학적 사회주의와 그 외 각종 사회주의 간의 한계선을 분명히 정하지 않았다. 사회주의와 공상적 사회주의, 민수주의民粹主義(1860~1890년 러시아에서 지식인들이 제창한 농본주의적 급진주의와 무정부주의, 기독교 사회주의—옮긴이) 등이 뒤섞였을 뿐 아니라, 중국 고대의 대동사상도 혼재돼 있었다.

1920년 그가 쓴 〈사회주의사 서문社會主義史序〉을 보자.

우리 중국에도 일종의 사회주의 학설이 존재했다. 예를 들면 《논어》에 다음과 같은 공자님 말씀이 기록되어 있다(〈계씨季氏 편〉에 보임—옮긴이). 나라를 소유한 자는 백성이 적음을 근심하지 않고 균등하지 못함을 근심하며, 또 백성이 가난함을 근심하지 않고 편안하지 못함을 근심한다고 한다. 균등하면 가난함이 없고 화평하면 백성이 적음을 근심하지 않으며, 백성이 편안하면 나라가 기울어질 근심을 할 필요가 없다. 이와 같으므로 원방의 사람들이 복종하지 않으면 문덕을 닦아서 그들을 오게 하고, 이미 찾아왔으면 편안하게 해주어야 한다(有國家者, 不患寡而患不均, 不患貧而患不安, 蓋均無貧, 和無寡, 安無傾, 遠人不服, 則修文德以來之, 旣來之則安之).

이것은 곧 대내적으로는 빈부 차가 없어야 하고, 대외적으로는 호전주의와 식민정책을 취하지 말아야 함을 보여준다. 그는 《예운禮運》에 나타난 공자의 말씀과 사회주의를 유사한 것으로 이해했다.

사람들이 그 어버이를 어버이로 대하지 않고 그 자식을 자식으로 대하지 않는다. 노년은 임종하는 바가 있고, 장년은 쓰이는 바가 있고, 유년은 자라는 바가 있고, 홀아비·과부·고아 그리고 늙어서 자식이 없는 사람과 불치병을 앓는 사람은 다 길러주는 바가 있다. (…) 재물은 땅에 버리듯 미워해야 하고 그 몸에 감출 필요가 없다. 힘은 자신의 몸에서 나오지 않음을 미워해야 하고 그 자신을 위할 필요는 없다

(人不獨親其親, 不獨子其子, 使老有所終, 壯有所用, 幼有所長, 鰥寡孤獨廢疾者 皆有所養, (…) 貨惡其棄於地也, 不必藏於己, 力惡其不出於身也, 不必爲己).

차이위안페이는 이것을 곧 '능력에 따라 일하고 필요에 따라 취한다'는 의미로 풀었다. 또《맹자孟子》에 나오는 허행許行의 말을 다음과 같이 기록했다(〈등문공滕文公 장구章句〉 상편에 보임—옮긴이).

현자는 백성과 함께 밭 갈고 나서 먹으며賢者與民幷耕而食, 밥을 하고 나서 정사를 돌보나니饔飧而治 (…) 라고 했다.

이것은 넓은 의미에서 '노동주의'라고 할 수 있다.[27] 유가에서 창도한 천하가 공평해야 한다는 사상은 실제로는 곧 소생산 평균주의를 추구한 것이다. 전원 같은 낙원, 이러한 이상은 후세의 수많은 사람들이 다 바라는 바이지만 그것과 과학적 사회주의는 원칙적으로 구별된다.

아울러 차이위안페이는 기독교의 교리 중 평등·박애주의 사상과 사회주의 사상을 혼용해서 말했다. 1934년에 그가 선쓰주앙沈嗣庄을 위해서《사회주의 신사社會主義新史》서문을 써주었는데, 이 저서는 사회주의와 기독교의 관계를 선전하는 데 치중했으며 기독교 교리가 사회주의 원리와 부합된다고 보았다. 차이위안페이는 서문에서《사회주의 신사》는 "기독교 선전을 목적으로 했는데, 실제로는 사회주의운동 전부를 현창하는 좋은 책"이라며 이러한 관점을 긍정하고 다음과 같이 말했다.

사회주의운동은 추앙받기도 하고 때로는 배척되기도 하는데 이것은 사람마다 보는 각도가 다르기 때문이다. 그러나 이 운동은 이미 오랫동안 철학자의 실험이나 과학계의 구상, 종교계의 선전을 통해 존재해왔다. 이들 각각은 종종 서로 쓸데없는 것이라 여겨 무시했으나 모두 사회주의운동에 어느 정도 기여한 공로를 인정해야 하며 진실로 방법은 다르지만 결과는 같은 것이다.[28]

사람들은 점점 더 사회주의 학설을 인식하게 됐고, 이것은 확실히 인류 발전의 필연적 추세였다. 그러나 사회주의 기치를 내건 각종 학파와 사조를 모두 통합하여 사회주의로 귀결시킨 차이위안페이의 견해는, 분명 사회주의에 대한 견강부회牽强附會였다.

한편 그는 마르크스의 '계급'과 '계급투쟁설'에 대해서는 반대 입장을 고수했다. 그는 중국과 서구 각국은 정황이 다르며, 비록 빈부 차가 발생한다 할지라도 대수로운 것은 아니라고 생각했다. 이로 인해 마르크스의 계급투쟁설을 잘못 적용하여 부적절한 결론을 내렸다. 공산당도 '너무 지나친 것太過'으로 오인했고, '중화설中和說'에 근거하여 자신의 정치이상을 실현하고자 한 것이다. 이것이 그가 노선상의 착오를 범하게 된 이론상의 근원이다.

레닌Nikolai Lenin(1870~1924)은 쑨원의 사상과 학설을 일찍이 다음과 같이 평가한 바 있다.

그는 당시 매우 앞선 중국인이며, 구미의 사상적 영양분을 적극 섭취했다. 구미에서 사회주의는 이미 추진 중이었으며, 이로 인해 필연적으로 사회주의에 대한 동경심이 생겨나 그들의 주관적 사회주

의가 탄생하게 됐다.[29]

주관적 사회주의는 일종의 민주주의와 민수주의의 혼합물이다. 즉, 여기에는 소소생산적 성격의 공상적 사회주의가 뒤따른다. 이것은 당시 중국 민족자본 계층과 소자본 계층이 국내외 대자본의 압박에서 벗어나기 위해 대두됐다. 이들은 민족자본의 자유로운 발전, 토지의 균등분배, 자산의 균등분배를 염원했다. 차이위안페이가 염두에 둔 사회주의도 일종의 민수주의식 주관적 사회주의였던 것이다.

차이위안페이는 그가 처한 입장과 사회적 지위의 제한으로 인해 마르크스의 과학적 사회주의를 정확히 이해할 수 없었으며, 결코 마르크스주의자가 될 수 없었다. 다만 그는 매사에 충실한 사람으로서 과학적 사고를 존중하고 인민을 존중하여 파란곡절의 삶을 살았다. 격동의 세월을 투쟁 가운데 보내면서, 그는 더더욱 사회주의를 인류 보편의 요구로 인식하게 됐으며, 결코 한 학파의 학설에 매몰되지 않았다.[30]

그는 시대의 흐름을 거스르는 장제스의 퇴행적 행보에 처음에는 부화뇌동하다가 점차 소극적 저항을 벌여나갔으며, 최후에는 공개적으로 거세게 저항했다(량치차오와 위안스카이와의 관계도 이와 흡사했다―옮긴이). 차이위안페이는 공산당에 대한 모호한 인식에서 출발했으나 후에는 공산당의 항일 민족통일전선을 포용하고 지지했다. 제2차 국공합작시에는 사상적으로는 물론이고 감정적으로도 날로 공산당을 신뢰했다.

그의 복잡한 사상의 변천 과정을 추적해보면, 근대 중국 지식인이 탐색하며 전진했던 고난의 역정을 잘 헤아릴 수 있다. 그들은 진리와 광명을 찾아 나서면서 너무나 엄청난 대가를 치러야만 했다.

16

도덕사상

'이덕복인'의 가치관을 중시하다 | 사회개조와 신국가 건설을 위해 고상한 덕을 길러야 한다 | 도덕규범의 요체는 자유·평등·박애이다 | 지·덕·체가 일상생활 가운데 스며들어야 한다

도덕은 사람과 사람 사이에서 조정 역할을 하며, 개인과 사회집단의 상호관계를 규정하는 행위준칙과 모범의 총화이다. 도덕은 인류사회의 출현과 함께 존재해왔다. 그러나 도덕은 시대와 사회제도에 따라 다른 특징을 갖는다. 마르크스의 말대로 "사람들은 생산과 교환의 경제관계 속에서 자신의 도덕관념을 섭취한다."[1]

신해혁명의 성공으로 민국이 건립되자, 식견이 있는 선비들은 도덕을 통해 자신의 위치를 공고히 하고 사회의 진보를 도모하고자 했다. 차이위안페이도 이러한 역사적 배경에서 도덕교육을 중시했다. 그는 중국 인민의 전통미덕을 계승하는 가운데 서양의 근대 도덕사상을 비판적으로 흡수했다.

'이덕복인'의 가치관을 중시하다

차이위안페이는 유년기부터 청년기까지 유학에 깊은 영향을 받았으며, 특히 송대의 명리학明理學을 숭배했다. 이것은 각각 부정적인 면과 긍정적인 면이 있었다. 부정적 측면은 '할비割臂(옛날에 자식 또는 아내가 부모 또는 남편의 병을 고치려고 팔의 살점을 잘라

내어 약으로 쓴 것을 말함. '할고割股'라고도 한다—옮긴이)'와 '수효守孝(부모상을 당했을 때 상복을 벗기 전까지 오락과 교제를 끊고 애도를 표시하던 풍습—옮긴이)' 등 일련의 봉건예속의 영향을 받은 것이고, 긍정적 측면은 어려서부터 수신과 도덕교육에 관심을 기울인 것이다. 그는 이학 사상가들의 공리공담에서 벗어나 실천을 중시했다. 이것은 그가 겸허한 인생을 사는 밑거름이 되었으며, 세인들은 그의 고매한 인품을 흠모했다.

그는 평소에 과묵하고 늘 미소를 지었다. 무형 중에 드러나는 과묵함과 미소는 그의 인격과 정신을 더욱 돋보이게 했다.[2] 외모는 비록 연약하여 바람에도 견디지 못할 것 같았지만, 도덕적 역량은 만균萬鈞(균은 고대의 무게 단위로, 1균은 30근이다—옮긴이)의 무게를 감당하고도 남았다.

그는 도덕을 선악의 지표로 간주했기에 도덕수양과 인격 연마를 중시했다. 20세기 초, 애국여학교에서 교육할 때도 그는 늘 도덕의 중요성을 강조했다.

> 도덕은 실로 완전한 인격을 형성하는 근본이다. 만약 도덕이 없다면 단지 육체와 넋體魄이 존재하여 지력만 발달하게 되므로, 악을 조장하기 알맞으니 무익한 것이다.[3]

1909년 초반 독일 라이프치히대학에서 유학하는 동안, 그는 파울젠Friedrich Paulsen(1804~1908) 교수의 《윤리학 체계System der Ethilk》를 번역하여 서양의 윤리사상과 도덕관을 소개했다. 또 1911년 상반기에는 《중학 수신교과서中學修身敎科書》 상·하편을 저술했다. 상편은 수신·가족·사회·국가·직업의 5장으로 구성됐고, 하편은 양심론·이상론·본무론本務論·도덕론 등 6장으로 구성되었다. 이 책들은 상하이 상무인서관에서 출판하여 일찍이 교과서로 채택됐다. 마오쩌둥이 호남 제일사범학교에서 공부할 때 이 책을 읽고 1만 1천 자에 달하는 서평을 썼다. 마오쩌둥은 1936년 에드거 스노와 대담 중에 이 책에 대해 다음과 같이 말했다.

> 그 가운데 어떤 견해는 매우 독창적이고 일리가 있으며, 읽을수록 흥미를 느꼈다.

민국 건립 초기에 차이위안페이는 상하이에서 동지들과 진덕회를 발기했고, 계속해서 '육불회', '사회개량회' 등을 조직했다. 1912년 차이위안페이는 쑨원의 명을 받들어 난징 임시정부의 특명 전권사절단의 대표로 위안스카이를 환영하려 가는 길에, 톈진으로 가는 배 안에서 동행한 사람들과 진덕회의 사무와 회칙 제정 문제 등을 논의했다. 이 중에는 의원 및 관리 신분인 자들이 일부 있었다. 이들은 두 가지 계율을 지키기가 아주 불편하여 이 두 조항을 삭제하고 별도의 모임을 조직했다. 30여 명이 발기한 이 모임의 이름은 쑹둔추宋遯初[4]가 제의하여 '육불회'라 했다. 동시에 '사회개량회'[5]도 발기하고 36개 조항의 계율을 정했다.

'육불회'나 '사회개량회' 등이 당시 사회에 얼마나 많은 영향을 끼쳤는지는 이루 다 말할 수 없다. 단지 우리는 차이위안페이가 혁명지사로서 사회기율을 중시하고 부패한 풍습을 척결하고자 했던 간절한 심정을 이해할 뿐이다. 이는 정권쟁취 초기에 자산계급의 생기발랄하고 적극적인 정신자세를 반영한 것이었다.

그는 교육부장관 재임 시절 〈교육방침에 대한 의견〉을 발표하면서, 도덕교육을 학교교육의 핵심으로 설정했다. 학교에서 군국민주의 교육, 실리주의 교육, 공민도덕 교육, 세계관 교육, 미육 등 5개 분야를 가르쳐야 한다고 강조하면서, 그중에서도 특히 "도덕교육이 중심이 돼야 하고, 세계관 교육과 미육은 도덕을 완성하는 데 기여해야 하며, 군국민주의 교육 및 실리주의 교육은 도덕으로써 근본을 삼아야 한다"고 했다. 후에 그는 또 교육법안을 심의하는 자리에서 "'건전한 인격의 양성'이 보통교육의 종지 중 하나가 돼야 한다"고 했다.[6] 1915년 독일에서 근공검학회를 조직할 무렵 《화공학교 강의華工學講義》를 공동으로 저술할 때에도 이 중에서 덕육 부분 30편을 도덕교육의 기본교재로 택했다.

국내 정국이 혼미해짐에 따라 위안스카이가 황제가 되려는 야욕을 드러냈고, 군벌이 혼전 양상을 보이는 등 세상풍조가 날로 흉흉해졌다. 이때 차이위안페이는 정치계, 실업계의 부패가 이미 극에 달한 것을 보고[7] 도덕 제창의 절박성을 느꼈다. 그가 베이징대학교장 취임 이후 특별히 학교 교풍을 중시한 것은 이런 이유에서였다. 그는 동학들에게 "덕행 연마에 힘쓰고 솔선수범하여 퇴폐적인 풍속을 힘써 바로잡아야 한다"고 강조했다.[8]

또한 교직원들이 본분을 지키고, 학생들이 학업에 전념하기 위해서는 "마음을 어지럽히는 취미·오락 등을 제거해야 한다"[9]고 역설했다. 그러면서 학업을 공경하고 자기의 이익을 돌보지 않고 민중을 사랑하는 길로 전진했다.

그는 또 베이징대학에 진덕회를 조직하여 '승기繩己(자신을 통제)', '사인謝人(남의 유혹을 거절)', '지방止謗(비방 방지)'[10] 등을 호소했다. 이른바 '승기'는 자신에게 엄격하고 도덕규범으로써 자신의 언행을 단속하는 것이며, '사인'은 타인에게 농락당하지 않고 유혹을 뿌리치며 사회적으로도 혼탁한 무리와 합류하지 않는 것을 뜻한다. '지방'은 교직원과 학생들이 스스로 모범을 보임으로써 외부 사람들이 학교를 비방하지 않도록 하여 학교의 명예를 보존하는 것이다. 남 탓하기에 앞서 먼저 자신을 돌아보라는 뜻이다. 그는 베이징대학 개교 22주년 개학식 치사에서 이렇게 강조했다.

> 이른바 비방하는 것보다 스스로 수양하는 것이 낫다. 남들이 날 비방해도 스스로 물어 한 점 부끄럼이 없다면 나에게 무슨 손해가 되겠는가?[11]

베이징대학 진덕회 규정을 보면, 회원을 갑·을·병 세 종류로 나누었다. 갑종 회원은 기방 출입하지 않기, 도박하지 않기, 축첩하지 않기의 세 가지 신조를 반드시 준수해야 했다. 을종 회원은 위의 세 가지 신조 외에 관리 되지 않기, 의원 되지 않기 등을 준수해야 했다. 병종 회원은 위의 다섯 가지 신조 외에 음주하지 않기, 육식하지 않기, 흡연하지 않기의 세 가지 계율을 더 지켜야 했다.

일찍이 민국 초기에 어떤 사람이 이미 '6불가주의'를 제기했다. 차이위안페이는 부패한 관리와 명예가 실추된 의원들을 수없이 목격하고 난 뒤 '관리 되지 않기', '의원 되지 않기'를 추가하여

'8불가주의'를 주장했다. 이러한 규정은 오늘날의 기준에서 보면 결코 완전하다고 할 수 없지만, 당시의 폐단을 정확히 꿰뚫은 계율이었다. 진덕회와 육불회 등은 대학의 분위기에 일정한 영향을 미쳤다. 교직원 대다수가 이들 조직에 가입했으며, 학생들도 적지 않은 수가 가입했다. 1918년 6월 진덕회가 정식으로 설립됐을 때 교원 76명, 직원 92명, 학생 301명이 가입했다

리다자오·천두슈·후스·마인추 등은 갑종 회원, 차이위안페이·판원란·캉바이칭康白情·첸쉬안퉁은 을종 회원, 량수밍·장선푸張申府 등은 병종 회원이었다.[12] 진덕회 외에도 '체육회', '음악회' 등 수많은 단체들이 조직됐다. 이 단체들은 학생들이 여가를 선용하도록 적극 유도했고, 새로운 사회기풍 조성에 필수불가결한 방도가 됐다.

이후 거의 모든 대학에 이러한 조직들이 보편적으로 설립됐다. 차이위안페이가 베이징대학에 이러한 기풍을 처음으로 진작해 다른 대학들에까지 좋은 영향을 미친 것이다. 그의 이러한 구상과 방법은 학생들이 학업에 전념하고, 마음을 수양하며, 신체를 단련하는 촉진제 역할을 했다. 그는 진덕회 1기 졸업생들에게 조그만 자尺 하나를 선물로 주었는데, 거기에는 다음과 같이 글이 새겨 있었다.

각자는 힘써 나날이 뜻을 새롭게 하고, 모두 '역경 속에서도 절개를 굽히지 않는 마음'을 간직할 것을 함께 증언해야 함.

차이위안페이의 정성 어린 보살핌과 지도로 대학의 교풍은 나

날이 새로워졌다. 학생들이 벼슬을 위해 공부하고 관리가 되려고 공부하는 왜곡된 풍조가 점차 구국을 위해 학업에 힘쓰는 새로운 기풍으로 바뀌었다. 5·4 운동 시기 베이징대학이 '초목이 무성하게 자라듯' 번성기를 구가한 것은, 스승과 제자들이 고상한 도덕과 풍모를 갖춘 것과 밀접한 관계가 있다. 평소 덕육을 제창하고 인격을 존중한 차이위안페이의 태도는 전 생애에 걸친 그의 언행에 잘 배어 있다.

사회개조와 신국가 건설을 위해 고상한 덕을 길러야 한다

차이위안페이는 덕육을 사회개조의 수단으로 생각했으며, 고상한 정조를 배양하는 것이 사회개조의 목표라고 여겼다. 또한 덕육은 인생을 살아가는 데 필수적인 것이자, 새로운 공화국 건설의 요구라고 했다. 이에 덧붙여 사덕私德은 공덕公德의 기초이고, 사회개조는 개개인의 수신과 덕육 함양에서 시작되며, 사덕을 닦지 않으면 그 화가 사회에 미친다고 했다.[13]

그는 당시에 유행한 "서양은 공덕을 숭상하고 동양은 사덕을 숭상한다"는 말을 비판하며, "공덕이 잘 닦여지면 사덕은 문제될 것이 없다"는 견해를 일종의 오해라고 했다.

우리는 이미 사회의 한 분자이며, 한 분자의 부패는 전체에 영향을 미친다. 그것은 마치 질병과 같아서 전염성이 매우 광범위하고 종종 사람의 예상을 뛰어넘는다.

만약 덕행연마에 힘쓰지 않는다면, 장래에 중임을 맡거나 처리하며 강단에 서게 될 때 반드시 학생들에게 해를 끼치고, 정계에 투신하면 반드시 국가에 해를 끼치게 된다.[14] 그는 역사적 사례를 들어, 사덕을 닦지 않고 사회에 뛰어들면 국가에 해를 끼치게 됨을 강조했다.

> 옛날 의적儀狄(처음으로 술을 만든 하대夏代 사람—옮긴이)이 술을 빚을 때 우임금이 그것을 마시고 맛있게 여겨 "후세에 반드시 이 술로써 나라를 망하게 할 자가 있을 것이다"라고 말한 뒤 마침내 의적을 멀리하고 '맛있는' 술을 끊었다(《맹자》〈이루장구離婁章句〉하편에 보임—옮긴이). 사마천이 일찍이 말했다. "하나라가 망한 것은 말희妹喜 때문이요, 주나라가 망한 것은 달기妲己 탓이다." 자네들은 술에 절어 초나라가 패했고, 나폴레옹이 색에 빠져 프로이센 군국주의의 싹을 키웠다는 사실을 반면교사로 삼아야 한다. 이처럼 사덕을 닦지 않으면 화가 온 사회에 미치니 이러한 예는 이루 다 헤아릴 수 없다.[15]

차이위안페이는 베이양군벌이 패덕하여 인민들이 처절하게 고통을 당했던 일을 잘 기억하고 있었기에 이처럼 도덕적 각성을 촉구했던 것이다.

정부나 실업계의 부패는 극에 달했고, 화禍가 더욱 기승을 부려 망국의 지경에까지 이르렀다. 소수 당국자들만이 교만하고 사치스럽고 방탕해서 그런 것은 아니기 때문에 부득이 '도덕적 대각성 운동'이라는 자구책을 마련하게 됐던 것이다.

그는 일상적인 도덕수양의 중요성을 일깨우며, 《주역周易》의 한 구절을 인용했다.

> 선행이 쌓이지 않으면 이름을 날리기 어렵고, 악행이 쌓이지 않으면 몸을 망칠 것이 없다. 작은 선행이라도 무익하다 하여 아니 해서는 안 되며, 작은 악행이라도 손상될 것이 없다 하여 범해서는 안 된다.[16]

그는 노파심에서 사람들이 자신의 덕행을 연마하고 지조와 분수를 지키는 데 게으르지 말고 부지런히 노력해야 할 것이라고 했다.

차이위안페이는 근대 자본주의의 병폐에서 벗어나려면 반드시 덕육의 실천이 필요하다고 했다. 당시 자본주의 제도 본래의 폐단이 더욱 명료해졌고, 지식인이나 선각자들은 이를 매우 우려하게 됐다. 차이위안페이 역시 서방 국가 가운데 경제위기, 경쟁과 약탈, 도덕의 파괴 등 각종 악행을 저지르는 일부 나라들을 목격했다. 배운 자가 우둔한 자를 속이고 강자가 약자를 짓밟으며, 사사로운 이익 때문에 으르렁거리고, 빈부격차가 현격하며, 노사간의 혈투 등이 난무했다. 그는 이 같은 실상을 경험하고서 '덕행'에 특히 관심을 기울였다.

그러나 자본주의 제도에서 조성된 해악이 인류 도덕의 파괴로 귀결된다는 차이위안페이의 인식은 매우 부정확한 것이었다. 다만 자본주의 제도에서 유발된 도덕 파괴의 피해를 공민도덕교육으로 예방해야 한다는 주장은 중국에서도 일부 취할 만한 부분이 있었다. 특히 대외교류가 활발해짐에 따라 도덕적 관념에 대한 중국인의 자각이 결여되기 쉬운 상황에서, 그가 강조한 '도덕수양은 더욱 절실한 시대적 요구였다.

그는 다음과 같이 말했다.

> 수양의 목적은 일정한 수련을 지속하여 평정심을 잃지 않게 하는 것이다. 나는 평소 어떤 일에 부딪힐 때 항상 헤아려보고 따져보는 여유를 갖는다. 그러므로 반복해서 생각해보고 심사숙고하여, 이익·폐단·시비의 경중을 가려 취사선택한다. 그러나 갑자기 어떤 사태에 당면하면 심사숙고할 여지가 없어 당황하게 된다. 그러므로 부단히 수양하지 않으면 안 된다. 이처럼 수양이라는 것은 평소에 조금도 소홀히 할 수 없는 것이다.[17]

끝으로, 그는 고상한 정조를 배양하는 것이 아름다운 공화국을 건설하는 데 꼭 필요하다고 여겼다. 차이위안페이가 그린 이상적인 공화국은 단지 물질적 풍요에 그치는 것이 아니라, 인민의 도덕이 고상한 단계에까지 이른 것을 말한다. 그는 고상한 품격을 갖춘 국민이 되려면 다음과 같은 노력이 필요하다고 말했다.

> 부강한 국가가 되려면 반드시 격에 맞는 국민이 뒷받침되어야 한다. 공화국은 도덕을 핵심요소로 삼으므로 그 백성도 항시 사익을 희생하고 공익을 앞세워야 한다. 공화국민은 자치를 천직으로 여기므로 실업육성에 진력해야 한다. 고뇌하며 이치를 배우려 하지 않는 관료를 경멸하고 멀리해야 한다. 사람마다 민주사상을 구비해야 하고 신생 공화국의 국민으로서 공덕을 숭상하고 인권을 존중하며, 귀천의 차별이 없어야 한다. 교육을 통해 건전한 인격을 기르고 공화정신을

드날려야 한다.[18]

그는 도덕수양과 지식증진을 필수불가결한 정신적 요소로 간주했고, 물질생활이 개선되는 것과 동시에 적절한 정신생활의 만족도 필요하다고 생각했다.

인류의 생존에는 두 가지 요소가 필요하다. 하나는 의식주 등과 같은 물질적 요소이고, 다른 하나는 학문활동 등과 같은 정신적 요소이다.[19] 사람은 배고픈 것을 걱정할 뿐 아니라 '뇌'가 굶주린 것도 두려워해야 한다.[20] 지식 외에 더욱 필요한 것은 도덕수양이다. 만일 도덕심이 결여되어 있다면 큰 사업을 일으킬 수 없고, 외국과도 마찰을 일으키게 된다.[21]

신공화국 건설, 사회개조, 자본주의의 폐해 예방 그리고 새로운 인재를 배양하는 것, 이것이 바로 차이위안페이가 덕육을 적극 제창한 근거이다.

도덕규범의 요체는 자유·평등·박애이다[22]

차이위안페이는 다음과 같이 생각했다.

도덕은 고정불변의 것이 아니며, 때에 따라 지역에 따라 변할 수밖에 없다.[23] 수양의 도道에는 평소에 반드시 신조信條가 뒤따른다. 신조는 그것이 종교적이든 사회적이든 마음에 잊지 않고 되새기게 하는 일종의 축적된 저항력을 갖게 하며, 어떤 일을 당했을 때 그것을 믿고 즉시 선택할 수 있게 한다. 예를 들면 마음이 하고자 하는 바를 못하도록 금하는 것이나, 혹은 마음이 하고자 하지 않는 바를 반드시 행동으로 강행하는 것은 다 신조의 힘에 의지한 덕분이다. 그러나 신조는 장기간에 걸쳐 형성된 것으로서 영구히 적용할 수는 없다. 신조에 따라 장기간 행동하다 보면 반드시 적절치 못한 점이 나타나 곧 회의에 빠지고 마침내 신조의 효력도 상실하게 된다.

훌륭한 선현이 만든 격언이나 가훈嘉訓도 시대의 경험법칙에 의해 인위적으로 만들어진 것이므로, 시대의 변천에 따라 그 내용도 바뀌지 않을 수 없다. 오늘날의 눈으로 보면 과거의 신조나 격언, 가훈 등은 휴지 조각에 불과할 것이다. 그러므로 수양의 도는 그 방법을 부단히 연구하지 않으면 안 된다.

시대의 흐름에 따라 진보하기도 하고 도태되기도 하는 것이 자연의 이치이다. 도가道家처럼 심산에 칩거하여 세상일에 어둡다면, 현실을 모르고 수양하는 것이며 천변만화에 대응할 수 없다. 만일 어떤 구도덕이 현실과 괴리돼 있다면, 그것을 고치는 데 망설일 것도 없고 굳이 그것을 사수할 필요도 없다.[24]

예를 들어 '존군비신尊君卑臣', '남존여비'는 모두 인간의 사상을 억압하는 낡은 도덕이다. 자유·평등·박애를 중심으로 하는 아름다운 습관만이 미래를 위한 도덕의 새 장을 열 수 있다.[25]

세계가 발전하면 세상사도 더욱 변잡해지며 사람들은 그 가운데서 중압감을 받으며 생활하게 된다. 그러므로 도덕신조도 필연적으로 시대적 요구에 부응해야 하며, 결코 진부한 교조로 인간을 속박해서는 안 된다. 이것은 현대인의 도덕이 현대사회에 부합되어야 한다는 의미이다.[26]

그렇다면 차이위안페이가 추구한 새로운 도덕이란 무엇인가?

무엇을 공민도덕이라 하는가? 프랑스혁명이 표방한 것은 자유·평등·박애의 정신이었다.[27] (…) 자유·평등·박애는 도덕의 대강大綱이다.[28]

그는 프랑스혁명의 이러한 가치관을 신도덕의 중심내용으로 삼아야 한다고 했다. 또한 인도주의 윤리도덕관념을 정립하기 위하여 여기에 중국의 전통사상을 접목하고자 했다. 그는 프랑스혁명에서 제기된 자유·평등·박애 세 요소를 중국의 전통사상에서도 찾아볼 수 있다고 했다.

'자유란 부귀하되 음탕하지 않고, 빈천하되 지조를 바꾸지 않으며, 위압과 무력에 굴복하지 않는 것富貴不能淫, 貧賤不能移, 威武不能屈'을 말하니, 옛적에 아마도 정의를 말하는 것 같다. 평등이란, '내가 하기 싫은 바를 남에게 시키지 말라己所不欲 勿施於人'는 의미로 옛적에는 아마도 서恕를 지칭하는 것 같다. 박애란 '자신이 입신출세하고자 하면 남을 먼저 입신출세시키고, 자신이 현달하고자 하면 남을 먼저 현달하게 하는 것己欲立而立人, 己欲達而達人'이다. 이것은 아마도 인仁을 일컫는 것이 아닐까 싶다.[29]

이로부터 중국과 외국의 사상이 일맥상통하며, 중국에 전파된 서양 자산계급의 도덕관념이 합리성을 띠었다고 설명할 수 있다. 그러나 도교·불교·이슬람교 등이 자유롭게 선교할 수 있었다는 것을 예로 들어 중국에도 본디 신앙의 자유가 있었고, 중국의 봉건사회도 매우 자유로운 사회였다고 평가한 것은 억지논리이다. 중국의 잔혹한 전제제도는 진보사상, 혁명사상을 줄곧 '이단사상'으로 몰아세웠을 뿐인데, 당시에 무슨 자유를 말할 수 있었겠는가? 여기서 우리는 차이위안페이가 몇 가지 관념을 호도했다고 이의를 제기할 수 있다. 그러나 그렇다고 해서 그가 봉건도덕을 견지하고 자산계급의 도덕관념을 반대한 것으로 오해하지는 말아야 한다. 그의 본래 의도는 서구의 도덕사상이 중국에서도 통할 수 있다는 것을 설명하고자 한 것이었다.

그는 중국 고대에 이미 자유·평등·박애의 가치관이 존재했다고 보았고, 자유·평등·박애의 정신은 중국에도 적합한 것이라 했다. 또한 유교는 본래 종교가 아니고 예의 범주에 속한다고 단정하고, 유교를 숭배하는 자는 백성을 근본으로 여겨야 할 것이라고 했다.

이러한 점에 비추어, 중국의 유교와 프랑스의 철학자 콩트가 제창한 인도주의는 유사한 점이 있다고 했다.

> 공자, 맹자로부터 장횡거張橫渠에 이르기까지 민정民政의 정신이 깃들어 있다. 공자의 '공평 및 대동公平大同', 자하子夏의 '사해동포주의'나 장횡거의 '백성이 나의 동포民吾同胞' 등은 프랑스 사람들이 제창한 박애의 정신과 합치된다. 결론적으로 중국은 인도주의를 교

육의 기초로 삼았는데, 이것 또한 프랑스와 더불어 뜻을 같이한 것이다.[30]

차이위안페이의 이상적 도덕표준은 그가 발기한 '사회개량회' 장정章程에 잘 나타나 있다. 이 장정은 모두 36개 조문으로 구성되어 있다.

- 함부로 기방 출입 않기
- 하녀나 첩 들이지 않기
- 성년 이후 재산의 독립권 소유 제창하기
- 개인의 자주를 제창하고 부모·친척이나 친구에게 의지하지 않기
- 남녀평등 실천하기
- 조혼 및 병중에 결혼하는 풍속 폐지하기
- 자유결혼 제창하기
- 이혼의 자유 인정하기
- 재혼의 자유 인정하기
- 사생아 차별하지 않기
- 자녀 적게 낳기
- 아동 체벌 금지
- 피고용자 학대하지 않기
- 연줄 대기, 의형제 맺기, 수양딸 삼기 등의 풍속 제거
- 형이나 동생의 아들을 양자로 삼거나, 숙부의 양자로 들어가는 행위 금지하기
- 궤배跪拜를 없애고, 국궁鞠躬이나 공수拱手로 대신하기

16. 도덕사상 —— 509

- 대인大人, 라오예老爺 등의 호칭 없애기
- 전족, 귀 뚫기, 연지 바르는 풍습 없애기
- 도박하지 않기
- 공직 재직시 뇌물 받지 않기
- 번문욕례繁文縟禮 없애기(연회, 환영회 등)
- 명절에 예물 보내지 말기, 경조사 때 폐백 등 허례허식 금지
- 사적인 유산을 공적인 일에 사용하기
- 관혼상제 때 사치스럽거나 미신 등의 경거망동하지 않기
- 심상心喪주의 제창, 무덤가에 초막 짓고 모시는 행위 등 형식주의 배격
- 영신迎神, 건초建醮(결혼시 신에게 술을 올리며 제사 지내는 예) 등의 귀신 신봉 습속 폐지
- 우상과 위패牌位 금지하기
- 풍수, 음양 등 맹신 금지
- 아편, 커피, 흡연 등 목숨을 해치고 재산을 소모시키는 기호품 금지
- 의복과 장식 소박하게 하기
- 청결한 습관 기르기
- 침이나 가래 뱉기, 오물 투척 등 공공위생에 방해되는 행동은 하지 않기
- 욕설, 소란, 난폭한 행동 금지하기
- 공원묘지 제도 정착하기
- 희극 및 모든 연예 분야의 사업 개선하기
- 음란물 등 풍속을 해치는 광고 및 각종 인쇄물 없애기

이 36개 항에 이르는 사회개량 조치는 태어날 때부터 죽을 때까지, 일상생활에서 관혼상제에 이르기까지, 공중위생에서 오락활동에 이르기까지 포함되지 않는 부분이 거의 없었다. 이것은 자유·평등·박애를 중심으로 하는 도덕관을 구체화한 것이라 할 수 있다.

한편 차이위안페이는 중국의 고대 제도나 전통사상에서 자유·평등·박애의 요소를 발견하고자 애를 썼으며, 이를 통해 서방의 도덕도 중국에 적용 가능하며, 또한 동양적 색채를 띠고 있음을 증명하려 했다.

차이위안페이는 애써 고대 중국의 미덕과 서양의 도덕을 한 용광로에 넣어 융합하고자 했다. 자본주의 도덕관이 허위를 내포하고 있음에도 서양 자본주의의 장점을 입증하려고 관심을 집중한 나머지, 당시에는 그것이 허위에 불과하다는 사실을 돌아볼 겨를도 인식할 틈도 없었다.

지·덕·체가 일상생활 가운데 스며들어야 한다

차이위안페이 도덕사상의 한 특징은 실천을 중시한 것이다. 그는 도덕수양이 생활의 각 영역으로 침투돼야 하며, 지·덕·체·미육과 밀접하게 결합하여 덕행을 연마해야 한다고 했다. 그의 이러한 견해는 봉건 도학가가 공허한 설교를 중시하는 것과 명확히 선을 그은 것이었다. 그의 도덕학설은 사회적 실천과 연결되며, 근대과학 발전과 서로 조화를 이루었다. 이것은 매우 귀중한 생각이다. 그는 결코 도덕을 겉으로만 외치지 않았으며, 묵묵히 행동으로 실천했다.[31] 이것은 그의 도덕정신이 지닌 역량을 잘 보여준다.

차이위안페이는 도덕수양과 과학·지식교육이 불가분의 관계라고 여겼다. 그는 순결한 품성을 기르는 데 필요한 지식의 확충, 행동을 조신하게 하는 수양의 중요성을 강조했다. 과학이 발달하지 못한 시대에는 교육을 모두 종교인에 의탁했고, 종교 자체에 덕육의 요소가 포함됐다. 근대에 이르러 과학이 발달하면서 점차 도덕이 종교의 굴레에서 벗어났으며, "사람은 하나님이 창조했다"는 등의 허탄한 말들이 낱낱이 까발려졌다. 그리고 얼마나 많은 종교적 관습들이 민족 고유의 도덕적 전통과 충돌했는지 인식하게 됐다. 그리하여 사람들은 도덕이 종교와 무관하다는 것[32]과, 아울러 과학과 도덕이 불가분의 관계라는 것을 차츰 인식하게 됐다.

차이위안페이는 일찍이 베이징고등학교 교훈으로서 '성근용애誠勤勇愛'란 네 글자를 예로 들어 설명했다. '성誠'은 남을 속이지 않는 것이며, 또한 남에게 속지 않는 것이다. 과학 또한 실험을 통해 진리를 발견하며, 옳고 그름을 추호도 쉽게 바꿀 수 없다. 이러한 의미에서 최선을 다하고자 하는 뜻의 '성'이라는 글자는 과학적 방법과 불가분의 관계이다.

'근勤'이란, 본래 과학과는 떼려야 뗄 수 없는 관계에 있다. 정확한 과학적 결론을 얻기 위해 수십, 수백 차례 실험을 반복한다. 그래야만 믿을 만한 수치적 근거를 얻을 수 있기 때문이다. 그러므로 '부지런히 힘써 행하기 위해勤' 반드시 과학에 의뢰해야 한다.

'용勇'이라는 글자는 나라를 위해 목숨을 바치고, 의를 위해 앞장서는 선비를 떠올리게 한다. 만 가지 고난을 물리치고 목적에 도달함을 일러 '용'이라 할 수 있다. 과학의 실험과 탐색은 역경이 너무 많아 종종 생명을 잃는 경우도 있다. 새롭게 발견된 학리學理와 구 전통은 서로 용납하지 못하며 종종 사회의 박해를 받기도 하는데, 코페르니쿠스나 갈릴레이 등의 억울한 희생을 예로 들 수 있다. 용감한 정신의 배양은 과학으로 말미암아 이루어질 수 있다.

'애愛'의 의미는 어떠한가. 사회생활을 하면서, "항상 자기만 옳고 남은 틀렸다"며 적대시한다면, 사랑의 욕구는 실천하기 어렵다. 그러나 과학은 그렇지 않다. 모든 이를 동등하게 대하고 차별의 한계를 긋지 않는다. 박애와 진리의 기초 위에 모든 사람을 평등하게 여기며, 사견으로써 일체를 바꾸려는 행위를 절대 용납하지 않는다. 따라서 질투의 기교를 부리지 말아야 사랑하는 마음을 기를 수 있다.[33]

결국 차이위안페이는 수양의 정수精髓를 과학에서 찾을 수 있다고 단정했다.[34] 그는 청년들이 지식을 확충하고 취지를 고상하게 하며 품성을 순결하게 간직하도록 북돋워주었다.[35] 도덕수양과 과학학습을 결합하여 미신과 망령된 행동을 반대하는 이른바 '과학수양'을 제창했다. 이는 윤리학사에 신기원을 연 것이라고 할 수 있다.

그의 이러한 견해에서 다음과 같은 추론이 가능하다. 과학은 더욱 밝은 곳으로 사람을 인도하고 사람의 도덕적 면모를 쇄신시킬 수 있으며, 과학의 발달로 말미암아 도덕이 타락하는 비극은 일어나지 않을 것이다. 사회가 더욱 발전할수록 도덕 수준이 점점 더 낮아질 것이라는 주장은 근거가 없다.

다음으로 차이위안페이는 도덕과 체육이 밀접한 관련이 있다고 생각했다. "건강한 신체에 건전한 정신이 깃든다"는 말처럼, 만약 신체가 허약하면 사상이나 정신이 어떻게 발달하겠는가?[36] 그는 체육을 군국민교육과 애국·구국·위국衛國, 건국과 관련지어 이렇게 지적했다.

> 국민으로서 완전한 인격을 구비하지 못하고 국가가 융성하기를 바라는 것은 될 수도 없거니와 쇠망의 근심이 있을 뿐이다. 완전한 인격을 기르면 국운이 융성하여 쇠망에 이르지 않을 것이니 이것을 진정 애국이라 할 수 있다.[37]

완전한 인격을 양성하려면 체육이 우선되어야 한다. 그는 구체적으로 운동회와 체육경기를 예로 들면서, 체육은 도덕과 고상한 기풍을 배양하는 적극적 작용을 한다고 했다.

> 운동회 자체가 본래 많은 장점을 가지고 있다. 그것은 흥미를 촉발하고, 정신을 진작하며, 지식을 교환하고, 감정을 이어주며, 공덕을 기를 수 있게 해준다. 또한 개인의 명예를 고취시키며 나아가 단체 정신을 길러준다. 경기에서 정당하게 싸우다 패하는 것이 사술邪術을 부려 승리하는 것보다 낫다. 패했으면 그 원인을 자신에게서 찾고 남을 원망하거나 질투하지 않는 미덕을 길러야 한다.[38]

그의 이러한 견해는 덕육과 체육의 유기적 결합을 이룰 뿐 아니라, 국민체육사업의 건전한 발전에도 유익하다고 할 수 있다. 그는 덕육과 미육도 불가분의 관계에 있는 것으로 보았다. 미육을 통해 발랄함, 예리함, 고상함, 순결함 등의 품성을 도야할 수 있다는 것이다.

> 공민도덕교육과 미육은 다 덕육과 밀접한 관계가 있다. 덕육은 의지와 감정을 겸한 의미를 지닌다. 미육은 감정과 잇닿아 있다. 중국 고대에 '예禮'를 제정하고 '악樂'을 만들었다. '예'는 덕육의 범주이며 '악'은 미육의 갈래이나, 예로써 이 두 가지를 하나로 묶었다.[39]

이로 인해 차이위안페이는 덕육을 고려할 때 미육을 잊지 않았고, 미육을 말할 때도 덕육과 관련을 지었다. 미육의 적극적 작용에 관해서는 본서 11장에 상세히 언급했다.

차이위안페이는 도덕의 수양과 전 교육과정을 지육·체육·미육 등과 결합하여 체계적으로 언급한 최초의 인물이었다. 그는 도덕교육과 관련된 광활한 영역을 개척했고, 전 민족의 도덕 수준을 고양시키는 목표를 세우고 덕육이 순조롭게 실천되도록 각고의 노력을 기울였다.

17

세인의 귀감

일생을 학문에 힘쓰다 | 정의를 위한 투쟁에 나서다 | 타인에게 관대한 '하오하오 선생' | 전형적인 외유내강형의 선비 | 평생 청년과 후진 양성에 힘쏟다 | 부부간의 존경과 사랑의 모범 | 고상한 기품과 절개의 소유자 | 병석에 누워서도 나라 사랑하는 마음만은

차이위안페이 도덕사상의 가장 큰 특징은 실천을 중시했다는 데 있다.[1] 사람들이 그를 경모한 것은 언행일치의 모범을 보였기 때문이다. 고매한 인격과 품성, 훌륭한 덕행은 불꽃같은 삶의 역사를 더욱 빛내주었다.

모든 도덕은 일정한 사회적·역사적 조건과 연관되어 있다. '세인의 귀감人世楷模'이라고 하는 말은 당시 사람들이 그에게 바친 찬사이다.

중국의 문화적 전통은 학문을 하는 사람에게 학덕과 우수함을 고루 갖춘 완전한 인재를 요구했다. 학문도 뛰어나야 하고, 인품도 훌륭해야 한다. 훌륭한 인품은 심오한 학문을 연구하는 데 전제조건인 것이다. 이 같은 인재라야 세상에서 존경을 받는다. 옛 사람들이 즐겨 사용한 '10년 독서十年讀書, 10년 양기十年養氣'란 말에서 '양기'란 품격과 덕을 수양하는 것을 말한다. 그러므로 학문을 하고자 하면 수양을 중시해야 한다. 이것은 중국 역사상 진보적인 지식인들이 절조를 중시한 우수한 전통이다. 차이위안페이의 삶에는 이 같은 미덕이 응축되어 있다.

그는 탁월한 교육실천가요, 혁명가이자 과학가로서의 삶을 살았다. 그의 고매한 인품과 덕행은 혁명사업, 교육·과학사업 등 그가 이룬 공적에서 두루 잘 드러난다. 여기에서는 그의 정조情操와 덕행, 사람과 사물을 대하는 태도, 성격 등을 개괄하고자 한다.

일생을 학문에 힘쓰다

차이위안페이는 '학이불염學而不厭, 회인불권誨人不倦(배움에 싫증내지 않으며, 사람 가르치기를 게을리하지 않음.《논어》〈술이述而〉편에 나온다—옮긴이)'의 두 격언을 진정으로 실천한 사람이었다. "차이 선생은 평생 학문을 좋아했고, 일생을 남을 가르친 분이었다"[2]라는 제자들의 평가는 이를 잘 대변해준다.

그는 독서를 게을리하지 않았고 종신토록 배움의 길을 떠난 적이 없었다. 학생이나 동료를 대할 때나 결국 가르치고 인도하는 방향으로 이끌었다. 그의 서재 벽에는 '학불염學不厭, 교불권敎不倦'이라는 두 구절이 붙어 있었다.

베이징대학교장 재직 시절, 그는 이 대학 학예회실遊藝室에 '문돌쩌귀는 좀먹지 않고, 흐르는 물은 썩지 않는다戶樞不蠹, 流水不腐'라는 글귀를 붙여 동학들이 게으름을 피우지 않고 부지런히 학문에 힘쓰도록 자극했다. 그리고 자신도 학문에 매진하여 남을 가르치는 일에 모범이 됐다. 어린 시절부터 독서에 이골이 난 그는 사회에 진출하여 관리가 되어서도 틈틈이 독서에 열중했다. 학문에 대한 열정과 의지는 추호도 꺾이지 않았다.

그는 고향인 사오싱 서수란의 서재인 '주학재'에서 교정을 보고 방대한 서적에 자극을 받아 더욱 분발하여 책을 읽었다. 그곳에서 폭넓게 책을 접하여 시야가 넓어졌고, 배움 또한 크게 진전됐다.[3] 그는 만년에 다음과 같이 회상한 바 있다.

> 열 살 때부터 책을 읽기 시작하여 오늘에 이르기까지 만 60년이 됐다. 중간에 큰 병이 걸렸거나 혹은 기타 특별한 이유로 인해 책을 읽지 못한 것을 제외하고는 거의 하루도 독서를 거른 적이 없다.[4]

일생 동안 이어진 그의 배움은 아름다운 일화를 많이 남겼다. 마샹보馬相伯는 그와 함께 라틴어를 배웠던 상황을 매우 생동감 있게 전한다.

> 차이위안페이가 난양공학에서 가르칠 때, 나는 산 위 굴곡진 조그만 다락방에 살고 있었다. 그는 매일 새벽에 난양공학에서부터 이곳까지 대략 4~5리 길을 걸어서 왔다. 어느 날 새벽 다섯 시경, 내가 라틴어를 읽고 있을 때였다. 날이 아직 밝지 않아 밖이 어두웠는데 그가 벌써 와서 기다리다 나지막한 소리로 날 부르고 있었다. '샹보야! 샹보야!' 이른 새벽에 어떤 사람이 찾아와서 날 부르니 너무 이상한 생각이 들었다. 창문을 열고 밖을 내다보니 바로 차이위안페이였다. 나는 황급히 창을 열고 손을 흔들며, '너무 이르니 여덟 시나 아홉 시쯤 다시 와'라고 하자, 그는 어쩔 수 없이 의기소침하여 돌아갔다.[5] 그는 당시 난양공학에서 교편을 잡고 있었으므로 이른 새벽에라야 라틴어를 공부할 틈이 생겼던 것이다. 어떤 때는 아직 잠에서 깨지 않아서 꿈속에서 헤매던 나를 그가 불러 깨웠다.[6]

또 다른 이야기도 전한다.

독일 유학 시절, 어느 날 날씨가 무척 더워 그는 온몸이 땀에 흥건히 젖었다. 그런데도 집에 들어와서 방문을 걸어 잠그고 옷을 벗은 채 곧바로 머리를 파묻고서 독서에 열중했다. 이날 친구들이 그의 집에 가서 문틈으로 엿보았는데, 선생이 방에 혼자 앉아 공부하는 모습이 매우 진지했다. 감히 문을 두드릴 용기를 내지 못하고 할 수 없이 발걸음을 되돌릴 수밖에 없었다.[7]

그의 이러한 정신은 일관되었다. 마치 공자가 '발분하여 밥 먹는 것도 잊고, 기뻐서 근심도 잊으며, 늙는 것도 모른 경지發憤忘食, 樂以忘憂 不知老之將至'와 다를 바가 없었다. 비유컨대, 명실상부한 '근대의 공자'라 해도 손색이 없었다.[8]

정의를 위한 투쟁에 나서다

차이위안페이는 국가와 민족을 위해서라면 고관의 녹봉祿俸과 가족의 생명과도 같은 벼슬은 물론이고, 자기 자신까지도 버릴 수 있는 기개가 있었다. 이는 그가 벼슬을 버리고 낙향한 것에서 알 수 있을 뿐 아니라, 애국여학교나 애국학사를 세워 청년들의 반청혁명을 영도한 데서도 잘 드러난다. 그는 사사로운 이익을 하찮게 생각했고, 고관의 지위를 뜬구름처럼 여겼다.

그가 스스로 벼슬을 버린 것만도 부지기수인데, 이 같은 사례는 보기 드문 것이다. 조사자료에 의하면, 그가 사직한 건수는 무려 20여 차례에 달한다. 그는 일찍이 공명심과 녹봉을 위해 과거시험에 매진했으나, 스스로 한림원을 사직하고 낙향한 후에는 민족의 굴기崛起와 중화의 부흥을 위해 헌신했고, 다시는 개인의 명리를 꾀하지 않았다.

1912년 베이징정부 시절, 차이위안페이는 위안스카이가 나라를 훔쳐 독재를 꾀하려는 음모를 예감하고, 나쁜 무리의 앞잡이가 돼 실권 없이 밥이나 축내는 내각에 더 이상 뭉개고 앉아 있을 수 없었다. 그래서 의연히 교육부장관이라는 고위직을 사퇴하고 평범한 유학생 신분으로 외국 유학길에 올랐다. 그리고 이듬해 쑨원의 부름을 받고 귀국하여 위안스카이 토벌전에 참가했다.

혁명파의 2차 혁명이 실패로 끝나자, 그는 재차 유럽 유학길에 올랐다. 1916년 저장성 출신 재경在京의원이 그에게 귀국하여 저장성장에 취임할 것을 요청했으나, 그는 "암투와 검은 뒷돈이 오가는 저장성장에 취임하기보다는 차라리 베이징대학을 이끌며 교육개혁을 추진하는 것이 낫다"고 생각했다.[9]

그리고 1923년 1월 19일, 베이징대학교장 직을 떠나면서 그의 인생에서 세 번째 사표를 던졌다. 그는 이때 《주역》을 인용하여, "소인들은 나아갈 줄만 알고 물러날 줄을 모른다小人知進而不知退"고 비판했다. 그는 민족의 이익을 돌보지 않고 사사로운 이익에 혈안이 돼 있는 개나 구차한 파리 같은 소인들을 매우 경멸했고, 이로써 자신을 경계하는 거울로 삼았다.[10]

당시 그는 교육부장관인 펑원이彭允彝가 사리를 좇아 날뛰는 것에 항의하여 사직했다. 차오쿤이 뇌물로 선출된 것에 대한 반대운동을 하고자 사직한 것이기도 했다. 당시 교육부장관이던 펑윈이는 베이양군벌을 토벌하려고 재정부장이던 뤄원간羅文干을 무고하여 억울하게 투옥시켰다.

얼마 지나지 않아 수도京師 지방검찰소에서 뤄원간을 증거부족으로 기소중지하여 그는 1월 11일 석방됐다. 그런데 1월 15일 베이징 국무원 개회 석상에서 펑윈이가 '뤄원간 사건'을 재차 끄집어내어 국무원 결의를 거쳐 뤄원간을 다시 감옥에 가두었다. 차이위안페이는 매우 분노하여 1월 17일에 사직서를 제출했다. 그는 사직서에서 다음과 같이 말했다.

수개월이 지나 신문이 기록한 바는 이목이 다 주목하는 바다. 무릇 정치계에서 가장 비열하고 후안무치한 행위가 중국에서 벌어지고 있다. 괴이한 것은 사법부의 명령을 존중해야 할 교육부 수장인 펑윈이가 사법권 독립을 간섭하고 인권을 유린하는 제의를 하여 이것이 이미 정식으로 국무원 회의를 통과했다는 것이다. 나는 당시의 이러한 사태를 목격하고 선명한 정치가 무망하다는 통한의 심정으로, 차마 혼탁한 무리와 섞여 구차하게 일신의 편안함을 추구할 수 없었다. 더욱이 이러한 교육당국 밑에서 '교육의 잔인한 형국'을 지지할 수 없어 하늘이 부여한 양심의 가책을 느껴 사임을 결심했다.

그는 신문공고에 다음과 같은 글을 올렸다.

나는 인격을 지키기 위해서, 그리고 사법권을 간섭하고 인권을 유린하는 교육부 당국과 관계를 맺기가 불편하여 이미 총통에게 사의를 표명했다. 금일부터 교무에서 손을 뗄 것이다.

그는 이처럼 진퇴가 분명한 사람이었다. '사퇴'란 종종 부정적 요인을 내포하지만, 당시에는 형세가 긴박하여 그렇게밖에 하지 않을 수 없었다. 그의 이러한 용퇴는 총체적으로 말하면 도리어 적극적 투쟁수단이자 책략이었으며, 그 결과 '유소불위有所不爲('하지 못하는 일이 없다'는 무소불위無所不爲의 반대 개념—옮긴이)'에서 '유소위有所爲'에 이르게 됐다.[11] 비록 그는 물러났지만 자신의 위치와 투쟁방식을 바꿔가며 계속해서 국가와 민족을 위해 분투했다. 그가 말한 바처럼, "물러나는 것은 간접적 방식이지만 적극적인 분투"이기도 했다.[12]

의리와 이익은 변증법적 통일을 이룬다. 차이위안페이는 무조건 이익에 반대한 것은 아니었다. 오히려 그의 일생은 국리민복國利民福을 위한 투쟁이었다고 해도 과언이 아니다. 그가 취하지 않은 것은 단지 인민의 이익을 떠난 사리사욕이었다. 그는 정의를 위해 개인의 이익을 포기했고, 국가와 민족의 이익을 위해 투쟁했다. 그의 언행 가운데 "인권이 소중하고, 내 봉록은 가볍다"라는 말에서, 두려움 없이 자신을 희생하려는 정신을 충분히 감지할 수 있다.[13]

타인에게 관대한 '하오하오 선생'

차이위안페이는 '하오하오好好 선생'으로 불렸다. 평소 남을 능멸하지 않고 변함없는 선의로 남을 도왔기 때문이다. 그는 어떤 일에 부딪혀도 늘 허심탄회하게 처리했고, 남과 화기애애하게 지내는 가운데서도 뭇사람의 말을 잘 살폈다.[14]

과거 중국인들은 법률을 운용할 때, 먼저 개인의 유죄를 가정하고 무죄가 증명되어야 비로소 무죄로 인정했다. 이와 반대로 서방의 근대법률은 먼저 개인의 무죄를 가정하고 그 유죄가 증명되어야 비로소 유죄로 인정했다. 차이위안페이도 늘 인간은 선하다는 가정하에 문제를 해결하려 했다. 즉 어떤 사람이 사건에 대해 진술할 때 먼저 그 뜻과 동기가 성실하다는 가정을 하고, 사실이 그것과 상반됨이 증명되어야 비로소 유죄로 인정하는 견해를 취했다. 그랬기 때문에 그가 보기에 가르쳐서 회개시킬 수 없는 사람은 단 한 명도 없었다.

차이위안페이를 잘 아는 사람들은 일찍이 그를 다음의 여덟 글자로 표현했다. '유소불위有所不爲, 무소불용無所不容(함부로 행동하는 바가 없고, 남을 포용하지 않는 바가 없다—옮긴이)'. '유소불위'는 그가 자신에 대한 기율이 엄격함을 지적한 것이다. '무소불용'이란 그가 타인을 덕으로써 깨우침을 가리킨 것이다. 그의 제자였던 황옌페이는 일찍이 그의 인품을 이렇게 평했다.

'유소불위'란 바르다는 것이고, '무소불용'이란 도량이 크다는 뜻이다.[15]

이처럼 '사물과 크게 화합하고 결코 오만하지 않았던' 자세는 차이위안페이의 독특한 성격을 형성했다.[16]

그가 2차 독일 유학을 떠나 베를린에 거주할 때 그곳의 몇몇 베이징대학 동문들이 선생을 찾아와 보살펴주며 선생과 늘 함께 지냈다. 그러던 어느 날, 또 다른 동학이 차이위안페이에게 전보 한 통을 보냈다. 자신은 라이프치히에 거주하는데, 베를린에 와서 선생을 한번 만나고 싶다는 내용이었다. 그런데 이 사람은 엉뚱하기로 유명했다. 한편으로는 심하게 욕설을 퍼붓고, 다른 한편으로는 손을 내밀어 돈을 요구하곤 했다. 이때 차이위안페이도 매우 곤궁한 생활을 하고 있었다. 여러 동문들은 전보를 쳐서 그 사람이 베를린으로 오지 못하게 하라고 했다.

차이위안페이는 여러 사람의 의견을 들은 후 잠자코 있다가 이렇게 말했다.

(…) 이렇게 천 리 먼 길을 오겠다는 사람을 막는다면, 그 친구의 무례함을 어떻게 고칠 수 있겠는가?[17]

그는 늘 이처럼 타인에게 관대했다. 차이위안페이를 안 지가 오래됐고, 비교적 그의 행동거지를 관찰할 기회가 많았던 사람들은 "차이위안페이 선생이 질시의 말을 하거나 성난 표정을 짓는 것을 한 번도 본 적이 없다"고 이구동성으로 말했다. 이처럼 그의 겸양과 친절함, 부드러움과 공손함, 소박함 등은 꾸밈없는 '순수' 그 자체였다. 그는 도덕군자인 체하며 사람들에게 호감을 사려는 그런 부류의 사람이 아니었다. 그렇다면 어떻게 이처럼 맑고 순수할 수 있었을까? 그것은 아마도 그가 사람과 사물을 대할 때 다음과 같은 두 가지 원칙을 견지했기 때문이 아닌가 생각된다.

우선, 타인의 인격을 존중하여 자신의 말과 행동이 타인에게 불쾌감이나 불편함을 주지 않도록 배려한 점이다. 다른 한 가지는 다른 사람의 이성을 인정하고, 천하에 평화와 자유의 방법으로 처리할 수 없는 일은 없다고 여긴 점이다. 협박과 강요, 분노와 원한 등을 품어봤자 그에게는 아무 소용없는 일이었다.[18]

그는 타인을 존중했고, 사소한 일에도 매우 조심스럽게 행동했다. 한번은 그가 난징 성현가聖賢街 중앙연구원 집무실에 거처하고 있을 때의 일이다. 그의 옆방에는 동료가 기거하고 있었다. 차이위안페이는 그 방을 통과해야만 밖으로 나갈 수 있었다. 어느 날 그가 비교적 일찍 일어났는데 옆방의 동료는 아직 깊이 잠들어 있었다. 차이위안페이는 그가 놀라서 깨지 않도록 조그만 소리에도 주의를 기울이며 자기 방에서 책을 보았다. 동료는 한참을 더 자고 난 후에야 비로소 일어나서 세수를 했다. 연구원의 잡역부들이 이 일을 얘기하면서 그에 대한 칭송을 그치지 않았다.[19] 뤄자룬은 그의 인품을 이렇게 떠올렸다.

> 선생은 비단 위대한 인물일 뿐 아니라 훌륭한 인격을 갖추었다. 마치 '큰 바다가 뭇 하천이나 작은 지천을 다 받아들이듯大海容納衆流' 포용심을 가진 분이었다. 만경창파萬頃蒼波에 한 조각 맑은 광채요 일망무제一望無際함이 선생의 풍모였다. 그는 자애로움과 겸손함 그리고 지극정성으로 사람을 대했으므로 많은 사람들이 그의 인품에 감화되었다. 우유부단하지 않고 강하나 절제할 줄 아는 태도가 선생의 풍골風骨이었다.[20]

이 말은 확실히 그의 성품을 잘 묘사한 것이라 할 수 있다. 이러한 포용력과 풍격이 뒷받침됐기에, 그가 베이징대학에서 '겸용병포兼容幷包, 광납중가廣納衆家(모든 사상을 두루 포용하고, 각양 각파의 인물을 다 받아들임—옮긴이)'의 원칙을 잘 지켜나갈 수 있었을 것이다.

그는 또 사람을 대할 때 예의를 갖추었으므로 마주 대하는 사람들이 거리감을 느끼지 않고 친하게 지낼 수 있었다. 동년배는 물론이고, 하급자에게도 잘난 체하지 않고 공손하게 대했다.[21] 그가 베이징에서 생활할 때 사오싱의 동향인들이 자주 모이는 장소가 세 곳 있었다. 뤄마스騾馬市 대로변에 있는 '월중 선현사越中先賢寺', 난반제南半截 모퉁이의 사오싱회관 그리고 싼리허三里河 직운공소織雲公所 등이었다. 차이위안페이는 날이 더우면 모시 적삼을 입고 다녔는데, 어깨에 한 조각을 기운 자국이 선명하게 드러났다. 이것을 보고 안타깝게 여긴 고향 사람들이 그에게 옷 한 벌을 사주려고 하자, 그는 이렇게 말했다.

> 이러지들 말게나. 이래 뵈도 외국 나갈 때는 양복 한 벌 잘 차려입고 다닌다네. 여기 있을 때는 아쉬운 대로 대충 입고 다니면 되지, 굳이 잘 차려입으려고 신경 쓸 필요가 뭐 있겠나.

이처럼 그는 종종 풍취 있게 우스갯말도 잘 던졌다.[22]

그는 사람들을 예로 대하는 것을 넘어 그들이 잘되도록 보살펴주었다. 상대가 어떤 신분의 사람이든, 친척이든 친구이든 또는 그저 좀 아는 사람이든, 심지어 소개를 받고 찾아온 생면부지의 사람이라도 모두 똑같이 너그럽게 대했다. 오히려 곤궁하여 형편없는 몰골을 한 사람일수록 더더욱 극진하게 돌보았다. 도움을 필요로 하는 사람이 있으면 손을 내밀어 도와주지 않은 적이 없었다.

당시 청년들이 취업하기가 쉽지 않았는데, 그가 직접 소개편지를 써준 사람이 하도 많아서 몇 명이나 되는지 본인도 확실히 잘 몰랐다. 이것은 오늘날에는 이해하기 쉽지 않지만, 당시에는 도리어 사람들에게 환영받을 만한 행동이었다. 그는 급한 사람의 심정을 역지사지로 헤아려 용의주도하게 잘 처리해주었다. 다음은 그가 써준 수천 통의 편지 가운데 하나이다.

멍옌夢燕, 원위안文淵[23] 두 아우에게

소개편지 두 통을 보내니 사오싱으로 돌아가서 편지를 전달하고 소식을 기다려보자. 현재 도처에 일하려는 사람이 너무 많아서 쉽지가 않다. 왕쯔위王子余 선생이 중국은행장이므로 한번 찾아가 뵈어라. 야오후이천姚慧塵 선생은 주류 전매국장이니 그의 주소로 찾아가면 쉽게 만나볼 수 있을 것이다. 형이 너무나 바빠서 여관에 가서 너희를 볼 수 없을 것 같다. 이해해주기 바란다. 일이 순조롭게 잘 풀리길 바라며, 바오판寶帆 숙부님과 숙모님께 안부인사 전해다오.

중화민국 17년 4월 19일, 형 위안페이元培가[24]

차이위안페이는 이처럼 진정으로 사람을 대했고, 좋은 인연을 맺어주려 했다. 그래서 정치적 입장과 상관없이 그와 교제하던 사람들은 대부분 그의 진실 어린 마음에 감동했다. 동년배들은 곧 그와 친구가 됐고, 젊은이들은 어른으로 받들어 존경했다. 쉬서우창이 생전에 감개무량하여 이렇게 말한 적이 있다.

> 과거를 돌아볼 때 차이위안페이, 루쉰과 같은 마음을 터놓을 수 있는 친구들이 있었다는 것은 참으로 자랑스런 일이 아닐 수 없다. 이 같은 친구들을 사귀게 되어 일생을 결코 헛되이 보내지 않았다고 생각된다.[25]

전형적인 외유내강형의 선비

차이위안페이를 잘 알고 있는 사람들은 대개 그가 너그럽게 많은 사람을 포용하는 인물[26]이라 생각한다. 그러나 혹자는 겸손하고 예의 바르며, 온화하고 사람들과 다투지 않는 그의 성품을 접하고 그를 '되는 것도 없고, 안 되는 것도 없는無可無不可的' 그저 좋은 사람, 무골호인無骨好人[27] 정도로 알았다. 심지어 '죽粥'처럼 너무 부드러워 무능해 보이기까지 하는 '하오! 하오! 선생'쯤으로 말이다.[28]

그러나 그는 대승적인 차원에서 옳고 그른 것을 따질 때는 견인불발堅忍不拔의 기개와 엄준한 풍격을 갖춘 사람이었다. 비록 태도는 온화했으나, 참으로 누구도 빼앗을 수 없는 풍모를 가졌다. 그리고 늘 이러한 자세를 견지했고 추호도 적당히 융통성을 부리

푸쓰녠傅斯年.

려 하지 않았다.[29]

푸쓰녠은 차이위안페이의 인품을 이렇게 회고했다.

차이 선생이 사람과 사물을 대할 때 어떤 사람은 함부로 대한다고 여겼으나, 이것은 전혀 사실이 아니다. 단지 그의 높은 이상이 보통 사람과 다를 뿐이었다. 이것은 바로 《맹자》에서 말한 바 '군자는 방술로써 속일 수 있을지언정, 그 도가 아닌 것으로써 터무니없이 속이기는 어렵다(君子可欺以其方, 難罔以非其道,《맹자》〈만장장구萬章章句〉 상편에 보인다―옮긴이)'라는 말과 같다.[30]

그의 온화함에도 어느 정도 한계는 있었다. 옳고 그름을 따질 때는 절대 중언부언하지 않고 매우 단호했다. 그야말로 외유내강형의 사람이었고, 정도正道를 지키고 결코 아첨하지 않는 '정인군자正人君子'였던 것이다.[31]

그가 사오싱의 중시학당 감독으로 있을 때 구교육을 개혁하려는 신파 교원들을 지지한 탓으로 학당 경영진의 간섭을 받았다. 학당 당국은 차이위안페이에게 직접 친필로 황제의 칙유를 써서 학당 중앙청사에 걸게 함으로써 차이위안페이를 비롯한 신파 교원들을 경고하고자 했다. 그러나 그는 차라리 사직할지언정 그들이 시키는 대로 하지 않았다. '불휘不諱(말이나 행동을 꺼리지 않음―옮긴이)'의 대역무도함을 범할지언정 결코 황제의 어떤 유시도 베껴서 걸어놓지 않았다.

그는 중시학당 경영진 측에 서신을 보내 의연하게 자신의 모든 입장을 강변했다.

그저 그들이 시키는 대로 순종하는 것이 진충보국盡忠報國이 아니다. 완고한 자들의 말을 따르는 것이 어찌 '백성을 아끼고 사직을 받드는崇奉' 도리라고 할 수 있겠는가?

그는 정의를 위해서는 자신에게 닥치는 어떠한 화도 피하려 하지 않았다. 그는 차라리 견책을 받을지언정 자신이 정한 학당운영의 대강大綱은 바꿀 수 없었던 것이다. 그는 사오싱의 서수란 선생에게 서신으로 자신의 괴로운 심정을 토로했다.

그들이 나를 문책하려 하나, 나의 신념은 바꿀 수가 없습니다. 나와 뜻을 같이하며 화를 두려워하지 않는 사람들은 같이 일을 해야 옳은 것입니다. 교원 중에 나를 두려워하는 사람들은 사직하는 것이 마땅합니다. 지방의 유지들도 화를 입을까 두려워하는 자들이 있어 나와 절교하고 관여하지 않으니 어찌 이럴 수가 있습니까?[32]

바로 이러한 기백으로 인해 그는 '무술 6군자' 중 유독 탄쓰퉁을 존경했다. 탄쓰퉁의 '죽음도 불사하는' 정신은 곧 차이위안페이의 정신이었다.

5·4운동 이후 베이양군벌이 고압적인 자세로 징산 정상에 포를 설치하고 베이징대학을 포격하여 차이위안페이를 죽이려고

할 무렵이었다. 차이위안페이는 이 같은 위급한 상황 속에서도 굴복하지 않고, 1920년 4월 1일 돌연 《신청년》 제7기 5호에 〈홍수와 맹수〉라는 글을 발표했다. 여기에서 그는 신사조를 '홍수'에 비유하고, 베이양군벌을 '맹수'에 비유했다. 그리고 "5·4 신사조의 '홍수'로 사람을 물어뜯는 '맹수'를 쓸어버리자"며 거침없는 필봉을 휘둘렀다. 그는 다음과 같이 엄중히 지적했다.

군벌의 모습은 마치 맹수와 흡사하다. 맹자가 공명의에게 한 다음과 같은 말을 인용했다. '임금의 푸줏간에는 기름진 고기가 널려 있고, 마구간에는 살찐 말이 가득하나, 백성이 굶주린 기색이 역력하고, 들에는 굶어 죽은 시체가 즐비하니, 이것은 마치 짐승을 몰아다가 사람을 잡아먹게 하는 것과 같다(庖有肥肉, 廐有肥馬, 民有飢色, 野有餓莩, 此率獸而食人也. 《맹자》〈양혜왕 장구梁惠王 章句〉 상편에 보임—옮긴이).' 현재 군벌은 모두 엄청난 가산을 가지고 있고, 사치가 극에 달하며, 그 밑에서 일하는 사람들은 굶어 죽을 지경에 이르렀으니 이것이 '짐승을 몰아다가 사람을 잡아먹게 하는 것'이 아니고 무엇이겠는가? 현재 톈진·베이징의 군인들이 군벌들의 지시를 받아 애국청년들을 마구 때려잡고 있으니 어찌 이들이 야수들의 패거리가 아니랴?[33]

군벌들의 횡포를 이같이 엄중한 말로써 남김없이 폭로하니 참으로 통쾌하기 그지없었다. 백색테러가 난무하는 당시 상황에서 이러한 발언은 상당한 담력을 필요로 한 것이었다.

민국 10년(1921년), 차이위안페이는 미국 일주 기회를 얻었다.

그가 미국에 막 도착하여 숙소에서 쉬려고 하는데 갑자기 이상한 얘기가 들렸다. 즉 중국 주재 미국공사로 부임하려는 사람이 차이위안페이에게 향응을 제공하여 중국의 권력자를 소개받으려 한다는 것이었다. 이에 차이위안페이가 좌정하지 못하고 단호히 떠나려 하자 모두 만류하며 푹 쉬라고 권했다. 그러나 그는 신임 중국공사를 만날까 봐 마음이 조급하여 더 이상 머뭇거릴 수가 없었다. 그리고 그 사람을 피해 부근에 있는 폭포를 보러 떠났다. 이렇게 하여 그는 미국공사에게 중국 북방의 유력한 관료들을 소개시켜주는 다리 역할을 하지 않아도 됐다.

차이위안페이는 이처럼 곤경에 처하여도 두려워하지 않았고, 커다란 난관이 닥쳐도 미혹되지 않았으며, 사사로운 이익에 흔들리지 않았다. 호오好惡가 분명하고, 견고하기가 반석 같았다. "참으로 친할 수는 있어도 협박할 수 없고, 가까이 할 수는 있어도 억압할 수 없으며, 죽일 수는 있어도 모욕할 수 없다"는 중국 지식인의 호연지기浩然之氣를 지니고 있었다. 어떤 사람이 말한 바처럼, 그의 겸손한 처세는 동방문화의 정화精華라고 할 수 있다. 그러면서도 선생은 나랏일에 대해서는 매우 적극적이었으며, 서양인의 진취적 기상을 지니고 있었다. 이처럼 동서의 장점을 모두 갖췄고, 도덕적 수양과 예리함, 뜨거운 정의감이 보통 사람과는 현격히 달랐으니 그 위대한 인격의 형성은 결코 우연히 이루어진 것이 아니었다.[34]

평생 청년과 후진 양성에 힘쏟다

앞에서 살펴본 대로 차이위안페이는 베이징대학교장과 대학원 원장, 중앙연구원 원장 등 교육계의 요직을 두루 거쳤다. 그는 그 과정에서 적극 청년들을 보호하고 새로운 인재들을 기용함은 물론, 일생 동안 후진들을 격려하고 돌봐주었다. 그가 젊은 세대들을 위해 사력을 다한 것은, 사회발전과 국가진보를 위해 다음 세대들과 원대한 견해를 공유하고 긴밀히 연계하기 위함이었다.

차이위안페이가 젊은 인재들을 물심양면으로 지원해준 사례는 일일이 열거하기 어려울 정도로 많다. 그가 음악가 샤오유메이를 초빙한 일도 그중 하나이다. 샤오유메이는 중국 최초로 유럽에 유학하여 작곡을 공부한 인물이었다. 그가 귀국하자 차이위안페이는 파벌에 대한 어떠한 선입견도 배제한 채, 베이징대학에 음악전습소를 설립하여 그를 지도교수로 초빙했다.

샤오유메이는 작사가인 이웨이자이易闈齋와 합작하여 수많은 주옥같은 가곡을 창작했다. 그는 서양의 작곡법을 도입한 최초의 음악인이었다. 당시 베이양정부가 국가國歌로 공인하여 반포한 〈경운가卿雲歌〉 역시 그가 작곡한 것이었다. 후에 차이위안페이는 대학원장을 맡으면서 또 그를 상하이 음악전문학교 교장으로 추천했다. 저명한 음악가인 허뤼팅賀綠汀도 바로 이 학교에서 배출되었다.

저명한 화가인 류하이쑤劉海粟의 진가를 알아본 사람도 차이위안페이였다. 류하이쑤는 1912년에 마스광馬始光 등 몇몇 화가들과 상하이에서 중국 근대 최초의 미술학교를 창립했다. 이것이

베이징대학 음악전습소 설립 기념사진. 앞줄 한가운데 있는 사람이 바로 샤오유메이다.

바로 '상하이 도화圖畵미술학원'이다. 처음에는 학생들이 열 몇 명에 지나지 않았으나, 1920년대 초에 이르러서는 300~400명에 달했고 외국인 출신 유학생들도 몰려들었다.[35]

차이위안페이는 줄곧 류하이쑤를 적극 지지했고, 여러 차례 이 학교를 위해 모금운동도 주선했다.[36] 이 미술학교의 이사회가 성립됐을 때 차이위안페이는 이사회 주석을 맡았다.[37] 이런 노력 덕분에 이 학교는 부단히 성장하여 저명한 '상하이 미술전문학교'로 발전했다. 이 학교는 중국화과, 서양화과, 조소과, 공예도안과, 음악과, 예술과 등 6개 학과를 설치하여 미술계의 인재를 대대적으로 길러내었다.

또한 차이위안페이는 각 방면에서 류하이쑤의 예술사업에 대한 지지를 이끌어냈다. 그래서 그런지 류하이쑤의 미학사상은 차이위안페이의 계시와 영향을 많이 받았다. 차이위안페이는 류하이쑤의 예술적 성취를 높이 평가했으며, 그의 예술적 독창성을 인정했다. 류하이쑤에 대한 차이위안페이의 평가를 들어보자.

> 그는 충실히 자연계의 정감을 묘사해내었으며 매우 깊이 있게 개성을 표현했다. 도처에서 그의 독특한 미술세계를 엿볼 수 있다. 그는 자신이 표현하고자 했던 감정을 마음껏 드러내었다. 그의 창작은 예정적豫定的이거나 구속적이지 않았다. 류 군의 예술적 장래의 가능성은 바로 여기에서 찾아볼 수 있다.[38]

이것은 1922년에 한 이야기이다. 차이위안페이는 류하이쑤가 외국 미술계를 고찰할 기회를 갖도록 도와주었다. 류하이쑤가 오래도록 간난신고를 겪을 때 차이위안페이를 포함한 여러 선후배들이 적극 후원하여 그의 작업을 도왔다. 이들의 지지와 성원에 힘입어 그는 중국과 서양의 화법을 접목한 독자적 경지를 개척했다. 그의 화풍은 '장엄미莊嚴美'로 대표되는 독특한 풍격을 이루었다. 일본인들이 그를 '동방예술계의 비조'로 추앙했듯이, 중국 근대미술계의 개척자가 됐다.[39] 1985년 90세가 넘은 류하이쑤는 차이위안페이에 대한 고마움을 다음과 같이 토로했다.

> 나의 예술적 성취는 차이위안페이 선생의 적극적인 지지와 후원이 없었더라면 결코 이룩할 수 없었을 것이다.

그는 또 '차이위안페이 선생 동상 정초定礎 행사'에서 낭독한 헌사獻詞를 통해 절절한 감정을 토해냈다.

베이징에 5·4의 깃발이 펄럭일 때 선생께서 고군분투하시던 모습이 떠오릅니다.[40] (…) 선생의 칠순잔치 때는 축하객이 구름 떼같이 몰려들었습니다.[41] 선생께서는 고루하고 우둔한 나를 결코 포기하지 않았습니다. 춘풍이 불어와 기분이 상쾌하여 옛 꿈에 젖을 때마다 마음이 늘 푸근합니다. 선생께서는 항일전쟁을 애통해하셨고, 주룽九龍(홍콩의 차이위안페이 거주지—옮긴이)에서도 항일의 의지를 꺾지 않으셨습니다.[42] 비 온 뒤 날이 개어 백화가 만발한 때 선생을 다시 뵈니, 형형한 모습에 칼 같은 눈썹이 번득이며, 사자후獅子吼를 토해낼 것만 같았습니다. 온 천하에 문하생이 가득하여, 선생의 진면목은 영원히 우리들 마음에 남아 있습니다. 선생의 빛나는 공적을 청사靑史에 길이 전하고자 합니다.

이 문장은 차이위안페이 선생에게 직접 가르침을 받은 바 있는 동시대인의 진실한 감정을 잘 담아냈다.

중국 근대미술계의 또 다른 거목인 린펑몐林風眠도 차이위안페이에게 각별한 도움을 받았다. 1924년 프랑스에 유학 중인 몇몇 동학들이 알자스에서 중국미술전람회를 개최했다. 여기에 린펑몐은 〈모색摸索〉이라는 작품을 출품했다. 인문주의적 정신이 깃든 이 작품은, 진리를 찾아 전진하는 사람들을 묘사한 것이었다. 작품 속 인물 중 고대 그리스의 맹인이 앞을 향해 괴롭게 손을 내저으며 찾아 헤매도 소득이 없음을 표현한 부분이 인상적이었다. 린펑몐의 작품은 중세의 단테나 영국의 셰익스피어, 독일의 괴테, 프랑스의 위고, 러시아의 톨스토이 등의 정신세계를 표현한 것이었다. 이 전시회의 주요 지지자였던 차이위안페이는 이 작품을 중국 현대미술사상 가장 철학적 진리가 풍부하게 담겨 있는 작품이라고 극찬했다. 그리고 그때부터 린펑멘을 미술계의 큰 그릇으로 생각했다. 미술전람회가 폐막된 후 차이위안페이는 부인인 저우양하오 여사와 함께 파리 근교에 있는 린펑멘의 집을 방문하여, 나이를 초월한 우정을 다졌다.

1925년 린펑멘과 그의 프랑스인 부인이 한적한 교외로 거처를 옮겼을 때에도 차이위안페이는 부인과 재차 그곳까지 찾아가 사흘을 묶으며 담소를 나누었다. 당시 린펑멘의 경제사정은 매우 어려웠다. 그와 이별할 때 차이위안페이는 1천 프랑을 쥐어주었다. 1925년 겨울, 린펑멘은 귀국하여 차이위안페이의 소개로 베이징 미술전문학교 교장에 임명되었다. 그때 그의 나이 28세였다. 그러나 린펑멘은 2년 후 베이양군벌의 방해로 사직하고 말았다.

이때 난징에서 대학원장으로 재직하고 있던 차이위안페이는 즉시 린펑멘을 항저우 국립예술원 원장으로 임명했다. 린펑멘은 당시 조금씩 명성을 얻기 시작했으나 아직 30세의 젊은 나이여서 사회적으로 큰 주목을 받지 못해 차이위안페이의 지원이 큰 힘이 되었다. 그가 예술원 원장에 취임한 후 차이위안페이 부부는 예술원 입학식을 주관하러 이곳에 들렀으나, 새로 지은 깨끗한 숙소에서 머물지 않고 거링葛領 산림에 위치한 린펑멘의 누추한 통나무집에서 5일간을 보냈다.

차이위안페이를 만나보고자 이곳을 방문한 항저우의 유지들은 매우 놀랍고 기이하게 여겼다. 차이위안페이는 국가의 큰 인물이요, 교육계의 권위자가 아닌가. 그가 이러한 행동을 취한 것은 자신이 충심으로 이 보기 드문 예술적 영재 린펑몐을 존중하고 있다는 것을 보여주기 위함이었다. 차이위안페이의 지지에 힘입어 린펑몐은 국립예술원을 잘 운영했으며, 이 학교는 이후 '항저우 예술전문학교'로 변모하면서 예술계에서 출중한 역할을 했다.[43]

차이위안페이는 또 다른 미술 인재인 쉬베이훙이 프랑스 유학을 떠날 때도 물질적 지원을 아끼지 않았다. 차이위안페이는 여행길에 우연히 쉬베이훙의 예술적 천재성을 발견했다.

쉬베이훙은 어려서부터 회화 방면에 힘써 기초를 다졌다. 그는 봉건 청조의 암흑사회에 불만을 품고, 애국여학 학생 장비웨이蔣碧薇와 함께 봉건가정이라고 하는 '소굴'을 뛰쳐나왔다. 그리고 기차 안에서 차이위안페이를 비롯한 몇몇 교육가와 혁명가를 만났다.

평소 존경하던 인물을 만난 그는 신속히 종이와 연필을 꺼내 차이위안페이의 윤곽을 간단히 스케치했다. 차이위안페이는 그가 그린 자신의 초상을 보고 쉬베이훙의 천재성에 감탄했으며, 즉시 그를 베이징대학 화법연구회 지도교수로 초빙했다. 당시 그의 나이는 22세였다.

후에 저명한 인물이었던 뤄잉궁羅癭公이 교육부장관 푸쩡샹傅增湘에게 쉬베이훙의 프랑스 유학을 추천했으나 실현되지 못한 일이 있었다. 차이위안페이가 이 사실을 알고 즉시 교육부장관에게 간곡히 부탁하여 쉬베이훙은 숙원하던 프랑스 유학길에 오르게 됐다. 또한 차이위안페이는 그를 애국정신이 강한 화교 출신 거부 천자겅陳嘉庚에게 소개했다. 천자겅은 그 자리에서 거금

2,500위안을 쾌척했고, 쉬베이훙은 이 돈으로 프랑스에 유학을 가서 그림 방면에 깊은 경지를 개척해나갈 수 있었다.[44]

차이위안페이는 이 밖에도 창쭝후이常宗會를 격려하여 잠업蠶業 개량에 힘썼다. 잠업 전문가 창쭝후이는 22세에 《개량중국잠상계획改良中國蠶桑計劃》을 저술하여 베이징대학교장이던 차이위안페이의 극찬을 받았다. 차이위안페이는 즉시 '본부상책本富上策(본업, 즉 농업으로 얻은 부가 최고라는 의미—옮긴이)'이란 네 글자를 써서 그를 격려했다.

1927년 설날 아침에 창쭝후이는 역시 잠업 기술원인 후윈화胡蘊華와 결혼식을 올리면서 차이위안페이에게 주례를 부탁했다. 그러나 당시 군벌 쑨촨팡이 차이위안페이를 암살하려고 극성을 부리던 때여서, 차이위안페이는 아들 우지를 보내어 축사를 낭독하게 했다. 차이위안페이는 이것을 줄곧 마음속에 기억하고 있다가 20년이 지난 후 그의 각별한 뜻을 전달하고자 창쭝후이 부부에게 다음과 같은 축사를 써주었다.

> 사회조직의 출발은 부부로부터 시작됩니다. 상호 존중하고 부부간의 의무를 다하고 단점을 감싸주고 장점을 칭찬하며 변함없이 서로 사랑하고 행복이 무궁하기를 바랍니다.
> 중화민국 16년 1월 1일 창쭝후이 선생과 후윈화 여사의 결혼식 주례로 요청을 받았는데, 일찍이 내 아들을 통해 축사로 대신한 적이 있습니다.
>
> 민국 28년 8월 15일 차이위안페이 드림

추신 : 창쭝후이 선생과 원화 부인, 두 분이 평생토록 좋은 반려자가 되기를 바랍니다.

이 축사 문건은 매우 의미심장하다. 이 축사가 전해지기까지는 우여곡절이 있었다. 문화대혁명의 와중에 몇 차례 위험한 상황이 있었으나 이를 잘 넘기고 창쭝후이 선생의 장남 창당성常黨生 박사가 이 문건을 잘 갖고 있다가 오스트레일리아로 돌아갈 때 휴대하여 보존하게 된 것이다.[45] 이처럼 차이위안페이는 세심하게 후진의 원대한 포부와 정신을 격려하고 지지하여 그들을 성공으로 이끌었다.

차이위안페이는 연배가 아래인 루쉰에게도 각별한 애정과 관심을 쏟았다. 그와 루쉰의 관계는 진정한 우정을 주고받은 관계였다. 루쉰은 중국 문화혁명의 주장主將이며, 차이위안페이는 근대 중국 지식계의 선구자였다. 그들은 둘 다 사오싱 출신이었다. 그러나 그들을 긴밀하게 연결시킨 것은 같은 고향 출신이라는 사실이 아니었다. 이들을 맺어준 것은 공통적인 정조와 지향점이었다. 두 사람은 모두 고상한 인품과 열렬한 애국심의 소유자였다. 30년 넘게 교류하며 그들은 서로 배우고 의지하며 절차탁마했다. 봉건 청조의 전복을 위해 함께 분투했으며, 중국 근대 신문화의 창조를 위해 헌신했다.

차이위안페이는 루쉰보다 열네 살이 많으며, 루쉰의 선생인 장타이옌도 차이위안페이보다 한 살이 적었다. 차이위안페이와 루쉰은 선배와 후배의 관계였다. 루쉰은 줄곧 차이위안페이를 선배로서 존경했다. 차이위안페이도 루쉰을 큰 그릇으로 여겨 매우 아꼈으며, 관심과 애정을 가지고 그를 극진히 대했다. 마침 루쉰이 '문화토벌文化圍剿' 시기를 맞아 곤경에 처했을 때에도 차이위안페이는 위험을 두려워하지 않고 루쉰과의 긴밀한 관계를 유지했으며, 아울러 정의를 위한 투쟁의 길로 함께 나아갔다. 이 두 사람의 관계를 쉬모뤄는 생생하게 기억하고 있다.

루쉰의 생활에 자못 커다란 영향을 미친 사람은 당연히 차이위안페이 선생을 꼽을 수 있다. 포부가 원대하고 도량이 넓은 자유주의자 차이위안페이 선생은 중국의 문화교육계에 지대한 공헌을 했다. 그는 루쉰을 대단한 인물로 높이 평가했으며, 그에게 보인 태도는 시종 변함이 없었다. 루쉰의 교육부 진출은 곧 베이징 교육계로의 진출이며, 모두 차이위안페이 선생이 이끌어준 것이다. 이후 차이위안페이 선생은 루쉰이 서거할 때까지 줄곧 변함없는 우의를 다했다.[46]

부부간의 존경과 사랑의 모범

봉건도덕의 '반역자'가 됐던 차이위안페이 개인의 혼인과 애정 및 가정사에도 재미있는 일화가 많다. 사생활에서도 그의 고상한 인품과 정조는 변함이 없었다.

1900년 5월 9일 부인 왕자오王昭가 병사하자, 그는 매우 비통해하며 애절한 심정과 애도의 뜻이 담긴 제문을 지었다. 그 후 많은 사람들이 그의 재혼 문제에 온갖 관심을 기울였고, 그의 대문 앞에는 중매쟁이들이 문전성시를 이루었다. 그런데 그는 재혼할 배우자를 선택하는 데 다음과 같은 다섯 가지 조건을 내세웠고, 이 조건들은 당시 세상 사람들을 깜짝 놀래켰다.

1. 전족 금지
2. 문자를 알아야 함
3. 남자의 축첩 금지
4. 남편 사후 부인 재가
5. 부부가 서로 맞지 않을 시 이혼 및 재혼 가능

그가 내세운 이 다섯 가지 조건은 전적으로 봉건예교에 대한 도전이었다. 뻔질나게 찾아오던 중매쟁이들도 이러한 조건을 듣자 경악하여 두 번 다시 그의 집에 발을 들여놓지 않았다. 그런데 그로부터 1년 반쯤 지났을 때 이 같은 까다로운 조건을 수락하겠다는 용감한 여성이 나타났다. 그녀는 장시 출신의 황스전黃世振(또는 중위仲玉)이었다. 황 여사는 전족을 하지 않았을 뿐 아니라, 유식하고 서화에 능통했다. 그녀는 차이위안페이의 인물됨과 뛰어난 재능을 흠모하여 흔쾌히 그와 약혼했다.

유명한 한림원 관리 출신인 차이위안페이가 결혼하게 되자 그의 친구들은 그의 결혼식 준비로 분주했다. 그러나 차이위안페이는 혼사를 번거롭게 치르기를 원치 않았다. 1901년 11월 22일, 그는 항저우 시후에서 황스전 여사와 결혼식을 올렸다. 당시 저장의 풍습에 의하면, 결혼식장에는 복록수福祿壽 삼성三星의 화상畫像을 걸어놓아야 했다. 신부가 화려한 옷을 입고 꽃가마를 타고 대문을 들어서면, 신랑 신부는 무릎을 꿇은 채 하늘과 땅에 절을 하고, 다시 삼성상三星像과 부모·친척 어른들에게 무릎을 꿇고 궤배를 올려야 했다. 이것을 일러 '배당拜堂'이라 했다.

차이위안페이는 이러한 구습을 일소하고, 번잡한 의식을 탈피하여 단지 연설회 형식으로 결혼식을 거행했다. 축하객으로는 항저우 학계의 유명인사들인 왕시汪希, 쑨이중孫翼中, 쑹수宋恕, 천카이스陳開石, 예징판葉景範 등이 참석했다. 그들은 모두 축사를 낭독했다. 천카이스는 경전을 인용하여 남녀평등의 이론을 쾌활하게 말했다. 신랑 차이위안페이는 맨 나중에 답사를 했다.

남녀 상호 간의 인격은 모두 당연히 평등한 것이어야 한다. 이러한 낯선 결혼식은 아마도 문명적인 결혼식의 시초라 할 수 있을 것이다.

1921년 1월 9일 황스전 여사가 베이징에서 병사했을 때, 차이위안페이는 마침 교육시찰차 스위스 제네바와 베른 지역에 가 있었다. 그는 부인의 부음을 접하고 심히 애통해하면서 〈제망처황중위祭亡妻黃仲玉〉이라는 글을 지어 바쳤다.

오호라 슬프구나. 중위仲玉 부인이여! 드디어 날 버리고 먼저 갔구려! 우리가 결혼한 지 겨우 20년도 안 됐는데… 당신과 인연을 맺어 자식들도 낳았고, 가계도 꾸려나갔으며, 함께 국내외로 분주히 다녔소. 빈곤과 우환도 같이 겪었소. 당신은 그림·서화 등 미술에 천재적 소질을 지녔다오. 그러나 꿈을 다 펴보지도 못하고 이렇게 황망히 떠나니 참으로 애석하구려. 그동안 당신에게 너무나 많은 빚을 졌으니 이를 어찌할꼬! (…) 이 최후의 몇 마디 글로 나의 비통한 심정을 달래려 하오. 오호라. 슬프도다! 중위 부인이여.

그러나 장년의 나이에 부인을 잃고 혼자 생활하기란 힘든 일이었다. 그는 당시 막 베이징대학교장 직을 맡아 공무를 처리하느라 가사를 돌볼 여유가 없었다. 결국 그는 친우들의 권유로 부인 서거 1주년이 지난 후 후처를 얻었다. 이때 그는 출국을 서두르는 터라 영어를 할 줄 아는 연구활동 내조자가 필요했다. 그리하여 가까운 벗의 소개로 애국여학교 학생이던 저우쥔(또는 저우양호) 여사와 1923년 7월 10일 쑤저우 류위안에서 결혼식을 올렸다. 그는 이 일을 일기장에 다음과 같이 간략히 기록했다.

오후 세 시에 저우周 씨 댁 부근 후이중惠中반점에 가서 친히 신부를 맞아, 류위안에서 네 시에 결혼식을 올렸다. 객석에 예식장을 마련했고, 악단이 간헐적으로 음악을 연주했다. 어떤 손님이 강연을 요청했으나, 강연 대신 예식장에서 이번 결혼의 경과를 설명했다.

당시 그는 상하이에 살았으나 쑤저우에서 결혼식을 올렸다. 이는 많은 친구들이 축하하러 일부러 찾아오는 번거로움을 피하고, 결혼식을 간소하게 치르기 위해서였다. 차이위안페이는 줄곧 남존여비사상과 여성을 멸시하는 봉건전통 관념을 반대했으며, 적극적으로 남녀평등을 주장했고, 부부간에 서로 존경하고 사랑해야 한다고 생각했다.

한번은 그가 젊은 부부 한 쌍을 위해 주례를 서준 적이 있다. 남자는 〈시보時報〉 편집인으로 성씨는 구顧였다. 여자는 교사로서

만년의 차이위안페이와 부인 저우쥔 여사.

루陸 씨였다. 차이위안페이는 이들의 결혼보증서에 애정과 결혼 후의 생활에 대해서 서술했다.

〈시보〉는 여성과 결혼사진을 특별히 중시한다. 구 선생이 〈시보〉의 편집을 맡을 때 자연히 결혼에 대해서 특별히 연구했을 것이다. 동시에 교육계에 여러 해 종사한 루 여사도 어느 정도 사랑의 참뜻을 알았을 것이다. 두 사람은 연애를 하면서 사랑의 달콤한 맛을 느꼈을 것이다. 앞으로 '백년해로'를 위해 두 가지 조건이 필요한데, 곧 상호 존경과 상부상조이다. 부부지간의 성정性情이나 학문은 억지로 같게 할 수 없다. 어떤 때는 다르기 때문에 애정이 더욱 깊어질 수 있다. 부부가 화합하기 위한 제일의 요체는 쌍방이 모두 상대의 장점을 취하고 단점을 보완해주어 영원히 가까이하고 사랑하는 데 있다.

차이위안페이는 이 부부간의 공경과 사랑을 몸소 실천한 사람이었다. 1912년 교육부장관이라는 고위직에 있을 때에도 그는 부인과 가사를 분담했다. 한번은 귀빈들이 그의 교육부장관 취임을 축하하고자 집을 방문했다. 이때 마침 그는 옷을 빨고 있던 터라 양손에 비누거품을 가득 묻힌 채로 달려 나와 손님을 맞이했다. 그 방문객 중에는 노동을 천시하는 사람도 있었고, 일부 손님들은 그의 모습을 보고 겸연쩍게 생각했다.

차이위안페이와 저우쥔 여사의 결혼생활은 매우 화목했다. 그가 유럽 시찰에 나섰을 때 저우 여사도 함께 유럽 유학길에 올랐다. 그들은 학문적으로도 서로 절차탁마했으며, 서로 의지하며 길고 긴 세월 동안 고락을 함께했다. 차이위안페이 부부는 늘 부창부수夫唱婦隨의 모범을 보였다. 그들의 침실에는 부르고 화답하는 두 수의 시가 있었다.

저우쥔 여사가 지은 시 〈송춘送春〉을 음미해보자.

금년에도 꽃이 아름답게 피었네.
봄바람이 그치니, 밤공기 또한 스산하다.
숲 속의 새도 이별을 몹시 아쉬워하는구나.
그대에게 바라노니, 잘 있다는 안부편지나 보내주오.

차이위안페이가 화답하여 지은 시의 제목은 '나의 벗, 저우양하오 부인의 시에 화답함和養友送春'이었다.

봄은 더디게 와서 이다지도 빠르게 지나가는데
날씨는 아직도 쌀쌀하구나.
봄날에 그대와 함께 노닐고 싶어라.
그대와 이별하지 않고 평안히 머물고 싶어라.

차이위안페이와 저우 부인은 환난 중에도 더욱 서로를 의지했다. 1939년 3월 저우 부인의 50세 생일날이 되었다. 이 해는 그들

차이위안페이의 가족들. 왼쪽부터 잉둬, 저우쥔 여사, 화이신, 쑤이앙.

의 결혼 16주년이 되는 해이기도 했다. 차이위안페이는 시를 지어 이날을 축하했다.

> 그대와 함께한 지 어느덧 16년이 지났네. 힘든 집안일을 꾸려가면서도 책 읽기를 몹시 좋아했는데, 홍콩에는 읽을 책이 적어 한스럽구나.
> 봄이 되니 꽃이 피어 아름답고 새들의 지저귀는 소리가 즐겁네.
> 자녀들이 곁에 있으니 흐뭇하고, 친지 친구들과 담소하니 마음이 푸근하구나.
> 그대의 50세 생일을 맞아 사오싱주酒로 술잔을 부딪치니 만학천봉 萬壑千峰이 눈앞에 펼쳐지네.[47]

부인 또한 시로써 화답했다.

차이위안페이 부부는 부창부수 그 자체였다. 이들은 서로 공경하고 사랑했으며, 자녀들과도 화목하게 지냈다. 여러 자녀들을 모두 동등하게 대했고, 일정한 교육방침을 정해 잘 따르도록 인도했다. 특히 그는 만년에 자녀들에게 더욱 애정과 관심을 쏟았는데, 개명한 가장으로서의 풍격이 자녀교육에서도 드러났다. 그는 자녀들이 어려서부터 명랑하고 쾌활한 성격과 원대한 안목을 기르는 데 주의를 기울였다. 자녀들이 정규학과 공부 외에 다른 책도 읽을 수 있도록 '해금'시켜달라고 해도 그는 동의하지 않았다.

홍콩에 있을 때는 괴테의 《파우스트》와 에드거 스노의 《서행만기西行漫記》(원 제목은 'Red Star Over China'이다—옮긴이)를 읽고 작은딸 쑤이앙에게 보여주었다. 당시 집에는 영국인 가정교사 '린' 부인이 함께 기거하고 있었는데, 그녀는 "신문잡지의 내용은 그다지 좋지 않다. 아이들에게 보게 해서는 안 된다"고 얘기했다. 차이위안페이는 이 말에 동의하지 않고 도리어 자녀들이 광범위한 내용을 읽을 수 있게 하여 독서에 흥미를 길러주었다.[48] 결과적으로 차이위안페이의 자녀 교육방법은 성공적이었다고 할 수 있다.

그의 자녀들인 우지, 웨이렌, 보링, 쑤이앙(독신으로 현재 상하이 거주, 1927년생—옮긴이), 화이신懷新, 잉둬(현재 선양 거주, 1930년생—옮긴이)는 인품과 학식을 갖춘 인재로 성장했다. 어떤 자녀는 해방 전에 대학에 다니면서 진보적인 활동에 적극 참여했다. 그들은 모두 중화의 정신을 진작시키고 중외 문화교류의 발전에 힘쓰며, 인류의 아름다운 미래를 건설하기 위해 부지런히 노력함으로써 차이위안페이의 자녀다운 면모를 잃지 않았다.

고상한 기품과 절개의 소유자

차이위안페이는 청말에 이름을 날린 진사로서 벼슬이 한림원 편수編修에 이르렀다. 그리고 민국 초기 난징 임시정부의 교육부 장관과 국민당의 요직인 감찰원장을 지냈다. 만일 세속적인 흐름을 좇아 축재蓄財에 혈안이 된 탐관오리의 작태를 조금이라도 배웠다면, 엄청난 재산을 집에 쌓아놓았을 것이다. 그러나 그는 청빈한 선비로 일생을 살았다. 그가 독서할 때면 두 소매 사이로 늘 찬바람이 불어왔다. 유학을 하는 동안에도 아르바이트를 하면서 학비를 대는 곤궁한 생활을 했다. 중국의 전 교육부장관이 출국할 때 몇 푼의 경비도 없었으니, 이것은 중국뿐 아니라 세계적으로도 매우 드문 일이다.

벼슬을 했고 정치에 종사했으나, 의연히 맑은 정조와 절개는 진흙탕 가운데서도 결코 오염되지 않았다. 구제강은 그의 청빈한 생활을 이렇게 회상했다.

> 프랑스 유학시절에도 늘 가난한 노동자 복장 차림이었다. 국민당 감찰원장 재직시에도 집 안 응접실에는 달랑 기댈 만한 의자 네 개와 탁자 하나, 네모난 의자 네 개만 놓여 있을 뿐이었다.[49]

그는 서생으로서의 본색을 잃지 않았다. 차이위안페이의 인물됨을 단적으로 말하자면 '청렴'이라는 한마디로 표현할 수 있다. 역사적으로 볼 때도 이만 한 모범적인 인격을 갖춘 인물은 찾아보기 힘들 정도이다.

그는 난징과 상하이 등지에서 만년을 보낼 때도 셋방살이를 면치 못했고, 집이 없어서 여러 번 이사했다. 난징에서 상하이 무얼우로慕爾鳴路 생평가生平街 243호에 우선 거주했다.

그러다가 송호전역淞滬戰役(1937년 8월 13일부터 11월 12일까지 진행된 대규모 항일전쟁—옮긴이)이 개시되자 야얼푸로亞爾蹛路(지금의 산시루山西樓)에 있는 중앙연구원 상하이 사무소의 양싱포 사무실로 이사했다가 후에 다시 징안쓰로靜安寺路(지금의 난징시로南京西路) 징안베수靜安別墅 54호로 옮겼다. 나중에 다시 위위안로愚園路 884호로 이사했다가, 최후로 프랑스 조계지인 하이거로海鴿路(지금의 화산로華山路)로 옮겼다.[50] 그가 거처한 집들은 주로 '공관'의 성격을 띠었다. 1949년 상하이가 해방된 후 천이陳毅 시장이 차이위안페이의 유가족을 위해 주거지를 마련해주었는데, 1975년 서거할 때까지 저우쥔 여사가 이곳에서 거주했다.

그가 집이 없어 여러 번 이사한 탓에 그의 책도 베이핑, 난징, 항저우 등지에 분산 보관됐다. 이러한 사실을 알고 늘 마음이 편치 않았던 장멍린, 후스, 왕싱궁王星拱, 딩시린, 자오지趙畸, 뤄자룬 등 제자와 친구들이 돈을 거둬 그의 생일에 맞춰 집을 마련해주자고 제안했다. 이 제안에 수백 명이 호응했다.

1935년 9월 7일, 장멍린 등은 차이위안페이의 장수를 기원하는 편지를 썼다.

우리는 모두 평소에 차이위안페이 선생을 존경하는 사람들입니다. 내년 1월 11일이 선생님의 70세 생신이라는 사실을 알고 우리는 축하 예물을 준비하여 경의를 표하고자 합니다. 우리는 선생께서 가장 필요로 하는 것을 예물로 준비하려고 생각 중입니다. 선생님은 국가와 학술계를 위해 일생을 헌신해오셨는데도 지금까지 집 한 채가 없습니다. 그래서 온 식구가 남의 집에 세들어 살 뿐 아니라, 서적도 베이핑, 난징, 상하이, 항저우 등 각지에 분산되어 있어 한곳에 모아 보관할 곳이 없습니다. 그러므로 우리는 현재 선생님께서 가장 필요로 하는 것이 집과 책을 보관할 공간이며, 이러한 공간을 마련해드리는 것이 적당하다고 의견을 모았습니다. 존경하는 선생님께 이 작은 예물을 드리는 것이 현재 우리의 도리이며, 우리의 이 작은 정성을 받아주시기를 간절히 바라고 있습니다.

선생님께서는 여럿이 뜻과 정성을 모아 마련해드리는 이 집에서 만년을 보내시며 독서와 저술활동을 할 수 있을 것입니다. 또한 이곳은 사회의 공공기념물로 보존될 수도 있습니다. 수백 명의 사람들이 그들이 존경하는 한 사람을 추모하는 곳으로 사용할 수도 있을 것입니다. 우리는 선생의 자손과 우리 자손들이 모두 종신토록 진충보국한 한 개인을 기억하기를 바랍니다.

차이위안페이는 처음에는 이러한 제의를 완강히 거부했으나, 제자와 벗들의 깊은 뜻을 무시하는 것은 도리어 공손하지 못하다고 여겼다. 그래서 이듬해 설날 아침에 이들의 제안을 받아들이는 뜻을 담은 서한을 보냈다.

민국 24년 9월 7일에 제군들이 보낸 편지를 읽고 나니 부끄럽고 송구스럽기 한량없네. 70세가 다 되어가는 나이에 내가 마땅히 기거할 곳과 책을 보관할 곳이 없어 특별히 힘을 모아 새 집을 지어주려 한다는 소식을 들었네. 나 자신은 곤궁함을 떨쳐버릴 능력이 없고, 제군들도 유복하지 못한 형편인데 (…) 백이伯夷가 집을 지어 진중자陳仲子(전국시대의 저명한 사상가로 굶어 죽음—옮

만년의 차이위안페이(홍콩에서, 1940년).

긴이)에게 바치니 진중자가 어찌 감당하겠는가? 제군들의 뜻이 진충보국을 실천한 한 개인을 기념하고자 하는 뜻, 즉 추상적으로 말하면 '멸사봉공'의 정신을 장려하는 것이므로 나 자신도 여기에 적극 찬동하는 바일세. 그러나 마침 이러한 '장려'의 기회가 나 자신에게 베풀어지니, 내가 어찌 마음 편히 거처할 수 있겠는가? 이것을 받아들일 자신이 없어서 처음에는 단연코 이러한 제의를 사절했네. 제군들이 오래전부터 생각해온 고맙고 아름다운 뜻을 말로 다 표현할 수 없네. 또한 '억지 부린다'는 질타를 피할 수도 없고, 선한 취지에 동감하나 어느 정도의 마찰은 있을 듯하네. 나는 지금 '상군시대의 나무를 옮기는 자'와 '연나라 소왕 때의 호걸'이 되고자 하여 삼가 제군들의 두터운 은택을 받아들이려 하네. 아울러 여생을 바쳐 국가발전과 문화발전에 대한 의무를 다할 것을 다짐하는 바이네. 또한 자손들에게도 영원히 감사한 마음을 가슴속에 새기도록 하겠으

차이위안페이의 고희를 기념하기 위해 그가 설립한 국립음악원에서 기념음악회가 열렸을 때, 식수植樹하고 찍은 사진(1936년). 비록 차이위안페이의 집을 마련하는 일은 성사되지 못했지만 많은 후인들의 축하를 받았다.

며, '멸사봉공'의 정신을 간직한 인물이 되도록 독려함으로써 제군들의 두터운 은혜에 보답하고자 하네. 이 제안에 대해 거듭 감사하게 생각하네.[51]

비록 이 아름다운 일은 송호전역의 패배로 실현되지 못했으나, 가슴을 뭉클하게 하는 이 같은 미담은 청사에 길이 기억될 것이다. 차이위안페이는 죽은 후 집 한 칸, 땅 한 평은커녕 관이나 수의 비용조차 없어 왕윈우 선생이 대신 마련했다.[52]

차이위안페이가 죽었을 때 그 부인이 느꼈을 비통하고 처절한 심경은 아마도 그의 부친이 죽었을 때 모친이 느낀 심정과 같았을 것이다. 차이위안페이는 일개 빈민에 불과했던 것이다. 이러한 정황은 구중국의 빈한한 지식인들의 삶이 노동자나 농민의 운명과 다를 바 없었음을 단적으로 말해준다. 그들의 생활은 조금도 개선의 여지가 없었다. 당시 부정부패가 난무하고 탐관오리들이 성행했던 것과 비교하여 그의 청빈한 생활태도는 가히 '군계일학鶴立鷄群'이라 할 수 있을 것이다.

병석에 누워서도 나라 사랑하는 마음만은

상하이가 함락될 무렵인 1937년 말, 차이위안페이는 이미 노쇠했다. 그는 충칭重慶보다는 윈난雲南에 가고 싶어했으나 체력이 여의치 않아 부득이 홍콩에 머무르게 됐다. 11월 27일 딩시린과 저우런周仁이 그를 모시고 홍콩에 도착했다. 그다음 달 29일에 저우 부인이 쑤이앙, 화이신, 잉둬 등의 자녀들을 데리고 홍콩으로 왔다. 임시 거처는 주룽으로 정했다. 중국 근대 민주혁명을 위해 지대한 공헌을 하고, 교육·문화·과학 분야 발전에 탁월한 업적을 남긴 인물의 만년은 그리 평탄치 않았다.

당시 물가가 앙등하고 집값이 폭등하여 중앙연구원에서 보내주는 몇 푼 안 되는 봉급만으로는 생계를 꾸리기가 어려웠다. 경제적 문제로 질병도 제때 치료하지 못해 지병이 더욱 악화했다. 게다가 나랏일에 대한 근심과 일제의 침략에 대한 비분강개한 심정이 겹쳐 더욱 건강을 해쳤다. 그러나 그는 자신의 병을 돌보지 않고 조국의 안위를 걱정했으며, 민족해방을 위해 목숨이 다할 때까지 자신을 희생하려 했다.

전면적인 항일전쟁 개시 1년 전인 1936년 9월 22일, 마오쩌둥이 그에게 한 통의 편지를 보냈다. 이 편지에서 마오쩌둥은 차이위안페이에 대한 흠모를 표하고, 그가 항일에 공감하고 지지한 것을 높이 평가했다. 나아가 "선생께서 이미 분투하셔서 충분한 성과를 거두었지만, 다시 한 번 대국적 견지에서 떨쳐 일어나 솔선수범하여 항일운동을 창도해주실 것"을 완곡하게 부탁했다.[53]

나중에 차이위안페이는 중국공산당이 호소한 '내전정지, 대외일치'에 호응하여 직간접적으로 나라 전체가 단결하여 외세의 수모를 당하지 않도록 정력을 기울였다. 이러한 노력들이 뒷받침되어, 마침내 '77항전' 이전에 국공합작이 이루어졌다.[54]

차이위안페이는 홍콩에 머무는 동안에도 줄곧 국제형세와 국공내전의 형국에 관심을 기울였다. 그리고 힘 닿는 데까지 적극적으로 항일구국운동에 참가했다.

그는 1938년 2월, 항전필승의 신념을 시로써 표현했다.

처지가 다르고 형편이 바뀌니 곧 인정도 바뀌는구나. 역사의 순환법칙에 따라 광활한 평원도 다시 원래 모습으로 돌아가는구나. '내 강토, 내 강산'이라는 옛 표어가 아마도 올해는 다시 실현되리라.[55]

이어 5월 2일 쑹칭링이 영도하는 중국보위동맹에 참가했고, 홍콩 국방의약 구휼추진회에 참가했으며, 성 요한 대성당에서 열린 미술전람회 개막식 연설에서 미술을 통한 인민의 항전의식 고취를 역설했다.

1938년 4월 차이위안페이가 프랑스에서 근공검학운동을 전개할 당시, 오랜 친구이며 공산주의자인 우위장이 유럽을 경유하여 귀국하는 도중에 홍콩에 들렀다. 이때 차이위안페이는 국공합작이 이루어졌다는 소식을 듣고 매우 기뻐하며, 국난을 공동으로 대처할 수 있게 되어 국가와 민족을 위해서도 참으로 다행한 일이라 생각했다.[56] 중국공산당의 거국적 단결을 통한 항전방침에 대해서도 진심으로 탄복했다.

1939년 5월에는 중앙연구원 시절의 동료인 공산주의자 천한성이 주룽에 살고 있는 차이위안페이를 방문했다. 이때 차이위안페이는 그를 보고 두 손으로 악수를 청하며 손을 꽉 잡고 격정을 이기지 못하고 이렇게 말했다.

"저우언라이 동지, 참 대단해! 나는 그때 매우 감동했다네."

이 말은 시안西安사건(1936년 12월 12일 산시성 시안에 주둔 중인 장쉐량張學良 휘하의 만주군이 홍군 토벌을 위해 시안에 온 장제스를 감금하고, 국공내전의 정지와 항일을 요구한 사건. 장제스가 이 요구를 수용하여 제2차 국공합작이 성립되었다—옮긴이)이 발생했을 때 저우언라이가 국공합작을 촉진시켜, 공동으로 항일투쟁에 나서게 한 공로를 지적한 것이다.[57]

1939년 7월, 차이위안페이는 국제 반침략운동대회 중국분회 제2기 명예주석으로 추대됐다. 12월 7일, 그는 '만강홍滿江紅'이라는 제목으로 이 모임의 노랫말을 지었는데, 그 내용이 사뭇 비장함을 느끼게 한다.

> 공리公理가 밝게 드러나 금일에야 강권을 누르게 됐다. 영토의 대소나 군사역량이 어떠한지를 묻지 마라. 문화를 공동으로 보호해야 한다. 무장력을 갖추고 전투기술을 발휘하여 군벌의 야심을 제거하기 위해 총 매진해야 한다. 우리 중화민국은 기백이 대단한 나라이고 평화를 사랑하는 나라로서 강탈하는 적을 막아야 한다. 최초 2년 동안에 공감하는 자들이 넘치게 됐다. 독립을 못할망정 차라리 백전도 불사한다. 모두가 힘을 합쳐 부끄럼 없이 전체가 책임을 지고 참가해야 한다. 우방들과 함께 개선가를 공동으로 연주하자. 승리는 명백하다.

그 와중에도 그는 중앙연구원 일에 노심초사했다. 참으로 서생書生으로서 지닌 국가를 향한 일편단심의 향기를 만년에까지 풍긴 것이다. 그러나 그는 이 노랫말을 지은 지 얼마 되지 않아 병석에 눕게 됐다.

그리고 1940년 3월 5일 오전 아홉 시 45분, 차이위안페이는 홍콩에서 서거했다. 전국 각지에서 여러 계층의 인사들이 매우 비통해했다. 3월 7일 그의 유해가 홍콩 모리천摩理臣 산다오山道 푸뤼서우福綠壽 장례식장에 도착했다. 조문객은 300여 명에 이르렀으며, 3월 10일 발인 때에는 5,000여 명이 도로에 늘어서서 애도했다. 그는 홍콩 쯔화런仔華人 공원묘지에 안장됐다.

3월 16일 국민정부는 그에 대한 포상령을 발표하고, 그를 '고년석학高年碩學, 만류경앙萬流景仰'(인품과 학문이 높은 경지에 이르러 만인이 모두 숭배함—옮긴이)[58]이라 칭송했다. 충칭의 〈중앙일보中央日報〉도 애도의 사설을 실었다. 3월 24일 충칭 소재 각계 국민당 선전부 강당에서 애도의식이 열린 후 오후에는 추모대회도 개최되었다. 같은 날, 윈난·구이저우·광둥·광시·후난·후베이·장시·저장 등지에서도 동시에 추모대회가 거행됐다.

차이위안페이가 병으로 서거했다는 소식이 옌안延安(산시성에 있는 공산혁명의 근거지—옮긴이)에까지 전해져, 중앙공산당 중앙에서도 랴오청즈를 대표로 파견하여 조문하고 가족들을 위로했다. 3월 9일에는 중국공산당 중앙위원회에서 애도전문을 발표하여 그를 '노성석망老成碩望, 훈로탁저勳勞卓著(명망이 높고 공로가 뛰어난 인물을 가리킨다—옮긴이)'[59]라 칭송했다.

마오쩌둥 주석이 그의 가족들에게 보낸 애도전문에는 다음과 같이 적혀 있었다.

'학계 태두요 만세의 귀감'이신 차이위안페이 선생께서 홀연 북망산으로 돌아가니 애통하기 그지없습니다. 삼가 고인의 명복을 빌고 절절한 심정으로 애도하며, 진심으로 위로의 말을 전합니다.[60]

4월 14일, 옌안의 각계각층이 중국공산당 중앙대강당에 모여 차이위안페이와 우청스吳承仕의 추도대회를 열었다. 이 자리에서 우위장이 애도사를 낭독했다. 저우언라이도 다음과 같은 만련挽 聯(조문 때 문에 거는 글귀―옮긴이)을 보냈다.

배만排滿으로부터 항일전쟁에 이르기까지 선생의 뜻은 민족혁명에 있었다. 5·4 운동으로부터 인권동맹에 이르기까지 선생의 행로는 오직 민주자유의 쟁취에 있었다.[61]

그의 서거는 전국을 진동시켰다. 여기에는 남북이 따로 없었으며, 당파를 초월하여 진심으로 그의 죽음을 애도했다.
대체 차이위안페이에게 어떤 역량이 감춰져 있었기에 이렇게 각계각층과 각 정파 사람들의 마음을 모두 사로잡을 수 있었을까? 그것은 아마도 그에게 중국인의 가장 고귀한 민족정신이 응축되어 있었기 때문이 아닐까 생각된다. 차이위안페이의 마음은 곧 중국의 천진무구한 마음赤子之心이자, 세계평화를 열렬히 애호하는 전사의 마음이며, 과학·교육·문화사업을 위해 일생을 수고하고 애쓴 선비의 마음이다.

■ 1장

1) 천윈포(陳雲坡) 주편, 마샤오옌(馬孝焱) 교열, 《차이위안페이 연보(蔡元培年譜)》, 미간행 원고, 저장도서관 보존(이하 《연보》 약칭).
2) 《저장(浙江) 향시부(鄕試簿)·치록(齒錄)》
3) 차이위안페이 구술, 황스후이(黃世輝) 적음, 《차이제민 선생 전략(蔡子民先生傳略)》 (이하 '구술, 《전략(傳略)》'으로 약칭).
4) 〈차이위안페이(蔡元培)〉, 《민국 초 풍운인물(民初風雲人物)》(하권), 삼민서점, 1976.
5) 가오스량(高世梁), 〈경애하는 차이위안페이 선생을 그리워함(懷念敬愛的蔡元培 先生)〉, 《신해혁명 소흥사료선집(辛亥革命紹興史料選輯)》, 46쪽.
6) 앞의 책, 46쪽.
7) 저우청(周成), 〈추억 차이제민 선생(追憶蔡子民先生)〉, 《차이위안페이 선생 기념집(蔡元培先生記念集)》, 차이젠궈(蔡建國) 편, 중화서국.
8) 구술, 《전략(傳略)》.
9) 위의 책.
10) 차이위안페이 시, 〈왕보강씨 조걸(王伯剛氏祖杰)〉, 미간행 원고.
11) 저우청, 앞의 책.
12) 차이위안페이, 〈나의 소년시대 독서생활(我靑年時代讀書生活)〉, 《차이위안페이 교육문선(蔡元培敎育文選)》.
13) 차이위안페이, 〈내가 받은 구교육의 기억(我所受舊敎育的回憶)〉, 《차이위안페이 교육문선》, 인민교육출판사, 1980, 228쪽.
14) 차이위안페이, 〈나의 교육계의 경험(我在敎育界的經驗)〉, 《차이위안페이 교육문선》, 238쪽.
15) 차이위안페이, 〈나의 스승 왕자장 선생 성묘 감회(展先師王子莊先生墓記)〉, 《차이위안페이 전집(蔡元培全集)》, 중화서국, 1980.
16) 구술, 《전략(傳略)》.
17) 차이위안페이, 〈나의 소년시대 독서생활〉.
18) 차이위안페이, 〈나의 소년시대 독서생활〉.
19) 차이위안페이, 〈내가 받은 구교육의 기억〉.

20) 차이위안페이, 〈나의 소년시대 독서생활〉.
21) 많은 책에서 차이위안페이가 1886~1889년 옛 월나라 서적이 꽂혀 있는 장서루에서 교정일을 보았다고 했는데, 이것은 맞지 않다. 옛 월나라 장서루는 1902년에 건립되어 1904년에 비로소 개방되었다. 차이위안페이가 교정일을 맡아본 곳은 주학재(鑄學齋)이다.
22) 구술, 《전략(傳略)》.
23) 서수란(徐樹蘭), 〈모금운동을 벌여 사오싱에 옛 월나라 서적을 보관할 장서루를 건립하자는 상주문 원안(爲捐建紹群古越藏書懇請奏咨立原案)〉.
24) 〈모금운동을 벌여 사오싱에 옛 월나라 서적을 보관할 장서루를 건립하자는 상주문 원안〉과 《古越藏書樓章程》.
25) 차이위안페이, 〈왕보강씨 조걸〉, 미간행 원고.
26) 시권평의(試卷評議), 가오핑수(高平叔), 《차이위안페이 전집》(이하 연보로 약칭), 4쪽.
27) 장이린(張一麟), 〈기념 차이제민 선생(記念蔡子民)〉, 《차이위안페이 선생 기념집》.
28) 천원포 편, 앞의 미간행 원고.
29) 쉬수칸(徐叔侃), 《차이씨일문(蔡氏軼聞)》, 미간행 원고.
30) 우징헝(吳敬恒), 〈사십 년 전의 소고사(四十年前的小故事)〉, 차이젠궈 편, 앞의 기념집, 89쪽.
31) 차이위안페이, 《소흥 교육의 관계(紹興敎育會之關係)》.
32) 앞의 책.
33) 차이위안페이, 〈월중 선현사 춘추제문(越中先賢祠春秋祭文)〉, 쑨창웨이(孫常煒) 편, 《차이위안페이 선생 기념집》, 59쪽.
34) 장명린(蔣夢麟), 〈시위채선생 사일폭간조(試爲蔡先生寫一幅簡照)〉, 앞의 기념집.
35) 〈차이제민 선생의 즉흥시〉, 《혁명선열 선진전(革命先烈 先進傳)》, 대북, 729쪽.

■ **2장**

1) 구술, 《전략(傳略)》.
2) 《연보(年譜)》.
3) 차이위안페이, 〈문정식 등과 왜인의 침략을 막기 위해 영국·독일과 은밀히 연합을 하자고 간청한 상소문(與文廷式等奏請密聯英德以御倭人折)〉.
4) 《연보》.
5) 《연보》.
6) 차이위안페이, 〈도준선에 보낸 답신(復陶濬宣函)〉, 《차이위안페이 전집(蔡元培全集)》, 제1권, 51쪽.
7) 차이위안페이, 〈소흥추광학당의(紹興推廣學堂議)〉, 《차이위안페이 전집》, 제1권, 90쪽.
8) 차이위안페이, 〈부인 왕자오를 애도함(挽夫人王昭聯)〉, 《차이위안페이 전집》, 제1권, 128쪽.
9) 구술, 《전략》, 《차이제민 선생 기념집(蔡子民先生記念集)》.

10) 〈서수란 선생에 보낸 편지(致徐樹蘭函)〉, 《차이위안페이 전집》, 제1권.
11) 구술, 《전략》, 《차이제민 선생 기념집》.
12) 차이위안페이, 〈소흥추광학당의〉.
13) 샤징관(夏敬觀), 〈차이위안페이전(蔡元培傳)〉, 《혁명선열 선진전(革命先烈先進傳)》, 대북, 725쪽.
14) 《마오쩌둥 선집(毛澤東選集)》, 합본, 1474쪽.
15) 《연보》.
16) 샤징관, 앞의 책, 타이베이, 725쪽.
17) 《연보》.
18) 《연보》.
19) 《연보》, 9쪽.
20) 《연보》, 9쪽.
21) 간이(甘簃), 〈제향재령기담(睇響齋逞肌談)〉, 〈자유담(自由談)〉, 〈신보(申報)〉, 1931년 12월 15일.
22) 구술, 《전략》.
23) 차이위안페이, 〈두아천 선생의 유사를 적은 글(書杜亞泉先生遺事)〉, 〈신사회(新社會)〉, 제6권 제2호, 1934년 1월.
24) 광서 24년 8월 13일 상유(上諭) 《무술변법(戊戌變法)》(二), 8쪽.
25) 구술, 《전략》.
26) 차이위안페이, 《차이위안페이 선집(蔡元培選集)》, 《중국신문학대계 총서(中國新文學大系總書)》, 318쪽.
27) 장멍린(蔣夢麟), 《서호(西湖)》, 황지루(黃季陸), 〈차이위안페이 선생과 국부의 관계(蔡元培先生與國父的關係)〉, 《차이위안페이 전집》, 1415쪽 재인용.
28) 또 다른 견해로는, 당시 전보 통지문에 연서한 사람은 1,231명이었다고 함.
29) 《문변(文變)》(하권), 상무인서관, 1902년.
30) 차이위안페이, 〈창판 외교보 서례(創辦外交報序例)〉, 《차이위안페이 전집》. 제1권, 137쪽.
31) 차이위안페이, 《자제 촬영편(自題撮影片)》, 제1권, 136쪽.

■ 3장

1) 쑨원(孫文), 《혁명의 연기(革命之緣起)》, 중국사학회 편, 《신해혁명(辛亥革命)》(一), 《중국근대사 자료 총간(中國近代)》, 9쪽.
2) 차이위안페이, 〈나의 교육계의 경험(我在敎育界的經驗)〉, 《차이위안페이 선집(蔡元培選集)》, 330쪽.
3) 황옌페이(黃炎培), 《경애하는 우리 스승, 차이위안페이 선생(敬卓吾蔡元培先生)》.
4) 황스후이(黃世暉) 기록, 《차이제민 선생 전략(蔡孑民先生傳略)》.
5) 〈1902년 난양공학의 맹휴 풍조와 애국학사 좌담회 기록〉, 전국 정협 문사위원회 편

주석 —— 565

《신해혁명 회상록(辛亥革命回憶錄)》, 70쪽.
6) 위쯔이(俞子夷), 〈차이위안페이 선생과 초창기 광복회의 추억(回憶蔡元培先生和草創時期的光復會)〉, 전국 정협 《문사자료 선집(文史資料選集)》, 제77집.
7) 《차이제민 선생 언행록(蔡子民先生言行錄)》, 8쪽.
8) 〈난양공학 학생 출교기(出校記)〉, 《근대중국교육사료(近代中國教育史料)》, 제3책, 117쪽.
9) 장웨이차오(蔣維喬), 〈중국교육회의 회상(中國教育會之回憶)〉, 《동방잡지(東方雜誌)》, 제33권, 제1기.
10) 《중국교육회 제1차 수정 장정(章程)》, 리신(李新) 편, 《중화민국사(中華民國史)》, 제1권, 143쪽.
11) 《동방잡지》, 제33권, 제1기, 《신해혁명(辛亥革命)》(一), 48쪽.
12) 펑쯔유(馮自由), 《혁명일사(革命逸史)》, 일집, 116쪽.
13) 〈우즈후이 사략(吳稚暉事略)〉, 《혁명선열 선진전(革命先烈 先進傳)》, 737쪽.
14) 장웨이차오, 앞의 책.
15) 차이위안페이, 〈나의 교육계의 경험〉.
16) 위의 책.
17) 애국학사 간행, 〈동공세계(童工世界)〉, 제32호, 〈차이·류 두 선생(蔡柳二先生) 기념집〉, 장선우(蔣慎吾), 《흥중회 시대 상하이혁명당파의 활동(興中會時代上海革命黨人的活動)》에서 재인용.
18) 〈선보(選報)〉, 제35기, 《교육언론(教育言論)》, 25쪽, 저우톈두(周天度), 〈신해혁명 시기의 차이위안페이(辛亥革命時期蔡元培)〉, 《신해혁명 시기의 역사인물(辛亥革命時期的歷史人物)》, 중국청년출판사, 182쪽 재인용.
19) 류야쯔(柳亞子), 〈기념 차이제민 선생 편(記念蔡子民先生)〉, 《차이제민 선생 기념집(蔡子民先生記念集)》.
20) 우위장(吳玉章), 《신해혁명(辛亥革命)》.
21) 펑쯔유, 앞의 책, 제10집, 118쪽.
22) 〈장타이옌 선생 옥중 일화 기록(章太炎先生在獄佚聞錄)〉, 《신해혁명사 총간(辛亥革命史 叢刊)》 1권, 394쪽.
23) 펑쯔유, 《중화민국 개국 전 혁명사(中華民國開國前革命史)》(속편), 상권, 50쪽.
24) 〈소보(蘇報)〉, 1903년 5월 8일, 번역 게재.
25) 〈소보〉, 1903년 5월 27일, 〈상하이교육회와 애국학사에 보내는 전문(致上海教育會愛國學社電文)〉 게재.
26) 〈소보〉, 1903년 5월 8일.
27) 차이위안페이, 〈나의 교육계의 경험〉.

■ 4장

1) 거궁전(戈公振), 〈소보 사건기사(蘇報案紀事)〉, 《중국학보사(中國報學史)》, 34~35쪽.

2) 위의 책, 34~37쪽.
3) 류야쯔(柳亞子), 《차이·류 두 선생 기념집(蔡柳二先生記念集)》.
4) 쩌우룽(鄒容), 〈혁명군(革命軍)〉, 《중국근대사 총간(中國近代史總刊)》, 《신해혁명(辛亥革命)》(一).
5) 차이위안페이, 〈석구만(釋仇滿)〉, 《차이위안페이 전집》, 제1권, 172쪽.
6) 장런파(蔣仁法), 〈소보 주간 천판(蘇報 主辦人 陳范)〉, 《인물(人物)》, 1982년 제6기.
7) 탕전창(唐振常), 《소보사건 중 쟁점 사안-우즈후이 헌책변(蘇報)案中一公案-吳稚暉獻策辯)》, 상하이 도서관 건립 30주년 논문집.
8) 《신보(申報)》, 1903년 5월 5일(광서 29년 4월 9일).
9) 애국학사 간, 《동자세계(童子世界)》, 기사 제29~30호.
10) 장웨이차오(蔣維喬), 《민국교육총장 차이위안페이(民國教育總長蔡元培)》 중 6인 열전에 쩌우룽은 있고 천판은 없음.
11) 펑쯔유(馮自由), 상편, 135쪽.
12) 위의 책, 129~130쪽.
13) 〈소보사건 기사(蘇報案紀事)〉, 104쪽.
14) 왕옌청(王彥成), 《청말 외교사 자료(清季外交史料)》, 장웨이차오, 《중국교육회의 회상(中國教育會之回憶)》.
15) 우즈후이(吳稚暉), 〈상하이 소보사건 실록(上海蘇報案紀實)〉, 펑쯔유, 《혁명야사(革命逸史)》(三), 117쪽.
16) 장싱옌(章行嚴), 〈소보사건 전말 기록(蘇報案始末記錄)〉, 《신해혁명》(一).
17) 구술, 《전략(傳略)》.
18) 구술, 《전략》, 장웨이차오, 《중국교육회의 회상》에 보임.
19) 차이위안페이, 〈장타이옌 추도사(章太炎追悼辭)〉, 《신보》, 1936년(민국25년) 7월 19일.
20) 장빙린(章炳麟), 〈쩌우룽전(鄒容傳)〉, 《신해혁명》(三).
21) 장웨이차오, 《민국교육총장 차이위안페이》, 근대 중국교육사료 제6책.
22) 류야쯔, 《기념 차이제민 선생(記念蔡子民先生)》.
23) 웨이란잉(魏蘭英), 〈장타이옌과 소보사건(章太炎與 '蘇報'案)〉, 《문사지식(文史知識)》, 1984년 제1기.
24) 차이위안페이, 앞의 추도사.
25) 장웨이차오, 《민국교육총장 차이위안페이》, 근대 중국교육사료 제6책, 239쪽.
26) 천취빙(陳去病), 《제 경종일보(題警鐘日報)》.
27) 장웨이차오, 《중국교육회의 회상》.
28) 마젠(馬鑑), 《기념 차이위안페이 선생》, 타오잉후이(陶英惠), 《차이위안페이 연보》(상), 149쪽. 재인용.
29) 차이위안페이, 〈애국여학교 연설〉, 《차이위안페이 교육문선(蔡元培教育文選)》, 14쪽.
30) 쑨원(孫文), 〈황쭝양에게(致黃宗仰)〉, 《차이위안페이 전집》, 제1권, 230쪽.
31) 장황시(張篁溪), 〈광복회영수 타오청장 혁명사(光復會領袖陶成章革命史)〉, 《신해혁명》(一), 523쪽.
32) 위와 같음.

33) 구술, 《전략》.
34) 《차이제민 선생 언행록(蔡子民先生言行錄)》, 15쪽.
35) 쑹자오런(宋敎仁), 《정가 괴혁명 대사략(程家怪革命大事略)》, 하권, 《국사관(國史館) 간(刊)》, 제1권 제2호, 70쪽.
36) 타오청장(陶成章), 《절안기략(浙案紀略)》, 《신해혁명》(三), 16쪽.
37) 위의 책, 18쪽.
38) 중국동맹회 도쿄 총부 회원명부에 차이위안페이의 입회에 대해 상세히 밝힘. 입회 일자는 1905년 10월 27일, 《혁명 문헌(革命文獻)》(제2집), 타이베이판.
39) 구술, 《전략》.
40) 샤오위(肖瑜), 〈차이위안페이 선생 자술신가일서(蔡元培先生 自述身家軼書)〉, 《전기 문학(傳記文學)》, 제10권, 제1기.
41) 황옌페이(黃炎培), 앞의 책, 55쪽.
42) 쑨원, 《양광총독 및 동맹회에 보내는 전문(致粵督及同盟會電)》.
43) 마오쩌둥(毛澤東), 〈차이위안페이 선생에게 바치는 글(致蔡元培)〉(1936년 9월 22일), 《마오쩌둥 서신 선집(毛澤東書信選集)》, 66쪽.
44) 타오청장, 《절안기략》.
45) 차이위안페이, 《나의 교육계 경험(我在敎育界的經驗)》.
46) 타오청장, 앞의 책.
47) 타오청장, 《추진전(秋瑾傳)》, 《신해혁명》(三).
48) 타오청장, 《절안기략》.

■ 5장

1) 차이위안페이, 《자작 연보(自作年譜)》 원고, 〈우징헝에게 보내는 편지(致吳敬恒函)〉, 1911년 10월 19일.
2) 차이위안페이, 《차이위안페이 전집(蔡元培全集)》, 제2권, 123쪽.
3) 차이위안페이, 〈우징헝에게 보내는 편지〉, 1911년 10월 19일, 《차이위안페이 전집》, 제2권, 123쪽.
4) 위의 편지, 1911년 10월 24일, 같은 전집, 125쪽.
5) 위의 편지, 1911년 10월 18일.
6) 위의 편지, 1911년 10월 26일.
7) 위와 같음.
8) 차이위안페이, 《잡기수고(雜記手稿)》.
9) 차이위안페이, 《구주에서의 교육운동(旅歐敎育運動)》.
10) 차이위안페이, 〈근공검학전 서(勤工儉學傳序)〉.
11) 차이위안페이, 〈재 베이징 유법검학회 강연(在北京留法儉學會講演)〉.
12) 차이위안페이, 〈우리는 무슨 연고로 귀국하려 하는가?〉, 〈유법학계 서남유지회에서 엮은 통고문(爲留法學界西南維持會所撰之通告)〉.

13) 《연보(年譜)》, 33쪽.
14) 차이위안페이, 〈근공검학전 서〉, 《차이위안페이 전집》, 제2권, 399쪽.
15) 《차이위안페이 전집》, 제3권, 37쪽.
16) 차이위안페이, 〈국외 근공검학회와 국내 공학호조단(國外勤工儉學會與國內工學互助團)〉, 《차이위안페이 언행록·연설(蔡元培言行錄)》, 59~60쪽.
17) 〈신청년(新靑年)〉, 제3권 제2호.
18) 《우위장 회상록(吳玉章回憶錄)》, 중국청년출판사, 1978, 106쪽.
19) 《구주에서의 교육운동(旅歐敎育運動)》, 제94쪽.
20) 차이위안페이, 〈국외 근공검학회와 국내 공학호조단〉.
21) 〈여구잡지(旅歐雜誌)》, 제1기, 1916년 8월 15일 기사.
22) 다이주궁(戴諸恭), 《향비여(向譬予)》, 인민출판사, 62쪽.
23) 쉬더헝(許德珩), 《차이위안페이 선생을 그리워함(回憶蔡元培先生)》, 1980년 3월 4일자 〈인민일보(人民日報)〉.

■ 6장

1) 차이위안페이, 《서유일기(西游日記)》 수고(手稿), 《연보(年譜)》에서 재인용.
2) 판쥔샹(泮君祥), 〈중국 근대사에 있어서 배상금에 관한 간략한 기록(略談我國近代史上的賠款)〉, 《문사 지식(文史知識)》, 1984년 제1기 19쪽.
3) 차이위안페이, 〈동지들을 연합해서 각 나라에 경자년 배상금을 반환토록 진정하여 교육사업을 확장하는 계획에 대한 의견서(擬聯合同志陳請各國退庚子賠款專供吾推大敎育事業意見書)'〉, 《차이위안페이 언행록·교육(蔡元培言行錄)》, 33쪽.
4) 앞의 책, 34~38쪽.
5) 차이위안페이, 〈영국 유학생 경자년 배상금 반환 흥학회 및 재영 상·공·학 공진회 환영회 석상의 연설사(在留英學生退款興學會及留英工商學共進會歡迎會上的演說詞)〉, 《차이위안페이 전집(蔡元培全集)》, 제4권, 468쪽.
6) 차이위안페이, 〈경자년 배상금 반환 처리에 관한 비망록(處理退還庚款的備忘錄)〉, 위와 같음, 478~480쪽.
7) 《마오쩌둥 선집(毛澤東選集)》, 제4권, 1358쪽.
8) 차이위안페이, 〈재 에든버러 중국학생회 및 학술연구회 환영회 석상에서의 연설사(在愛丁堡中國學生會及學術研究會歡迎會上的演說詞)〉, 《차이위안페이 미학 문선(蔡元培美學文選)》, 146쪽.
9) 차이위안페이, 〈문명의 소화(文明之消化)〉, 《차이위안페이 전집》, 제2권, 467~468쪽.
10) 위와 같음.
11) 차이위안페이, 〈베이징대 회화연구회 연설사(在北大繪畵硏究會演說詞)〉.
12) 차이위안페이, 〈교육독립의(敎育獨立議)〉.
13) 차이위안페이, 〈문명의 소화〉, 《차이위안페이 전집》, 제2권, 467쪽.
14) 위와 같음.

15) 차이위안페이, 〈1차 대전 후의 교육문제(歐戰之後的教育問題)〉, 《차이위안페이 전집》, 제3권, 282쪽.
16) 차이위안페이, 〈나의 1차대전에 대한 관점(我之歐戰觀)〉, 《차이위안페이 전집》, 제3권, 3쪽.
17) 차이위안페이, 〈중불교육회 취지(華法教育會之意趣)〉, 《차이위안페이 언행록·연설》, 9쪽.
18) 〈동방잡지(東方雜誌)〉, 제9권 제9호, 《차이위안페이 전집》, 제4권, 293쪽.
19) 《연보》, 62쪽.
20) 차이위안페이, 〈청화학교 고등과에서 행한 연설문(在淸華學校高等科演說詞)〉, 《차이위안페이 전집》, 제3권, 28쪽.

■ 7장

1) 차이위안페이, 〈우징헝에게 보내는 편지致吳敬恒函〉, 1911년 10월 19일, 《차이위안페이 전집(蔡元培全集)》, 제2권, 122쪽.
2) 장윈레이(張雲雷) 구술, 천주허(陳朱鶴) 기록, 〈신해혁명 견문 잡기(辛亥革命見聞瑣談)〉, 《절강신해혁명 회상록(浙江辛亥革命回憶錄)》.
3) 《신해혁명(辛亥革命)》(八), 187~188쪽.
4) 《각 성 대표 강화 제의 및 전 제안(各省代表議和全案)》, 하권, 48쪽.
5) 〈위안스카이가 임시정부에 보낸 전문(袁世凱致臨時政府電)〉, 《신해혁명자료(辛亥革命資料)》, 중국 사회과학원 근대사연구소 편, 117쪽.
6) 쑨원이 위안스카이에게 보내는 육필에서 재인용. 《근대사 연구(近代史研究)》, 1984년 제4기, 탕전창(唐振常), 〈차이위안페이가 북상하여 위안스카이를 환영하러 간 내용을 간략히 기록한 글(蔡元培北上迎袁考略)》.
7) 《영국청서(英國藍皮書)》, 1912년 중국 제3호, 205쪽. 리쭝이(李宗一), 《위안스카이전(袁世凱傳)》에서 재인용.
8) 황스휘(黃世輝) 기록, 구술 《전략(傳略)》.
9) 가오핑수(高平叔), 《차이위안페이 연보(蔡元培年譜)》, 28쪽.
10) 차이위안페이, 〈전 중국에 고함(告全國文)〉, 《차이위안페이 선집(蔡元培選集)》, 5쪽.
11) 근대사연구소 편, 《신해혁명 자료》, 258쪽.
12) 위안커원(袁克文) 《신병비원(辛丙秘苑)》.
13) 량수밍(梁漱溟), 〈회고담 기록(懷舊談往錄)〉, 〈단결보(團結報)〉, 제619호, 1983년 8월 6일.
14) 국사신문사(國事新聞社) 편, 《베이징 병변 전말기(北京兵變始末記)》, 1912년 5월판, 17, 65쪽.
15) 앞의 책, 27~28, 53쪽.
16) 차이위안페이, 〈난징 임시정부 및 참의원 앞으로 보내는 전문(致南京臨時政府及參議院電)〉, 《차이위안페이 전집》, 제2권, 142~143쪽.

17) 위와 같음.
18) 《뤼위안훙 부총통 편지 모음(黎副總統書牘彙編)》, 제1권, 8쪽.
19) 〈쑨원이 차이위안페이에게 보내는 회답 전문(孫中山復蔡元培電)〉, 《차이위안페이 전집》, 제2권, 146쪽.
20) 〈민립보(民立報)〉, 1912년 3월 12일.
21) 차이위안페이, 〈쑨원에게 보내는 전문(致孫中山電)〉, 1912년 3월 4일, 《차이위안페이 전집》제2권, 144쪽.
22) 류청위(劉成禺), 《세재당 잡기(世載堂雜記)》, 《근대사료 필기총간(近代史料筆記叢刊)》, 171~172쪽.
23) 필자가 1986년 1월 25일 상오에 량수밍 선생을 직접 방문하여 대화한 기록임.
24) 차이위안페이, 〈전국에 고하는 글(告全國文)〉.
25) 〈국민당 교통부 다과회 기사(國民黨交通部茶會記事)〉, 《민립보》, 1913년 6월 12일.
26) 차이위안페이, 〈전국 동포에게 고함(警告全國同胞)〉, 《차이위안페이 전집》, 제2권, 309~310쪽.
27) 차이위안페이, 〈위안스카이가 사퇴하지 않고 전화를 야기한 허물(袁氏不能辭激成戰禍之咎)〉, 《차이위안페이 전집》, 제2권, 320쪽.
28) 차이위안페이, 〈야심가인가? 법을 준수하는 자인가? 도덕군자인가?(野心歟, 約法歟, 讓德歟)〉, 《차이위안페이 전집》, 제2권, 321~322쪽.
29) 차이위안페이, 〈묵은 해를 보내고 새해를 맞이하는 시점에서 두 가지 그림에 대한 감상(對于送舊迎新二圖之感想)〉, 《차이위안페이 전집》, 제2권, 468~469쪽.

■ 8장

1) 왕청성(王成聖), 《60년 만의 중국(六十年來的中國)》.
2) 장웨이차오(蔣維喬), 〈민국 교육부 초기의 상황(民國敎育部初設時的狀況)〉, 《근대 중국교육사료(近代中國敎育史料)》, 제9책, 196쪽.
3) 왕윈우(王云五), 《차이제민 선생과 나》, 쑨창웨이(孫常煒), 《차이위안페이 전집(蔡元培全集)》, 1388쪽.
4) 좡위(莊俞), 〈중화민국 원년 교육의 회고(中華民國元年敎育之回顧)〉, 《근대 중국교육사료》, 제9책, 173쪽.
5) 〈청조 교육 신법령(大淸敎育新法令)〉.
6) 차이위안페이, 〈나의 교육계의 경험(我在敎育界之經驗)〉, 《차이위안페이 교육문선(蔡元培敎育文選)》, 241쪽.
7) 차이위안페이, 〈참의원에서 행한 정견 발표(向參議院宣布政見之演說)〉, 《차이위안페이 전집》제2권, 165쪽.
8) 차이상쓰(茶尙思), 《차이위안페이(蔡元培)》, 강소 인민출판사, 1982년 12월 제1판, 42쪽.
9) 마쉬룬(馬敍倫), 《나의 60세 이전(我在六十歲以前)》, 62쪽.
10) 〈주 프랑스공사에서 보낸 전문 초록(駐法公使館抄送原電文)〉, 《차이위안페이 연보

《蔡元培年譜》)에서 재인용.
11) 차이위안페이, 〈친필 연보(自寫年譜)〉, 친필 원고, 저우페이위안(周培源), 《차이위안페이와 베이징대학(蔡元培與北京大學)》.
12) 뤄자룬(羅家倫), 〈차이위안페이 선생과 베이징대학(蔡元培先生與北京大學)〉, 《전기문학(傳記文學)》, 제10권, 제1기, 31쪽.
13) 〈월간 베이징대학(北京大學月刊)〉, 1917년 12월 20일.
14) 차이위안페이, 〈나의 교육계의 경험〉.
15) 구제강(顧頡剛), 〈차이위안페이 선생과 5·4 운동(蔡元培先生與五四運動)〉, 《문사자료 선편(文史資料選編)》, 제3집.
16) 차이위안페이, 〈베이징대학 교장 취임사(北京大學校長就任詞)〉, 《차이위안페이 교육문선》, 22~23쪽.
17) 차이위안페이, 〈나의 교육계 경험〉, 《차이위안페이 교육문선》, 334쪽.
18) 천두슈(陳獨秀), 〈차이제민 선생 서거후 소감(蔡子民 先生 逝世後感言)〉.
19) 〈대학제도 개정의 사실 및 이유(大學改制之事實及理由)〉.
20) 차이위안페이, 〈베이징대학교장 복귀 후 전교생 환영식전에서의 연설사(回任北京大學校長在全體學生歡迎會演說詞)〉.
21) 마위안차이(馬元材), 페이바이(非百), 〈희원 회상록(曦園回憶錄)〉(三), 〈단결보(團結報)〉, 1982년 10월 30일(579호).
22) 차이위안페이, 〈베이징대학 20주년 기념 연설사(北京大學二十周年紀念演說詞)〉, 《차이위안페이 학술사상 전기(蔡元培學術思想傳記)》, 115쪽, 재인용.
23) 차이위안페이, 〈베이징대학 개설, 야학 개학식 연설사(北大校設夜班開學式演說詞)〉, 《차이위안페이 전집》, 제3권, 146쪽.
24) 차이위안페이, 〈베이징대학 평민야학 입학식 연설사(北大平民夜校入學式演說詞)〉, 《차이위안페이 전집》, 제3권, 380쪽.
25) 차이위안페이, 〈'공언보'와 린친난 군에게 보내는 서한(致公言報并附林琴南君函)〉, 《차이위안페이 선집(蔡元培選集)》, 중화서국, 1959년 제1판, 79쪽.
26) 차이위안페이, 〈월간 베이징대학 발간사(北京大學月刊發刊詞)〉, 《차이위안페이 전집》, 제3권, 211쪽.
27) 차이위안페이, 〈나의 교육계의 경험〉, 《차이위안페이 교육문선》, 244쪽.
28) 차이위안페이, 〈베이징대학 학간 발간사(北京大學學刊發刊詞)〉, 《차이위안페이 전집》, 제3권, 211쪽.
29) 차이위안페이, 〈나의 교육계의 경험〉, 《차이위안페이 교육문선》, 239쪽.
30) 차이위안페이, 〈'공언보'와 린친난 군에게 보내는 서한〉, 《차이위안페이 선집》, 65쪽.
31) 마오무(毛姆)·웨이렌(威廉), 1921년, 〈철학자 구훙밍 방문 기록(訪問哲學家辜鴻銘)〉, 《인물(人物)》 잡지, 1952년, 제2기.
32) 위와 같음.
33) 《매주평론(每周評論)》, 1919년 4월 13일.
34) 〈대학원 공보(大學院公報)〉, 제1기.
35) 위와 같음.

36) 〈신보(申報)〉, 민국 16년(1927년) 6월 17일.
37) 차이위안페이, 《중국 신교육의 추세(中國新敎育的趨勢)》.
38) 위와 같음.
39) 《차이위안페이 문선》, 202쪽.
40) 차이위안페이, 〈후난자수 대학의 소개와 설명(湖南自修大學的介紹與說明)〉.
41) 차이위안페이가 교육행정위원회에서 제기한 '대학구(大學區) 실행안 건의', 차이상 쓰, 《차이위안페이 학술사상 전기》, 193쪽, 재인용.
42) 《중국 국민당 제2기 중앙집행위원회 제4차 전체회의 기록(中國國民黨第二期中央執行委員會第四次全體會議記錄)》, 155쪽.
43) 앞의 제5차 회의 기록, 292쪽.
44) 위와 같음.
45) 〈신보〉, 민국 17년(1928년) 6월 20일.
46) 〈교육잡지(敎育雜誌)〉, 제20권 제7호.
47) 시추(惜秋) 펴냄, 《민국 초 풍운인물(民初風雲人物)》, 삼민서국, 1976년, 10월 초판.

■ **9장**

1) 차이위안페이, 〈나의 교육계의 경험(我在敎育界之經驗)〉.
2) 차이위안페이, 〈교육방침에 대한 의견(對于敎育方針之意見)〉.
3) 차이위안페이, 〈참의원에서 행한 정견 발표(赴參議院宣布政見演說詞)〉.
4) 《차이위안페이 선집(蔡元培選集)》, 162쪽.
5) 앞의 책, 106쪽.
6) 차이위안페이, 〈교육방침에 대한 의견〉, 《차이위안페이 교육문선(蔡元培敎育文選)》, 3쪽.
7) 차이위안페이, 〈보통교육과 직업교육(普通敎育和職業敎育)〉, 《차이위안페이 전집》, 제3권, 152쪽.
8) 차이위안페이, 《중국 신교육의 추세(中國新敎育的趨勢)》.
9) 차이위안페이, 〈어떻게 해야만 현대 학생에 걸맞는가?(怎樣才配称做現代學生)〉, 《차이위안페이 학술사상 전기(蔡元培學術思想傳記)》, 173쪽, 재인용.
10) 천이린(陳翊林), 《최근 30년 중국교육사(最近三十年中國敎育史)》.
11) 차이위안페이, 〈보통교육과 직업교육〉, 《차이위안페이 교육문선》, 107쪽.
12) 차이위안페이, 〈전국 임시교육회 개회사(全國臨時敎育會開會詞)〉, 《차이위안페이 전집》, 제2권, 262쪽.
13) 차이위안페이, 〈신교육과 구교육의 기점(新敎育與舊敎育之起點)〉, 《차이위안페이 교육문선》, 49쪽.
14) 차이위안페이, 〈보통교육과 직업교육〉, 《차이위안페이 전집》, 제3권, 477쪽.
15) 차이위안페이, 〈참의원에서 행한 정견 발표(赴參議院宣布政見演說詞)〉.
16) 차이위안페이, 〈나의 교육계의 경험〉.

17) 차이위안페이, 《중국 신교육의 추세》.
18) 〈국립 노동대학, 노공학원 조직 대강(國立勞動大學, 勞工學院大綱)〉, 《근대 중국교육 사료(近代中國敎育史料)》.
19) 《차이위안페이 약전(蔡元培傳略)》.
20) 차이위안페이, 〈평민야학교 개학일 연설(在平民夜校開學日之演說)〉.
21) 차이위안페이, 〈보통교육과 직업교육〉, 《차이위안페이 전집》, 제3권, 477쪽.
22) 차이위안페이, 〈리차오 여사 추도회 연설(在李超女士追悼會上的演說)〉.
23) 차이위안페이, 〈재 에든버러 중국학생회 및 학술연구회 환영회 석상에서의 연설사(在愛丁堡中國學生會及學術研究會歡迎會上的演說詞)〉, 《차이위안페이 전집》, 제4권 42쪽.
24) 위와 같음.
25) 차이위안페이, 〈저우춘웨 군의 대학제도개정에 대한 의견을 읽고(讀周春嶽君 '大學改制之商榷)〉, 《차이위안페이 전집》, 150쪽.
26) 차이위안페이, 〈나의 베이징대학 경력(我在北京大學之經歷)〉, 《차이위안페이 미학 문선(蔡元培美學文選)》, 2~3쪽.
27) 위와 같음.
28) 차이위안페이, 〈저우춘웨 군의 대학제도개정에 대한 의견을 읽고〉.
29) 차이위안페이, 〈베이징대학 교장 취임사(北京大學校長就任詞)〉, 《차이위안페이 전집》, 제3권, 53쪽.
30) 차이위안페이, 〈저우춘웨 군의 대학제도개정에 대한 의견을 읽고〉.
31) 차이위안페이, 〈보통교육과 직업교육〉, 《차이위안페이 전집》, 제3권, 474쪽.
32) 차이위안페이, 〈나의 교육계 경험〉.
33) 차이위안페이, 〈교육독립론(敎育獨立論)〉, 《차이위안페이 전집》, 제4권, 177쪽.
34) 차이상쓰, 《차이위안페이 학술사상 전기》, 192쪽.
35) 수신청(舒新城), 《근대 중국교육사료》, 제3책, 146쪽.
36) 〈비종교 운동〉, 《차이위안페이 전집》, 제4권, 178쪽.
37) 차이위안페이, 〈애국여학교 연설(在愛國女校之演詞)〉, 《차이위안페이 선집》, 49쪽.
38) 차이위안페이, 〈참의원에서 행한 정견 발표〉.

■ 10장

1) 구술, 《전략(傳略)》.
2) 차이위안페이, 《25년래 중국의 미육(二十五年來中國之美育)》.
3) 차이위안페이, 〈보통교육과 직업교육(普通敎育和職業敎育)〉.
4) 차이위안페이, 〈베이징대학 음악연구회에서 행한 연설(在北京大學音樂研究會之演說詞)〉, 《차이위안페이 미학 문선(蔡元培美學文選)》, 82쪽.
5) 린원정(林文錚), 〈장인 차이위안페이 선생과 항주 예전에 대한 회고(緬懷岳父蔡元培先生與杭州藝專)〉, 〈고금담(古今談)〉, 1985년 제1기 시간(試刊)호.

6) 차이위안페이, 〈재 에든버러 중국학생회 및 학술연구회 환영회 석상에서의 연설사(在愛丁堡中國學生會及學術硏究會歡迎會上的演說詞)〉.
7) 린원정 교수와 필자가 1984년에 두 차례 나눈 대화 기록.
8) 차이위안페이, 〈국립 예술대학 창립 제안(創辦國立藝術大學之提案)〉.
9) 린원정, 〈장인 차이위안페이 선생과 항주 예전에 대한 회고〉.
10) 차이위안페이, 〈미육의 실시 방법(美育的實施方法)〉, 《차이위안페이 선집(蔡元培選集)》.
11) 위와 같음.
12) 위와 같음.
13) 차이위안페이, 〈미육의 실시 방법〉, 《차이위안페이 선집》, 202쪽.
14) 차이위안페이, 〈미육의 실시 방법〉, 《차이위안페이 선집》, 203쪽.
15) 차이위안페이, 〈후스에게 보내는 편지(復胡適函)〉, 1923년 7월 12일, 《차이위안페이 전집(蔡元培全集)》, 제4권, 334쪽.
16) 〈여행 잡지(旅行雜誌)〉, 제9권 제2기.
17) 《차이위안페이 연보(蔡元培年譜)》.
18) 위와 같음.
19) 차이위안페이, 〈미육으로 종교를 대신하자는 주장(以美育代宗敎說)〉, 《차이위안페이 선집》, 중화서국, 1959년, 57쪽.
20) 차이위안페이, 〈미학 관념(美學觀念)〉.
21) 차이위안페이, 〈미육으로 종교를 대신하자는 주장〉, 《차이위안페이 선집》, 중화서국, 1959년, 56쪽.
22) 차이위안페이, 〈문화운동은 '미육'을 잊지 말아야 한다(文化運動不要忘了美育)〉.
23) 차이위안페이, 〈나의 1차 대전에 대한 관점(我之歐戰觀)〉.
24) 차이위안페이, 〈홍콩 성 요한 대예배당 미술전람회 연설사(在香港約翰大聖堂美術展覽會演詞)〉.
25) 차이위안페이, 〈시대화보 기자와의 대담(與時代畵報記者談話)〉, 《차이위안페이 언행록(蔡元培言行錄)》, 179쪽.
26) 차이위안페이, 〈25년 만에 떠올려보는 중국의 신문화(二十年來中國之新文化)〉.
27) 차이위안페이, 〈중불교육회의 취지(華法敎育會之意趣)〉.

■ 11장

1) 《노자(老子)》, 제3장.
2) 차이위안페이, 〈런훙쥔에게 보내는 편지(復任鴻雋函)〉, 1923년 7월 12일. 《차이위안페이 전집(蔡元培全集)》, 제2권, 393쪽.
3) 차이위안페이, 〈전국 교육회의 보고(全國敎育會議報告)〉.
4) 차이위안페이, 〈과학계의 위인(科學界的偉人)〉, 《차이위안페이 연보(蔡元培年譜)》, 129쪽.

5) 차이위안페이, 〈4차 중전회 제안(四中全會提案)〉, 《차이위안페이 언행록(蔡元培言行錄)》, 74쪽.
6) 차이위안페이, 〈현대 학생의 세 가지 기본조건(現代學生的三介基本條件)〉, 《차이위안페이 언행록》.
7) 차이상쓰(蔡尙思), 《차이위안페이 학술사상 전기(蔡元培學術思想傳記)》, 395쪽.
8) 차이위안페이, 〈나의 교육계의 경험(我在教育界之經驗)〉, 〈나의 베이징대학의 경력(我在北京大學的經歷)〉, 《차이위안페이 선집(蔡元培選集)》.
9) 〈동방잡지(東方雜誌)〉, 〈베이징대학 연구소의 내용(北京大學研究所之內容)〉, 1918년 3월, 차이상쓰, 《차이위안페이 학술사상 전기》, 234~235쪽, 재인용.
10) 차이위안페이, 〈나의 베이징대학의 경력〉, 《차이위안페이 선집》, 293쪽.
11) 차이위안페이, 〈대학에서 각종 연구소를 설립해야 하는 이유(論大學應設各種研究所之理由)〉, 《차이위안페이 선집》, 309쪽.
12) 〈국립 베이징대학 연구소 국학분야 장정(國立北京大學研究所國學門章程)〉, 〈국립 베이징대학 연구소 국학분야 개요(國立北京大學槪要研究所國學門)〉, 차이상쓰, 《차이위안페이 학술사상 전기》, 235~236쪽, 재인용.
13) 차이위안페이, 〈대학에서 각종 연구소를 설립해야 하는 이유〉, 《차이위안페이 선집》, 310쪽.
14) 〈대학에서 각종 연구소를 설립해야 하는 이유〉, 《차이위안페이 선집》.
15) 위와 같음.
16) 위이(余毅), 〈차이위안페이 선생을 애도함(悼蔡元培先生)〉, 《차이위안페이 선생 기념집(蔡元培先生紀念集)》, 44쪽.
17) 〈국립 중앙연구원 70년 총결산 보고(國立中央研究院什七年度總報告)〉, 《차이위안페이 연보》, 8쪽, 재인용.
18) 《국민정부 연보(國民政府年報)》, 제52호.
19) 차이위안페이, 〈국립 중앙연구원 제1차 업무보고(國立中央研究院第一次工作報告)〉(국민당 중앙정치회의 석상).
20) 차이위안페이, 〈공작 대강(工作大綱)〉(1936년 4월 소집된 1기 2차 평의회 보고), 차이상쓰, 《차이위안페이(蔡元培)》, 장쑤 인민출판사, 73쪽, 재인용.
21) 웡원하오(翁文灝), 〈추념 차이제민 선생(追念蔡子民)〉, 《차이위안페이 선생 기념집》, 68쪽.
22) 천다롼(陳大欒), 〈차이위안페이 선생과 심리학(蔡元培先生與心理學)〉, 〈광명일보(光明日報)〉, 1980년 3월, 《철학(哲學)》, 148쪽.
23) 천한성(陳翰笙), 〈추념 차이제민 선생〉, 《차이위안페이 선생 기념집》.
24) 차이위안페이, 〈나의 교육계의 경험〉.
25) 《중화민국 초 신해혁명시 걸출한 인물(民初辛亥傑出人物)》, 대북, 468쪽.
26) 류퉁바오(劉同葆), 〈걸출한 지질학자-딩원장(杰出的地質學家-丁文江)〉, 〈단결보(團結報)〉, 1986년 10월 25일.
27) 왕윈우(王云五), 〈차이제민 선생의 공헌(蔡子民先生之貢獻)〉, 《차이위안페이 선생 기념집》, 112쪽.

28) 차이위안페이, 《서광계 선생 서거 300주년 기념문집(徐文定公逝世三百周年紀念文彙編)》, 서문.

■ 12장

1) 차이위안페이, 〈신청년 기자에게 보내는 편지(致〈新靑年〉記者函)〉, 《차이위안페이 전집(蔡元培全集)》, 제3권, 23쪽.
2) 차이위안페이, 〈중국 신문학 대계 총서(中國新文學大叢序)〉.
3) 차이위안페이, 〈나의 베이징대학의 경력(我在北京大學的經歷)〉.
4) 차이위안페이, 〈주루이의 악행을 선포하는 공개전문(宣布朱瑞劣迹的通電)〉, 《차이위안페이 전집》, 제2권, 311쪽.
5) 차이위안페이, 〈각 성 의회에 고함(警告各省議會)〉, 《차이위안페이 전집》, 제2권, 311쪽.
6) 차이위안페이, 〈묵은 해를 보내고 새해를 맞이하는 시점에서 두 가지 그림에 대한 감상(對于送舊迎新二圖之感想)〉, 《차이위안페이 전집》, 제2권, 468쪽.
7) 차이위안페이, 〈장위안짜이에게 보내는 답신(復張原載函)〉, 《차이위안페이 전집》, 제3권, 278쪽.
8) 마오쯔수이(毛子水), 〈채 선생에 대한 몇가지 회상(對于蔡先生的一些回憶)〉, 쑨창웨이(孫常煒) 편, 《차이위안페이 전집》, 1489쪽.
9) 쉬더헝(許德珩), 〈차이위안페이 선생 서거 40주년대회 강연(在紀念蔡元培先生逝世四十周年大會)〉, 《광명일보(光明日報)》 1980년 3월 6일.
10) 차이위안페이, 〈노공신성(勞工神聖)〉, 《차이위안페이 전집》, 제3권, 219쪽.
11) 차이위안페이, 〈홍수와 맹수(洪水與猛獸)〉, 《차이위안페이 전집》, 제3권, 392쪽.
12) 《차이위안페이 전집》, 제3권, 268쪽.
13) 차이위안페이, 〈국민잡지 서문(國民雜誌序)〉, 《차이위안페이 전집》, 제3권, 255쪽.
14) 차이위안페이, 〈중국 신문학 대계 총서〉, 《차이위안페이 선집(蔡元培選集)》, 321쪽.
15) 장이린(張一麟), 〈기념 차이제민 선생(紀念蔡子民先生)〉, 《차이위안페이 선생 기념집(蔡元培先生紀念集)》, 40쪽.
16) 차이위안페이, 〈국문의 장래(國文之將來)〉.
17) 차이위안페이, 〈국문의 추세 및 국어·외국어·과학과의 관계를 논함(論國文之趨勢及國文與外國語及科學的關係)〉, 《차이위안페이 전집》, 제3권, 457~458쪽.
18) 차이위안페이, 〈국문의 장래〉, 《차이위안페이 전집》, 제3권, 357쪽.
19) 위와 같음.
20) 차이위안페이, 〈국어 강습소 연설사(在國語講習所演說詞)〉, 《차이위안페이 전집》, 제3권, 427쪽.
21) 차이위안페이, 〈국문의 장래〉.
22) 차이위안페이, 〈국문의 추세 및 국어·외국어·과학과의 관계를 논함〉.
23) 차이위안페이, 〈국문의 장래〉.
24) 《중국 현대출판사료(中國現代出版史料)》, 제2편.

25) 위와 같음.
26) 쉬더헝, 〈차이위안페이 선생 서거 40주년대회 강연〉, 〈광명일보〉 1980년 3월 6일.
27) 양후이(楊晦), 〈5·4 운동과 베이징대학(五·四運動與北京大學)〉, 《5·4 운동 회상록(五·四運動回憶錄)》, 223쪽.
28) 《차이위안페이 교육 문선(蔡元培敎育文選)》, 98~99쪽.
29) 톈진, 〈앙세보(盎世報)〉, 1919년 5월 17일 《본 부 확실 소식(本埠確實消息)》.
30) 차이위안페이, 〈나의 베이징대학의 경력〉.
31) 황전(黃眞), 《5·4 운동 대사 약기(五·四運動大事記略)》, 전국 정협 《문사자료 휘편(文史資料彙編)》, 제3집.
32) 취우(屈武), 《나의 몽학 선생 리쯔저우(我的啓蒙老師李子洲)》.
33) 마오쩌둥(毛澤東), 〈신민주주의론(新民主主義論)〉, 《마오쩌둥 선집(毛澤東選集)》, 4권, 692쪽.
34) 주중화(朱仲華) 선생 구술 관련, 항주대학 역사학과 러우쉐리(樓學禮), 러우쯔팡(樓子芳) 교수와 필자와의 탐방 조사기록, 〈오사영채(五·四迎蔡)〉(유인물).
35) 차이위안페이, 〈나의 베이징대학의 경력〉.
36) 차이상쓰(蔡尙思), 《차이위안페이(蔡元培)》.

■ 13장

1) 마오쩌둥(毛澤東), 〈호남 농민운동 고찰 보고(湖南農民運動考察報告)〉, 《마오쩌둥 선집(毛澤東選集)》, 제1권, 31쪽.
2) 마르크스·엥겔스, 〈사회주의-공상적 사회주의로부터 과학적 사회주의로 발전〉, 《마르크스·엥겔스 선집(馬恩選集)》, 제3권, 411쪽.
3) 차이위안페이, 〈유리초 선생 연보 발문(俞理初先生年譜跋)〉, 《차이위안페이 선집(蔡元培選集)》, 296쪽.
4) 유정섭(俞正燮), 《계사유고(癸巳類稿)》, 제13권, 8~9쪽.
5) 차이위안페이, 〈나의 청소년 시대의 독서생활(我在靑少年時代的讀書生活)〉.
6) 위와 같음.
7) 차이위안페이, 〈중국 신문학 대계 총서(中國新文學大系叢序)〉.
8) 차이위안페이, 〈부부 공약(夫婦公約)〉, 《차이위안페이 전집(蔡元培全集)》, 제1권, 103쪽.
9) 차이상쓰(荼尙思), 《차이위안페이 학술사상 전기(蔡元培學術思想傳記)》, 286쪽.
10) 앞의 책, 285쪽.
11) 차이위안페이, 〈애국여학교 연설(在愛國女學校之演說)〉.
12) 차이위안페이, 〈나의 교육계의 경험(我在教育界之經驗)〉.
13) 위와 같음.
14) 차이위안페이, 〈애국여학교 연설〉.
15) 펑쯔유(馮自由), 《혁명일사(革命逸史)》, 초집(初集), 119쪽.

16) 왕쿤룬(王昆侖), 《차이위안페이 선생(蔡元培先生) 二, 三事》, 〈광명일보(光明日報)〉, 1980년 3월 4일.
17) 구제강(顧頡剛), 《차이위안페이 선생과 5·4 운동(蔡元培先生與五四運動)》, 전국 정협 문사자료 선집(제3집), 51쪽.
18) 저우페이위안(周培源), 〈차이위안페이와 베이징대학(蔡元培與北京大學)〉.
19) 차이위안페이, 〈나의 베이징대학의 경력(我在北京大學的經歷)〉.
20) 차이위안페이, 〈연경대학 남녀 양교 연설회 석상의 연설사(在燕京大學男女兩校演說會上的演說詞)〉, 《차이위안페이 전집》, 제3권, 446쪽.
21) 차이상쓰, 《차이위안페이 학술사상 전기》, 248쪽.
22) 왕스제(王世傑), 〈추억 채선생(追憶蔡先生)〉, 《차이위안페이 선생 기념집(蔡元培先生紀念集)》.
23) 위와 같음.
24) 차이위안페이, 〈애국여학교 연설〉.
25) 위와 같음.
26) 위와 같음.
27) 위와 같음.
28) 위와 같음.
29) 스푸(石璞), 〈여성의 참정과 국가문제(女子參政與國家問題)〉, 차이상쓰, 앞의 책, 154쪽 재인용.
30) 차이위안페이, 〈리차오 여사 추도회 연설(在李超女士追悼會上的演說)〉, 《차이위안페이 전집》, 제3권, 360쪽.
31) 앞의 책, 361쪽.
32) 마오쩌둥, 《중국사회주의 개조 고조(中國社會主義改造高潮)》, 上, 357쪽.

■ 14장

1) 《월간 베이징대학(北京大學月刊)》, 1926년 4월 13일.
2) 〈차이제민 선생 귀국 후의 언론(蔡子民先生回國後之言論)〉, 〈국문주보(國聞週報)〉, 제3권 제6기, 1926년 2월 7일.
3) 《차이위안페이 연보(蔡元培年譜)》, 82쪽.
4) 〈국문주보〉, 제3권 50기, 〈국내외 일주간 대사 기록(國內外一周間大事記)〉(1926년 12월 17일~동년 동월 23일)
5) 〈국문주보〉, 〈금주 대사 기록(本周大事記)〉, 군벌 쑨추안팡(孫傳芳) 12월 23일자로 체포령 하달.
6) 〈신보(申報)〉, 12월 31일 본부신문(本埠新聞).
7) 마쉬룬(馬敘倫), 《나의 육십세 이전(我在六十歲以前)》.
8) 차이우지(蔡无忌), 〈나의 아버지 차이위안페이와 마쉬룬 선생의 관계(我父蔡元培與馬敘倫先生之關係)〉.

9) 〈수진일기 수고(袖珍日記手稿)〉, 《차이위안페이 연보》.
10) 〈수진일기 수고〉, 《차이위안페이 연보》, 85쪽.
11) 마쉬룬, 앞의 책.
12) 주중화 선생과 필자가 1984년 4월 1일 대담한 기록에 의함. 〈동방잡지(東方雜誌)〉, 4월호 시사 일지. 또 마쉬룬의 《나의 육십세 이전》의 문장 가운데 장런제(張人杰)를 대신해서 주석을 맡았다는 내용이 보임.
13) 중보융(鍾伯庸), 《아전회의, 서산회의에서 생성된 뿌리와 싹(衙前會議-西山會議産生的根苗)》, 초산당사(肖山黨史).
14) 마쉬룬, 앞의 책.
15) 〈중국 국민당 전 중앙감찰위원회 상하이 개회기록(中國國民黨前中央監察委員會在上海開會之記錄)〉, 《혁명문헌(革命文獻)》(제17집), 128쪽.
16) 〈중국 국민당 중앙감찰위원회 위원 우징헝이 중앙감찰위원회에 바침(中國國民黨中央監察委員會委員吳敬恒呈中央監察委員會)〉, 《국민정부 공보(國民政府公報)》, 1927년 5월 제1호.
17) 마쉬룬, 앞의 책.
18) 후위즈(胡愈之), 〈항의서에 관한 설명(關于'抗議書'的說明)〉, 《전국 문사자료 선집(全國文史資料選集)》(제70).
19) 〈신보〉, 1927년 4월 22일.
20) 마오쩌둥(毛澤東), 《모순론(矛盾論)》.
21) 《논어(論語)》, 〈옹야(雍也)〉편.
22) 차이위안페이, 《중국윤리학사(中國倫理學說史)》, 67쪽.
23) 차이위안페이, 〈중화민족과 중용의 도(中華民族與中庸之道)〉, 〈동방잡지〉, 제28권 제1호. 1930년 1월 10일.
24) 다이지타오(戴季陶), 《민생철학 계통표 설명(民生哲學系統表說明)》.
25) 다이지타오, 《국민혁명과 중국 국민당 서론(國民革命與中國國民黨導言)》.
26) 다이지타오, 《손문주의 철학의 기초(孫文主義之哲學之基礎)》.
27) 다이지타오, 《중국혁명과 중국 국민당(中國革命與中國國民黨)》.
28) 마오쩌둥, 《신민주주의론(新民主主義論)》.
29) 《차이위안페이 선생 기념집(蔡元培先生記念集)》, 125쪽.
30) 《차이위안페이 연보》, 87~88쪽.
31) 1984년 4월 초, 필자와 주중화 선생과의 대담 기록에 의함.
32) 스량(史良), 〈나의 생활 노선(我的生活道路)〉, 《인물(人物)》, 1983년 제5기, 23쪽.
33) 〈중국민권보장동맹(中國民權保障同盟)〉, 〈인민일보〉, 1983년 1월 14일.
34) 차이위안페이, 〈중국민권보장동맹에서 중외기자단 초청 치사(爲中國民權報障同盟招待中外記者致詞)〉, 〈신보〉, 1932년 12월 31일.
35) 쑹칭링(宋慶齡), 〈중국민권보장동맹의 임무(中國民權保障同盟的任務)〉, 《신중국을 위한 분투(爲新中國而奮鬪)》, 31쪽.
36) 《중국민권보장동맹(中國民權保障同盟)》, 중화민국사 자료 총간, 164쪽.
37) 쉬더헝(許德珩), 〈차이위안페이 선생을 회상함(回憶蔡元培先生)〉, 인민일보, 1980년

3월 4일.
38) 천유슝(陳友雄)·딩옌자오(丁言昭), 《중국민권보장동맹의 성립과 활동(中國民權保障同盟的成立與活動)》, 〈사회과학(社會科學)〉, 1980년 제1기.
39) 《중국민권보장동맹》, 중화민국사 자료 총간.
40) 위와 같음.
41) 〈우화대 혁명열사 개요(雨花臺革命烈士簡解)〉, 《중국민권보장동맹의 성립과 활동》.
42) 천유슝·딩옌자오, 《중국민권보장동맹의 성립과 활동》, 〈사회과학〉, 1980년 제1기.
43) 위와 같음.
44) 〈신보(晨報)〉, 1933년 2월 12일, 《중국민권보장동맹》, 183쪽 재인용.
45) 양샤오포(楊小佛), 〈양싱포약전(楊杏佛傳略)〉, 〈인물〉, 1982년 제1기.
46) 쉐겅신(薛畊莘), 〈양싱포 피살사건 기록(記楊杏佛被刺事)〉, 〈단결보(團結報)〉, 1983년 11월 19일.
47) 〈중국논단(中國論壇)〉, 제2권 제17기, 1933년 6월 19일, 《중국민권보장동맹》, 113쪽.
48) 〈신문보(新聞報)〉, 1933년 6월 21일, 123쪽.
49) 쉬더헝, 〈차이위안페이 선생 서거 40주년기념회 연설(在紀念蔡元培先生逝世40周年大會上講話)〉, 〈광명일보(光明日報)〉, 1980년 3월 6일.
50) 〈인민일보(人民日報)〉, 1981년 6월 3일.
51) 〈황팡 3주년 기념사(黃龐三周記念詞)〉, 78쪽.
52) 샤오융이(肖永義), 〈뙤약볕을 찬양함(驕陽贊)〉, 《해방군 문예(解放軍文藝)》, 《차이위안페이 연보》, 100쪽, 재인용.
53) 〈교육잡지(教育雜誌)〉, 제22권, 12호, 〈차이위안페이 연보〉 재인용.
54) 후스(胡適), 1931년 2월 25일, 〈차이위안페이 선생에게 보내는 친서(致蔡元培先生手札)〉, 《차이위안페이 연보》 재인용.
55) 류하이쑤(劉海粟), 〈차이위안페이 선생을 회상함(憶蔡元培先生)〉, 《차이위안페이 선생 기념집》, 218쪽.
56) 《차이위안페이 연보》, 116쪽.
57) 〈쉬싱즈(徐行之) 동지 본인의 혁명 이력에 대한 회고 및 저장성의 당 초기 활동 정황(徐行之同志回憶本人革命簡歷和黨在浙江早期的活動情況)〉, 《절강 지방 당사(黨史) 자료, 보도기사(通訊)》, 1981년 제5기.
58) 《중국민권보장동맹》, 25~26쪽.

■ 15장

1) 황옌페이(黃炎培), 〈나의 스승 차이제민 선생을 애도함(吾師蔡子民先生哀悼詞)〉, 《차이위안페이 선생 기념집(蔡元培先生記念集)》, 54쪽.
2) 레닌, 《국가와 혁명(國家與革命)》, 《레닌 선집》, 제3권, 1972, 181쪽.
3) 차이위안페이, 〈신년몽(新年夢)〉, 《차이위안페이 전집(蔡元培全集)》, 제1권, 231쪽.
4) 차이위안페이, 〈묵은 해를 보내고 새해를 맞이하는 시점에서 두 가지 그림에 대한 감

상(對于送舊迎新二圖之感想)〉, 《차이위안페이 전집》, 제2권, 466쪽.
5) 차이위안페이, 〈사회개량회 선언(社會改良會宣言)〉, 《차이위안페이 전집》, 제2권, 137쪽.
6) 차이위안페이, 〈우리의 정치주장(我們的政治主張)〉, 《차이위안페이 전집》, 제4권, 188~190쪽.
7) 〈중국민권보장동맹회 상하이 분회 선언(中國民權同盟會上海分會宣言)〉.
8) 〈중국민권보장동맹 선언(中國民權報障同盟)〉.
9) 차이위안페이, 〈중국민권보장동맹에 보내는 격려사(致中國民權報障同盟詞)〉, 1932년 12월 31일.
10) 차이위안페이, 〈옌푸 역 헉슬리의 〈천연론〉을 읽고 나서(嚴復譯赫胥黎〈天演論〉讀后)〉, 《차이위안페이 전집》, 제1권, 84쪽.
11) 차이위안페이, 〈중학 수신 교과서(中學修身敎科書)〉, 《차이위안페이 전집》, 제2권, 208, 223쪽.
12) 앞의 책, 223~224쪽.
13) 〈러시아 허무당 원류고(俄國虛無黨源流考)〉, 1904년 〈경종일보(警鐘日報)〉.
14) 우위장(吳玉章), 〈신해혁명의 경험, 교훈(辛亥革命的經驗敎訓)〉, 〈해방일보(解放日報)〉, 1940년 10월 10일.
15) 차이위안페이, 〈쑨원에게 보내는 편지(給孫中山的信)〉, 《차이위안페이 전집》, 제3권, 220쪽.
16) 크로포트킨, 《호조론(互助論)》, 1963년, 상무인서관, 12쪽.
17) 차이위안페이, 〈대전과 철학(大戰與哲學)〉, 《차이위안페이 전집》, 제3권, 200~205쪽.
18) 위와 같음.
19) 천즈화(陳之驊), 〈크로포트킨〉, 《국제공산주의운동연구사(國際共産主義運動硏究史)》, 인민출판사, 1982년 3월.
20) 차이위안페이, 〈공학호조단의 대희망(工學互助團的大希望)〉, 《차이위안페이 전집》, 제3권, 379쪽.
21) 차이위안페이, 〈국외 근공검학회와 국내 공학호조단(國外勤工儉學會與國內工學互助團)〉, 《차이위안페이 전집》, 제3권, 374쪽.
22) 왕광씨(王光祈), 〈공학호조단(工學互助團)〉, 〈소년 중국(少年中國)〉, 제1권 제7기 1920년 1월 15일.
23) 레닌, 〈헤르첸을 기념함(紀念赫爾岑)〉, 《레닌 선집》, 제2권, 417쪽.
24) 차이위안페이, 〈연기(緣起)〉, 〈신보(申報)〉, 1933년 3월 23일.
25) 차이위안페이, 〈노공신성(勞工神聖)〉, 《차이위안페이 전집》, 제3권, 219쪽.
26) 차이위안페이, 〈사회주의사 서문(社會主義史序)〉, 《차이위안페이 전집》, 제3권, 434쪽.
27) 위와 같음.
28) 차이위안페이, 〈사회주의사 서문〉, 차이상쓰(蔡尙思), 《차이위안페이 학술사상 전기(蔡元培學術思想傳記)》, 당체(棠棣)출판사.
29) 레닌, 〈중국적 민주주의와 민수주의(中國的民主主義和民粹主義)〉, 《레닌 선집》, 제2

권, 426쪽.
30) 차이위안페이, 〈사회주의사 서문〉.

■ **16장**

1) 《마르크스·레닌 선집》, 제2권, 133, 431쪽.
2) 정룬보(鄭淪波), 〈차이위안페이 선생(蔡先生永生)〉, 《차이위안페이 기념집(蔡元培記念集)》, 73~74쪽.
3) 차이위안페이, 〈애국여학교 연설(在愛國女校之演說)〉.
4) 쑹둔추(宋遁初) 즉, 쑹자오런(宋敎仁).
5) 차이위안페이, 〈베이징대학 진덕회 취지서(北京大學進德會旨趣書)〉.
6) 차이위안페이, 〈보통교육과 직업교육(普通敎育與職業敎育)〉.
7) 차이위안페이, 〈베이징대학 진덕회 취지서〉.
8) 차이위안페이, 〈베이징대학교장 취임사(就任北京大學校長之演說)〉.
9) 위와 같음.
10) 차이위안페이, 〈베이징대학진덕회 취지서〉, 《차이위안페이 언행록(蔡元培言行錄)》, 48쪽, 재인용.
11) 차이위안페이, 〈베이징대학 22주년 개학식 연설사(北京大學二十二周年開學式之演說詞)〉, 《차이위안페이 전집(蔡元培全集)》, 제3권, 344쪽.
12) 량주(梁柱), 《차이위안페이와 베이징대학(蔡元培與北京大學)》, 영하(寧夏) 인민출판사, 1983, 160쪽.
13) 차이위안페이, 〈베이징대학 진덕회 취지서〉.
14) 차이위안페이, 〈베이징대학교장 취임사〉.
15) 차이위안페이, 〈베이징대학 진덕회 취지서〉.
16) 위와 같음.
17) 차이위안페이, 〈과학의 수양(科學之修養)〉.
18) 차이위안페이, 〈보통교육과 직업교육〉.
19) 차이위안페이, 〈국외 근공검학단과 국내 공학 호조단(國外勤工儉學團與國內工學互助團)〉.
20) 차이위안페이, 〈평민야학교 개학식 연설(在平民夜校開學式演說)〉.
21) 차이위안페이, 〈전국 임시교육회의 개막사(全國臨時敎育會議開幕詞)〉.
22) 차이위안페이, 〈교육방침에 대한 의견(對于敎育方針之意見)〉.
23) 차이위안페이, 〈무엇을 문화라 하는가(何謂文化)〉, 《차이위안페이 전집》, 제4권, 12쪽.
24) 차이위안페이, 〈보통교육과 직업교육〉.
25) 차이위안페이, 〈난카이학교 전교환영회 연설사(在南開學校全校歡迎會演說詞)〉.
26) 차이위안페이, 〈미육으로 종교를 대신하자는 주장(以美育代宗敎說)〉.
27) 차이위안페이, 〈교육방침에 대한 의견(對于敎育方針之意見)〉.
28) 차이위안페이, 〈바오딩 여행 일기(游保定日記)〉, 《차이위안페이 전집》, 제3권, 123쪽.

29) 차이위안페이, 〈나의 교육계의 경험(我在教育界之經驗)〉.
30) 차이위안페이, 〈화법교육회 취지서(華法教育會之意趣書)〉.
31) 천두슈(陣獨秀), 〈차이제민 선생 서거 후 소감(蔡孑民先生逝世後感言)〉, 《차이위안페이 선생 기념집(蔡元培先生記念集)》, 69쪽.
32) 차이위안페이, 〈미육으로 종교를 대신하자는 주장(以美育代宗教說)〉.
33) 차이위안페이, 〈과학과 수양(科學與修養)〉.
34) 위와 같음.
35) 차이위안페이, 〈베이징대학 학생 및 전국 학생에게 고하는 글(告北京大學學生及全國學生書)〉.
36) 차이위안페이, 〈난카이학교 전교환영회 연설사〉.
37) 차이위안페이, 〈애국여학교 연설〉.
38) 차이위안페이, 〈운동회의 필요(運動會的需要)〉.
39) 차이위안페이, 〈미육(美育)〉.

■ **17장**

1) 차이위안페이, 〈보통교육과 직업교육(普通教育與職業教育)〉, 《차이위안페이 전집(蔡元培全集)》, 제3권, 476쪽.
2) 장푸총(蔣復聰), 〈추념 차이 선생(追念蔡先生)〉, 《차이위안페이 선생 기념집(蔡元培先生記念集)》, 78쪽.
3) 장웨이차오(蔣維喬), 〈민국 교육총장 차이위안페이(民國教育總長蔡元培)〉.
4) 차이위안페이, 〈나의 독서 경험(我的讀書經驗)〉.
5) 링치한(凌其翰), 〈마샹보 어록(九三老人馬相伯語錄)〉, 《차이위안페이 학술사상 전기(蔡元培學術思想傳記)》.
6) 왕루이린(王瑞霖), 〈일일 일독(一日一讀)〉, 《차이위안페이 학술사상 전기》, 42쪽.
7) 위의 책, 43쪽.
8) 위와 같음.
9) 마쉬룬(馬叙倫), 〈나의 60세 이전(我在六十歲以前)〉.
10) 성자린(盛家林), 〈차이위안페이의 고상한 정조(蔡元培的高尙情操)〉, 〈천진일보(天津日報)〉, 1982년 8월 2일.
11) 쉬더헝(許德珩), 〈차이제민 선생을 애도함(弔吾師蔡子民先生)〉, 《차이위안페이 선생 기념집》, 52쪽.
12) 〈노력주보(努力周報)〉, 제32기, 〈차이위안페이 발표 선언(蔡元培發表宣言)〉, 《혁명선열전(革命先烈傳)》, 대북, 728쪽, 재인용. 〈호적박사, 차이위안페이 선생 탄신 92주년 기념 보고(胡適博士在蔡元培先生九二誕辰紀念報告)〉.
13) 차이상쓰(蔡尙思), 〈차이위안페이 선생의 각종 특징(蔡元培先生的各種特徵)〉, 《차이위안페이 선생 기념집》, 52쪽.
14) 〈위향항원 발행 주인서대련(爲香港元發行主人書對聯)〉, 《차이위안페이 전집》, 제2권,

42쪽.
15) 황옌페이(黃炎培), 〈경애하는 내 스승, 차이위안페이 선생(敬悼吾師蔡子民先生)〉, 《차이위안페이 선생 기념집》.
16) 차이위안페이, 〈창저우 왕 선생 추모 문집(長洲王先生頌蔚誄)〉, 《차이위안페이 전집》, 제1권, 54쪽.
17) 푸쓰녠(傅斯年), 〈존경하는 차이 선생의 풍격(我所景仰蔡先生之風格)〉.
18) 런훙쥔(任鴻雋), 〈차이 선생의 인격에 대한 회상(蔡先生人格的回憶)〉.
19) 위와 같음.
20) 뤄자룬(羅家倫), 앞의 책, 83쪽.
21) 가오스량(高世良) 선생과 필자가 1984년 5월 19일 사오싱(紹興) 룽산(龍山)에 있는 그의 거소에서 대담한 기록에 의함. 가오스량 선생과 차이위안페이는 먼 친척뻘임. 1930년대 초, 가오스량 선생이 상하이 푸단대학에서 공부할 때 차이위안페이 선생의 집을 자주 방문하여 작은아버지라 호칭했음. 가오스량 선생의 부친 가오젠추(高劍秋)는 국민일보 사장과 동맹회·광복회 회원을 지냈음.
22) 야오아이팅(姚藹庭) 선생과 필자가 1984년 5월 19일 사오싱 남가(南街) 차이 씨 집과 야오 씨 댁 일대에서 대담한 기록에 의함. 1920년대 초, 야오 선생은 베이핑 8대 후퉁에 사는 포목상 주인 겸 양복점 회계 왕웨창(王悅昌), 차이위안페이, 이 가게 주인 왕윈중(王允中) 및 경리 왕마오탕(王茂堂)과 매우 친해서 자주 왕래했음.
23) 멍옌(夢燕), 원위안(文淵)은 모두 차이위안페이의 사촌동생임.
24) 원래 문건은 사오싱 당안관(檔案館)에 보존돼 있음.
25) 쉬스웨이(許世瑋), 〈선친 쉬서우창의 만년 세월(先父 許壽裳的晩年歲月)〉, 《인물(人物)》, 1983년 제2기.
26) 《차이위안페이선생 기념집》, 79쪽.
27) 앞의 책, 69쪽.
28) 펑유란(馮友蘭), 《차이 선생 일생과 선현 도덕(蔡先生一生與先賢道德)》.
29) 《차이위안페이 선생 기념집》, 69쪽.
30) 푸쓰녠, 〈존경하는 차이 선생의 풍격〉, 《차이위안페이 선생 기념집》, 79쪽.
31) 장푸총, 〈추념 차이 선생〉, 《차이위안페이 선생 기념집》, 87쪽.
32) 차이위안페이, 〈서수란 선생에게 보내는 편지(致徐樹蘭函)〉, 《차이위안페이 전집》, 제1권, 92쪽.
33) 차이위안페이, 〈홍수와 맹수(洪水與猛獸)〉, 《차이위안페이 전집》, 제3권, 392쪽.
34) 런훙쥔, 〈차이 선생의 인격에 대한 회상〉, 《차이위안페이 선생 기념집》, 66쪽.
35) 차이위안페이, 〈예술가 류하이쑤 소개(介紹藝術家劉海粟)〉, 《차이위안페이 미학 문선(蔡元培先生美學文選)》, 151쪽.
36) 차이위안페이, 〈류하이쑤에게 보내는 답신(復劉海粟函)〉, 《차이위안페이 전집》, 제4권.
37) 셰하이옌(謝海燕), 〈단청부지노장지(丹靑不知老將至)〉, 《류하이쑤 교수 회화선집(劉海粟教授繪畫選集)》.
38) 차이위안페이, 〈예술가 류하이쑤 소개〉.
39) 상이런(商一仁), 〈류하이쑤와 인체 모델 스케치(劉海粟與人體模特兒寫生)〉, 《상하이

문사자료 선집(上海文史資料選集)》, 1980년 제6집.
40) 류츠위안(劉詞原) 증언, 〈5·4 운동과 베이징대학에서의 선생(五四運動與先生在北大)〉.
41) 류츠위안 증언, 차이위안페이 선생의 70세 생신을 맞아 류하이쑤, 장쉐량(張學良), 첸신즈(錢新之), 구웨이쥔(顧維鈞), 쉬서우창(許壽裳), 황옌페이 등 제자 및 지인 수백 명이 상하이 국제반점에 모여 축하연을 베풀었음.
42) 류츠위안 증언, 류하이쑤는 인도네시아에서 전시회 중이었는데, 선생이 위독하다는 소식을 듣고 주룽 반도를 거쳐 병실을 방문, 선생의 임종을 지켜봄. 당시 차이위안페이 선생은 서거 전야까지도 일본 원수들의 횡행에 분노하며 국가의 안위를 걱정하고 국가의 광복을 갈망함.
43) 린원정(林文錚), 〈장인 차이위안페이 선생과 항저우 예전에 대한 회고(緬懷岳父蔡元培先生與杭州藝 專)〉, 〈고금담(古今談)〉, 1985년 제1기, 시간(試刊)호.
44) 안둔리(安敦禮), 〈차이위안페이의 인재식별 및 활용(蔡元培識才善用)〉, 〈단결보(團結報)〉, 1985년 606호.
45) 쿵샹셴(孔祥賢), 〈차이위안페이가 20년 후 써준 결혼보증서(蔡元培十二年後補書證婚頌詞)〉, 〈단결보〉, 1985년 691호.
46) 궈모뤄(郭沫若), 《역사인물(歷史人物)》, 신문예출판사, 1952년 8월 신3판, 298쪽.
47) 차이위안페이 수적(手迹), 쑨창웨이(孫常煒) 편, 《차이위안페이 전집》.
48) 필자와 차이위안페이 선생의 딸 차이쑤이앙 여사가 1985년 6월 2일 저장성 위원회 초대소에서 대담한 기록에 의함.
49) 구제강(顧頡剛), 〈차이위안페이 선생을 애도함(悼蔡元培先生)〉.
50) 필자와 차이위안페이 선생의 아들인 차이화이신(蔡懷新)과의 대담기록에 의함.
51) 베이징대학 문서 당안실(檔案室) 자료.
52) 왕스제(王世傑), 〈추억 차이 선생(追憶蔡先生)〉, 《차이위안페이 선생 기념집》.
53) 마오쩌둥(毛澤東), 〈차이위안페이 선생께(致蔡元培)〉, 《마오쩌둥 서신집(毛澤東書信集)》, 인민출판사, 1985년 67쪽.
54) 우위장(吳玉章), 〈기념 차이제민 선생(記念蔡孑民先生)〉, 《차이위안페이 선생 기념집》.
55) 차이위안페이, 《잡기(雜記)》 수고(手稿), 《연보》에 보임.
56) 우위장, 앞의 책.
57) 천한성(陳翰笙), 〈추념 차이제민 선생(追念蔡子民先生)〉, 〈인민일보(人民日報)〉, 1981년 3월 14일.
58) 충칭, 〈중앙일보(中央日報)〉, 1940년 3월 24일.
59) 옌안, 〈신중화보(新中華報)〉, 1940년 3월 12일.
60) 충칭, 〈신화일보(新華日報)〉, 1940년 3월 8일.
61) 옌안, 〈신중화보〉, 1940년 4월 19일.

옮긴이의 말

 '백구과극白駒過隙'이란 말이 있다. 세월의 덧없음을 한 해 한 해 실감할 뿐이다. 필자가 차이위안페이에 관심을 갖고 연구를 시작한 지도 벌써 20년 가까운 세월이 흘렀다. 중국 근대역사를 빛낸 걸출한 인물들에 남다른 호기심을 가지고 박사학위 논문 주제를 모색하던 중 차이위안페이라는 인물에 주목하게 됐다.

 중국 근대를 살다 간 인물을 다루는 저작을 보면 차이위안페이가 예외 없이 등장했다. 최근까지도 베이징대학은 세계 초超일류 대학을 꿈꾸며 이른바 '위안페이元培 프로젝트'를 추진하고 있다. 평소 안면이 있는 중국 학자들에게 차이위안페이의 연구동향에 대해서 물어볼 때마다, 그들은 이구동성으로 그에 관해서는 더 이상 연구할 필요가 없을 정도로 이미 많은 논문과 저작들이 넘쳐난다고 했다. 그러나 국내의 사정은 이와 사뭇 다르다. 쑨원孫文·루쉰魯迅·마오쩌둥·장제스蔣介石·쑹칭링宋慶齡 등의 평전은 국내에 소개되어 비교적 친숙하지만, 이들과 접촉하며 직간접적인 영향을 미친 차이위안페이라는 인물은 일반인들에게 이름조차 생소하다. 한때 중국과 오랜 적대관계로 연구가 활발하지 못한 탓도 작용했으리라 여겨진다.

1996년에 그의 교육개혁사상에 관한 박사학위 논문을 완성한 후, 바쁜 일상을 핑계로 간헐적으로 후속 연구를 진행하면서 〈차이위안페이와 근공검학운동勤工儉學運動〉 등 몇 편의 논문을 발표하는 것으로 마감하고 그에 대해 잊고 지냈다. 그런데 중국인 학자들과 교류가 이어지면서, 점차 그에 대한 전기를 한 권의 책으로 완성하고 싶은 열망을 떨쳐버릴 수 없었다. 그는 공산당이든 국민당이든 정파를 초월하여 중국인들의 뇌리에 각인되어 있는 인물이다. 허름한 식당의 나이 어린 종업원부터 택시기사나 스포츠용품 판매 아저씨에 이르기까지 이들을 상대로 차이위안페이에 대해 말문을 열면, 그들은 나름대로 일가견을 가지고 장광설을 늘어놓았다. 우리나라의 비슷한 계층 사람들도 단재 신채호 선생이나 도산 안창호 선생 등에 대해 이 정도의 관심과 상식을 가지고 있을까 하는 데 생각이 미치면서 적지 않은 의구심이 들었다.

수년 전부터 동서양의 평전류를 닥치는 대로 사서 모으고 탐독하며 차이위안페이 평전 저술의 실마리를 찾고자 했다. 그러나 고민만 하며 또 몇 년을 허송했다. 세월의 무상함을 탓하기 전에 연구자의 무능과 게으름을 탓하지 않을 수 없다.

2007년 초부터 다시 의욕을 가지고 낡은 박사학위 논문과 전집들을 들춰내어 평전을 쓰기로 마음먹었다. 그러나 방대한 그의 전집을 섭렵하는 일도 쉽지 않고 코앞의 일이 분주하여 해묵은 후궈수 선생의 《차이위안페이 평전》을 우선 번역하기로 했다. 교육 관련 분야를 제외하고 틈틈이 번역을 해보니 따로 평전을 집필하지 않아도 될 정도로 원 저작이 알찼다. 평전을 다시 쓰는 수고도 덜고 부분적으로 보완하는 것으로 차이위안페이 연구자로서 지고 있던 오랜 짐을 속히 벗어버리고 싶었다.

여기에서 잠시 후궈수 선생을 만나게 된 배경을 떠올려보자. 후궈수 선생과의 만남은 참으로 우연히 이뤄졌다. 필자가 2~3년 전 평전 번역에 착수하면서 저명한 교육학자이며 저장대학의 교육학원장을 역임한 톈정핑 교수에게 후궈수 선생의 약력과 근황을 문의한 적이 있었다. 마침 두 분은 이전부터 익히 알고 지내던 터였다. 톈 교수에게 그의 상세한 경력과 현 거주지, 연락처 등을 확인할 수 있어서 내심 기뻤고, 언젠가는 만날 수 있으리라는 생각에 가슴이 설렜다.

그러던 2008년 봄, 두 차례 베이징을 방문했다. 차이위안페이 관련 학회나 연구자를 본격적으로 찾아나서 교분을 나누고 그에 대한 관심을 표출하고 싶은 욕망이 일었기 때문이다. 막연한 기대를 안고 차이위안페이 연구의 권위자인 천훙제陳洪捷 교수를 직접 찾아 나섰다가 뜻밖에도 풍성한 수확을 거두었다.

2008년 3월 하순경, 수소문 끝에 천훙제 교수를 베이징대학 그의 연구실에서 어렵사리 만날 수 있었다. 사실 4~5년 전에 그가 차이위안페이에 정통한 학자라는 사실을 알고 무작정 베이징대학에 찾아갔으나, 공교롭게도 그가 출장 중이어서 애석하게 발길을 돌린 일이 있었다.

전통적으로 현직 베이징대학 교장이 차이위안페이연구회 회장을 맡으며, 현재는 천훙제 교수가 이 연구회의 비서장을 맡아 실질적으로 학회를 꾸려가고 있다. 차이위안페이가 한 세기 전에 독일 유학을 했듯, 천훙제 교수도 독일 유학자 출신이다. 놀랍게도 베이징대학 교육학 박사인 차이레이뤄蔡磊砢 선생이 차이위안페이의 친손녀로서 본 연구회 간사를 맡고 있었다. 그녀의 박사과정 시절 지도교수가 천훙제 교수였다. 이들을 통해 차이위안페이가 여전히 살아서 우리 곁에 있음을 실감했다.

이들과 격의 없는 대화를 나누던 중 필자는 후궈수 선생이 오래전에 쓴 《차이위안페이 평전》을 번역하고 있다고 말해주었다. 그러자 차이레이뤄 박사가 반색을 하며 후궈수 선생이 현재 항저우 시후에 살고 있고, 5월 5~6일 베이징대학에서 열리는 차이위안페이 탄신 140주년 기념 국제학술대회에 참석할 예정이라고 일러주었다.

필자는 2008년 5월 초 그저 후궈수 선생을 만나겠다는 일념에서 베이징대학 '차이위안페이 연구회'의 초청을 받아 '구경꾼' 자격으로 학술대회에 참석했으며, 이 자리에서 백발이 성성한 후궈수 선생과 감격적인 상봉을 했다. 후궈수 선생도 자신이 쓴 평전을 한국 소장학자가 번역하고 있다는 사실을 톈정핑 교수에게 전해 듣고 기쁨에 겨워 "격정을 누르지 못했다"고 했다. 그는 1928년생으로 우리 나이로 치면 81세의 노학자였는데, 위로 치켜 올라간 흰 눈썹에 허리 하나 굽지 않은 건강한 모습이었다. 그는 본 학회에서 논문을 발표했고, 제3부의 좌장으로 학술토론회를 이끌었다. 그 자체만으로 젊은 학자들에게 사표師表가 되고도 남았다. 그와 나는 반가운 마음에 서로 손을 꼭 잡고 놓을 줄 몰랐다. 시간을 잊고 회의장에서나 숙소에서나 가슴 벅찬 만남의 기쁨을 누렸고, 나이를 초월하여 우의를 다졌다.

그에게 조속히 번역을 마무리하겠노라고 다짐을 하고 헤어지면서 어깨가 더욱 무거워졌다. 후궈수 선생이 워낙 고령이어서 속히 책을 출간해 갖다 드려야겠다는 마음이 앞서자 종종 호흡마저 가빠졌다. 지금 이 순간 그에게 말로 다할 수 없는 학문적 동질감과 동지의식을 느낀다. 한글판 평전을 들고 아름다운 시후, 그의 거처로 달려가 술 한 잔 기울일 날을 학수고대하고 있다.

석수장이가 작렬하는 태양 아래서 묵묵히 돌을 쪼듯 고통스런 번역작업이 마무리되자 아쉬운 마음과 아울러 고마운 사람들이 새록새록 떠오른다. 먼저 팔순의 고령에도 불구하고 왕성한 학구열을 보이시며, 부족한 역자에게 격려와 편달을 아끼지 않으신 저자 후궈수 선생께 경의를 표하며 장수하시기를 비는 마음 간절하다. 필자의 게으름과 투박함을 질책하며 원고의 정확도를 높여준 랴오닝대학 국제학원 양쿤 선생, 삼복더위에도 아랑곳하지 않고 꼼꼼하게 졸고를 교정해준 강경표·이준성 군에게 심심한 감사의 말씀을 전한다. 아울러 격무에 시달리는 가운데에도 원고의 미비한 점을 보완하여 완성도를 높여준 베이징대학 출신 젊은 꿈나무 김우성·한정호 군 등에게도 고마운 마음뿐이다. 또한 원고 마감 막바지에 신경이 예민해진 역자를, 다람쥐 쳇바퀴 돌 듯 집안에 갇혀 지내며 묵묵히 참고 내조해준 사랑하는 아내 손영미에게도 미안한 마음 금할 길 없다.

끝으로 출판계의 심연 모를 불황에도 졸고의 가치를 인정해준 김영사 박은주 사장님, 한문희 편집실장 그리고 끝없이 튀어나오는 오·탈자 등을 바로잡아준 편집진 여러분의 노고에 거듭 감사 드린다. 아무쪼록 이 책《차이위안페이 평전》이 중국 근대인물 연구나 중국 근대교육사 연구, 한·중 양국 간 문화교류에 조금이나마 보탬이 됐으면 하는 마음 간절하다. '바다 밑에서 바늘을 찾아 헤매는海底撈針' 심정으로 정확도를 높이려고 절치부심했으나 출간이 임박하니 두려움이 앞선다. 독자 제현의 아낌없는 편달과 질정을 바란다.

2009년 봄, 용인 적거寂居에서
강성현

차이위안페이 연보

1868년 1월 11일 저장성 사오싱紹興에서 부친 보욱寶煜과 모친 주周 씨의 차남으로 태어남.

1872년 사숙私塾에서 한학 공부를 시작함.

1877년 부친 병사. 형제 셋을 어머니가 부양하면서 가세가 기욺.

1879년 같은 마을 수재秀才 출신의 왕자장王子庄에게서 팔고문 익힘.

1883년 수재에 합격, 《사기》·《한서》 등 독학, 숙부 밍언銘恩에게 사사師事. 단기간 용산龍山·계산蕺山서원에서 수학.

1886년 동향인 서수란의 장서루 주학재鑄學齋에서 1889년까지 도서 교정 일을 함. 책더미에 묻혀 지내며 학문이 크게 진보. 모친 병사.

1888년 큰형 위안편元鈖이 약혼을 주선하려 하자 모친상이 갓 지났다며 거절.

1889년 거인擧人 신분 획득. 왕자오王昭와 결혼.

1890년 회시에 응시하여 합격.

1892년 복시에 응시하여 2갑 제34등 진사로 선발됨. 한림원 서길사庶吉士로 관료생활 시작.

1894년 한림원 산관散官 고시 합격, 한림원 편수編修로 제수됨. 이 시기, 해외 번역서적류를 탐독하며 신학문에 눈뜸.

1895년 굴욕적인 '마관조약' 체결에 격분함.

1896년 《성세위언盛世危言》과 자연과학 서적을 탐독.

10월 장남 아건阿根이 고향 산인山陰현에서 태어남.

1897년 청 조정의 굴욕 외교에 격분함. 이 시기, 관료생활에 대한 염증이 극에 달함.

1898년 일본어 공부를 시작함. 3월 30일 차남 우지無忌가 베이징에서 태어남. 가을 무술변법운동 실패 후 관직을 사직하고 고향 사오싱으로 귀향. 사오싱에서 중시학당 감독교장이 됨.

1899년 중시학당의 신파 교원을 지지함. 학교 당국의 과도한 간섭에 분노하여 교장 직 사퇴. 저장성 승현嵊縣의 섬산剡山서원 원장으로 초빙되었으나, 서원의 재정이 열악하여 학교업무가 불가능하여 1년 만에 사직함.

1900년 신식학당 과정 및 학제 연구, 일본의 교육과정·학제 분석을 시작함. 부인 왕자오 병사, 애도하는 제문을 지음.

1901년 상하이 징충澄衷학당에서 한 달가량 교편을 잡았다가, 난양공학의 특별반 주임교사로 부임하여 학생들에게 애국사상을 고취시킴.

11월 초 장위안지張元濟 등과 〈외교보外交報〉 창간.

11월 22일 황스전黃世振(仲玉)과 재혼, 항주에서 신식 결혼식 올림.

1902년 예한葉瀚, 장즈유蔣志由 등과 상하이에서 '중국교육회' 조직.

겨울 애국여학교과 애국학사 창설. 상하이 상무인서관商務印書館에 편역소를 창립하고 편역소장 역임. 《문변文變》을 편집하고, 상무인서관에서 인쇄.

1903년 애국학사 소속원들과 상하이 장위안張園에서 연설회를 열고 애국·민주사상을 전파. 상하이에서 항抗 러시아 의용대 조직, 후에 '군국민교육회'로 개칭. 중국교육회 부회장 겸 평의장 역임. 청

정부의 체포명단에 포함되어 청다오로 잠시 도피. 곧이어 〈소보蘇報〉사건이 발생했으나, 요행히 체포를 면함. 이 사건 후 옥중에 갇힌 장타이옌章太炎, 쩌우룽鄒容 등을 면회, 항抗 러시아 동지회를 조직함. 《아사경문俄事驚文》출간.

1904년 신중국 건설을 소망하는 〈신년 꿈新年夢〉을 발표. '광복회' 창건. 2월 항抗 러시아 동지회를 '쟁존회爭存會'로 개칭. 〈경종일보警鐘日報〉창간하고 주필로 활동.

봄 중국교육회 회장으로 추대됨.

4월 20일 장녀 웨이렌威廉이 상하이에서 태어남.

겨울 궁바오취안龔寶銓 등과 상하이에서 광복회 창건, 타오청장陶成章, 쉬시린徐錫麟 등과 같이 임무를 수행함.

1905년 쩌우룽이 옥중에서 병사하여 위위안愚園에서 추도대회 거행, 황싱黃興의 소개로 동맹회 가입, 상하이 분회장, 쑨원이 동맹회 상하이 분회장으로 임명, 허하이차오何海樵 등이 조직한 비밀 폭탄 제조팀에 참가, 막 귀국한 추진秋瑾을 만나 혁명공작사업을 상의.

1906년 5월 8일 장타이옌 출옥.

5월 12일 혁명열사 쩌우룽 기념탑 낙성식 치사, 청중을 감동시킴.

가을 역학관장 장천章梫의 초빙으로 이곳에서 교편, 중국어 및 서양사 강의.

12월 1일 삼남 보링柏齡 사오싱에서 출생.

1907년 5월 독일 유학, 아르바이트 생활, 베를린에서 독일어 공부, 독일 주재 중국공사관에서 겸직, 탕사오이唐紹儀 집에서 가정교사 생활, 그의 자녀들에게 중국어 가르침.

1908년 가을 라이프치히대학으로 옮겨 청강 및 연구.

1909년 라이프치히대학의 문명사와 세계사 연구소에서 램프리히트 교수의 지도 아래 학습과 연구에 종사.

1910년 이 대학에서 칸트의 미학을 연구하다 그의 미학에 심취, 상당한 영향을 받아 《중국 윤리학사中國倫理學史》 출간.

1911년 라이프치히대학에서 청강 및 학습 계속, 《중학 수신교과서中學修身教科書》 저술, 상하이 상무인서관에서 출간.

10월 신해혁명 승리 소식을 듣고 베를린으로 이동, 국내 각 성에 타전하여 모금운동을 벌임과 동시에 독립혁명 참여 촉구, 쑨원에게 편지를 써 신식 대포 구매를 건의.

11월 상순 시베리아를 거쳐 귀국, 상하이에서 황싱, 장젠張謇, 탕서우첸湯壽潛, 장타이옌 등과 중화민국 각 성 대표회의를 열고, 황싱을 대원수로 추대하고자 적극 활동.

11월 말 갓 출범한 중화민국 임시정부 교육부장관으로 임명, 쑨원에게 고사했으나 불허함.

1912년 1월 3일 중화민국 임시정부 교육부장관으로 취임, 샤청유夏曾佑, 장웨이차오蔣維喬, 쉬서우창許壽裳, 저우수런周樹人(필명 루쉰) 등을 교육부 직원으로 초빙.

동월 〈교육방침에 대한 의견對于教育方針之意見〉을 발표, 교육개혁에 착수.

2월 18일 위안스카이의 임시 대총통 취임 축하특사로 베이징에 파견.

3월 13일 〈전 국민에게 고함告全國文〉 발표, 이 글에서 위안스카이 취임 특사 임무의 실패 경과를 설명.

3월 29일 탕사오이가 조각한 신 내각에서 교육부장관 연임.

7월 13일 전국교육회의 소집, 의장 자격으로 임자壬子·계축癸丑 신학제 제정.

7월 14일 베이양군벌 정부에 대한 항의 표시로 교육부장관 직 사임.

9월 부인 황중위 여사와 장녀 웨이롄, 삼남 보링을 동반하여 출국, 재차 라이프치히대학에서 청강하며 문명사·세계사 등 연구.

1913년 6월 2일 쑹자오런宋敎仁 피살사건 처리 문제로 부름을 받고 귀국, 2차 혁명 개시, 위안스카이 토벌에 적극 가담.

9월 5일 2차 혁명 실패 후 가족들을 데리고 10월 14일 일본 연락선 편으로 상하이를 떠나 프랑스 마르세유에 도착.

10월 15일 프랑스 콜롱베 소재 교포 집에 거주, 불어 학습과 편역에 종사.

1915년 리스쩡李石曾, 우위장吳玉章 등과 함께 '근공검학회勤工儉學會' 조직, 《화공학교 강의華工學校講義》 저술, 《철학대강哲學大綱》 편역, 상하이 상무인서관 편역.

1916년 '중불교육회華法敎育會' 발족, 중국 측 회장.

8월 15일 격주간지 《여구잡지旅歐雜誌》 창간 주필.

11월 귀국.

11월 26일 사오싱에서 두 차례 연설, 고향 사오싱의 재건을 위해 의견 제기.

1917년 1월 4일 베이징대학교장 취임.

2월 '문명의 소화文明之消化' 발표.

3월 중화직업교육사 건립 추진.

8월 《신청년新靑年》에 〈미육으로 종교를 대체하자는 주장以美育代

宗教說〉발표.

12월 첸쉬안퉁錢玄同, 선인모沈尹黙 등과 공동으로 콩트August Comte학교 창설, 교장으로 추대.

1918년 1월 19일 베이징대학 '진덕회進德會' 조직.

11월 16일 〈노공신성勞工神聖〉 발표.

1919년 4월 1일 〈'공언보'와 린친난 군에 보내는 편지致公言報幷 答林琴南君函〉 발표. 여기에서 '사상의 자유'와 '겸용병포兼容幷包' 원칙 제시.

5월 3일 베이양정부가 산둥에 대한 독일의 특권을 일본에 양도한다는 소식을 접하고 베이징대학 학생대표 쉬더헝許德珩, 푸쓰녠傅斯年 등에게 이 사실을 깨우쳐 학계를 진동시킴. 학생회를 소집하여 5월 7일로 예정됐던 국치기념일 가두집회를 5월 4일로 앞당기기로 결정.

5월 4일 5·4운동 발발.

5월 6일 교육부, 경찰청 항의 방문, 체포된 학생 석방 교섭.

5월 8일 베이양군벌 정부에 베이징대학교장 사직서 제출.

5월 21일 상하이를 거쳐 항주에 기거.

7월 19일 베이징대 사범대학 교수, 학생들의 강력한 요구에 의해 베이양정부도 조속히 교장으로 복직할 것을 촉구.

9월 20일 전교 교수 학생 환영대회 연설, 교수평의회·교수회·행정회의 등 조직.

1920년 1월 15일 '공학호조단의 대희망共學互助團的大希望' 발표.

1월 22일 마오쩌둥毛澤東 등과 양창지楊昌濟(마오쩌둥의 장인―옮긴이) 교수 유족을 위한 모금운동 전개.

4월 1일 '홍수와 맹수洪水與猛獸' 발표, 홍수를 신사상에, 맹수를 군벌에 비유하여 중국에서 홍수와 맹수가 각축하고 있음을 알림.
여름 차이위안페이의 주도로 베이징대학에 최초로 여학생 모집 개시.
10월 중불대학中法大學('法'은 프랑스를 지칭—옮긴이) 설립, 학장을 맡음.
12월 하순 프랑스 시찰.

1921년 1월 부인 황중위 여사 베이징에서 병사, 〈제망처황중위祭亡妻黃仲玉〉이라는 조문을 지어 애도함.
봄에서 여름까지 스위스·독일·오스트리아·이탈리아·바티칸·네덜란드·영국 등 교육 분야 시찰.
5월 파리 리용대학에서 명예 문학박사 수여.
6월 1일 뉴욕 도착, 미국 각 주 방문.
8월 뉴욕대학에서 명예 법학박사 학위 수여.
10월 베이징대학에서 미학 강의.
11월 17일 베이징대학 마르크스학설연구회 회원 모집에 동의, 적극 지지.

1922년 3월 〈교육독립의敎育獨立義〉 발표, 교육은 군벌정부나 교회의 간섭을 받아서는 안 된다고 주장.
7월 3일 지난濟南에서 개막된 중화교육개진사中華敎育改進社 제1차 회의에서 대회 주석으로 추대.
8월 〈한자개혁설〉 발표, 라틴문자 병행 표기 주장.
12월 22일 〈세계어 연합대회 개막사〉에서 중국에서 먼저 세계어를 보급해야 한다고 주장.

1923년 1월 〈불합작 선언〉 발표. 베이양군벌 정부의 인권탄압에 항의.

    3월 2일 천다치陳大濟, 장멍린, 타오싱즈陶行知 등과 연서로 〈항저우대학 설립 준비에 대한 의견〉 제기.

    7월 10일 저우양하오周養浩 여사와 쑤저우 류위안留園에서 세 번째 결혼식 올림.

    7월 20일 가족들과 함께 마르세유, 파리, 브뤼셀 등 시찰.

    8월 베이징 세계어학교 창설 교장.

1924년 1월 쑨원이 중국 국민당 제1차 대표대회에서 중앙감찰위원 후보로 지명, 후에 중앙감찰위원 역임. 프랑스 중불교육회 회장 직 수행, 리용 중불대학 공동운영.

    2월 프랑스에 체류하는 동창들인 류지퍄오劉旣漂, 린펑멘林風眠, 린원정林文錚 등과 프랑스에서 중국미술전람회 개최, 본 전람회 명예회장 추대.

    11월~1925년 1월 함부르크 대학에서 민족학 연구.

1926년 2월 교육부 귀국 요청, 상하이 체류.

    3월 20일 '영국 경자년 배상금위원회'에 서한을 보내 전액 반환토록 요구, 그 자금으로 과학원 설립 도모.

    동월 광저우 중산대학 설립 주비위원, 베이징 국립편역관 대표로 초빙.

    4월 저장성 과학원 주비처 설립, 주임으로 추대.

    5월 상하이에서 열린 장쑤·저장·안휘 3성연합회에서 북벌 주장.

    7월 9일 저장성 정무위원 역임.

    12월 19일 항저우 각계 연합회에서 저장성 자치 선포, 저장성 정무위원 정식 추대.

군벌 쑨촨팡孫傳芳이 체포령 하달, 닝보에서 열린 저장성 정무회의에 출석하려다 쑨촨팡 일파의 미행으로 회의 무산, 마쉬룬馬敍倫 등과 푸젠福建으로 잠시 도피.

1927년 4월 2일 상하이에서 개최된 국민당 중앙감찰위원회 긴급회의 주석, 당 정풍운동 전개.

4월 9일 국민당 중앙감찰위원회 명의로 〈호당구국통전護黨救國通電〉 발표.

4월 18일 난징 국민정부 성립, 정부대표로 국인國印을 후한민에게 인계.

7월 베이징대학 베이핑대학구에 편입.

8월 4일 차녀 쑤이앙晬盎 상하이에서 출생.

9월 17일 국민정부 상무위원으로 추대.

9월 19일 국민당 중앙특별위원회 상무위원 추대.

10월 중화민국대학원 설립 원장.

1928년 1월 상하이 교통대학교장 겸임.

2월 21일 대학원령으로 공자제례 폐지.

8월 대학원령으로 초등학교에 백화문 채택.

중학교 문언문을 활용한 시험 폐지.

10월 3일 대학원장 사임, 중앙연구원장 직무에 전념.

10월 23일 감찰원 원장으로 추대, 직함만 유지.

11월 고궁박물관 이사장 추대.

1929년 1월 항저우에서 열린 중화교육문화기금회 회의 이사장 추대.

3월 상하이 퉁지同濟대학교장으로 추대.

5월 1일 4남 화이신懷新 상하이에서 출생.

6월 7일 감찰원장 직 사임.

8월 국립 베이핑도서관 관장 임명.

9월 13일 베이징대학교장으로 재임명. 직책은 미수행, 천다치가 대리 교장 역임.

10월 15일 군벌 옌시산閻錫山에게 전보를 쳐 지방관리들에게 윈강석굴의 보호를 요청.

11월 리지李季를 위해 《마르크스전馬克思傳》 서문을 써줌.

1930년 7월 12일 중화직업교육사 제11차 대회 주석. 개회사에서 직업교육의 의의 강조.

9월 24일 베이징대학교장 명의 사의 표명, 수리.

10월 마오쩌둥의 처 양카이후이 석방을 위해 사회 저명인사들과 연서하여 군벌 허젠何健에게 긴급전문 발송.

11월 6일 뤄룽지羅隆基 상하이에서 체포. 그의 보석을 위해 노력.

12월 2일 5남 잉둬英多 상하이에서 출생.

1931년 1월 〈중화민족과 중용의 도中華民族與中庸之道〉 발표.

2월 상하이에서 체포된 작가 후예핀胡也頻 석방 노력, 무위에 그침.

6월 15일 〈35년 이래 중국의 신문화三十五年來中國之新文化〉 발표, 과학발전의 절박함을 호소.

11월 〈중화직업교육사 선언〉 발표.

1932년 2월 1일 국제연맹에 일본의 1·28 만행을 속히 저지하도록 각 국립대학교장들과 연서한 전문을 보냄.

3월 행정원장 왕징웨이汪精衛의 난징 체류 요청 거절. 왕징웨이·장제스 연합정부 수립 제의.

5월 24일 우한武漢대학 락가산珞珈山 신건물 및 낙성식 및 제1회 졸업식, 〈대학생의 피조와 자조大學生之被助與自助〉 연설.

여름 쑹칭링, 양싱포楊杏佛 등과 국민당 중앙에 타전, 국제 공산주의자 뉴란牛蘭 부부 석방 요구.

8월 〈60년 동안의 세계문화六十年來世界文化〉 발표.

10월 중앙대학 정리위원회 위원장 추대.

10월 15일 상하이에서 천두슈陳獨秀 체포, 쑹칭링, 양싱포 등과 석방 노력.

11월 1일 천두슈 석방을 위해 노력하다 난징 국민당 당국의 협박을 받음.

12월 17일 상하이에서 '중국민권보장동맹' 결성, 부주석으로 추대, 이후 동맹회 명의로 쉬더헝, 랴오청즈廖承志, 딩링丁玲, 뤄덩셴羅登賢, 허우와이루侯外廬, 천건陳賡, 리사오스李少石, 판원란范文瀾 등 무고한 애국인사나 공산당원 석방운동 전개, 부단히 국민당의 인권탄압 폭로.

1933년 2월 17일 영국 극작가 버나드 쇼 상하이에 도착, 쑹칭링·루쉰 등과 쑨원의 옛집에서 맞이함. 아그네스 스메들리, 양싱포, 린위탕 등 참석.

3월 14일 타오싱즈, 리궁포李公朴, 천왕다오陳望道 등 100여 명이 '마르크스 서거 50주년 기념회' 공동 발기, 〈신보申報〉에 '연기緣起' 발표, 상하이청년회에서 개최한 사회주의 강좌에서 〈과학적 사회주의 개론〉을 주로 강의.

4월 상무인서관 이사董事로 추대, 홍영鴻英 교육기금회 이사장 추대.

5월 13일 쑹칭링, 양싱포 등과 루쉰 등과 상하이 주재 독일영사관에서 히틀러의 파시스트 통치에 항의.

5월 중·폴란드 문화협회가 난징에서 성립, 이사장 추대.

6월 18일 중국민권보장동맹 총간사 양싱포가 남의사藍衣社 특무요원에 의해 피살당함. 이에 격분하여 생명을 무릅쓰고 그의 장례를 주관.

11월 '보조輔助국민교육운동위원회' 성립, 이사장 추대.

1934년 1월 '나의 베이징대학에서의 경력我在北京大學的經歷' 발표.

4월 《서문정공 서거 삼백주년 기념회 회편徐文定公逝三百周年紀念會滙編》 발제사에서 서광계徐光啓의 과학발전상의 업적 높이 평가 (서문정공은 서광계를 말함—옮긴이).

1935년 중국·인도학회中印學會 창립 이사장.

6월 취추바이瞿秋白 피살, 그의 구출을 위해 백방으로 노력했으나 무산.

10월 《중국신문학대계中國新文學大系》 서문 씀, '중국의 셰익스피어' 등이 배출되기를 희망.

1936년 10월 20일 루쉰 서거, 쑹칭링·후위즈胡愈之 등과 루쉰 장례위원회 조직, 루쉰 장례위원장·루쉰기념위원회 주석, 루쉰 전집 출판 주도.

11월 12일 난징에서 열린 중앙박물관 기공식 및 이사회 주관.

11월 말 갑자기 큰 병으로 앓아누움.

2월 병세 호전.

1937년 가을 〈신문자 추진에 대한 우리들의 견해〉 688인 선언.

11월 2일 자오퉁대학, 퉁지대학, 카이난대학, 저장대학교장 리자오환黎照寰, 웡즈룽翁之龍, 허빙쑹何炳松, 주커전竺可楨 등과 서명하여 9개국 공약회의에 전문 보내어 일본 군국주의의 중국 침략 저지를 호소. 이어서 전국 대학교장 및 교수 102 연서로 세계 인사들이 일본 침략의 제재에 동참해달라는 요지의 영문 성명 발표.

12월 말 병 치료차 홍콩으로 감.

1938년 4월 19일 우위장이 유럽에서 귀국, 홍콩의 차이위안페이 방문, 그가 다녀간 후 몇 자 글을 남김. "재차 국공합작이 이루어져 국난에 공동으로 대처하니 국가와 민족을 위해 참으로 다행스런 일임."

4월 폴란드 정부에서 훈장 수여.

5월 20일 쑹칭링의 초청으로 중국민권보장동맹에서 주최한 미술작품전람회 참석, 연설 요지는 "전 민족을 고취하는 항일전쟁 중에 미술은 확실히 적극적인 작용을 함."

6월 5일 《루쉰전집》 서문 작성·수록, 이 서문에서 루쉰을 '신문학의 개산開山'이라 극찬.

1939년 7월 4일 국제 반침략운동대회 중국분회에서 서한으로 통지, 이 회의에서 제2기 명예주석으로 추대.

9월 홍콩 신문자학회 이사장으로 추대.

12월 7일 국제 반침략대회 중국분회 회가會歌 작사, 인민의 궐기를 호소.

1940년 1월 11일 중앙연구원 평의회 정관 등 개정시 비서장 웡원하오翁文灝에게 편지를 보내 최종 결정권을 위임함.

2월 5일 섬감녕陝甘寧 변강구역 자연과학연구회 성립, 명예 주석단 추대.

2월 20일 옌안 각계에서 '헌정 촉진회' 성립. 본 대회에서 차이위안페이, 쑹칭링, 마오쩌둥, 허샹닝何香凝, 주더朱德 등 36인이 명예주석단으로 추대.

2월 25일 《베이징대학재홍콩동문주소록北大旅港同學通信錄》 서문을 씀.

3월 5일 오전 9시 45분에 72세(우리 나이 74세)로 서거. 유해는 홍콩 쯔화런 공원묘지에 안치. 유족으로는 부인 저우양하오, 아들 우지無忌記, 보링柏齡, 화이신懷新, 잉둬英多, 딸 쑤이앙睟盎 등을 남김.

찾아보기

5·4 운동 164, 239, 268, 269, 326, 376, 381, 384, 386, 388, 392, 400, 410, 413, 420, 470, 501, 533, 562
5육 281, 282, 285

ㄱ

가오루 349~351
거인 31, 37, 39, 42, 48, 53, 59, 82, 138, 243, 249, 370
경관흥학 172, 175
〈경종일보〉 24, 127, 129, 130, 145, 376, 477
공학호조단 481, 482
과거제도(과거시험) 32, 33, 234, 335, 367
광복회 81, 134~136, 138~140, 142~144, 146, 466
〈교육신보〉 93
구탕성 339
구훙밍 266

국립편역관 187
〈국민보〉 91
궁바오취안 131, 133, 136
근공검학운동 151, 158, 159, 161, 164, 166, 169, 227, 559
근공검학회 158, 161, 481, 498

ㄴ

난양공학 82, 85, 86, 89, 90~92, 97, 102, 112, 143, 365, 521
뉴잉젠 120

ㄷ

대학구 180, 228, 269, 270, 272, 274
덩샤오핑 165, 166, 456
동맹회 82, 127, 135, 140~142, 145, 216~218, 221, 355, 407, 417, 445~450, 466, 468, 473
듀이 289, 445

찾아보기 —— 607

딩링 450
딩셰린 171
딩쉰푸 250
딩시린 345, 349, 553, 557
딩원장 356, 357

ㄹ

량수밍 208, 214, 251, 263, 264, 500
량치차오 60~62, 70, 77, 194, 218, 281, 365, 380, 464, 490
러셀 445
런훙쥔 250, 355
루쉰 231, 249, 263, 308, 364, 374, 445, 453, 455, 456, 531, 543, 544
루스펀 95
뤄위안 311
뤄자링 98, 99, 101
뤼위안훙 196, 207, 211, 240, 419
류관슝 203
류반눙 249, 263, 349
류스페이 129, 267
류야쯔 103, 113, 440
류원뎬 251
류자오량 82
류종주(류줍산) 35, 36
류하이쑤 536~538
리구이 66

리다자오 248, 249, 263, 354, 364, 369, 370, 372, 374, 483, 500
리수화 171, 250, 277
리스쩡 344, 431, 432, 434, 435, 441, 477
리스천 270, 434
리스청 158, 159, 161, 162
리쓰광(리중쿠이) 171, 250, 345, 349, 350, 352, 353
린위탕 444, 445
린펑몐 310, 311, 539, 540, 541

ㅁ

마르크스 326, 399, 463, 482~486, 489, 490, 495
마쉬룬 240, 249, 320, 428, 429, 431, 433
마오쩌둥 63, 142, 177, 239, 249, 268, 269, 439, 458, 497, 558, 561
마인추 250, 254, 339, 500
마젠중 65
마쥔우 107
멍양학당 102
무창봉기 153~155, 193, 197
《문변》 74~78
미육 228, 234, 284, 285, 303, 307~310, 312~314, 316, 317,

323~331, 367, 498, 511, 515
민권보장동맹회 473

ㅂ

베이서우퉁 86, 89
베이양군벌 197, 222, 263, 269, 301,
　368, 371, 385, 388, 389, 394, 425,
　426, 429, 431, 502, 524, 533, 534,
　540
베이양정부 163, 238, 300, 383, 384,
　389, 390, 394, 425, 478, 480, 536
베이양학당 82
베이징대학 171, 174, 227, 239~244,
　248~256, 258~266, 268, 269, 276,
　288, 297, 309, 339, 342, 343,
　352~354, 358, 369~374,
　383~386, 389~392, 394, 395,
　409~411, 413, 415, 421, 425, 446,
　483, 484, 498~501, 523, 527, 529,
　533, 536, 537, 541
변법 60, 61, 65, 281

ㅅ

사오원타이 86
상무인서관 111, 124, 150, 152, 158,
　366, 433, 497
샤오유메이 309, 311, 536, 537
샤위안리 170, 250
샤쩡유 231, 250
샹징위 165, 166
서수란 37, 38, 62, 70, 520, 533
선인모 248, 249, 262, 339
성쉬안화이 82, 87, 88
〈소보〉 111~118, 121~124, 129, 131,
　134, 465
〈소보〉 사건 111, 116, 117, 123
수재 31, 33, 34, 36, 39, 82, 138
쉬베이훙 249, 309, 541, 542
쉬서우창 231, 531
쉬스잉 426
쉬시린 136~139, 142, 144
스메들리 445
신문화운동 239, 264, 326, 327,
　363~365, 369~373, 375, 378,
　380~382, 395
〈신민총보〉 91
《신청년》 162, 249, 268, 364, 366, 369,
　376, 534
쑨바오치 150, 384
쑨원 43~46, 64, 82, 115~117, 127,
　132, 140, 142, 145, 156, 198~202,
　205, 206, 210~212, 215, 218, 219,
　222, 229~231, 242, 344, 355, 430,
　435, 437~439, 444, 453, 471, 472,

478, 489, 497, 523
쑹위런 65
쑹자오런 157, 203, 217~219, 229
쑹칭링 444~450, 452, 453, 455, 456,
　　458, 459, 473, 559

ㅇ

아오자슝 137~139
아인슈타인 170, 445
애국여학교 95, 96, 99, 100, 131, 134,
　　135, 227, 303, 405, 406, 465, 496,
　　522, 547
애국학사 24, 95~97, 100~104,
　　106~108, 111~113, 121, 123, 124,
　　131, 134, 138, 139, 143, 227, 230,
　　303, 366, 406, 408, 465, 467, 468,
　　522
양싱포 349, 355, 356, 444, 446, 448,
　　450, 456, 553
양취안 453~456
여유량 35, 36
〈여학보〉 112, 116, 123
예량푸 349
예하오우 96, 150, 309
예한 92, 93
왕궈웨이 307
왕샤오쉬 96, 128, 129, 131, 366

왕스정 86
왕자오밍 158, 162, 270
왕정팅 204, 217
왕젠쭈 250
왕지퉁 92, 345, 349, 376
왕징시 353, 354
왕징웨이 196, 204, 205, 220, 229
왕충후이 203, 217, 218, 229, 339, 385
우옌푸 96
우위장 158, 159, 162, 478, 559, 562
우쮀눙 434
우즈후이 94, 95, 117, 158, 161, 162,
　　172, 194, 275, 276, 376, 431~435,
　　441, 442, 477
우징헝 102, 107, 112, 120, 122
우팅팡 229
원쭝위 250
《월간 베이징대학》 261, 262, 297, 339
웡원하오 250, 348, 349
위안스카이 120, 155, 157, 159, 163,
　　193~207, 209~223, 237, 238, 240,
　　243, 265, 299, 300, 325, 364,
　　366~368, 382~384, 468~470,
　　472, 490, 497, 498, 523
위허친 96
유법검학회 158, 160, 161
의화단운동 81, 209, 464
잉슈런 451

ㅈ

자오빙쥔 205
장관윈 92, 93, 95, 96
장멍린 277, 425, 431, 553
장스자오 103, 108, 112, 113, 122, 339
장야오쩡 339
장웨이차오 93, 96, 102, 116, 128, 230
장제스 275, 277, 429, 430, 431, 432,
　　435, 443, 444, 446, 449, 453, 454,
　　472, 473, 483, 490, 559, 560
장징장(장런제) 158, 344, 429, 431,
　　432, 435, 477
장타이옌(장빙린) 99, 102, 103,
　　112~114, 117, 120, 122~127, 136,
　　142, 196, 229, 366, 367, 543
저우겅성 171, 250, 345, 349
저우언라이 165, 166, 285, 431, 559,
　　560, 562
저우췐(저우양하오) 172, 318, 540,
　　547~550, 553
저우치밍 249
정관잉 65
주자화 250, 251
주커전 345, 349, 351
주학재 36~38, 520
중국교육회 81, 92~99, 100,
　　102~105, 111, 112, 123, 124, 126,
　　131, 227, 366, 406, 465
중셴창 92, 96, 131, 134
중시학당 70~73
중앙연구원 335, 344, 345, 347, 348,
　　350~359, 454, 528, 536, 553,
　　558~560
증정 35, 36
진덕회 265, 267, 309, 478, 497~500
쩌우룽 113, 114, 117, 123, 125, 126

ㅊ

차이예민 113
차이인 103
차이쥔 94, 120
창쭝후이 542, 543
천두슈 166, 248~250, 263, 364,
　　369~372, 374, 458, 483, 500
천부레이 277
천옌녠 166
천중젠 93
천톈화 132, 133
천판 112, 115~117, 120, 122
천한성 349, 354, 355, 559
청더취안 229

ㅋ

캉유웨이 53, 59~62, 64, 70, 76, 77, 114, 281, 365, 464
크로포트킨 463, 477, 479~482

ㅌ

타오청장 132, 133, 135~139, 142~144, 441
탄쓰퉁 60, 61, 73, 380, 533
탄중쿠이 171
탕사오이 151, 198, 204, 205, 213, 214, 216, 217, 219
탕서우첸 122, 196, 229
탕얼허 240, 248, 393

ㅍ

판위안롄 231, 240, 241
판징성 290, 292, 356
팔고문 31~34, 36, 40, 43, 75, 234
펑쯔녠 450

ㅎ

학정 31, 39
한림원 42~44, 48, 54, 55, 63, 68, 70, 81, 82, 88, 143, 144, 149, 150, 193, 363, 463, 464, 523, 545, 552
호조론 463, 479, 480, 481
화공 162~164, 317
화공학교 162, 164
화흥회 132~135, 140
황싱 132, 133, 140, 196, 217, 219, 222, 229
황옌페이 85, 141, 227, 293, 426, 466, 483, 526
황쭝양(오목 스님) 92, 95, 97~99, 101, 107, 120, 123
황치성 165
황칸 263, 267, 339
후스 249, 251, 254, 262, 263, 318, 339, 364, 372, 458, 471, 500, 553

天倬由良飞岛要求书递此件
吾昔与黎帆家叔商酌颇为同志墨彩
阁首景福
未再举元桢两启
上祭吕先祖妣位
文澜再肇 昨接交通部彭次长玉附书
今委状已签
弟为纪典电报局长告请
弟师未见处推荐为恿者妙毋颂
日绥
先元悌谨於诤 三月八